MASTERCLASS

BILDKOMPOSITIONEN

DER WEG ZUM BESSEREN BILD

RICHARD GARVEY-WILLIAMS

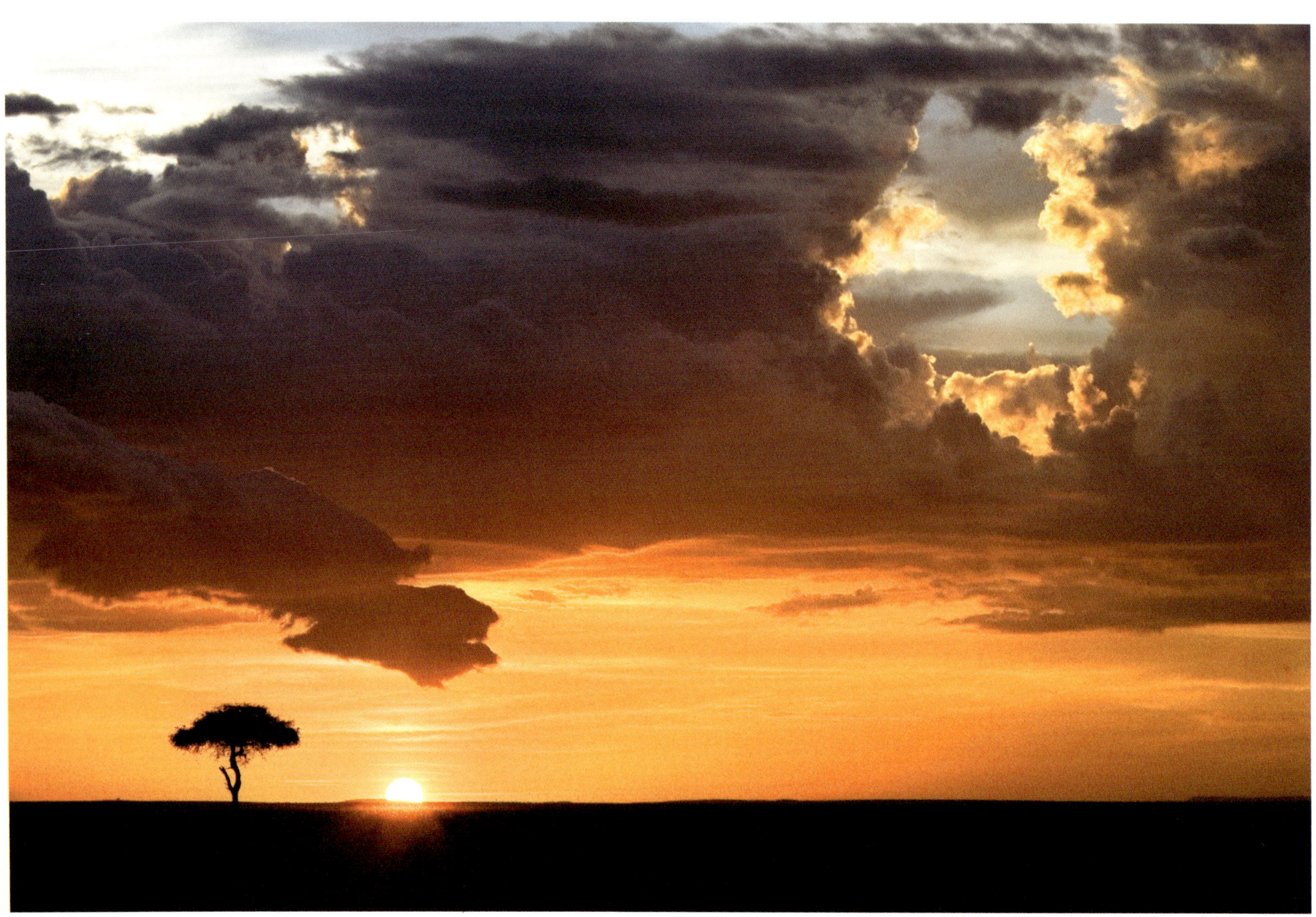

Oben: Auf diesem Foto eines Sonnenuntergangs in Kenia wird den starken, isolierten Umrissen des Baumes und der untergehenden Sonne auf der linken Seite die Öffnung in den Wolken und sehr viel Negativraum auf der rechten Seite entgegengesetzt.

MASTERCLASS

BILDKOMPOSITIONEN

DER WEG ZUM BESSEREN BILD

RICHARD GARVEY-WILLIAMS

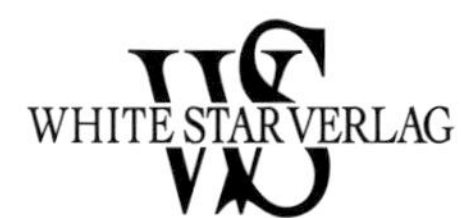

Die Originalausgabe erschien 2014 bei
Ammonite Press, einer Marke von AE Publications Ltd, United Kingdom

Originaltitel: *Mastering Composition*

Für die deutsche Ausgabe:

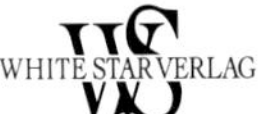

White Star Verlag® ist ein eingetragenes Markenzeichen
von White Star s.r.l.

Piazzale Luigi Cadorna, 6
20123 Mailand, Italien
www.whitestar.it

Übersetzung: SAW Communications, Redaktionsbüro Dr. Sabine A. Werner

ISBN 978-88-6312-413-2
2 3 4 5 6   25 24 23 22 21

Gedruckt in Serbien

Redaktion: Chris Gatcum
Herausgeber: Richard Wiles
Grafik: Robin Shields

Inhaltsverzeichnis

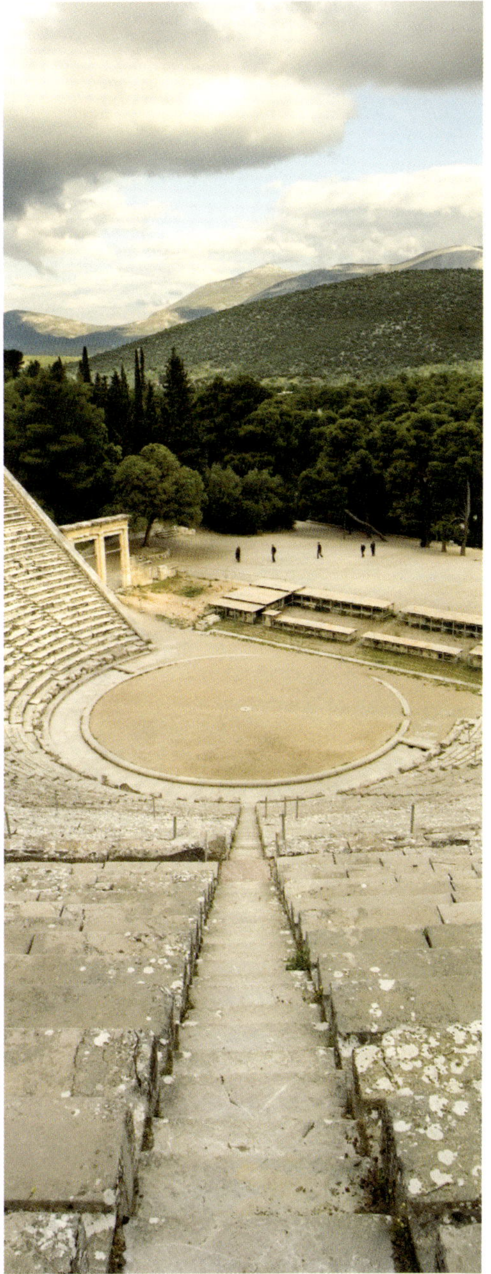

Vorwort und Dank

Ich habe das Glück, dass es in meiner Heimatstadt einen sehr aktiven und progressiven Fotoclub gibt. Wir treffen uns regelmäßig zu Bildbesprechungen und laden Gäste ein, die Beiträge im Wettbewerb beurteilen und kommentieren. Es scheint Einigkeit darüber zu bestehen, dass es wichtig ist, ein Foto zu komponieren, doch welche Kriterien einer guten Komposition zugrunde liegen, bleibt meist unklar. Die Bedeutung der Komposition scheint unstrittig zu sein, aber niemand kann genau sagen, wo es eine Anleitung dafür gibt. Beim Blättern in den gängigsten Fotomagazinen könnte man glauben, es existiere nur eine einzige Regel, die eingehalten werden sollte – die Zwei-Drittel-Regel –, und tatsächlich scheinen einige den Wert eines Fotos allein danach zu beurteilen, ob diese Regel eingehalten wurde oder nicht. Selten hört man dagegen Diskussionen über andere wichtige Aspekte der Komposition, zum Beispiel über die optische Gewichtung, die Ausgewogenheit, den Negativraum oder die Bildtiefe.

Das allgemeine Feedback und auch die vielen konkreten Kommentare, die ich in den letzten Jahren in Bezug auf die Komposition meiner Fotos gehört habe, haben mich dazu veranlasst, dieses Buch zu schreiben. Ich habe das – zweifelhafte – Glück, dass mein Geist nach Ordnung, Schlichtheit und Harmonie strebt, und ich glaube, dies spiegelt sich auch in gewissem Maße in meinen Fotografien wider. Ich achte meist darauf, meine Fotos bewusst zu komponieren, und verlasse mich nicht ausschließlich auf mein Gefühl. Das ist nicht immer gut, aber es veranlasst mich dazu, tiefer in die Prinzipien von Komposition und Gestaltung einzudringen. Mit diesem Buch möchte ich die Früchte meiner Forschungen teilen. Mein Geist strebt jedoch nicht nur nach Ordnung, Schlichtheit und Harmonie, er ist auch akribisch, wenn es um Präzision geht. Ich hoffe also, es gelingt mir eine klare, strukturierte Darstellung dieses gelegentlich etwas „schwammigen“ Themas.

Die Fotos dienen der Veranschaulichung. Ich habe sie fast alle selbst gemacht und hoffe, sie gefallen Ihnen. Ich hoffe aber auch, dass Sie bei vielen davon Mängel erkennen und Ihr gnadenlos kritischer Blick zu Ihrer Entwicklung als Fotografin oder Fotograf beiträgt. Verständlicherweise wurden nicht alle Bilder aufgrund ihres hohen fotografischen Werts ausgewählt, sondern oft einfach, um einen bestimmten Punkt zu untermauern oder zu illustrieren. Ich habe versucht, eine Bandbreite verschiedener Genres abzudecken, und deshalb meinen guten Freund Mark Shuttleworth miteinbezogen, dem ich an dieser Stelle herzlich danken möchte. Mein Dank gilt außerdem Edwin Westhoff – Fotograf, Fotografielehrer und ehemaliger Dozent an der Universität von Utrecht – für seine Erklärungen zu der von ihm entwickelten „Diagonalmethode“ und ganz allgemein für seine informative Korrespondenz und seine Vorschläge.

Schließlich bedanke ich mich bei meiner Frau Lisa für ihre Ermutigungen in der Zeit, in der ich mich als Fotograf neu definierte, und für ihre Geduld, wenn ich mit meiner Kamera wieder einmal „ganz in meinem Element“ bin.

Rechts: Wenn man die Farbe aus kontrastreichen Bildern entfernt, lenkt dies die Aufmerksamkeit auf Formen und Konturen.

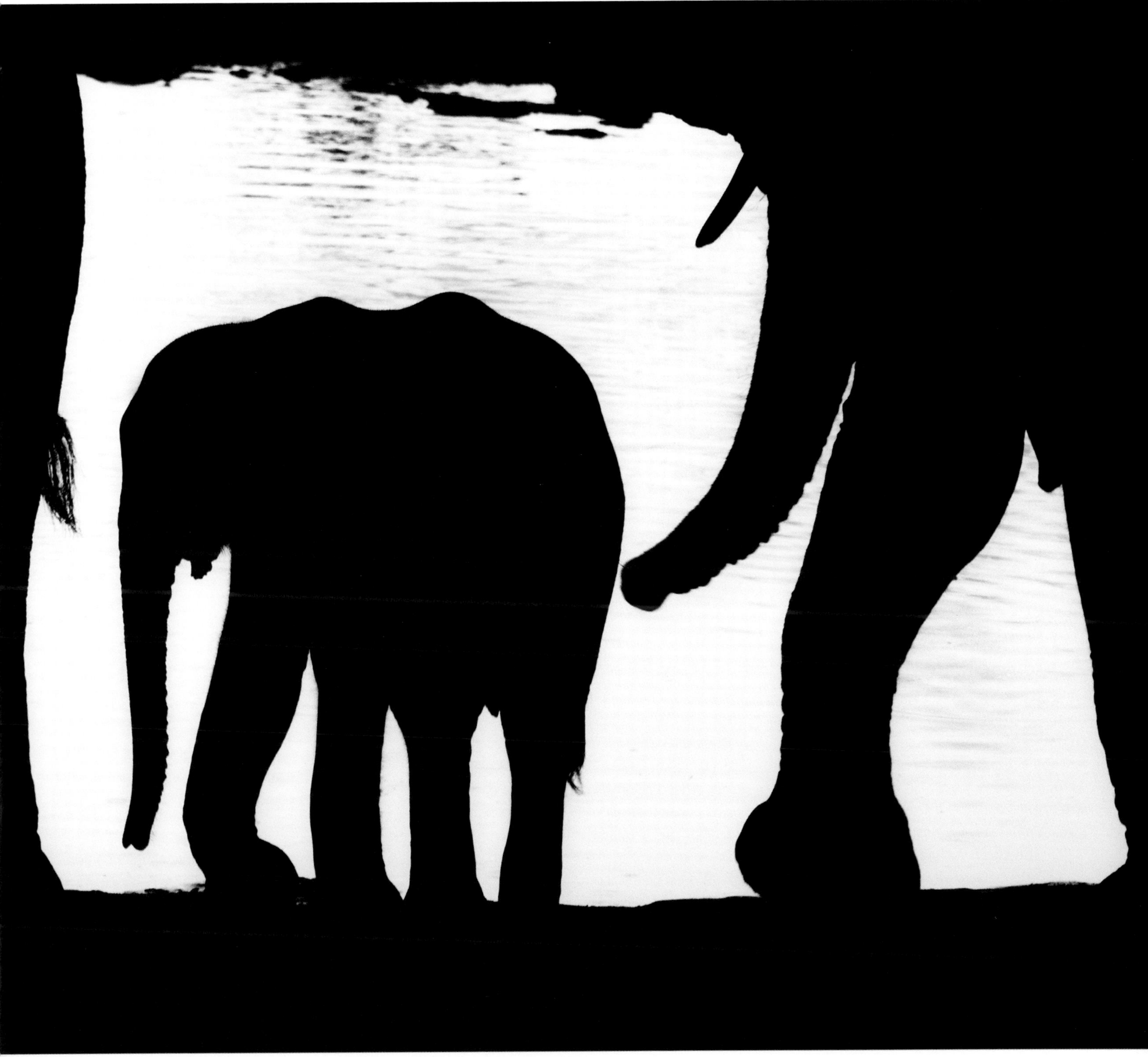

Einleitung

Angesichts der Bandbreite des Themas „Komposition in der Fotografie“ habe ich das Bedürfnis, mit einem eher philosophischen Ansatz zu beginnen. Ich denke, wir Fotografen sollten uns gleich zu Beginn fragen, was wir mit unserem Foto bezwecken wollen. Einem erfolgreichen Foto müssen Überlegungen zur eigenen Intention vorausgehen.

Es gibt eine Menge verschiedener Gründe, zu fotografieren. Ein Foto kann einfach nur abbildend sein, zum Beispiel wenn ein Feldbotaniker die Details einer neuen Spezies von Orchidee festhalten will, um sie zu studieren. Ein Passfoto, auf dem noch nicht einmal ein Lächeln erlaubt ist, wäre ein weiteres Beispiel für ein Foto mit reiner Abbildungsfunktion.

Fotografie als Ausdrucksform

Ganz im Gegensatz dazu kann ein Foto auch eine persönliche Ausdrucksform sein. In diesem Fall ist es das Resultat der intuitiven Arbeit des Fotografen. Fotos, die auf diese Art und Weise entstehen, werden womöglich nicht einmal anderen gezeigt, weil ihr Entstehungsprozess wie eine Art von Therapie durch Selbstausdruck wirkt.

Für die meisten von uns ist Fotografie mehr als nur abbildend. Sie stellt nicht nur eine Methode dar, anderen Menschen etwas über das Motiv zu vermitteln, sondern auch über uns selbst. Das Ego fordert in der Fotografie seine Beachtung. Wie David Ward, einer der bekanntesten britischen Landschaftsfotografen, sagte: „Ist es letztendlich nicht besser, dafür beachtet zu werden, wie wir etwas sehen, als dafür, was wir sehen?“

Der wichtige erste Schritt dazu, unser Bild zu kontrollieren, ist die Einsicht, dass die meisten von uns Fotos nicht nur für sich selbst machen, sondern auch, um Wirkung oder Einfluss auf andere zu erzielen. Durch unsere Fotos wollen wir etwas über das Motiv aussagen. Oft, aber beileibe nicht immer ist es ein Versuch, die Schönheit einer Szene oder eines Gegenstands auszudrücken und festzuhalten oder unsere emotionale Reaktion auf einen Aspekt unserer Umgebung zu vermitteln.

Wenn wir einfach mit der Kamera „zielen und abdrücken“, ist das Problem, dass wir von der Kamera das Unmögliche verlangen, nämlich den Gedanken, die Überlegung oder die Vision zu vermitteln, die uns überhaupt dazu veranlasst haben, die Kamera zu zücken. Indem wir das Foto bewusst komponieren, können wir dies klarer und deutlicher zum Ausdruck bringen.

Bilder auswerten

Bei unserer persönlichen Reaktion auf ein Foto kommen immer auch psychologische Faktoren ins Spiel. Wir sehen mit den Augen, erkennen aber mit unserem Gehirn. Dies geschieht selektiv und weitgehend automatisch – die visuelle Information wird entsprechend unserer Veranlagung, unseren Erfahrungen und unserer Konditionierung gefiltert. Daher ist das Betrachten einer Szene oder eines Fotos eine höchst individuelle Angelegenheit.

Dieser subjektive Aspekt der Fotografie definiert sie eindeutig als Kunstform. Von diesem Standpunkt aus gibt es nicht *die* beste oder *die richtige* Art und Weise, ein bestimmtes Motiv zu fotografieren, denn etwas, das weitgehend Selbstausdruck ist, entzieht sich allgemeiner Beurteilung. Doch selbst in diesem Reich der Subjektivität können wir bestimmte Muster in der Wahrnehmung und Interpretation von Bildern erkennen, die die meisten von uns teilen. Dies führt uns zu der Annahme, dass es doch eine gewisse Objektivität bei der Beurteilung eines Fotos gibt. Die meisten von uns können sich darauf einigen, dass bestimmte Fotos gut sind – aber warum sind sie das? Indem wir uns diese Frage stellen, können wir vieles über die Gemeinsamkeiten lernen, die wir hinsichtlich

WAS MACHT EIN GUTES FOTO AUS?

Ich würde vier Dinge als wesentliche Aspekte vorschlagen:

1. Ein wirkungsvolles Motiv, das den Betrachter aus dem einen oder anderen Grund fesselt, sei es durch Schönheit, Hässlichkeit, Einzigartigkeit oder durch seine Bedeutung.
2. Eine dynamische Komposition, welche die Eigenschaft, die ausgedrückt werden soll, oder die Geschichten rund um die Thematik einbezieht. Wer ein ansprechendes Bild anstrebt, muss durch eine gute visuelle Gestaltung Ausgewogenheit vermitteln.
3. Der wirkungsvolle Einsatz von Licht kann die Botschaft, die vermittelt werden soll, hervorheben. Außerdem erfreut eine ansprechende Beleuchtung das Auge des Betrachters.
4. Auch wenn argumentiert werden könnte, dass dieser Punkt im oben Angeführten bereits enthalten sei: die emotionale Wirkung des Bildes auf den Betrachter. Durch sie können Gefühle, Stimmungen oder vielleicht auch ein Sinn für Ort, Lage oder Raum vermittelt werden. Dieses vierte Element ist womöglich sogar das bedeutendste von allen.

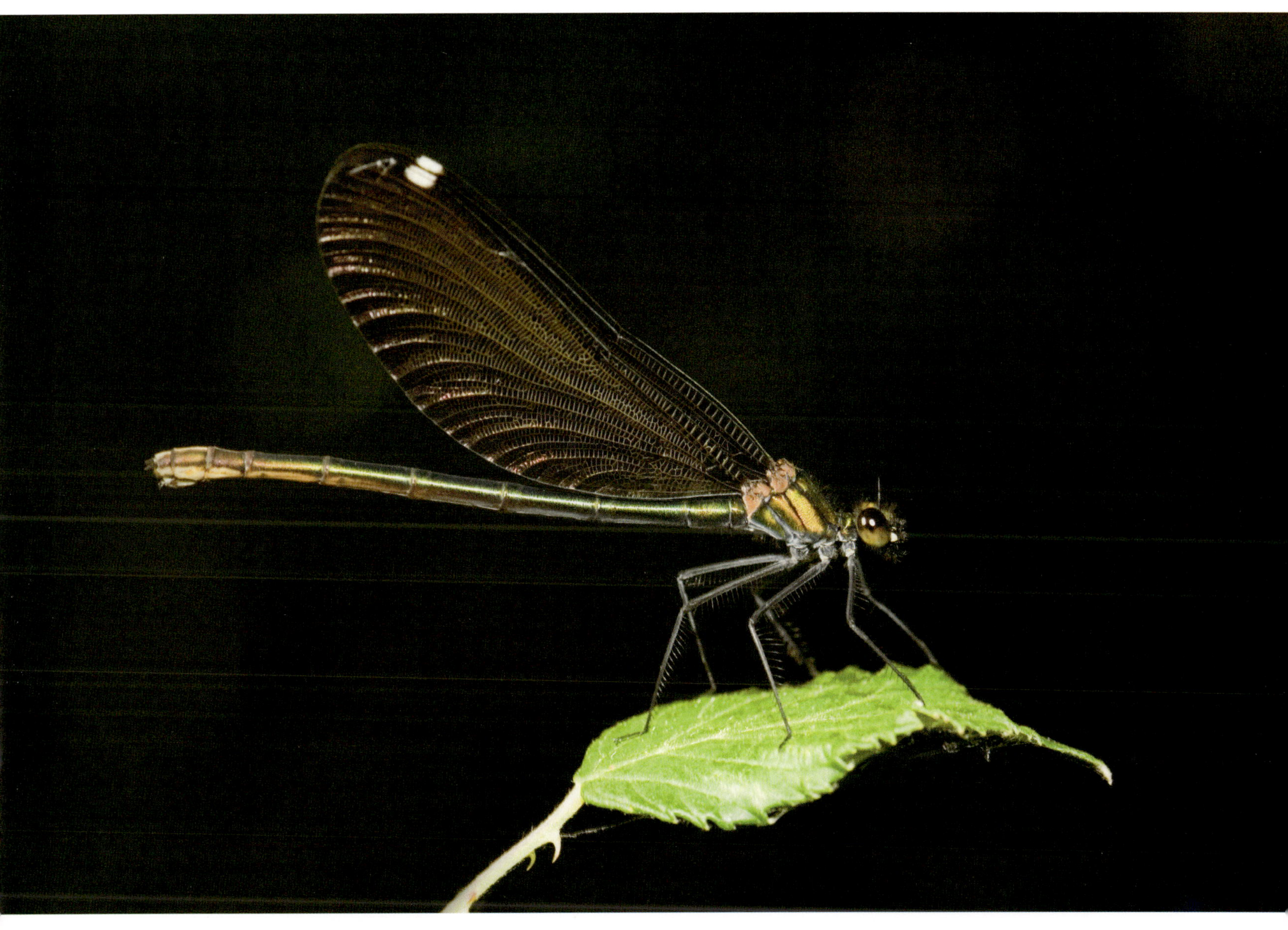

Oben: Ein typisches illustrierendes Naturfoto, das darauf abzielt, die Morphologie eines Tieres deutlich zu zeigen: Die äußere Gestalt der ganzen Wasserjungfer ist scharf im Profil vor neutralem Hintergrund abgebildet.

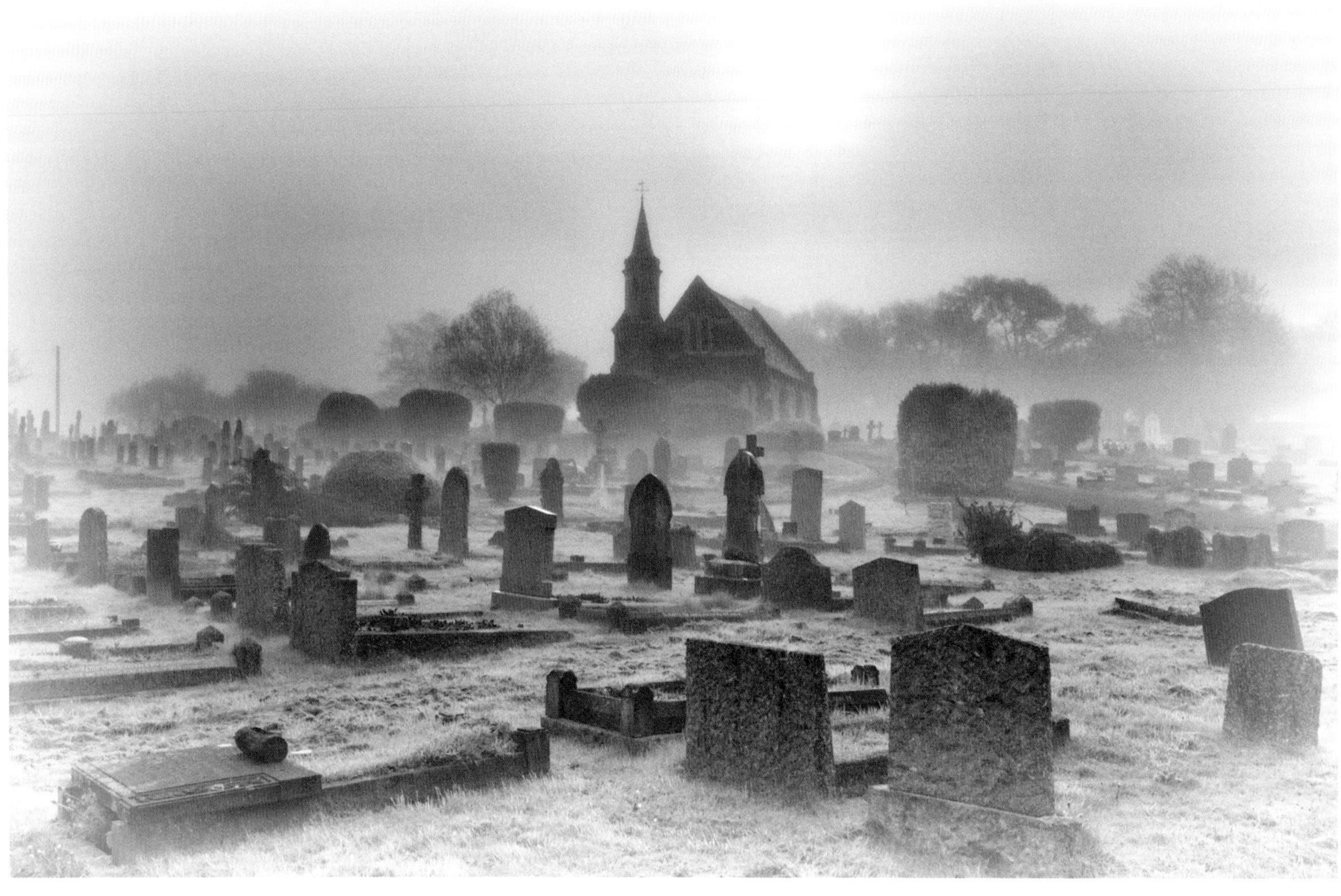

der Analyse zweidimensionaler Bilder – und unserer Reaktion auf sie – teilen.

Das Vokabular des Fotografen

Motiv und Belichtung sind gleichsam das Vokabular, das dem Fotografen zur Verfügung steht, und die Komposition ist die Grammatik, die er benutzt, um beides zur Geschichte oder zur Poesie der emotionalen Reaktion zusammenzufügen. Die Intention, die dahintersteckt, muss nicht unbedingt die sein, etwas Schönes zu schaffen, das beispielsweise dem Wohnraum eines Menschen eine ruhige und friedliche Atmosphäre vermittelt. Stattdessen kann der Fotograf auch vorhaben, ein Publikum zu schockieren, wie es im Journalismus oder in den schönen Künsten oft der Fall ist. Gleichwohl ist es wichtig, dass die Belichtung passend und das Motiv so im Bildrahmen arrangiert und positioniert ist, dass die intendierte Botschaft so klar und präzise wie möglich herüberkommt.

Wenn die Bildbotschaft mehrdeutig angelegt sein soll, damit das Bild den Betrachter noch mehr in seinen Bann zieht und ihn geradezu auffordert, es zu „lesen", kann dies durch eine Verfeinerung der Komposition erreicht werden, welche gerade diese

Oben: Diese Friedhofszene ist ein fesselndes Motiv. Die besondere Lichtqualität wird durch das Gegenlicht verstärkt, das die Formen der grafischen Strukturen deutlich hervortreten lässt. Die oberen Konturen der Grabsteine im Vordergrund bilden Linien, die den Blick des Betrachters zur Kapelle hinführen und über deren Turm weiter zur Sonne, deren diffuses Licht die gesamte Szenerie märchenhaft erleuchtet. Der Nebel verleiht dem Bild Tiefe und Atmosphäre. Dieses Bild erhält eine gute Bewertung, weil es alle vier der auf Seite 8 genannten Anforderungen an gute Fotografie erfüllt.

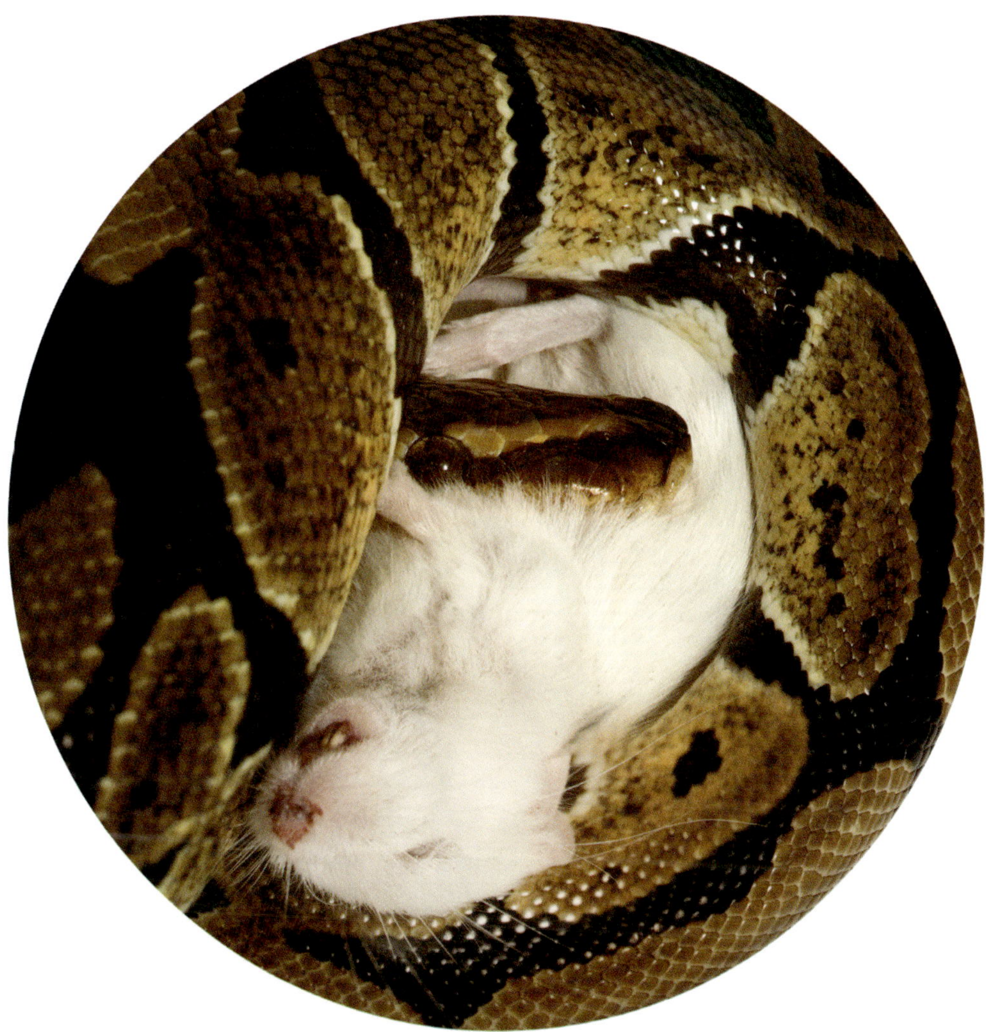

Links: Der runde Zuschnitt des Fotos einer Königspython, die gerade ihre Beute verzehrt, bietet dem Auge des Betrachters keinen Ausweg, dem Horror dessen, was da gerade passiert, zu entkommen – die Komposition stützt so die intendierte Bildaussage.

Mehrdeutigkeit hervorhebt. Eine wirkungsvolle Komposition kann in der Tat oft dazu beitragen, aus etwas ganz Gewöhnlichem etwas Besonderes zu machen.

Ein wohlüberlegter Prozess

In seinem Buch „Practical Composition in Photography" bezeichnet Axel Brück die Komposition als „gut durchdachtes Arrangement". Ich glaube, dass „gut durchdacht" hier ausschlaggebend ist. Es betont, dass das Komponieren eines Bildes ein wohlüberlegter Prozess ist, der von unseren Intentionen abhängt und von der Anerkennung des Wahrnehmungsprozesses, der stattfindet, wenn Individuen ein Bild betrachten.

Aber auch die unterbewusste Komponente müssen wir miteinbeziehen. Die Arbeitsdefinition von „Komposition", die ich in diesem Buch verwende, ist „Prozess, in dessen Verlauf die Elemente, aus denen sich ein Bild zusammensetzt, ausgewählt, angeordnet und gewichtet werden, um die intendierte Botschaft zu vermitteln oder die Wirkung zu verstärken". Dies kann bewusst oder unbewusst erfolgen.

Die Teile, aus denen sich ein Bild zusammensetzt, können aus unterschiedlichen Einheiten oder Objekten bestehen: Bereiche mit unterschiedlichen

KOMPOSITION: EINE DEFINITION

Im Wesentlichen ist eine Komposition einfach „das Arrangement von Bildelementen". Mein Lexikon definiert Komposition wie folgt:

1. Der Akt des Zusammensetzens oder Zusammenbringens, bei dem man Teile oder Zutaten kombiniert.
2. Etwas, was auf diese Weise gebildet wurde oder der daraus resultierende Zustand oder die daraus resultierende Qualität: eine Mischung.
3. Das harmonische Arrangement der Bestandteile eines Kunstwerks im Bezug zueinander und im Bezug auf das Kunstwerk als Ganzes.

Zum Begriff „Design" schlägt mein Lexikon vor:

1. Etwas künstlerisch und geschickt planen und herstellen.
2. Das Arrangement von Elementen oder Bestandteilen eines Kunstwerks oder einer Dekoration.
3. Ein Ergebnis, das angestrebt oder geplant wurde; Intention; Ziel.
4. Die Struktur oder Form von etwas ausarbeiten, indem man eine Skizze, einen Entwurf, ein Muster oder Pläne anfertigt.

All diese Definitionen implizieren, dass das Ziel und die Intention wichtige Aspekte der Komposition beziehungsweise des Designs eines Bildes sind. Unser Ziel besteht in der Regel darin, die Wirkung des Fotos zu verstärken. Wir streben danach, wie bei einem guten Essen die Menge und die Beziehung der Zutaten zueinander auszubalancieren, um eine Delikatesse zu schaffen, die einem das Wasser im Munde zusammenlaufen lässt. Beim Design geht es darum, den Betrachter dazu zu bringen, einen klaren, vorbestimmten Schluss selbst zu ziehen.

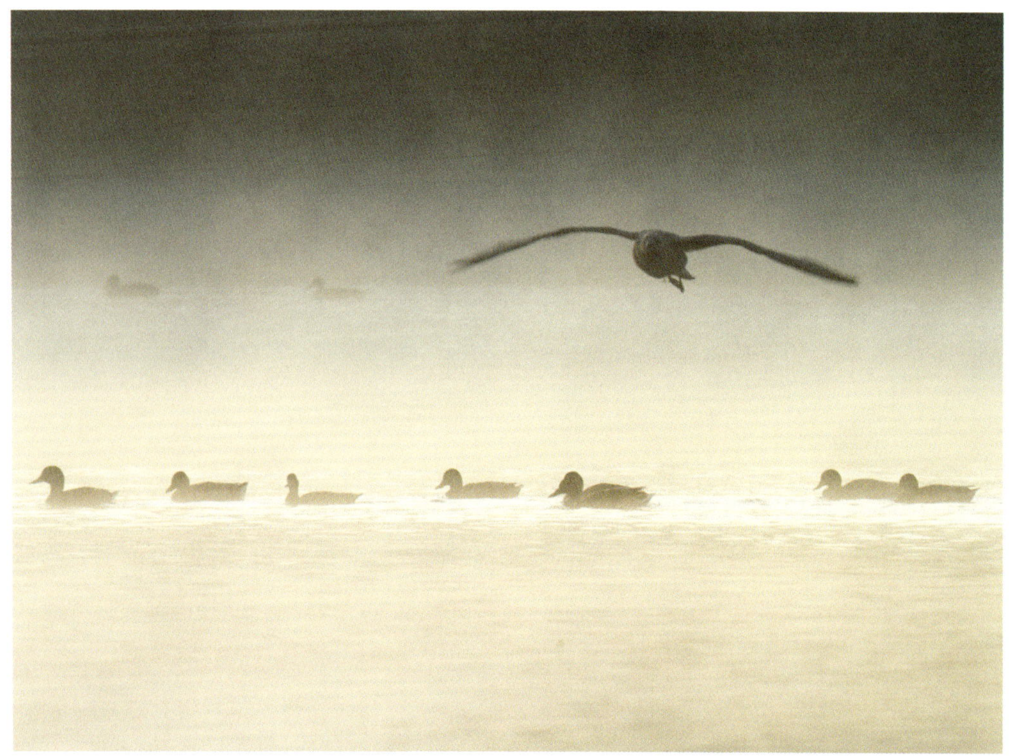

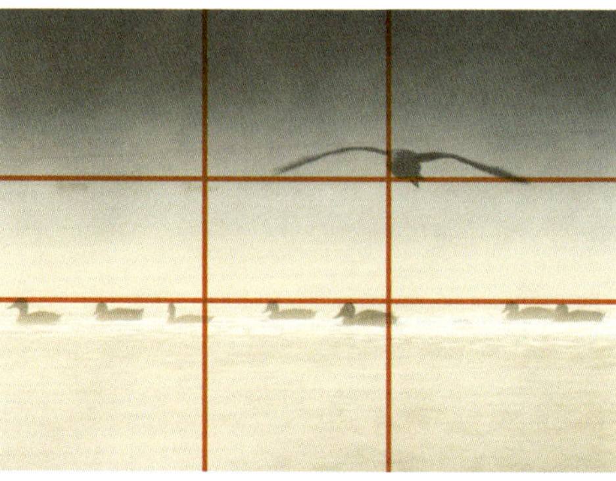

Links und oben: Dadurch, dass Schlüsselelemente auf den Teilungslinien der Bildebene platziert sind, die gemäß dem Goldenen Schnitt gezogen wurden, bekommt dieses Foto mit Enten und einer Möwe auf einem nebligen Teich ein angenehmes Gleichgewicht.

oder kontrastierenden Tönen oder Farben, wahrgenommene Designelemente, wie Linien, Formen und Muster, oder auch relativ leere, „inaktive“ Bildbereiche. Ich werde unter dem Begriff „Element“ all diese potenziellen Bausteine zusammenfassen.

Durch die Entscheidungen, die wir als Fotograf treffen, etwa hinsichtlich des Blickwinkels, der Brennweite und des Moments, in dem wir tatsächlich den Auslöser drücken, komponieren wir unsere Bilder. Wir benutzen das, was das Motiv uns zu bieten hat, und komponieren mit unseren technischen Fähigkeiten als Fotograf (hoffentlich) ein Bild, das unsere Sichtweise wiedergibt.

Alte Regeln & Maßstäbe

Im Laufe der Geschichte haben Künstler und Wissenschaftler versucht, zu analysieren, was eine gute Gestaltung und eine wirkungsvolle Komposition ausmacht. Die griechischen Mathematiker brachten zum Beispiel den „Goldenen Schnitt“ auf, der so etwas wie „magische“ Proportionen festlegt, nach denen die Bildfläche aufgeteilt sein sollte, um ein gefälliges Ergebnis zu erzielen. Sie gingen sogar so weit, für dieses Ideal exakte mathematische Maße anzugeben.

Die Definition dieser Proportionen wird Leonardo Fibonacci zugeschrieben, der um das Jahr 1300 offenbar feststellte, dass es in der Natur ein Größenverhältnis gibt, das angenehm für das Auge ist – das Verhältnis 1:1,618. Er brachte dies auch mit einer mathematischen Zahlenfolge in Verbindung, die seinen Namen trägt. In dieser Zahlenfolge, den sogenannten Fibonacci-Zahlen, besteht die jeweils folgende Zahl aus der Summe der beiden vorangegangenen: 0, 1, 1, 2, 3, 5, 8, 13 und so weiter. Ab der vierzigsten Zahl streben die nachfolgenden Zahlen nach dem Verhältnis 1:1,618.

Dieses Verhältnis nennt man auch Phi, und es hatte einen bedeutenden Einfluss auf die klassische Zeichnung und die Bildhauerei. Unter anderen hat auch Leonardo da Vinci seinen Beitrag dazu geleistet und weitreichende Untersuchungen dazu angestellt, wie man Elemente auf einer zweidimensionalen Fläche so anordnet, dass das Ganze Harmonie vermittelt. Wir werden uns zu gegebener Zeit mit einigen dieser Konzepte beschäftigen.

Im frühen 20. Jahrhundert verfolgten deutsche und österreichische Psychologen in der Gestaltpsychologie einen ähnlichen Ansatz. So wurde festgestellt, dass wir beim Betrachten eines Bildes dazu neigen, visuelle Elemente zu Gruppen oder zu einem einheitlichen Ganzen zu organisieren; Ziel dieser Psychologen war es, mehr über diesen Prozess zu erfahren und zu begreifen, wie das Gehirn visuellen Input wahrnimmt und verarbeitet. Die daraus resultierende Gestalttheorie besteht aus Prinzipien, die Künstler und Designer anschließend einsetzten, um visuelle Informationen in unterschiedlicher Form zu präsentieren.

Konzepte vermitteln

Durch die Anordnung einfacher Formen – durch die bewusste Wahl ihrer Position im Raum, ihrer Größe und Größenverhältnisse, ihrer Häufung, ihrer Ähnlichkeit oder Unähnlichkeit, ihrer Reihenfolge, ihrer Wirkung als Gesamtheit, ihrer Ausrichtung und ihrer Entfernung voneinander sowie der Spannung zwischen ihnen – werden auch Konzepte der Komposition vermittelt. Das geschieht zum Beispiel bei der Gestaltung von Verkehrsschildern und Ähnlichem, wo Designtheorie ihre praktische Anwendung findet. Den meisten von uns sind

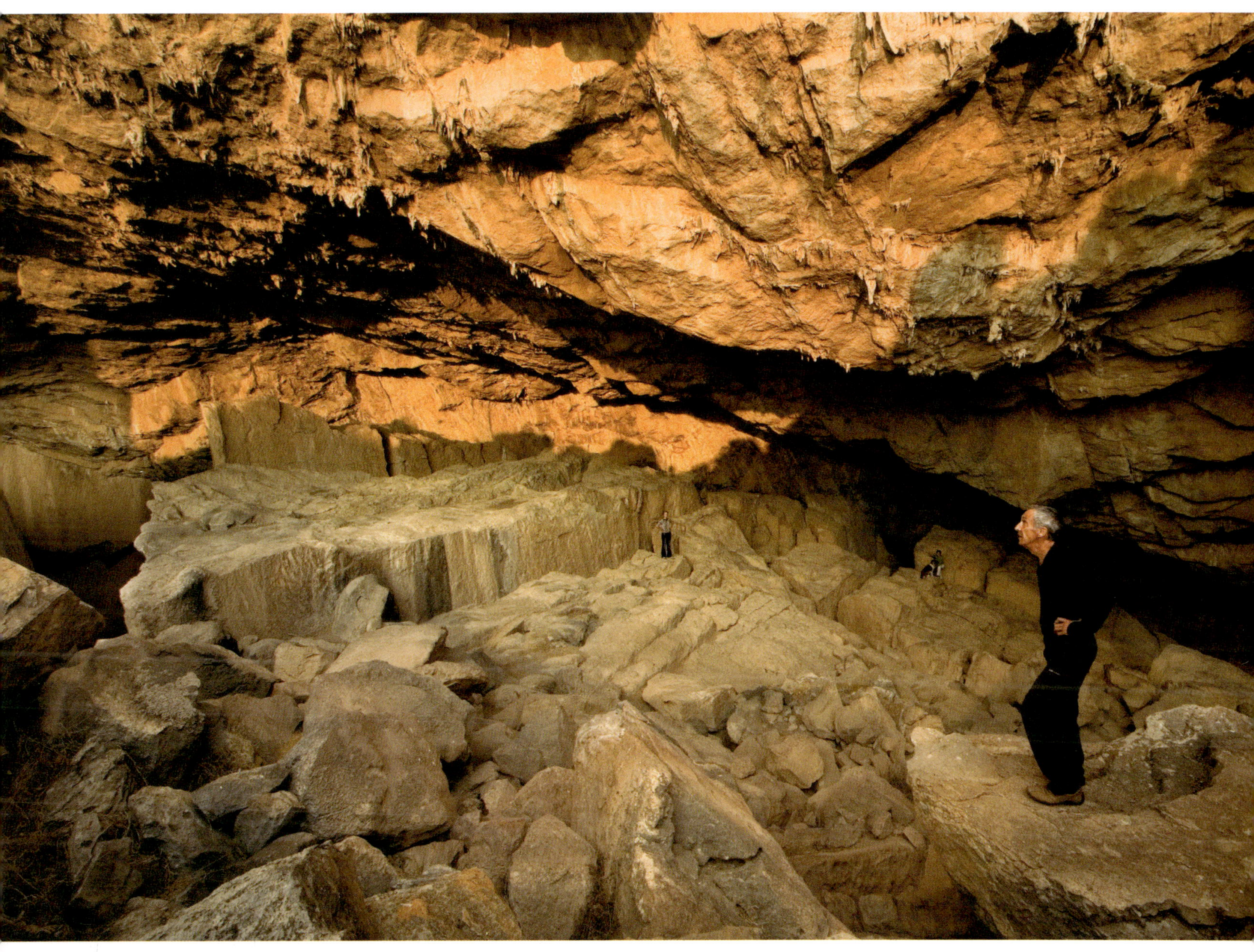

einige dieser Konzepte schon bei Bildern mit optischen Täuschungen begegnet, auf denen einfache schwarz-weiße Formen abgebildet sind, die unsere Wahrnehmung irritieren sollen. Außerdem leben wir in einem Zeitalter, in dem wir regelmäßig von der Presse-, Verlags- und Werbeindustrie beeinflusst und manipuliert werden, die von den Erkenntnissen der Gestaltpsychologie profitieren. In den folgenden Kapiteln werden wir einige dieser Erkenntnisse detaillierter untersuchen. Wir werden sehen, wie wir sie zur Verbesserung unserer Fotografien einsetzen, durch sie (in gewissem Maße) Kontrolle über die Wahrnehmung des Betrachters erlangen und unsere Botschaft wirkungsvoller transportieren können.

Oben: Das Größenverhältnis der Person im Bildzentrum zur zweiten Person rechts im Vordergrund vermittelt dem Betrachter einen unmittelbaren Eindruck von der immensen Größe dieser Höhle auf dem Peloponnes.

Kapitel 1

Visuelle Wahrnehmung

Ein tiefes Verständnis bestimmter Prozesse, die ablaufen, wenn wir uns umschauen – oder auch wenn wir ein Foto betrachten –, ist eine wichtige Voraussetzung, um einige grundlegende Prinzipien der Komposition in der Fotografie kennen und schätzen zu lernen, denen wir in diesem Kapitel begegnen werden.

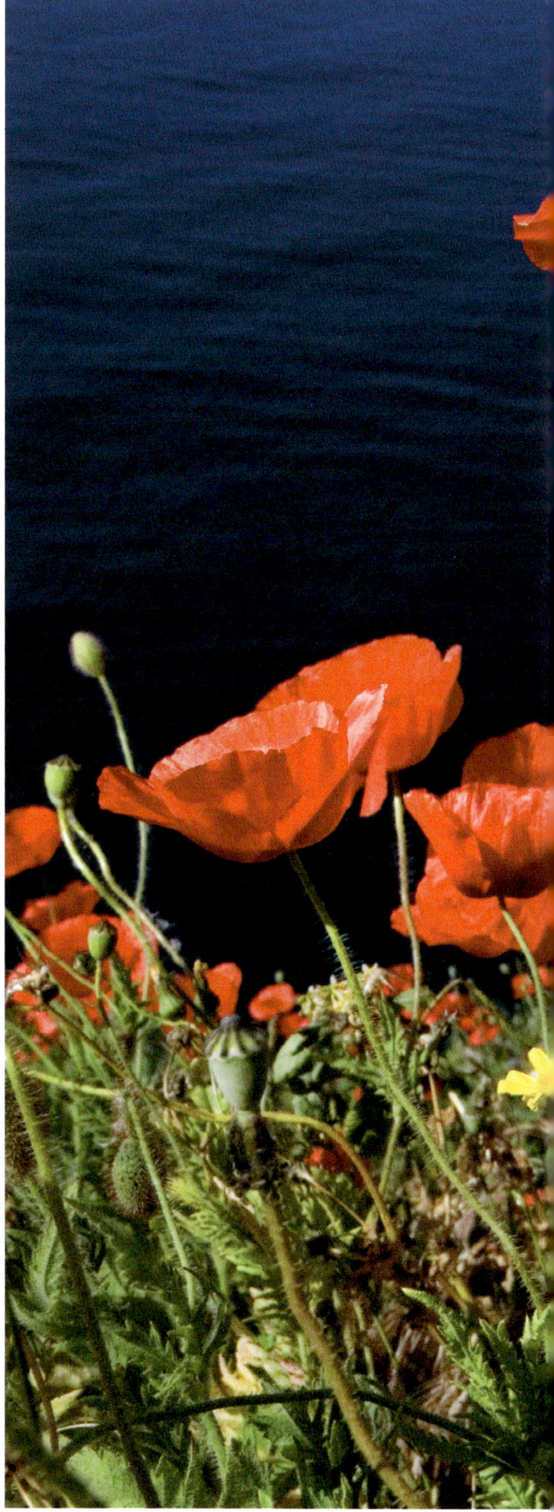

Rechts: Jeder, der schon einmal Mohnblumen am Wegrand hat stehen sehen, weiß, dass die Farbe Rot unsere Aufmerksamkeit auf sich zieht.

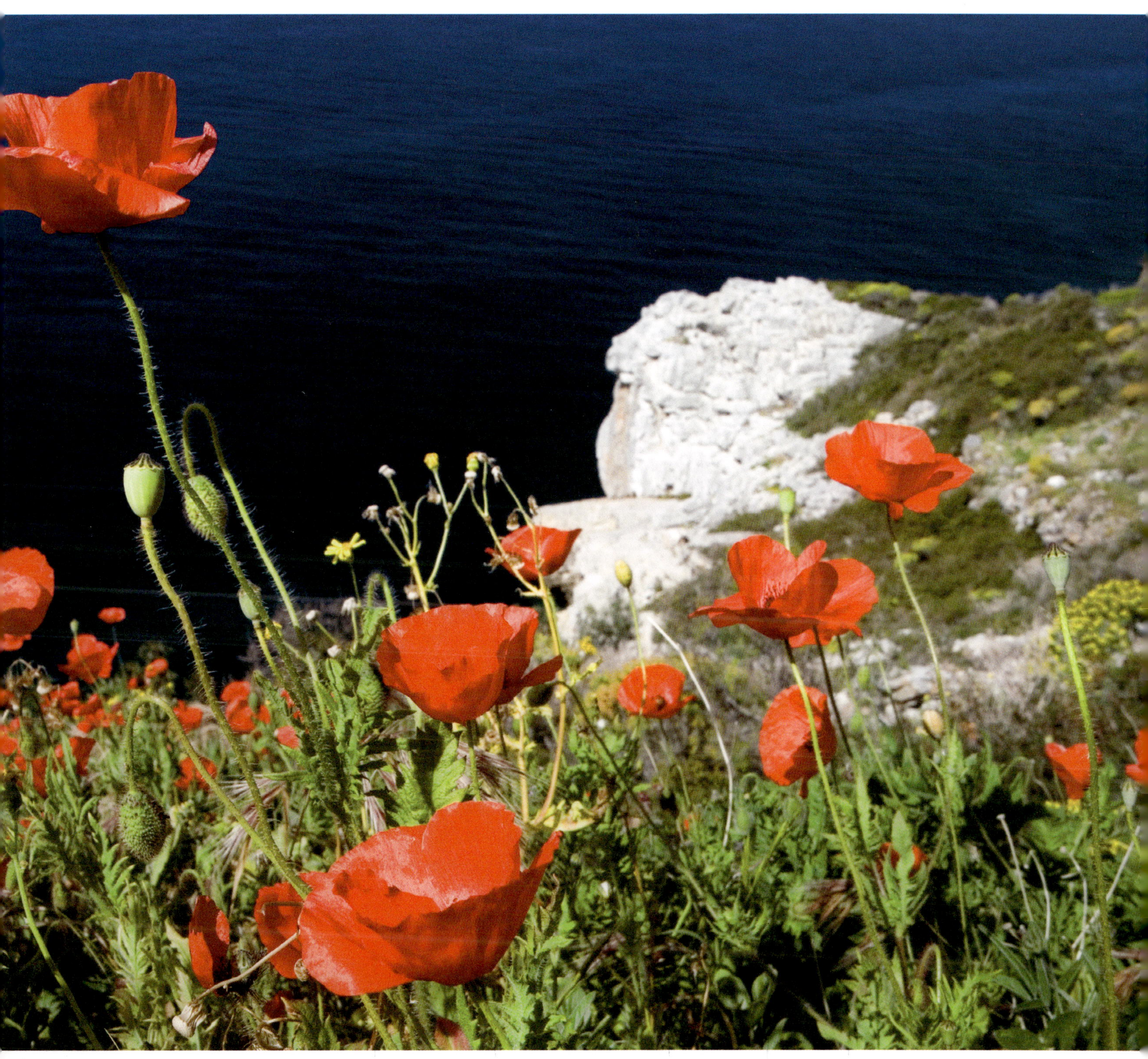

Wenn von der Szene, die wir vor uns haben, Licht in unser Auge dringt, wird es von der Linse gebündelt und bildet auf der Netzhaut eine umgekehrte Kopie dieser Szene. Dies funktioniert fast wie bei einer Kamera: Das Licht wird auf einen Sensor oder Film gerichtet und die gesammelten Daten entsprechen „genau“ dem, was da draußen ist. Auf der Netzhaut ist jedoch die Mehrheit der lichtempfindlichen Zellen im mittleren Bereich konzentriert, was bedeutet, dass Auflösung und Schärfe zu den Rändern des Gesichtsfelds hin rapide abnehmen. Zehn Grad von der Achse der Fixierung entfernt bedeutet dies schon ein Fünftel weniger Schärfe als in der Mitte. Deswegen müssen unsere Augen Szenen regelrecht abscannen, um alle Informationen aufzunehmen.

Dieser Prozess verläuft selektiv, und die treibende Kraft scheint von den höheren und niederen Zentren unseres Gehirns zu kommen. Die höheren Zentren, typischerweise in der Großhirnrinde, neigen dazu, eine bewusstere, direktere und kalkuliertere Untersuchung der Welt zu veranlassen und zum Beispiel aktiv nach etwas zu suchen. Die niederen Zentren, typischerweise im Hirnstamm, dem Kleinhirn oder sogar in Teilen des Rückenmarks, veranlassen automatische, unglaublich schnelle Reaktionen, wie etwa die Reaktion auf eine Bewegung irgendwo in unserem Gesichtsfeld.

Wir scannen aktiv unsere Umgebung und erschaffen uns eine Version der Außenwelt in unserem Bewusstsein. Der Prozess der visuellen Wahrnehmung ist komplex. Um diese Informationen zu sammeln und auszuwerten, braucht es Feedback, das auf primitiven Reflexen basiert, die über einen Zeitraum von Millionen von Jahren erworben wurden, da sie evolutionär von Vorteil waren. Auch erlernte und konditionierte Reflexe, die auf unseren Erfahrungen als Individuen in unserer Kultur und der Gesellschaft, in der wir aufgewachsen sind, basieren, sind eine Form von Feedback.

Es gibt keine einfache Antwort auf die Frage, worauf sich unser Blick zuerst richtet, wenn man uns eine Szene oder ein Bild zeigt. Die Art und Weise, wie uns das Bild gezeigt wird, mag dabei auch eine

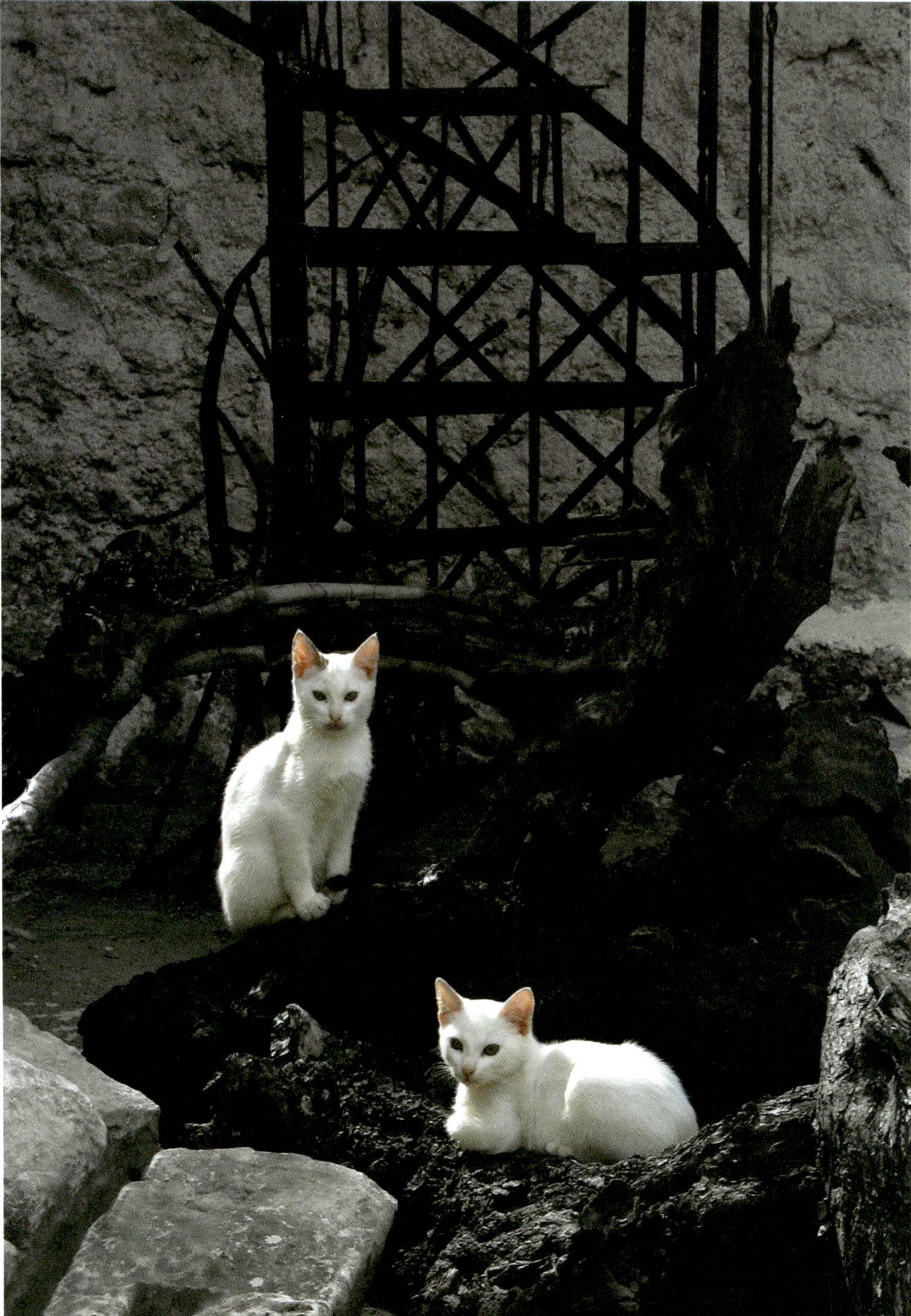

Oben: Diese Szene wirkt stärker auf uns, als dieselbe Szene mit zwei dunkleren Katzen wirken würde. Ich habe dies ausgenutzt und den Kontrast noch verstärkt, indem ich das Foto, abgesehen von den Gesichtern der Katzen, in Schwarz-Weiß umgewandelt habe.

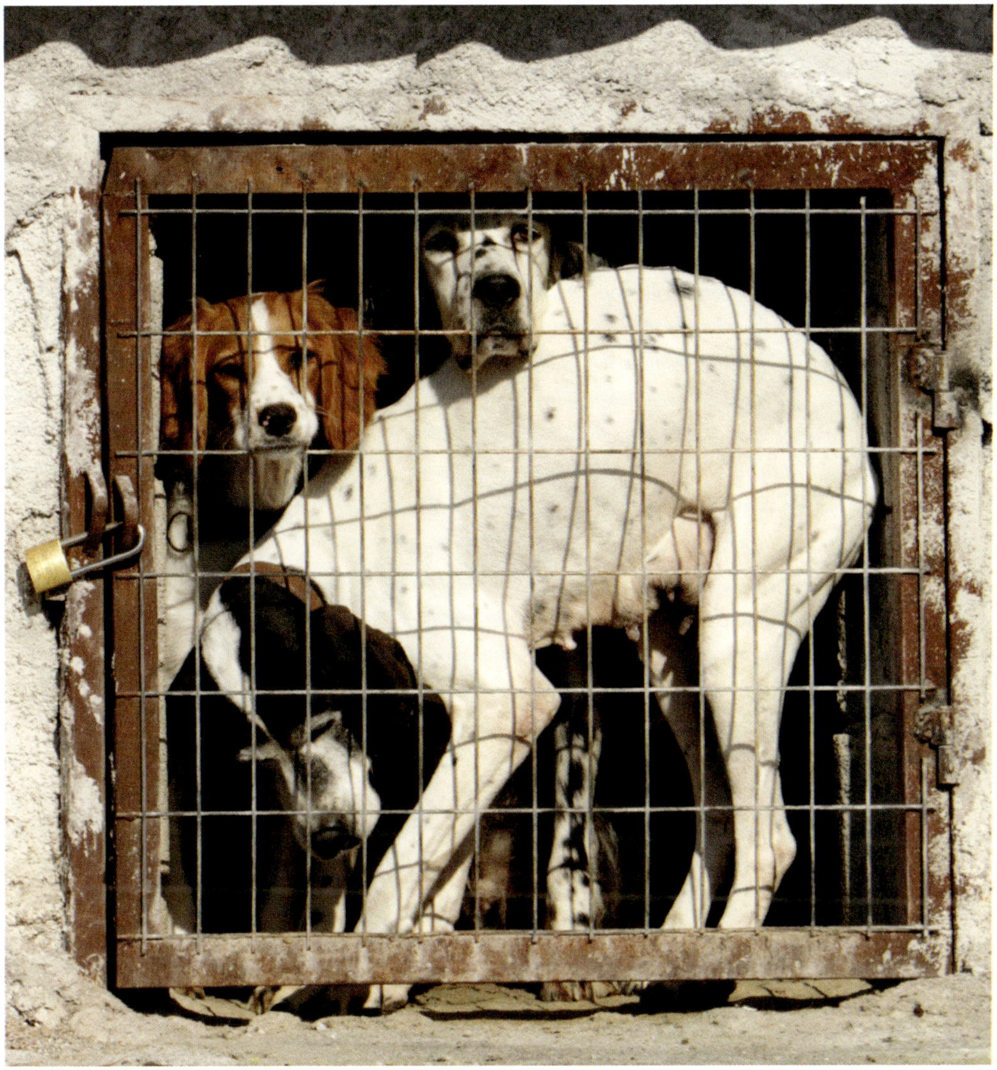

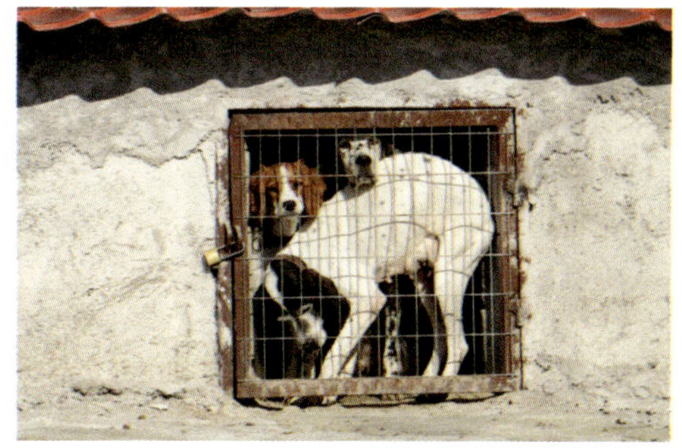

Links und oben: Da wir eine Neigung haben, zweidimensionale Bilder räumlich wahrzunehmen, wirkt sich der Platz, den wir um das Motiv herum lassen, auf das Gefühl aus, welches dem Betrachter vermittelt wird. Dieses Bild wurde stark beschnitten, um die Enge des „Gefängnisses“ dieser Jagdhunde in Griechenland zu betonen. Die Hunde wirken dadurch noch zusammengedrängter, und der Betrachter kann das fühlen.

Rolle spielen. Wenn wir zum Beispiel eine Diashow ansehen, schauen wir oft zuerst auf die gleiche Stelle auf einem neuen Dia, die uns auf dem vorherigen Bild aufgefallen war.

Allgemein lässt sich sagen, dass unser Blick von Bildbereichen angezogen wird, die Helligkeitskontraste oder stark kontrastierende Farben aufweisen. Unsere Aufmerksamkeit wird zudem besonders von helleren Tönen und bestimmten Farben geweckt. Außerdem achten wir auf Bildteile, die Objekte zeigen, von denen wir aus Erfahrung wissen, dass sie nützliche Informationen enthalten könnten, beispielsweise Gesichter, Verkehrsschilder oder Text.

Nach Hinweisen suchen

Die Erkenntnispsychologie beschäftigt sich mit dem Prozess unserer Wahrnehmung. Im Zusammenhang mit Fotografie sind die Theorien zur Verarbeitung visueller Informationen aufschlussreich, die davon ausgehen, dass verschiedene Teile eines Bildes für die Wahrnehmung unterschiedlich wichtig sind. Man spricht von einer Hierarchie der Formen. Bei einem Porträt zum Beispiel können zwei Hierarchieebenen unterschieden werden: Der Kopf als Ganzes und das Gesicht stehen in unserer Wahrnehmung auf einer höheren Hierarchieebene als Details, wie Augen, Nasenlöcher, Ohren und andere mehr, die auf einer niedrigeren Hierarchieebene stehen. Routinemäßig sehen und erkennen wir bekannte Gesichter anhand weniger einfacher visueller Hinweise. Sogar einzelne Elemente können, selbst wenn sie isoliert sind, dieselbe Reaktion hervorrufen wie der Anblick des vollständigen Objekts – im Fall einer Karikatur ist das zum Beispiel so. Unser Gehirn ergänzt die Formen und Muster, die unsere Augen sehen, durch weitere Merkmale aus der Erinnerung und Erfahrung.

Es gibt verschiedene Arten, wie solche „Informationsschnipsel“ verarbeitet werden können, damit sich ihre Bedeutung erschließt. Dies kann von „oben nach unten“ erfolgen, wobei die Identifikation einer höheren Ordnung – Kopf oder Gesicht – die nachfolgende Analyse untergeordneter Komponenten – Augen, Ohren oder auch Hautporen – erleichtert. Wissen oder Erwartungen steuern also die Informationsverarbeitung, weshalb diese als „aktiver Prozess“ gesehen wird. Alternativ kann diese Verarbeitung auch von „unten nach oben“ erfolgen, wobei die Identifizierung untergeordneter Komponenten ihre nachfolgende Synthese zur übergeordneten Form erleichtert. Der Wahrnehmungsprozess umfasst dann beispielsweise die Abgleichung der Formen im Bild mit Vorlagen, die in unseren Erinnerungen gespeichert sind.

Visuelle Verarbeitung

Weitere Faktoren, wie Vertrautheit, Komplexität und erwartete Wahrscheinlichkeit des Erscheinungsbilds einer Form, beeinflussen die Geschwindigkeit, mit der eine Form erkannt wird, aber es wird noch darüber diskutiert, welcher dieser Arten der Verarbeitung die größte Bedeutung beizumessen ist. Elektrophysiologische Analysen der sogenannten „rezeptiven Felder" legen eine Methode nahe, bei der die Hierarchieebenen im Gehirn von unten nach oben abgearbeitet werden, aber nach neueren Forschungen wird die Reihenfolge visueller Verarbeitung eher umgekehrt – von oben nach unten – beschrieben. Es gibt sogar Studien, die die Schlussfolgerung stützen, dass keines von beidem richtig ist, sondern dass Wahrnehmung eher „aus der Mitte heraus" passiert.

Dies legt nahe, dass Formen auf einer mittleren Strukturebene – weil sie zum Beispiel eine optimale Größe im Gesichtsfeld haben – zuerst verarbeitet werden, was dazu führt, dass die höheren und niedrigeren Formebenen danach leichter verarbeitet werden können. Eine abschließende Bewertung gibt es hier noch nicht, aber es scheint wahrscheinlich, dass unsere Art der Informationsverarbeitung variabel ist und vermutlich von vielen Faktoren abhängt. Dies würde zum Beispiel unsere visuelle Vorerfahrung und den Abstand zwischen Objekt und Betrachter miteinschließen: Die Distanz beeinflusst eindeutig die Menge an Informationen, die wir aus niedrigeren Ebenen wahrnehmen können.

Visuelle Aufmerksamkeit – der Prozess, bei dem uns irgendetwas in der realen Welt oder auf einem Bild ins Auge sticht – wird im Allgemeinen als Vorgang gesehen, der überwiegend von unten nach oben verläuft. Unsere Aufmerksamkeit wird von einer roten Blume erregt, wenn wir über eine grüne Wiese gehen, und zwar nicht durch unser früheres Wissen, dass diese Blume da ist, sondern durch den visuellen Impuls der roten Farbe der Blume und unsere automatische Reaktion auf diesen Reiz. Mit Sicherheit erfolgen also einige der Wahrnehmungsprozesse, die für unsere Überlegungen zur Komposition relevant sind, automatisch und sofort. Die Komposition eines Bildes und das „Lesen" eines Fotos können aber auch von „oben nach unten" erfolgen. So werden Aspekte wirksam, die eher überlegt, kalkuliert, interpretatorisch und wertend sind.

Das Gesehene verstehen und seine Bedeutung erschließen

Hinter dem ganzen visuellen Wahrnehmungsprozess, der beim Betrachten einer Szene oder eines Bildes abläuft, steckt der Wunsch, zu verstehen, was zu sehen ist, und dessen Bedeutung zu erschließen. Daher überrascht es vielleicht nicht, dass uns ein Kunstwerk Freude bereitet, wenn seine Komposition diesen Prozessen entspricht und seine Betrachtung uns zu lohnenden Erkenntnissen führt.

Dies im Hinterkopf bewahrend wenden wir uns nun detaillierter dem zu, was wir von den österreichischen und deutschen Psychologen lernen können, die diese Prozesse studiert haben. Eine Basis für ihre Forschungen war die Beobachtung, dass wir dazu neigen, zweidimensionale Darstellungen psychologisch so zu verorten, als würde es sich um dreidimensionalen Raum handeln – die Elemente auf der Fläche und im Raum sind gleich konnotiert. Dies kann zum Beispiel bedeuten, dass ein Bild mit sehr wenig Negativraum – unter Negativraum versteht man den Raum zwischen den Objekten, zum Beispiel den Bildhintergrund – beim Betrachter ein Gefühl von Beengtsein auslöst. Im Gegensatz dazu bewirkt reichlich Negativraum, dass das gezeigte Objekt und damit zugleich der Betrachter „Luft zum Atmen" haben. Ein Übermaß an Negativraum kann hingegen ein Gefühl von Überfluss vermitteln: Da ist „noch Platz". Für eine neutralere Wahrnehmung kann man versuchen, die Menge an Positivraum (der vom Motiv eingenommen wird) und an Negativraum auf dem Bild auszugleichen.

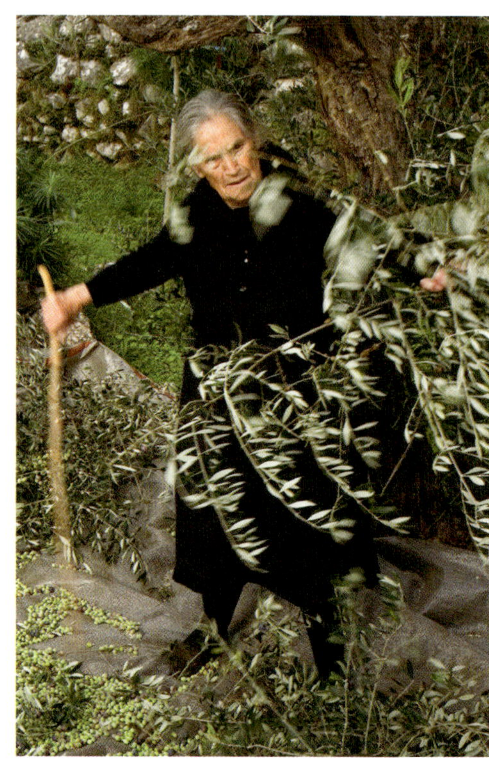

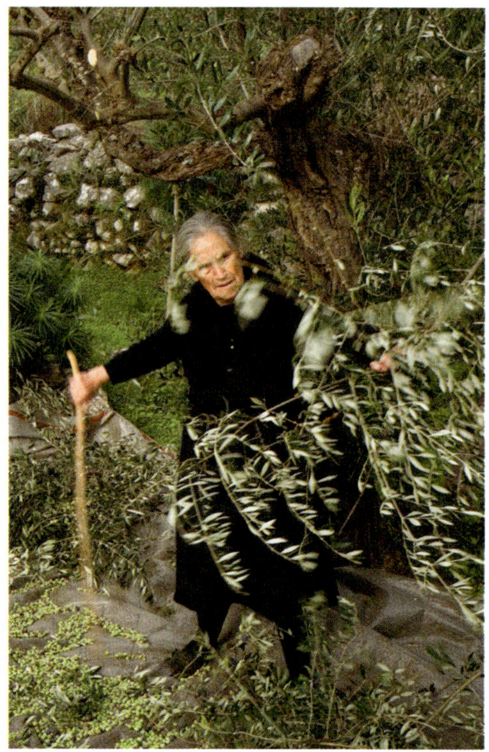

Rechts: Diese Aufnahme einer älteren Frau, die Oliven von einem Baum schlägt (oben), profitiert von der Einbeziehung eines größeren Teils ihrer Umgebung (unten), denn der Raum, durch den der Stock geschwungen werden kann, wird dadurch größer.

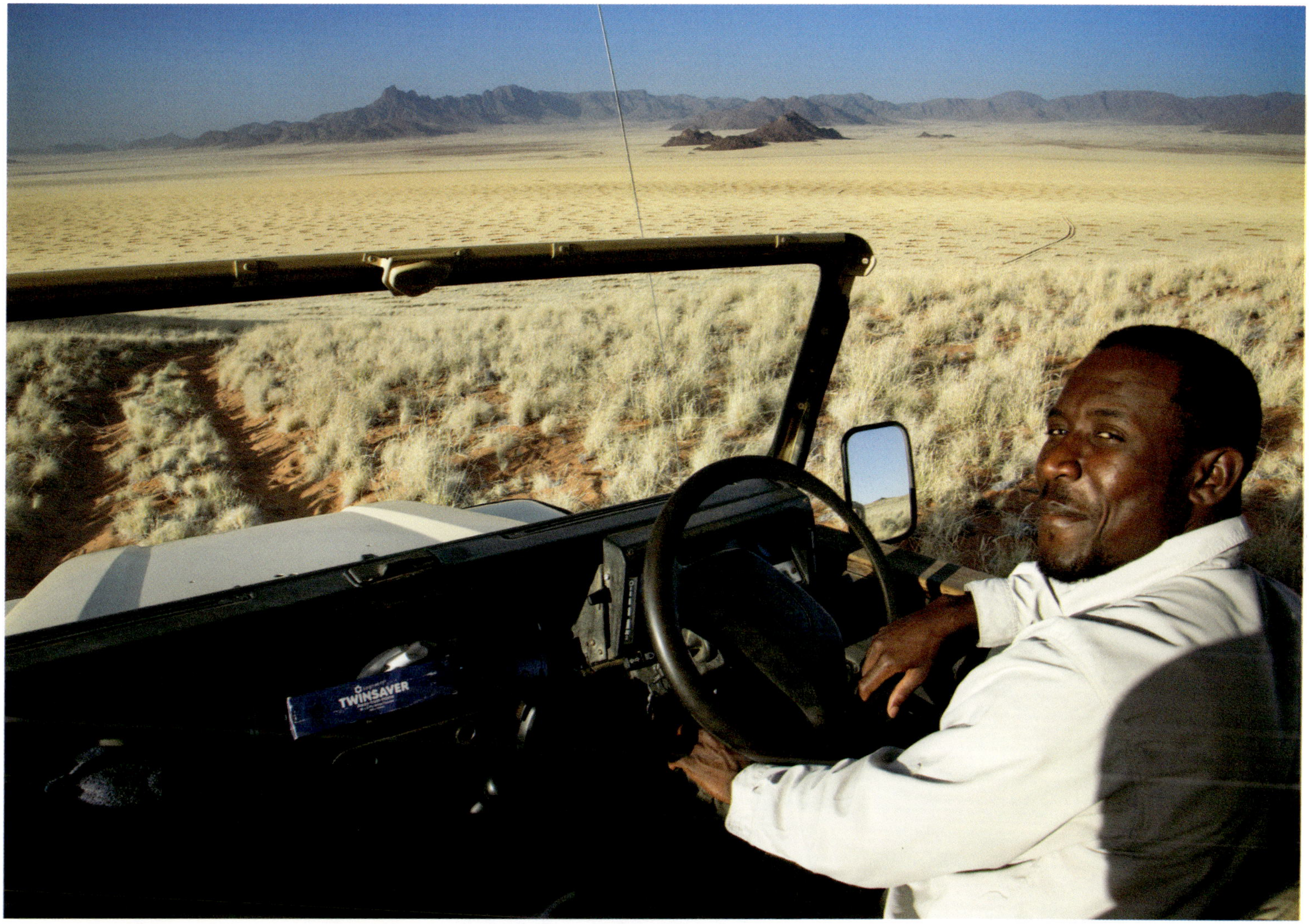

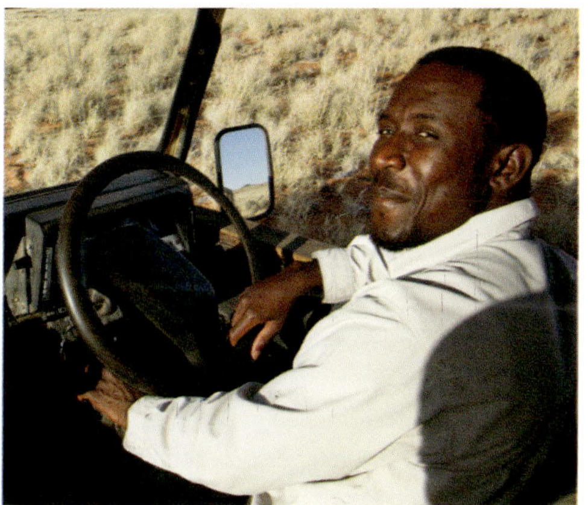

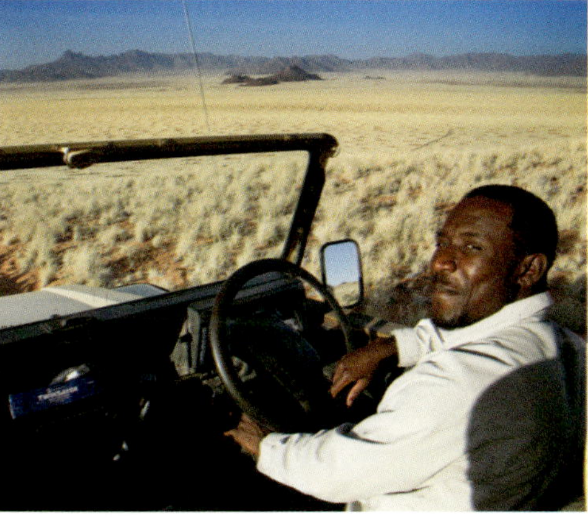

Links und oben: Diese Aufnahme könnte dazu verleiten, die Ränder links und oben großzügig zu beschneiden, um ein intimeres Porträt zu erhalten (unten links), oder es nur auf der linken Seite ein Stück zu beschneiden (unten rechts). Das unbeschnittene Original (oben) vermittelt jedoch ein Raumgefühl, das dem Betrachter viel mehr über den Aufnahmeort in Namibia verrät.

Verwandte Konzepte

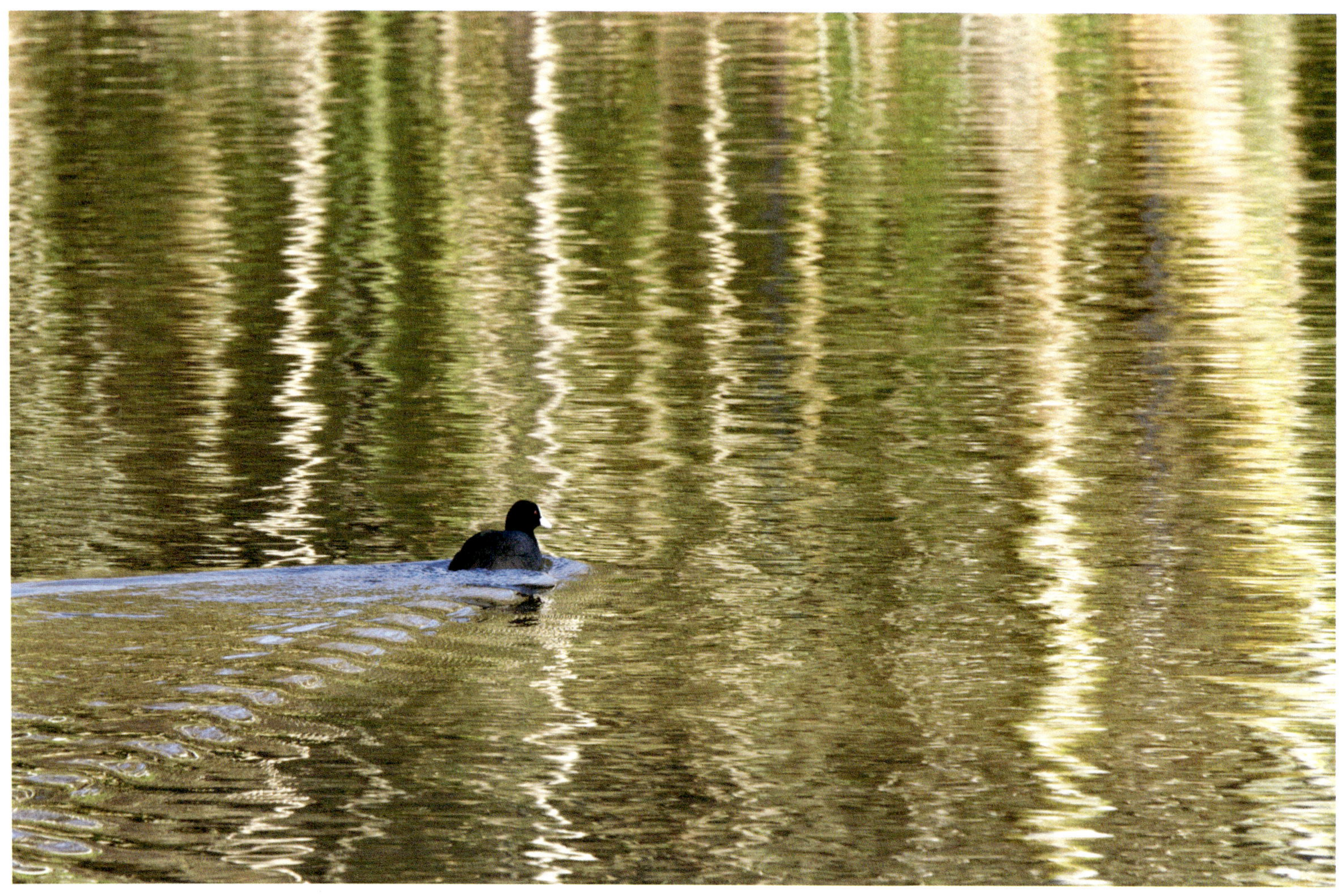

Die Regel für den Umgang mit Raum

Ein Gefühl für physischen Raum entsteht beim Betrachten eines Fotos, wenn man einem verbreiteten Konzept folgt, das im Englischen anschaulich als Konzept des „nose room" bezeichnet wird. Diese Regel besagt, dass eine im Bild gezeigte Person „Raum vor der Nase" haben sollte. Dieser Handlungsraum befindet sich in der Richtung, in die ihre Nase deutet. Wir könnten natürlich auch beschließen, diese Regel zu brechen, um mehr Spannung zu erzeugen oder um das Gefühl, dass das Subjekt irgendwie eingeschränkt oder begrenzt ist, zu verstärken.

Visuelle Intelligenz

Durch unsere Fotografie können wir den Betrachter absichtlich manipulieren, indem wir die Tatsache ausnutzen, dass er nach einem Gefühl von Dreidimensionalität strebt. Dabei hilft uns ein tieferes Verständnis der Prozesse unserer „visuellen Intelligenz". Diese Intelligenz umfasst die Anwendung von Wissen und Erfahrungen, die in der realen Welt erworben wurden, auf Phänomene, wie etwa den Bildgegenstand eines Fotos. Unsere Spezies leitet Bedeutung in der Regel aus etablierten Normen her. Wie wir noch sehen werden, umfasst dies nicht nur Interpretationen, die auf der kulturell bedingten Bedeutung von Symbolen und Zeichen basieren, sondern auch solche, die von unseren persönlichen Erwartungen, Erfahrungen und Bedürfnissen beeinflusst sind.

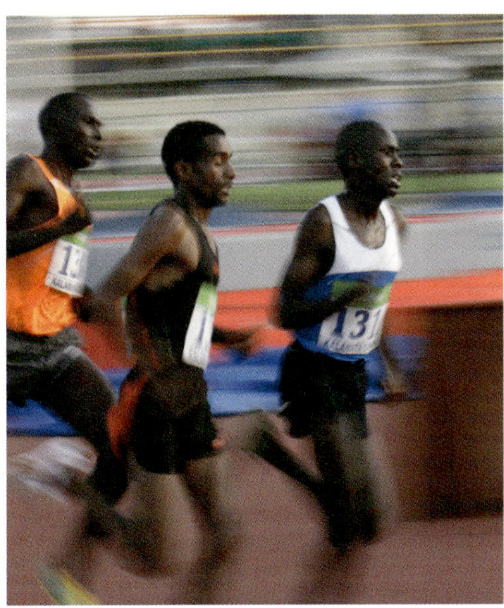

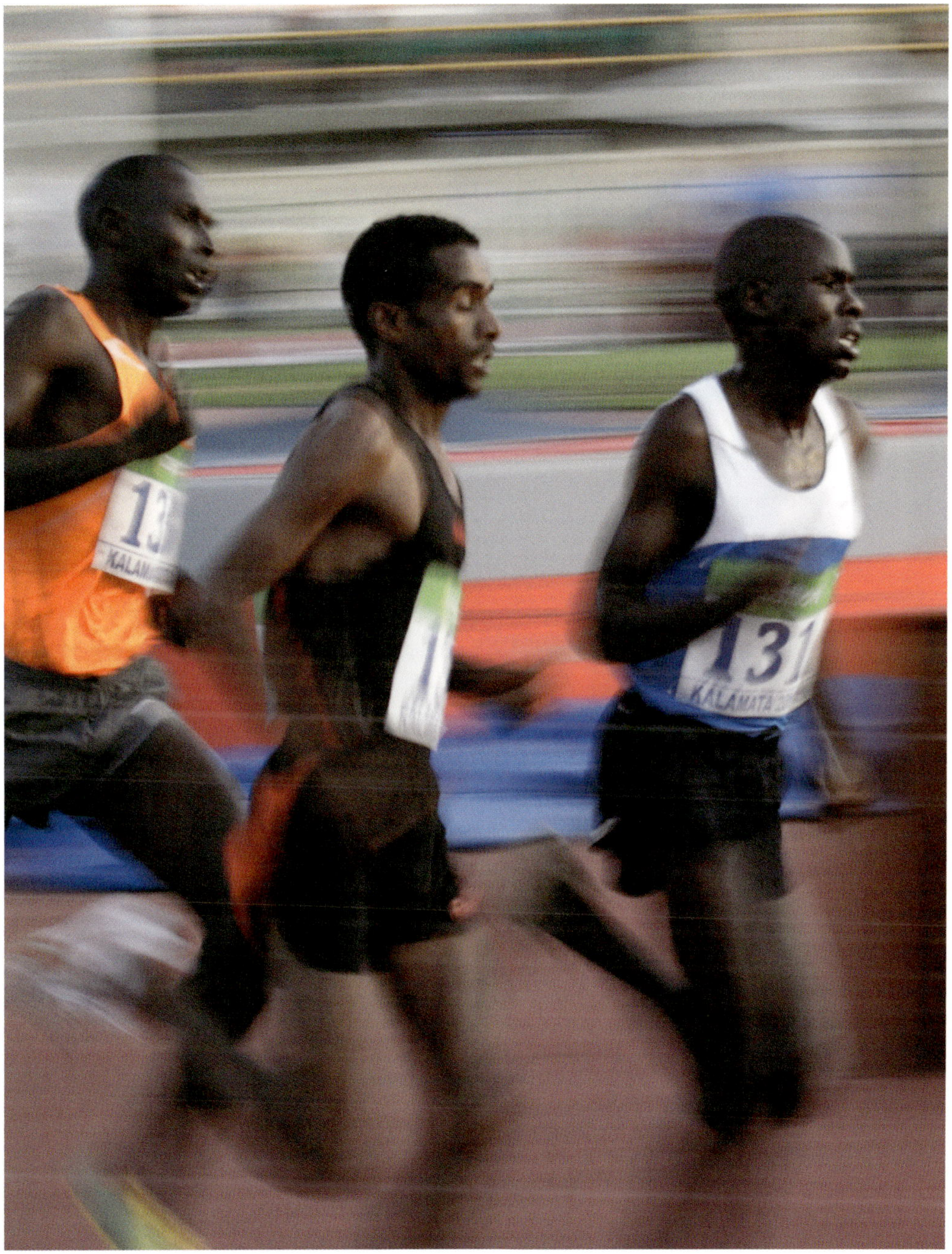

Oben und rechts: In diesem Beispiel scheint durch die Wahl des Bildausschnitts die Raumregel bewusst außer Kraft gesetzt worden zu sein, um den Läufer in der Mitte innerhalb der Gruppe hervorzuheben. Dieser hat im Bild rechts im Vergleich zu links als einziger ausreichend „nose room“ und somit auch einen angemessenen Raum, um zu laufen.

Links: Das Kielwasser hinter dem Blässhuhn betont die Richtung, in die sich der Vogel fortbewegt, während nach vorne hin massenhaft Platz ist, um dem schönen Muster auf der bewegten Wasseroberfläche Raum zu geben.

Gestalttheorie

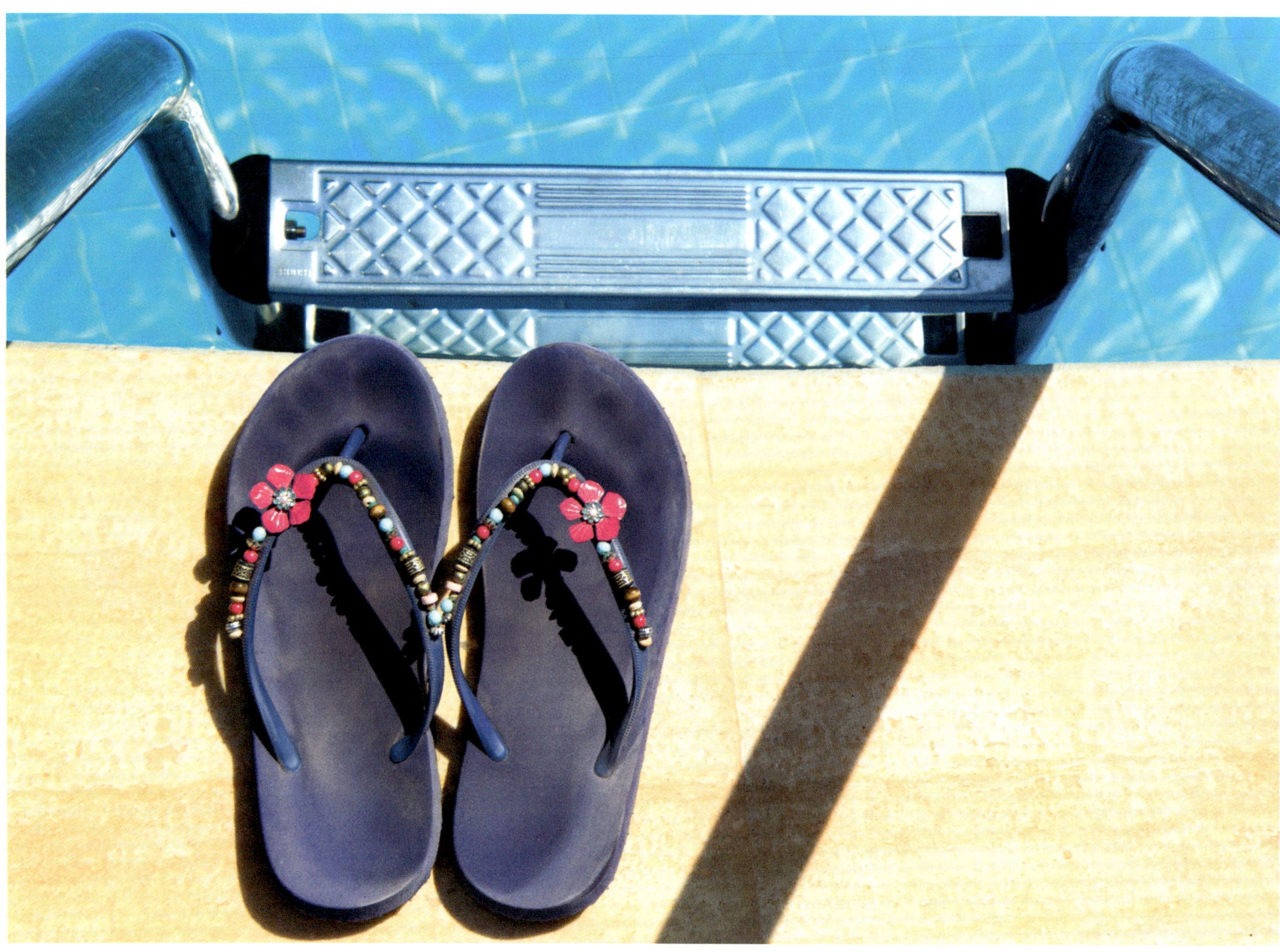

Das Streben der Psychologen, die Schlüsselprinzipien hinter der „Visuellen Intelligenz“ zu verstehen, resultierte in einer Theorie, die vielen Fotografen vertraut sein wird.

Der Begriff der „Gestalt“ bezieht sich in diesem Kontext auf eine Ausgestaltung oder ein Muster mit Eigenschaften, die nicht von der Summierung ihrer Einzelkomponenten abgeleitet werden können. Dies bezieht sich auf die zugrundeliegende Beobachtung, dass das Gehirn dazu neigt, sichtbare Elemente in ihrer Ganzheit wahrzunehmen und nicht als deren einzelne Teile. Dies meinte der deutsche Psychologe Kurt Koffka, als er feststellte: „Das Ganze ist etwas anderes als die Summe seiner Teile.“

Für uns Fotografen bedeutet dies: Jeder einzelne Teil eines Bildes an sich hat zwar eine Bedeutung, aber die Bedeutung kann sich ändern, wenn man alle Bildteile zusammen betrachtet. Wenn man das „Ganze“ interpretiert, findet ein kognitiver Prozess statt – das Gehirn begreift zuerst die Einzelteile und gelangt dann zum Verständnis des Ganzen.

Oben: Die Flipflops, der Pool und die Leiter ins Wasser vermitteln in der Zusammenschau, dass das Foto für einen heißen Tag steht. Die Bedeutung wäre eine andere, wenn man die einzelnen Gegenstände isoliert betrachten würde.

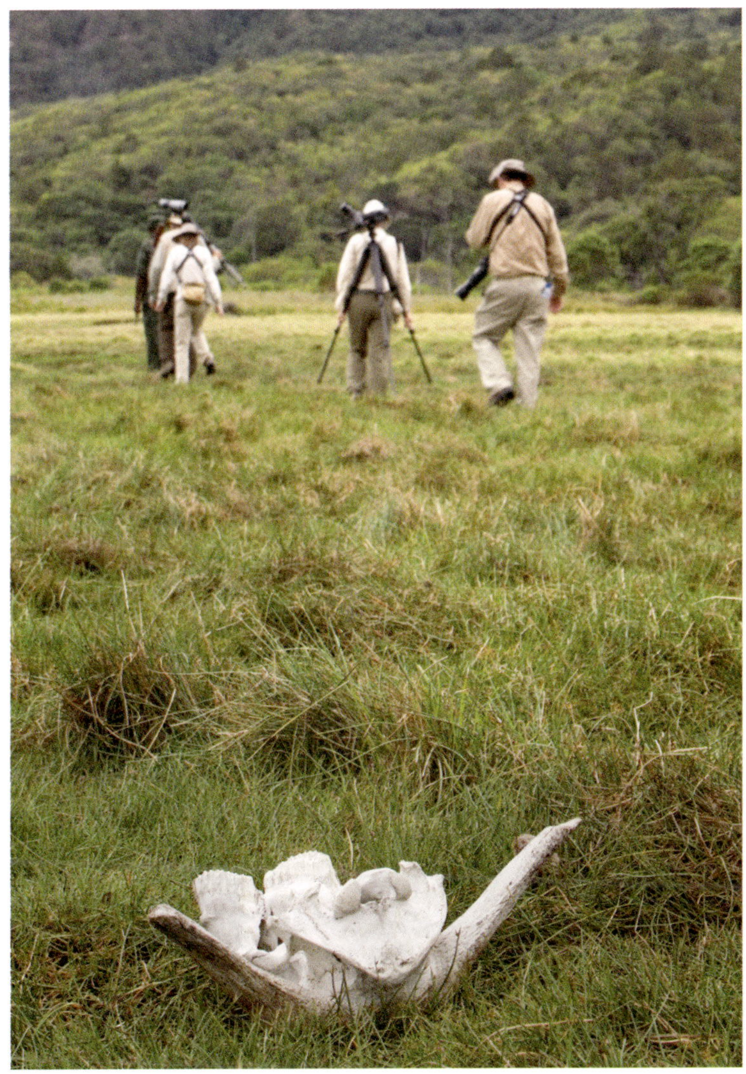

Das Bild zeigt Menschen mit Kameraausrüstung und das Fragment eines Tierkadavers. Als Ganzes betrachtet sagt es jedoch mehr als die einzelnen Bildelemente: Dieses Foto könnte auf die Auswirkungen des Tourismus auf Wildtiere in Tansania hinweisen.

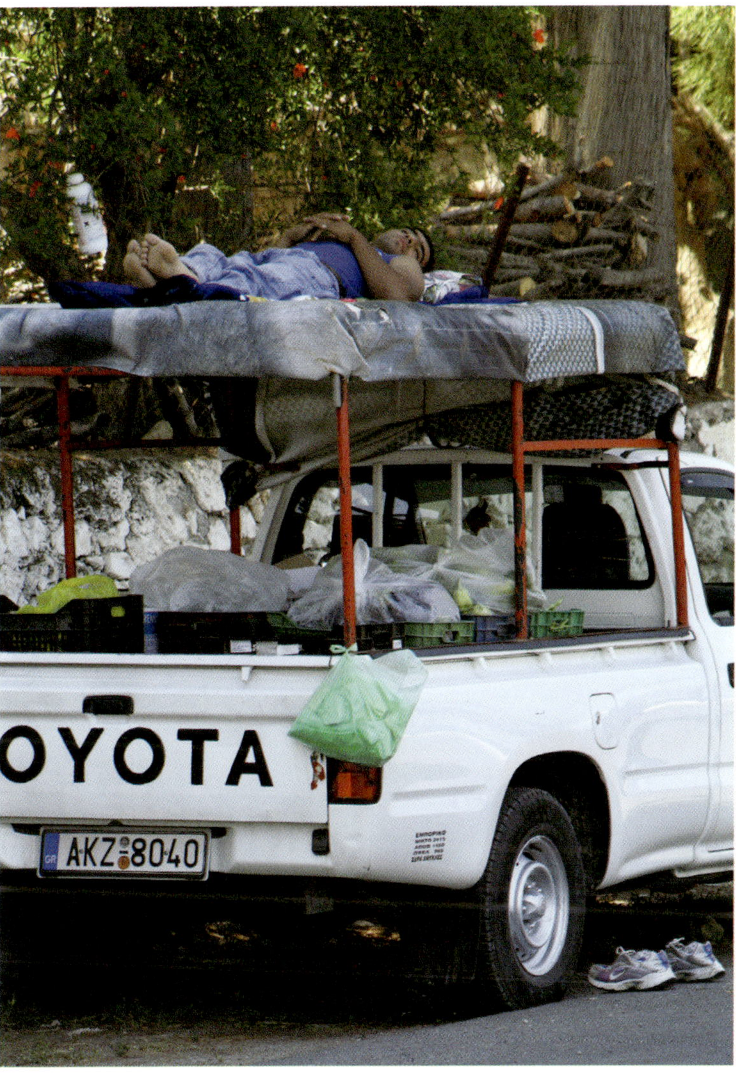

Die Zusammenschau der verschiedenen Elemente auf diesem Bild – der Mann, sein Fahrzeug, die Lebensmittel in Kisten, seine Schuhe – erzählt mehr über diesen griechischen Straßenverkäufer als jedes Bildelement für sich.

Das Gesetz der Prägnanz

Ein weiteres Grundprinzip der Gestalttheorie ist das Gesetz der Prägnanz. Demnach streben unsere psychologischen Prozesse danach, Ordnung, Harmonie, Symmetrie, Schlichtheit und Struktur aus dem herzustellen, was anfangs scheinbar unzusammenhängende Informationsfragmente waren – also Chaos. Dabei werden prägnante Formen erkannt und inhaltlich zugeordnet. Erkennen wir zum Beispiel auf einem zweidimensionalen Bild typische Merkmale, die wir der realen Erfahrung eines fallenden Objekts zuordnen können, so scheint das abgebildete Objekt ebenfalls zu fallen, es erhält „visuelles Gewicht". Auf dieselbe Art und Weise zeigt ein feststehendes Bild menschliche Aktionen oder Zustände, wie zum Beispiel sich vorbeugen, fliegen, sich schnell oder langsam bewegen, gefangen oder frei sein. Die Gestalten auf den Fotos werden also belebt aus unseren eigenen körperlichen Erfahrungen in der uns umgebenden realen Welt. Darüber hinaus bringen wir gesellschaftliche und kulturelle Einflüsse in unser Bildverständnis ein. Ein weiteres Beispiel für die Wirkung des Gesetzes der Prägnanz ist die Interpretation von Linien auf einem Bild, wenn diese uns zum Beispiel an prägnante architektonische Linienführungen in unserem Lebensumfeld erinnern.

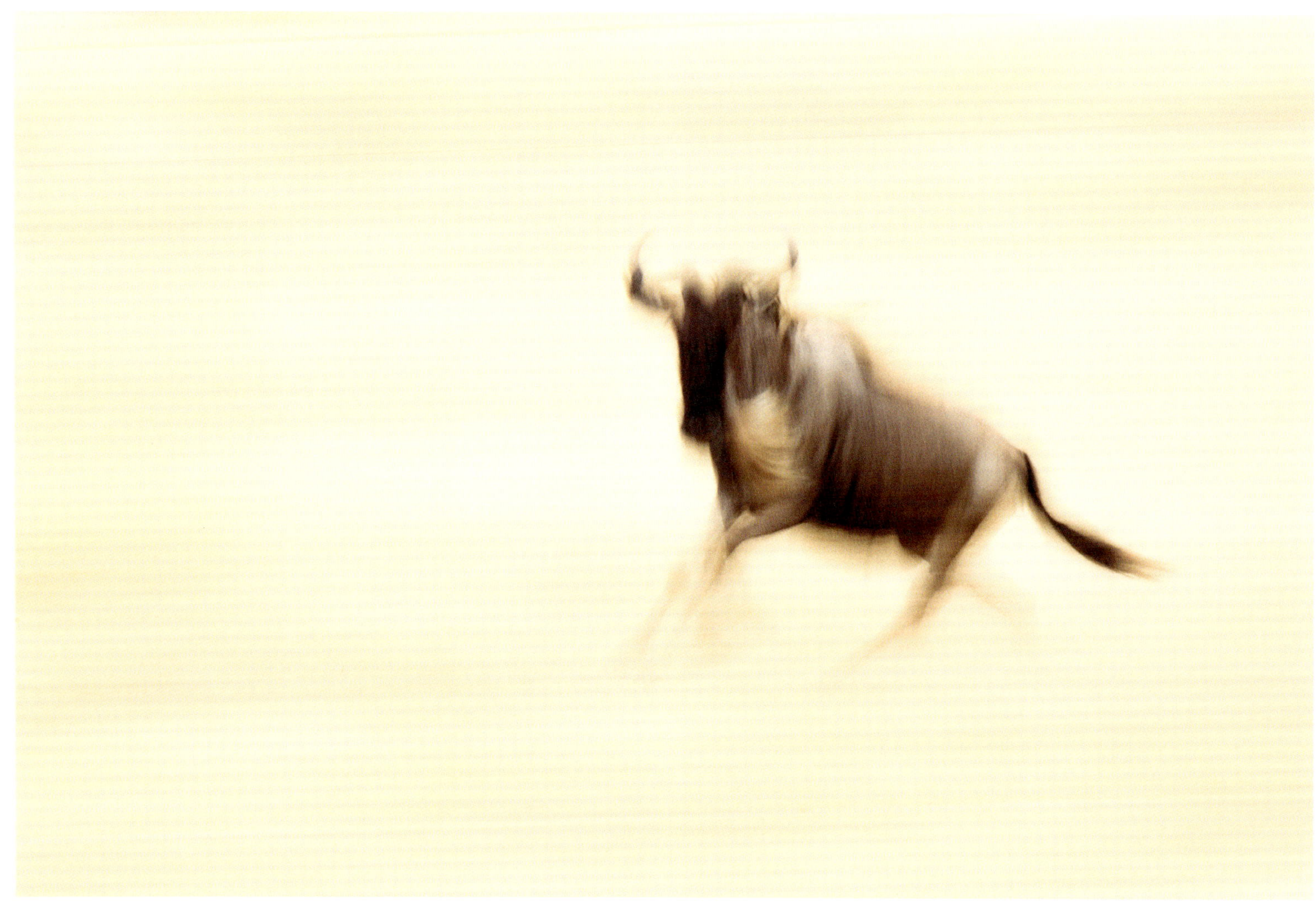

Oben: Auch wenn dieses Foto verschwommen ist, um Bewegung zu vermitteln, hebt sich die Gestalt – also das galoppierende Gnu – eindeutig vom Hintergrund ab. Ein Kameraschwenk bei langsamer Verschlusszeit hat bewirkt, dass der Hintergrund stärker verschwimmt als das abgebildete Tier. Das verstärkt den gewünschten Effekt.

Sechs Grundprinzipien der Gestalttheorie

Diese grundlegenden Beobachtungen wurden in der Gestalttheorie weiter verfeinert, und es wurde noch genauer beschrieben, wie das Gehirn visuell erfasste Informationen organisiert. Offenbar identifizieren wir Gegenstände auf der Bildfläche, indem wir unser Bewusstsein darauf richten. Außerdem wurde unsere Neigung beschrieben, die Beziehungen zwischen verschiedenen Elementen wahrzunehmen und daraus Bedeutung und Ordnung abzuleiten. Sechs Prinzipien der Gestalttheorie beschreiben, auf welche Weise dies geschieht. Diese sind: Figur-Grund-Trennung, Ähnlichkeit, Nähe, Geschlossenheit, Kontinuität und Symmetrie. Die folgenden Seiten widmen sich diesen Prinzipien genauer.

1. Figur-Grund-Trennung

Wir neigen dazu, die Gestalt von Personen und Objekten vom Hintergrund zu unterscheiden. Dies geschieht anhand von variablen Bildaspekten, wie Kontrast, Schärfe, Farbe, Größe und andere.

Auf einem Bild können mehrere Personen oder Objekte abgebildet sein, und was als Figur und was als Hintergrund wahrgenommen wird, kann wechseln, wenn wir unsere Aufmerksamkeit nacheinander auf verschiedene Bildteile richten. Alles, was nicht Figur ist, ist Grund und umgekehrt. Aber was uns als Figur und was uns als Grund oder Hintergrund erscheint, kann wechseln, wenn wir unseren Fokus verschieben.

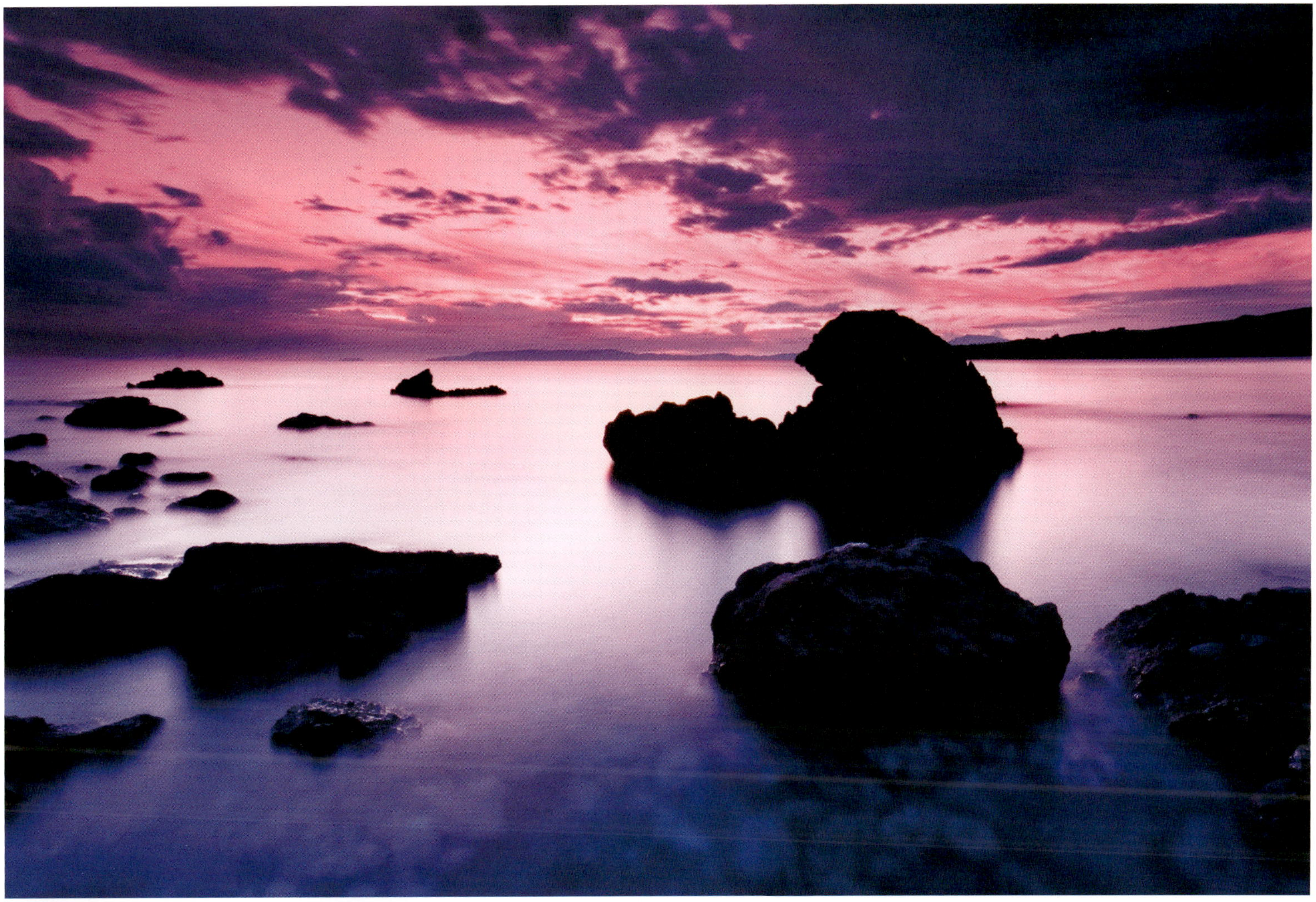

Oben: Beim Betrachten dieses Bildes können das Wasser, der Himmel oder die Felsen als Gestalt aufgefasst werden. Die jeweils anderen Bildbereiche bilden dann den Hintergrund.

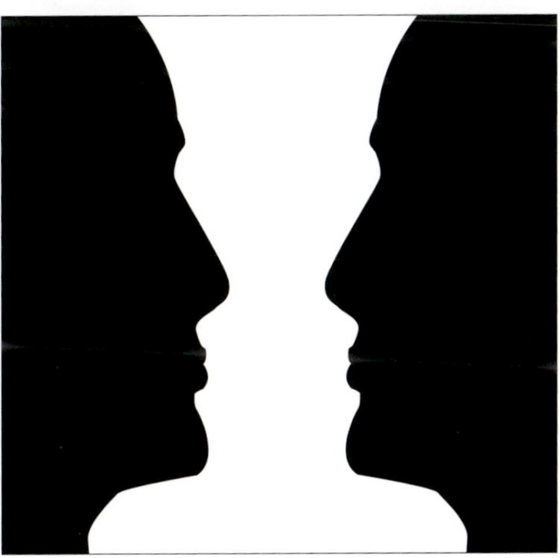

Links: Das bekannte Kippbild „Vase oder zwei Gesichter" illustriert sehr schön den Wahrnehmungswechsel von Gestalt zu Hintergrund. Einen Moment lang nehmen wir die weiße Vase in der Mitte als Gestalt wahr, doch mit der Verschiebung der Aufmerksamkeit wird plötzlich die Gestalt der Vase zum Hintergrund und wir sehen zwei dunkle Kopfprofile, die einander zugewandt sind.

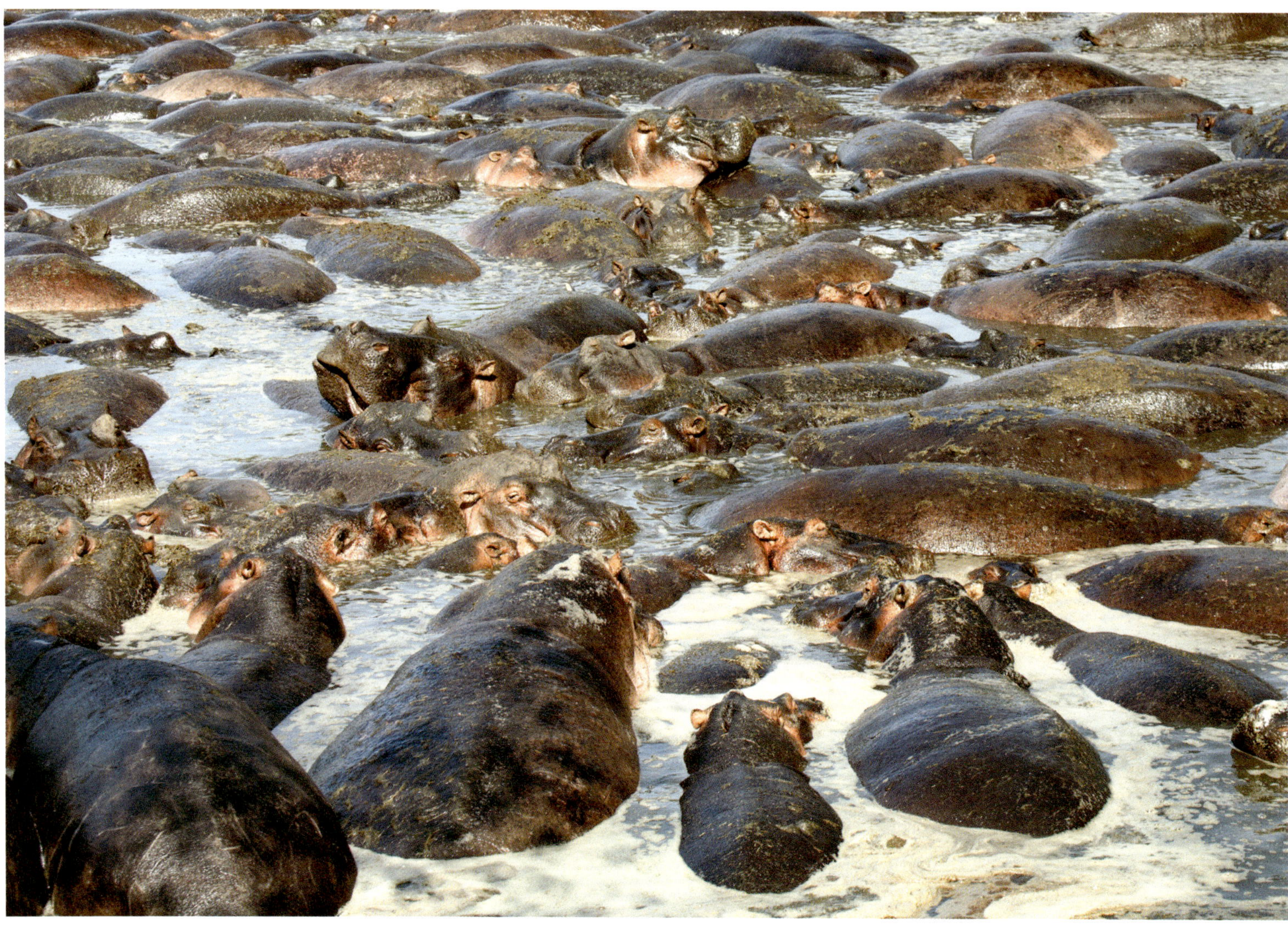

2. Ähnlichkeit

Wir neigen dazu, Dinge, die gemeinsame visuelle Merkmale haben, zum Beispiel Form, Größe, Farbe, Textur, Struktur oder Wertigkeit, als zusammengehörig zu empfinden. Betrachter mögen, dass verschiedene Gegenstände auf einem Bild zusammengehören oder in Beziehung zueinander stehen. Viele Fotos machen sich das Wahrnehmungsraster zunutze und zeigen Arrangements von Elementen, die gleich sind oder genug gemeinsam haben, um als zusammengehörig empfunden zu werden. Menschen lieben es, auf einem solchen Foto, welches gleichartige Bildelemente wiederholt, etwas zu entdecken, das aus der Reihe fällt, weil es durch seine Andersartigkeit das Wiederholungsmuster deutlich durchbricht. Der bewusste Einsatz von Ähnlichkeit in einer Komposition kann zudem Bedeutung vermitteln, die unabhängig vom eigentlichen Bildgegenstand ist. Hier kann man vielleicht eine Beziehung zwischen zwei Elementen auf einem Bild erkennen, die ursprünglich nicht da war. Das ist ein cleverer Trick, der bei vielen Bildern angewandt wird. Wie all diese Prinzipien kann das Prinzip der Ähnlichkeit in unterschiedlichem Maße angewandt werden. Ein subtiler Einsatz mit einem sehr geringen Maß an Ähnlichkeit kann ausreichen, den Betrachter anzuregen, indem eine Verbindung zwischen den Elementen angedeutet wird.

Oben: Die Ähnlichkeit in Farbe, Textur und Form sowie die Nähe der einzelnen Gestalten zueinander sagt uns, dass hier Nilpferde zu sehen sind und dass sie eine Gruppe bilden. Die Tiere sind offenbar gerne zusammen, denn ihre Gesichter strahlen Zufriedenheit aus.

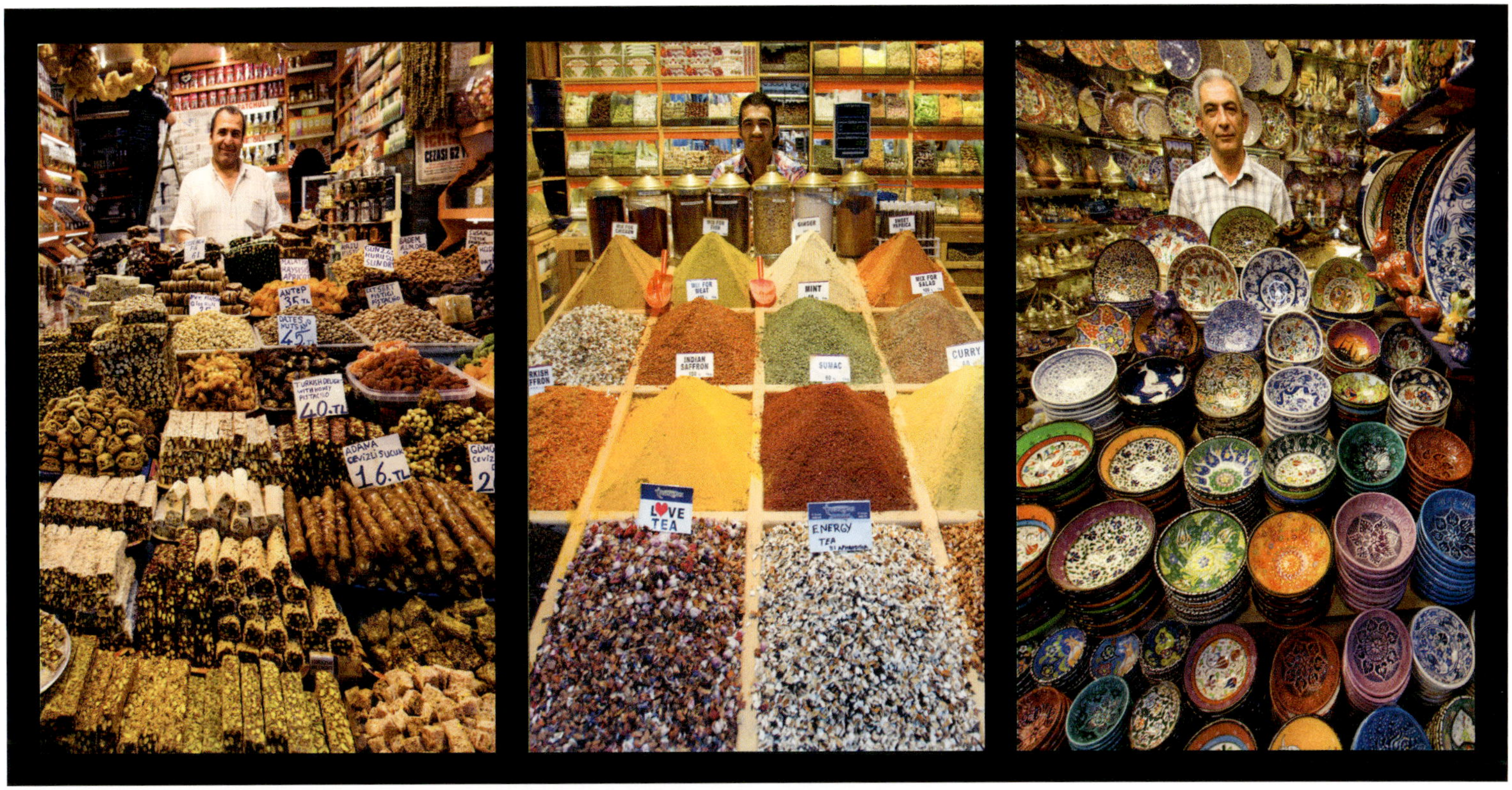

Oben: Man kann verschiedene Fotos zu einem einzigen Bild kombinieren, wie bei diesem Triptychon. Ähnlichkeit spielt dabei oft eine Schlüsselrolle, denn sie gewährleistet, dass man die Bilder als zusammengehörig erkennt. Als ich in Istanbul durch die Basare ging, schwebte mir dieses Triptychon vor. Ich versuchte, für jedes Foto den gleichen Blickwinkel und die gleiche Brennweite zu benutzen und den Ladenbesitzer in der Mitte zu platzieren, direkt hinter seinen Waren.

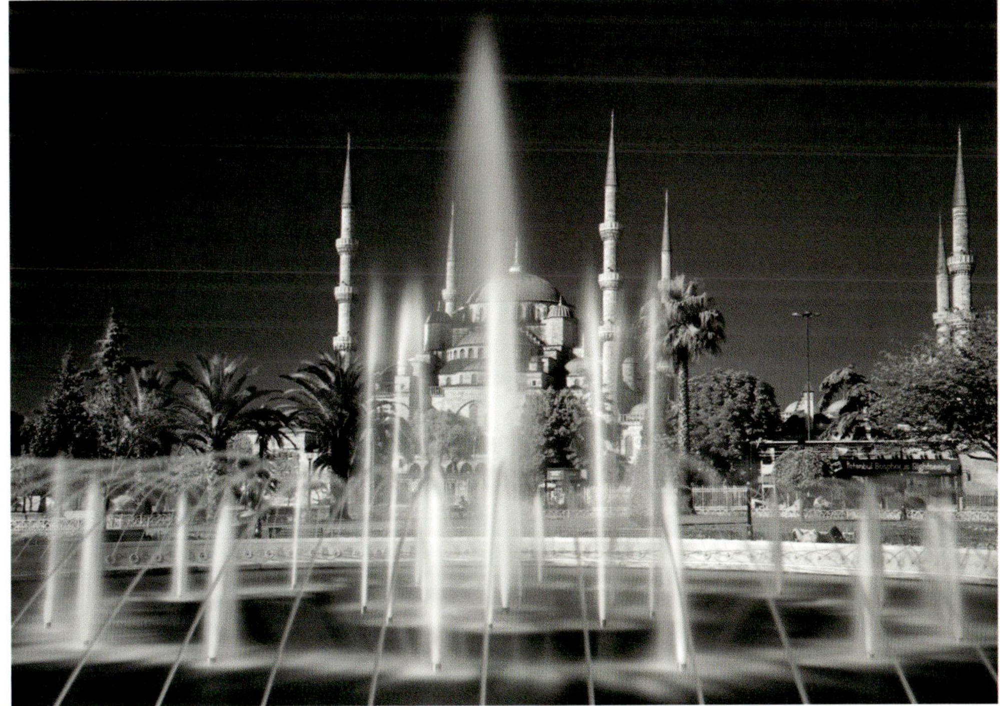

Links: Die Wirkung dieses Fotos von der Blauen Moschee in Istanbul resultiert aus der Ähnlichkeit zwischen den Minaretten und den Wassersäulen der Brunnen im Vordergrund, durch die auch ein inhaltlicher Bezug hergestellt wird.

TIPP

WIEDERHOLUNG UND RHYTHMUS

Die Wiederholung von Formen oder Farben auf einem Bild ist im Allgemeinen angenehm, genau wie der Rhythmus eines Musikstücks. Die Formen müssen dabei nicht identisch sein – selbst wenn sie ein wenig variieren, wird die Übereinstimmung höchstwahrscheinlich wahrgenommen. Ähnlichkeit und Wiederholung von Bildelementen erzeugen Rhythmus und Bewegung und vermitteln auf diese Weise meist Harmonie und ein Gefühl für Zusammengehörigkeit. Der Bezug von Bildelementen aufeinander dient nicht nur der Vermittlung von Bedeutung – eine gute Komposition setzt die Ähnlichkeit auch als ästhetisches Gestaltungsmittel ein. Auch das Gegenteil von Ähnlichkeit – also der deutliche Unterschied – wird von Fotografen zur Bildkomposition eingesetzt. Im Englischen bezeichnen Fotografen solche Bilder als „anomaly“, also als „Abweichung von der Regel“.

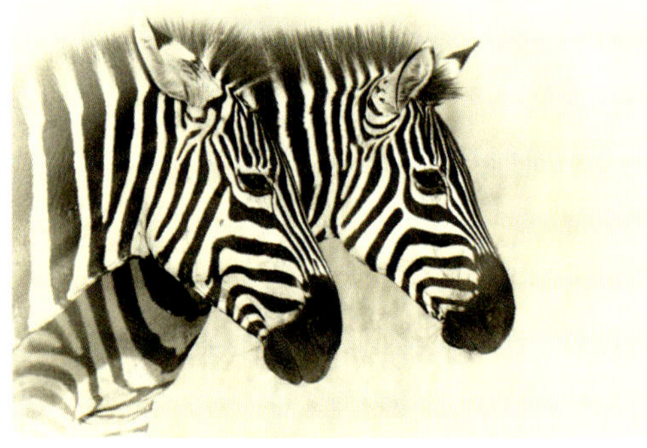

Oben: Durch Bildbearbeitung wurden diese beiden Zebras einander angeglichen – möglicherweise ablenkende Details wurden entfernt und Kontur und Zeichnung vereinheitlicht. Dies verstärkt die Wirkung des Fotos, das auf den Effekten der Ähnlichkeit beruht.

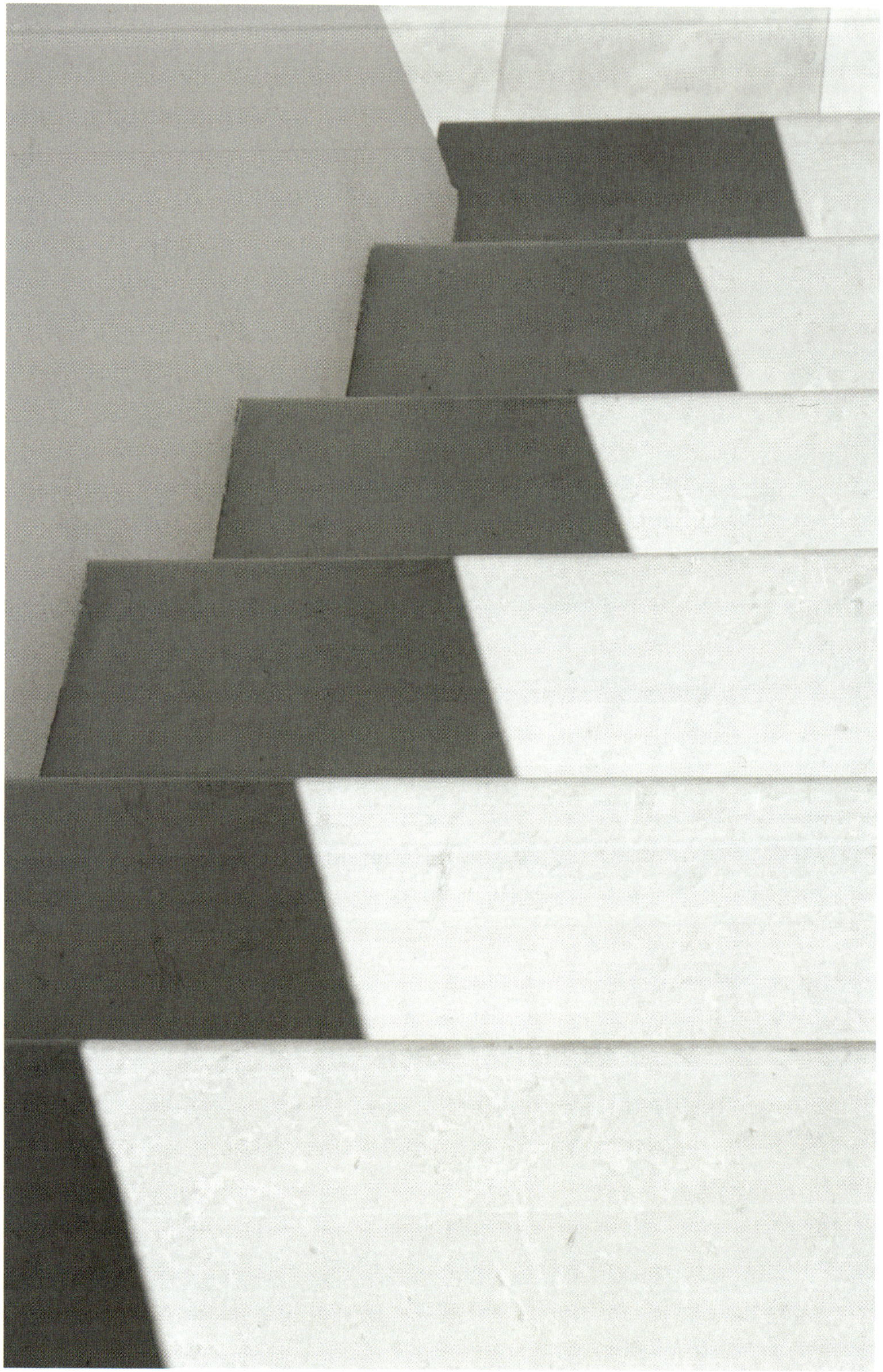

Rechts: Durch Ähnlichkeit und Wiederholung entsteht eine diagonal verlaufende Zickzacklinie. Verfolgt der Betrachters diese mit den Augen, entsteht ein angenehmer Rhythmus – der Blick „tanzt“.

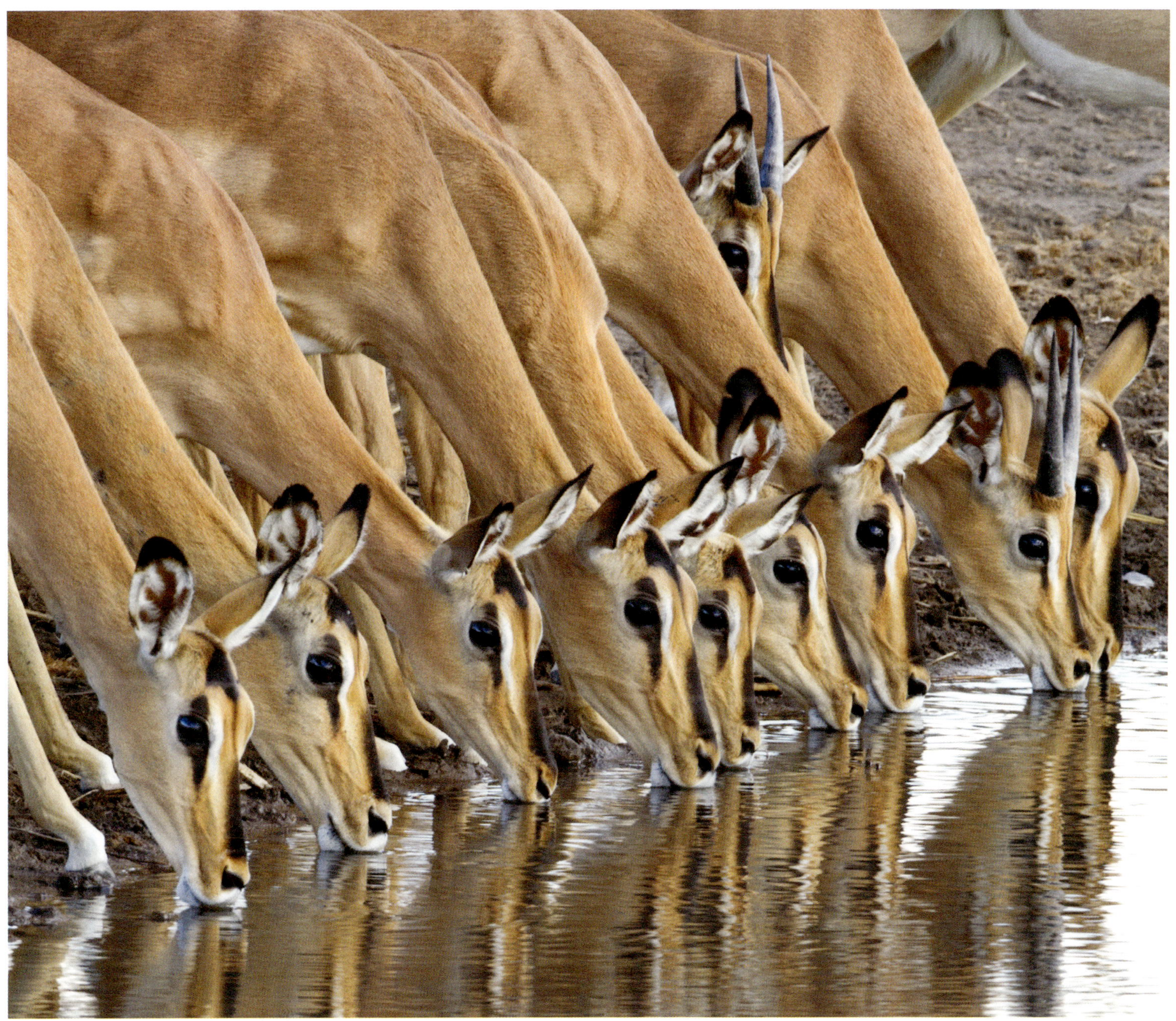

Oben: Diese Schwarznasenimpalas, die sich zum Trinken am Wasser aufgereiht haben, sind ein gutes Beispiel dafür, wie sich durch den Einsatz von Ähnlichkeit und Wiederholung im Bild ein Gefühl von Harmonie auf den Betrachter überträgt. Man beachte, wie die Abweichung von der Regel die Aufmerksamkeit auf das Tier lenkt, das den Kopf als einziges nicht gesenkt hält.

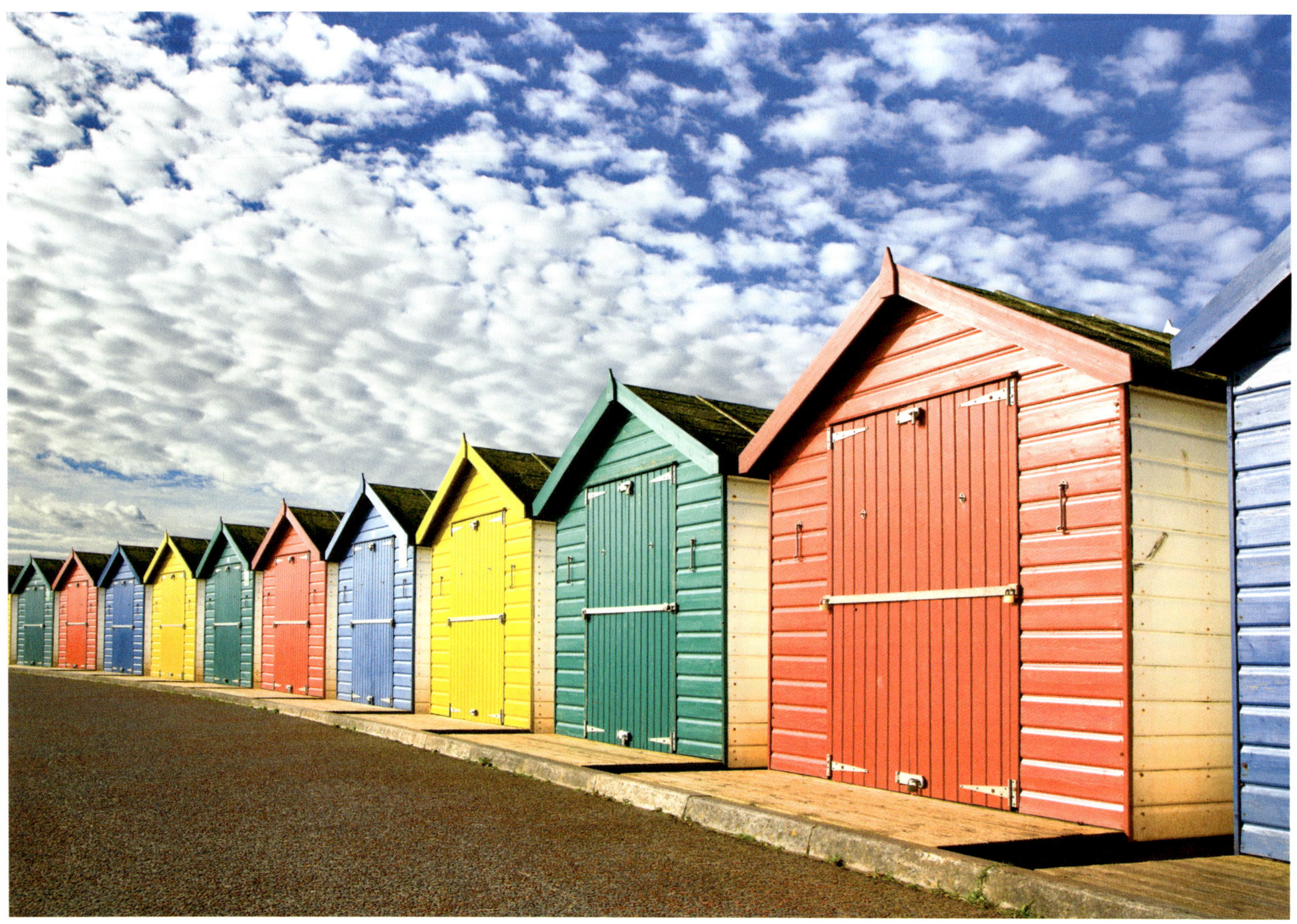

3. Nähe

Wir ordnen Objekte und Formen, die nahe beieinander liegen, derselben Gruppe zu. Selbst wenn sich die Formen, Größen und Gegenstände radikal unterscheiden, wirken sie, wenn sie nah beisammen sind, wie eine Gruppe. Dieser Gruppierungseffekt verleiht einem Bild Bedeutung. Wenn Elemente gruppiert werden, kann daher die Illusion einer zusammengesetzten Form im Raum entstehen, selbst wenn sich die Elemente gar nicht berühren. Ein Beispiel hierfür wäre etwa eine Vogelschar, die die Form einer unheimlichen Hand annimmt, die über den Himmel greift. Natürlich kann durch dieses Prinzip auch ein Mangel an Beziehung zwischen den Elementen angedeutet werden. Indem man zwei Objekte so arrangiert, dass sie deutlich voneinander getrennt sind, kann erreicht werden, dass sie als eigenständige Elemente wahrgenommen werden.

Oben: Ungeachtet ihrer völlig unterschiedlichen Farben werden diese Strandhütten dennoch aufgrund ihrer Nähe, Form und Ausrichtung wie ein einziges Objekt wahrgenommen. Zusammen bilden sie die konvergente Linie, die das Foto ausmacht.

4. Geschlossenheit

Unser Gehirn neigt dazu, Lücken auszufüllen und fehlende Details zu ergänzen, um ein nur teilweise abgebildetes Muster oder eine Form zu vervollständigen. Ist die Form dann im Geist komplettiert, werden unnötige Details eliminiert, wodurch sie dem Betrachter noch klarer erscheint. Auf diese Weise sehen wir vollständige Figuren, auch wenn ein Teil der Information im Bild tatsächlich fehlt. Wir neigen beispielsweise dazu, fehlende Teile zu ignorieren oder Zwischenräume zu überbrücken, um einen Umriss zu vervollständigen.

Dieser Prozess der Vervollständigung wird von der Andeutung einer visuellen Verbindung zwischen Elementen ausgelöst, die sich in einer Komposition eigentlich gar nicht berühren. Elemente in einer Komposition können demnach so ausgerichtet werden, dass der Betrachter wahrnimmt, dass in ihrer Verbindung ein Informationsgehalt liegt.

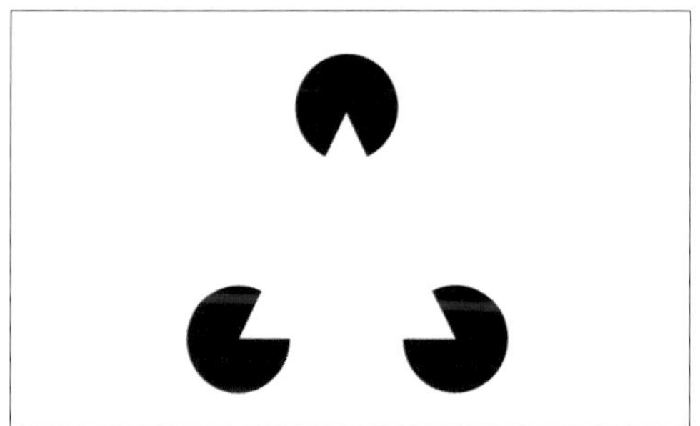

Oben: Auf diesem Bild mit drei Kreisen mit fehlenden Segmenten führt unsere Neigung, nach Geschlossenheit zu streben, dazu, dass wir ein Dreieck sehen.

Imaginäre Linien und imaginäre Gegenformen – im Englischen spricht man von „vectors“ und „counter forms“ – werden auch dann generiert, wenn tatsächlich nichts zu sehen ist. Imaginäre Linien und Gegenformen erzeugen Kräfte und Spannungen, ganz so, als würden sie wirklich existieren.

Wir können also sehen, wie der Negativraum – ein Bildbereich, der ansonsten inaktiv wäre – die Komposition vervollständigen kann, indem er als Gegenform aufgefasst wird oder indem er zur Schaffung imaginärer Linien beiträgt. Gegenformen können beispielsweise unter Nutzung des Prinzips der Ähnlichkeit visuelle Elemente verstärken. Sie können zudem sichtbare Elemente in ihrer Wirkung unterstützen und eine Verbindung zwischen ihnen schaffen.

Wenn dem Betrachter die Herstellung von Geschlossenheit gelingt, geht dies mit einem Gefühl der Freude einher. Wenn das Bild mehrdeutig ist und die Geschlossenheit nicht sofort erreicht werden kann, beschäftigt sich der Betrachter vielleicht länger mit dem Bild, was oft eine gute Sache ist.

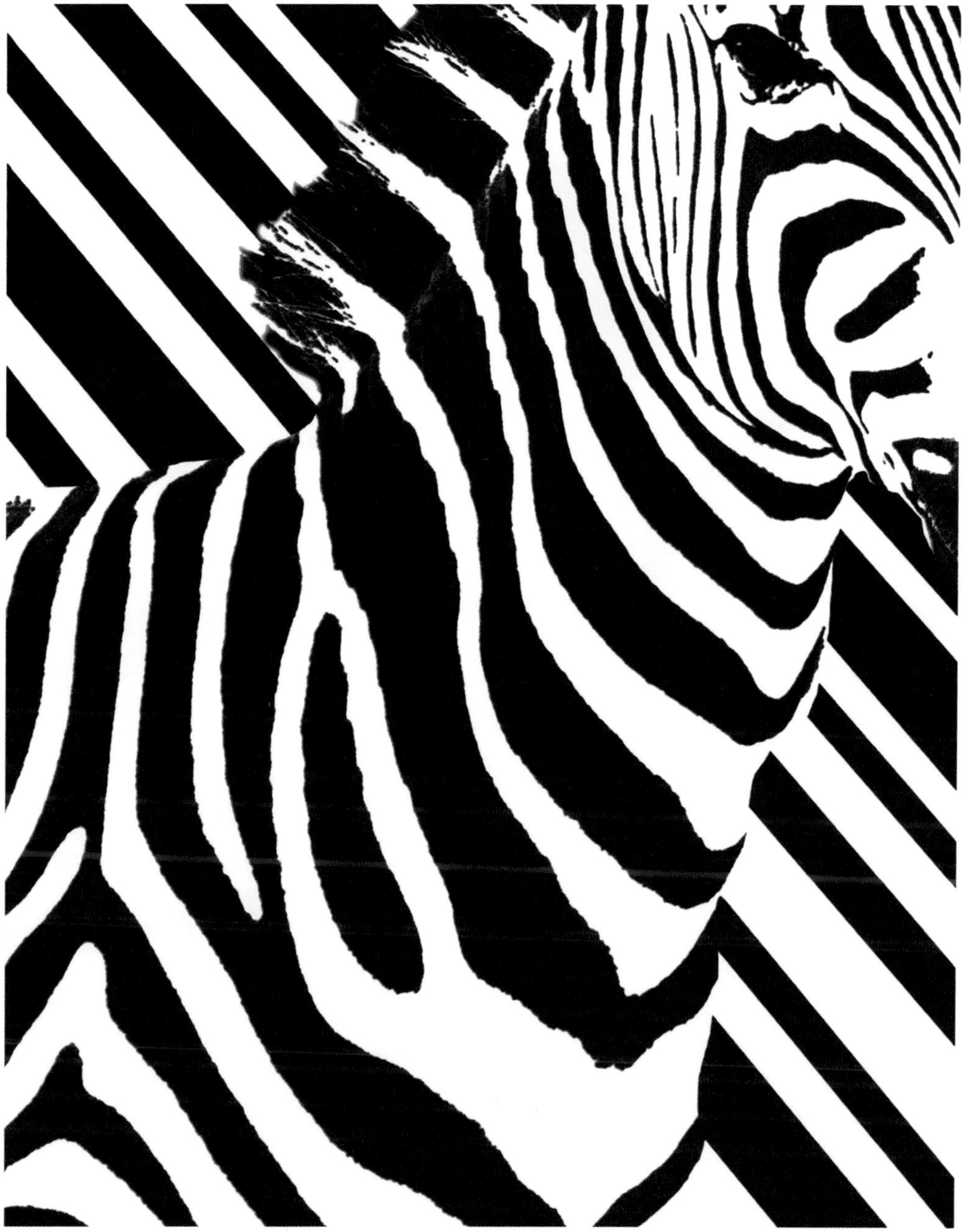

Oben: Trotz der Verwirrung aus schwarzen und weißen Streifen auf diesem Bild erlangen wir bemerkenswert schnell „Geschlossenheit“, indem wir die Kontur und die Identität des Motivs erkennen.

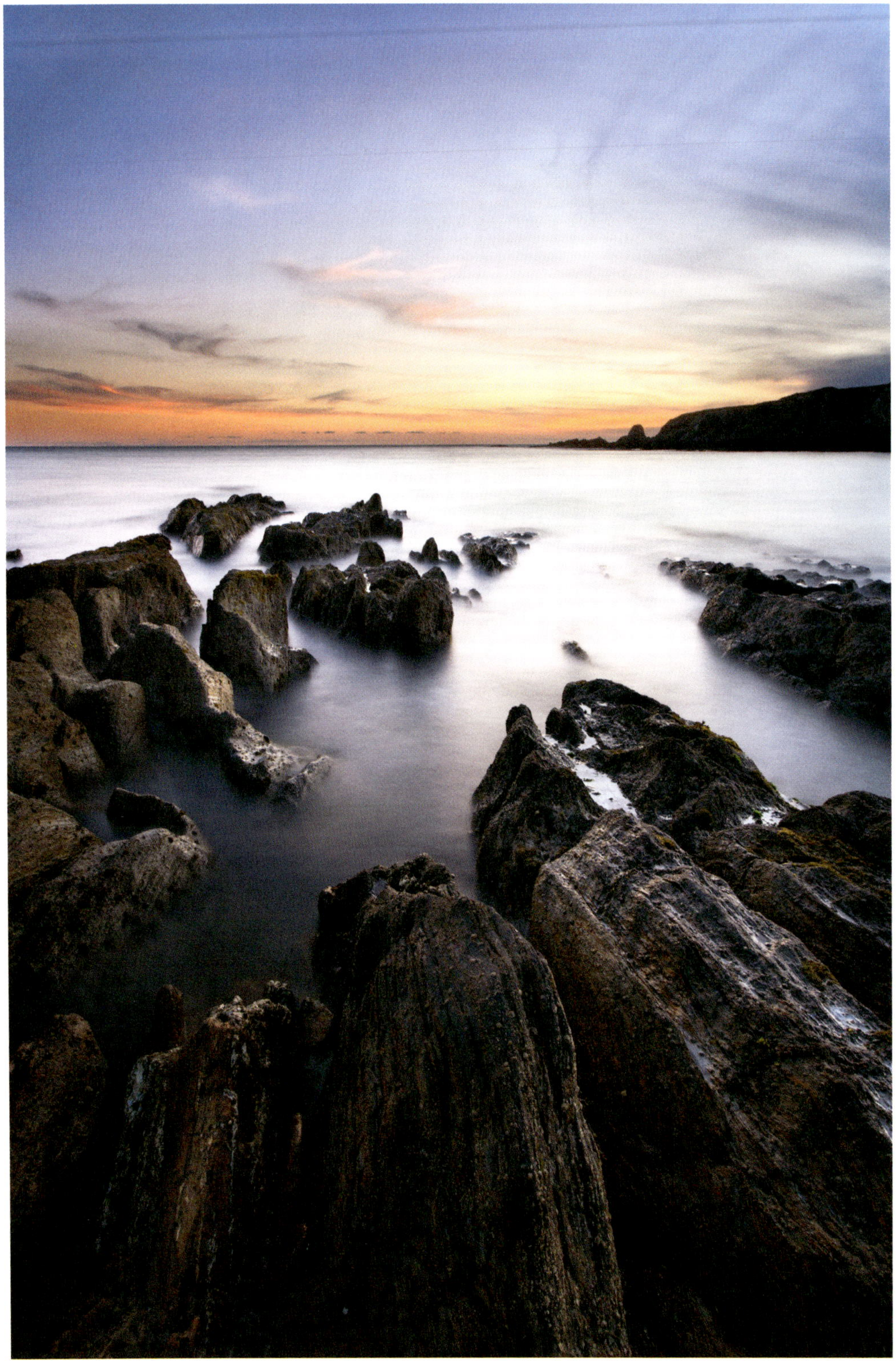

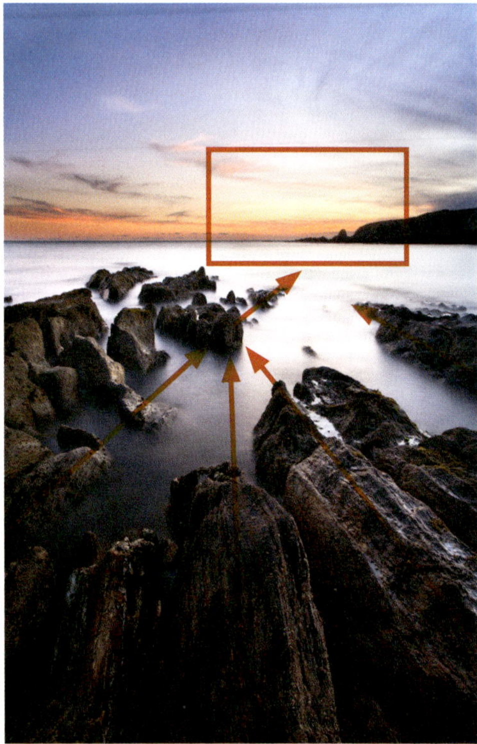

Links und oben: Von unserem Bestreben, Konturen fortzusetzen, kann man auch gut profitieren, indem man die resultierenden „Vektoren" (oben) dazu benutzt, den Blick des Betrachters auf interessante Details einer Szene zu lenken.

5. Kontinuität

Das Prinzip der Kontinuität umfasst die Beobachtung, dass wir Konturen (und damit Formen) fortsetzen wollen, wann immer die Elemente eines Musters eine Richtung weisen oder andeuten, der unser Gehirn folgen kann. Der Rand eines Gegenstands kann im Geiste fortgeführt werden und auf andere Formen oder sogar den Rand der Bildebene treffen. Dies können wir beim Fotografieren ausnutzen, um Beziehungen zwischen einzelnen Elementen oder Gegenständen anzudeuten oder den Betrachter auf eine Entdeckungsreise durch das Foto zu schicken.

Die Linien und Formen da draußen in der Welt sind nicht immer so, wie wir sie gerne hätten, aber glücklicherweise werden wir aufgrund der Neigung zu Kontinuität über kleinere störende Elemente und Mängel hinwegsehen, wenn wir ein Foto betrachten.

6. Symmetrie

Wir streben danach, visuelle Informationen zu ordnen, um sie so symmetrisch, stabil, einfach, regelmäßig, einheitlich, strukturiert und geordnet wie möglich zu machen. Symmetrie suggeriert, dass alles im Gleichgewicht ist, nichts fehlt oder nicht in der Ordnung ist. Wenn ein Objekt asymmetrisch ist, wird der Betrachter Zeit damit verschwenden, nach der Ursache der Asymmetrie zu suchen. Er wird abgelenkt sein und möglicherweise dadurch die intendierte Botschaft des Bildes nicht wahrnehmen.

Ein wohlgeordnetes Arrangement der Elemente kann vom Betrachter positiv oder negativ aufgefasst werden. Das hängt vom Verwendungszweck einer Abbildung und von der Persönlichkeit des Betrachters ab. Manche Menschen verbinden Ordnung mit Strenge oder mit gesellschaftlichen Normen und sind daher von solchen Bildern nicht sehr angetan. Andere dagegen sind es gewohnt, Informationen systematisch übermittelt zu bekommen. Solche Betrachter sind frustriert, wenn ein Bild überladen oder chaotisch ist und sie sich anstrengen müssen, seine Botschaft zu entschlüsseln. Es ist daher wichtig, miteinzubeziehen, für welches Zielpublikum ein Bild gedacht ist.

Damit eine Bildinformation rasch und deutlich verstanden werden kann, sollte sie gut geordnet präsentiert werden – die Gestaltung von Verkehrsschildern ist dafür ein gutes Beispiel.

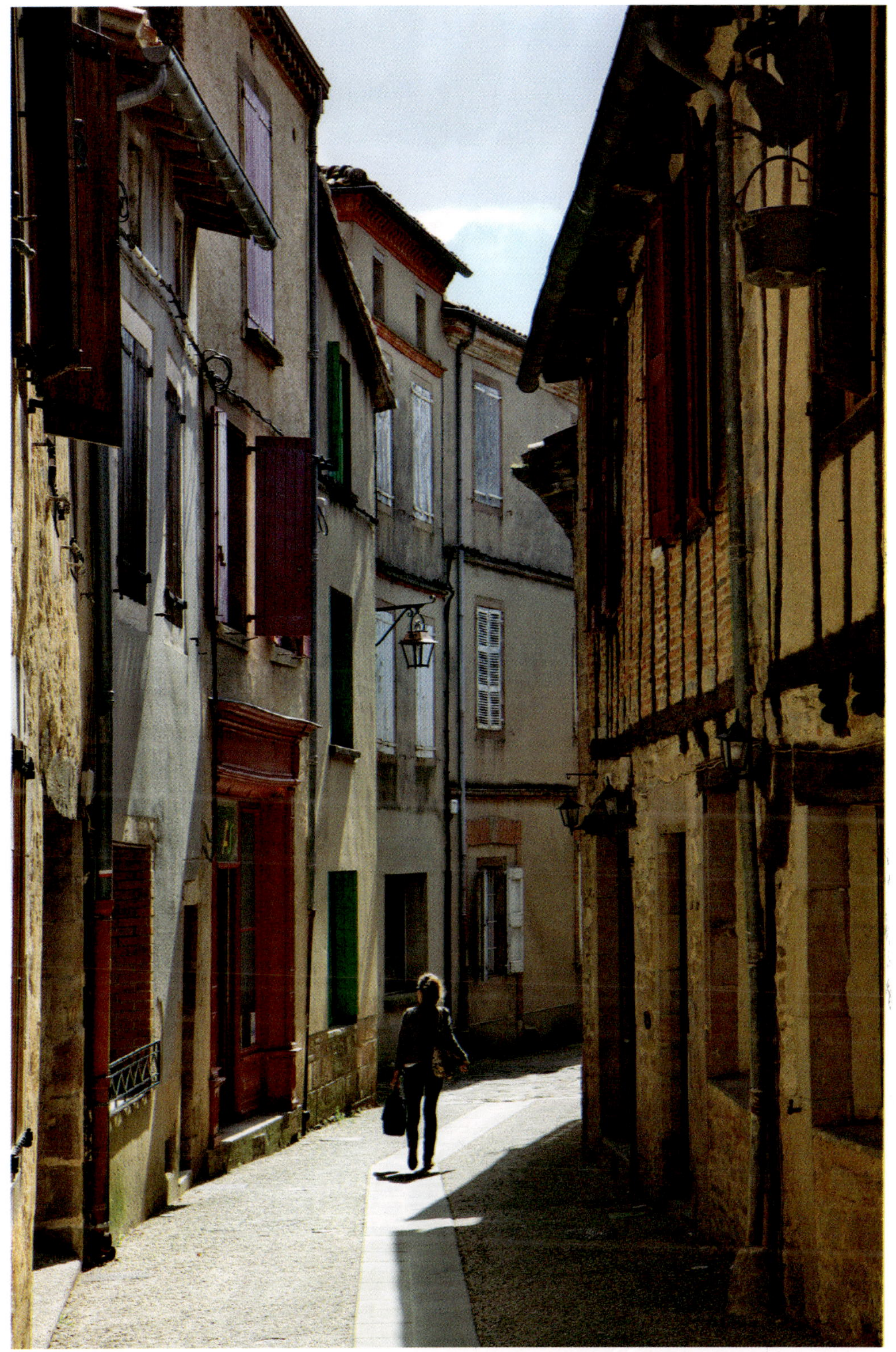

Rechts: Obwohl dieses Foto einer Straße in Südfrankreich ziemlich komplex in Bezug auf die Farbtöne und Details der Gebäude ist, wird die Interpretation durch die Symmetrie erleichtert, die ich durch meine Position erreicht habe. Das Timing der Aufnahme stellte außerdem sicher, dass die einzelne Person genau in der Mitte ist und in einer Position, durch die sie sich vom Hintergrund abhebt.

Verwandte Phänomene

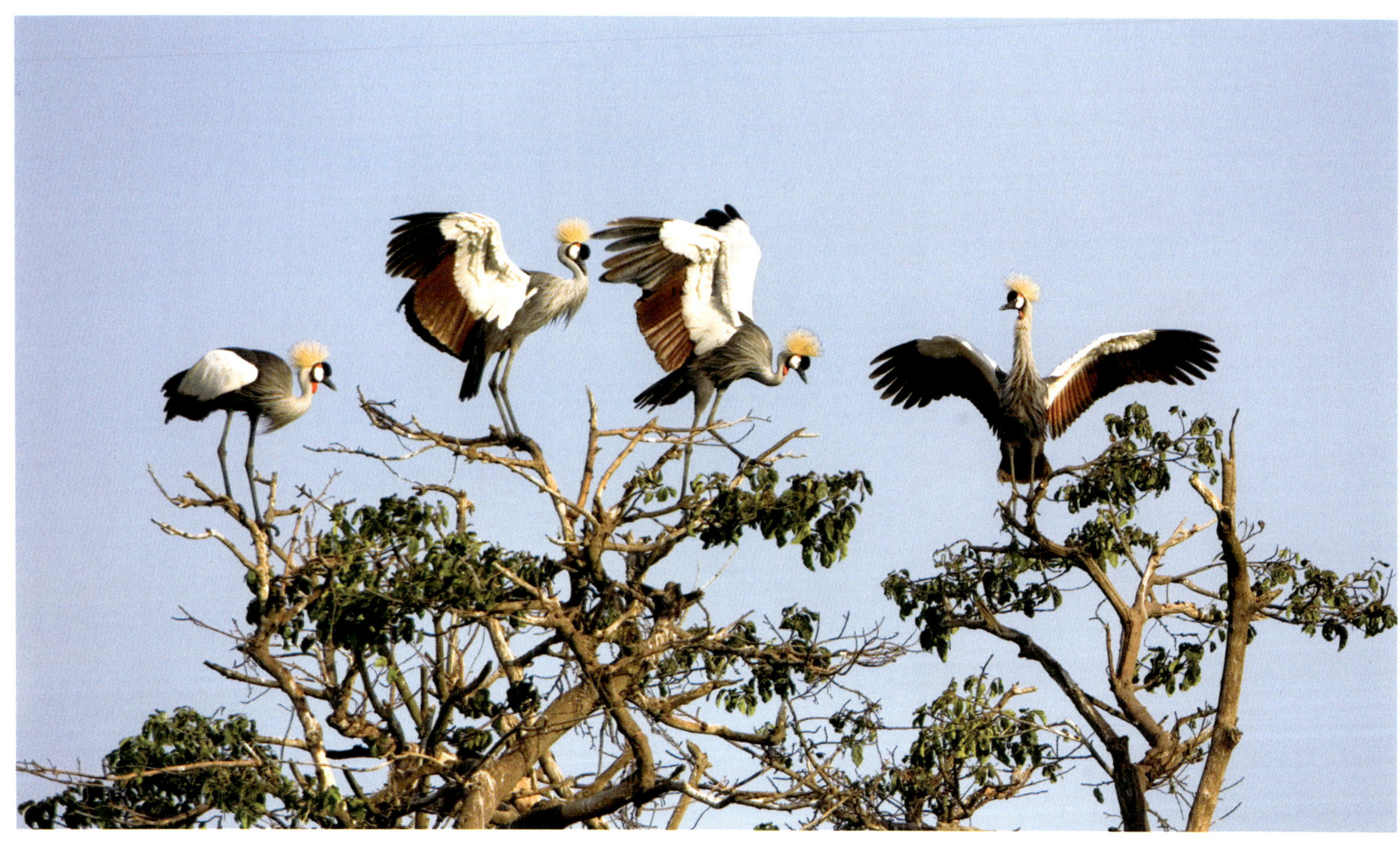

Oben: Die aufeinanderfolgenden Stellungen dieser Kronenkraniche wirken wie eine Zeitlupenaufnahme, weil wir dazu neigen, beim Betrachten der Vögel von links nach rechts eine Zeitachse zu konstruieren.

Äquivokation und Iteration

Gestaltung kann zu einer Vielzahl von Phänomenen führen. Es kann zum Beispiel zu „Äquivokation", einem „Verlust von Informationsgehalt" kommen, was zu Mehrdeutigkeit der Bildinformationen führen kann. Andererseits kann der Betrachter auch ermutigt werden, auf die Wiederholung ähnlicher Bestandteile und Phänomene aus anderen Bildern zu achten. Solche Wiederholungen werden als „Iteration" bezeichnet. Durch das zeitliche Nacheinander der Betrachtung entsteht der Eindruck einer kontinuierlichen Abfolge.

Konstanz und Invarianz

Gestaltung kann sich auch das Phänomen der Größenkonstanz zunutze machen. Zeigt ein Bild zwei Autos, die unterschiedlich weit vom Fotografen entfernt waren – zum Beispiel eines davon 100 m und das andere nur 10 m –, werden trotz des Größenunterschieds dennoch beide auf dem Foto als Autos erkannt. Ein verwandtes Konzept ist die Farbkonstanz: Das Grün eines Rasens auf einem Foto wird als durchgehend gleich wahrgenommen, auch wenn die Hälfte davon vielleicht in dunklem Schatten liegt. Ein hiermit verwandtes Phänomen ist das der Invarianz. Es besagt, dass geometrische Objekte ungeachtet des Maßstabs, der Drehung, der Parallelverschiebung, der Deformation, unterschiedlicher Beleuchtung und so weiter erkannt werden. Ein Schlüssel sieht zum Beispiel aus wie ein Schlüssel, ob er nun nah ist oder weit weg, auf dem Kopf steht, verbogen ist oder bei Kerzenschein betrachtet wird.

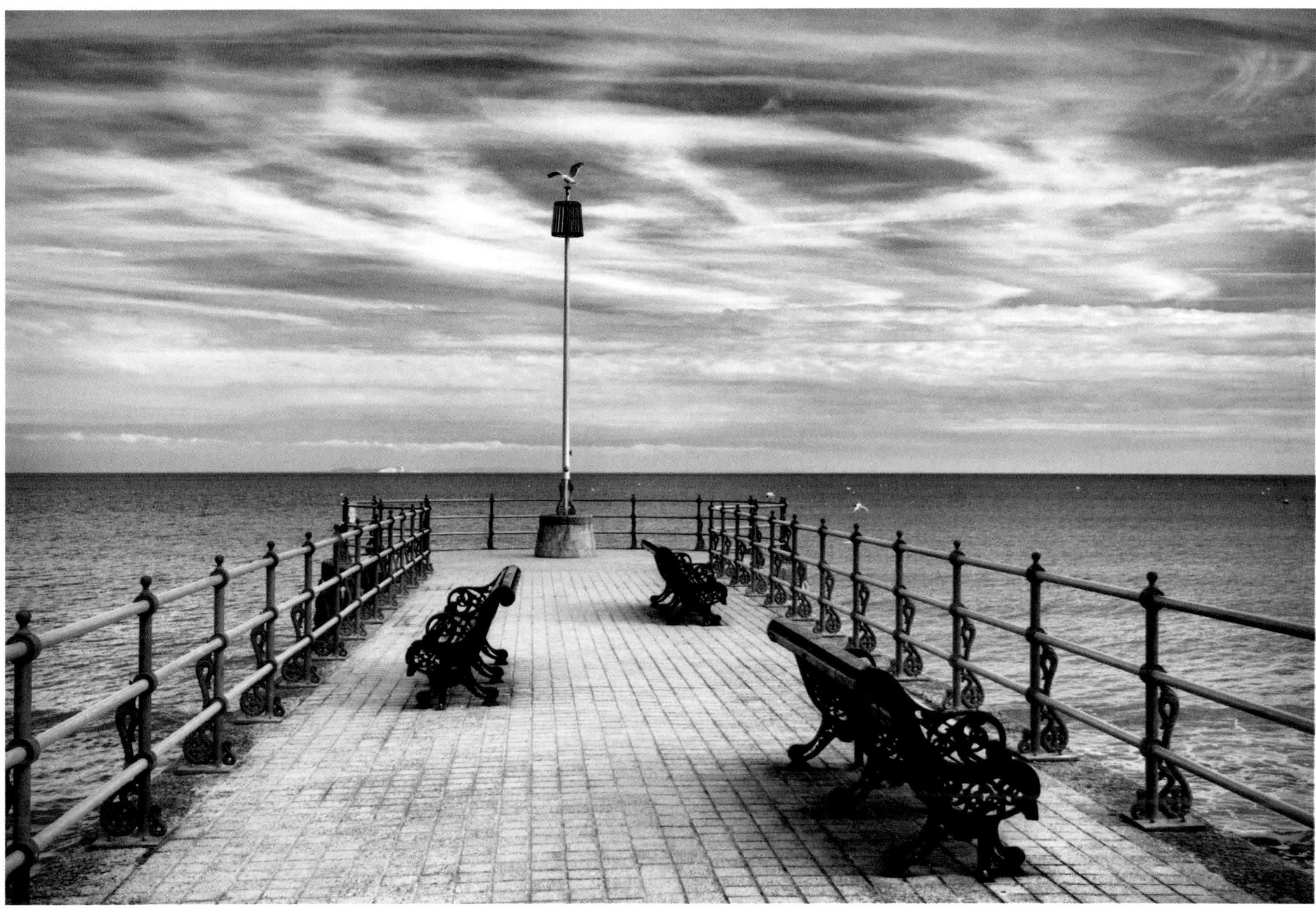

Das Gesetz der Erfahrung

Die Gestalttheorie definiert auch andere verwandte Phänomene und Prinzipien, die in gewissem Maße relevant für uns sind. Eines davon ist das Gesetz der Erfahrung, das besagt, dass unter gewissen Umständen visuelle Stimuli nach Erfahrung eingeordnet werden. Es besteht eine Tendenz, Elemente zu gruppieren, wenn sie nach der Erfahrung des Betrachters oft zusammen auftreten, vor allem wenn zwischen diesen visuellen Erfahrungen kurze Zeiträume lagen.

Emergenz

Emergenz ist der Prozess, bei dem das eigentliche Motiv völlig unvermittelt aus dem Hintergrund hervortritt. So wird das Zebra auf Seite 31 ganz plötzlich erkannt und als Ganzes wahrgenommen.

Verdinglichung

Verdinglichung ist die konstruktive und produktive Neigung unserer Wahrnehmungsprozesse, bei der wir Formen und Objekte wahrnehmen, die gar nicht da sind, wie zum Beispiel das Dreieck auf Seite 31.

Oben: Größenkonstanz kann dabei helfen, ein Gefühl der Tiefe zu schaffen, wie auf dem Bild dieses Piers im britischen Swanage. Wir wissen, dass die nach hinten kleiner werdenden Bänke und Pfosten in Wirklichkeit gleich groß sind, und schließen so auf die Entfernung.

Multistabile Wahrnehmung

Unter multistabiler Wahrnehmung versteht man die Tendenz, zwischen zwei möglichen Wahrnehmungen zu wechseln. Beim Kippbild „Vase oder zwei Gesichter" auf Seite 25 ist das der Fall.

Wahrnehmung in der Praxis

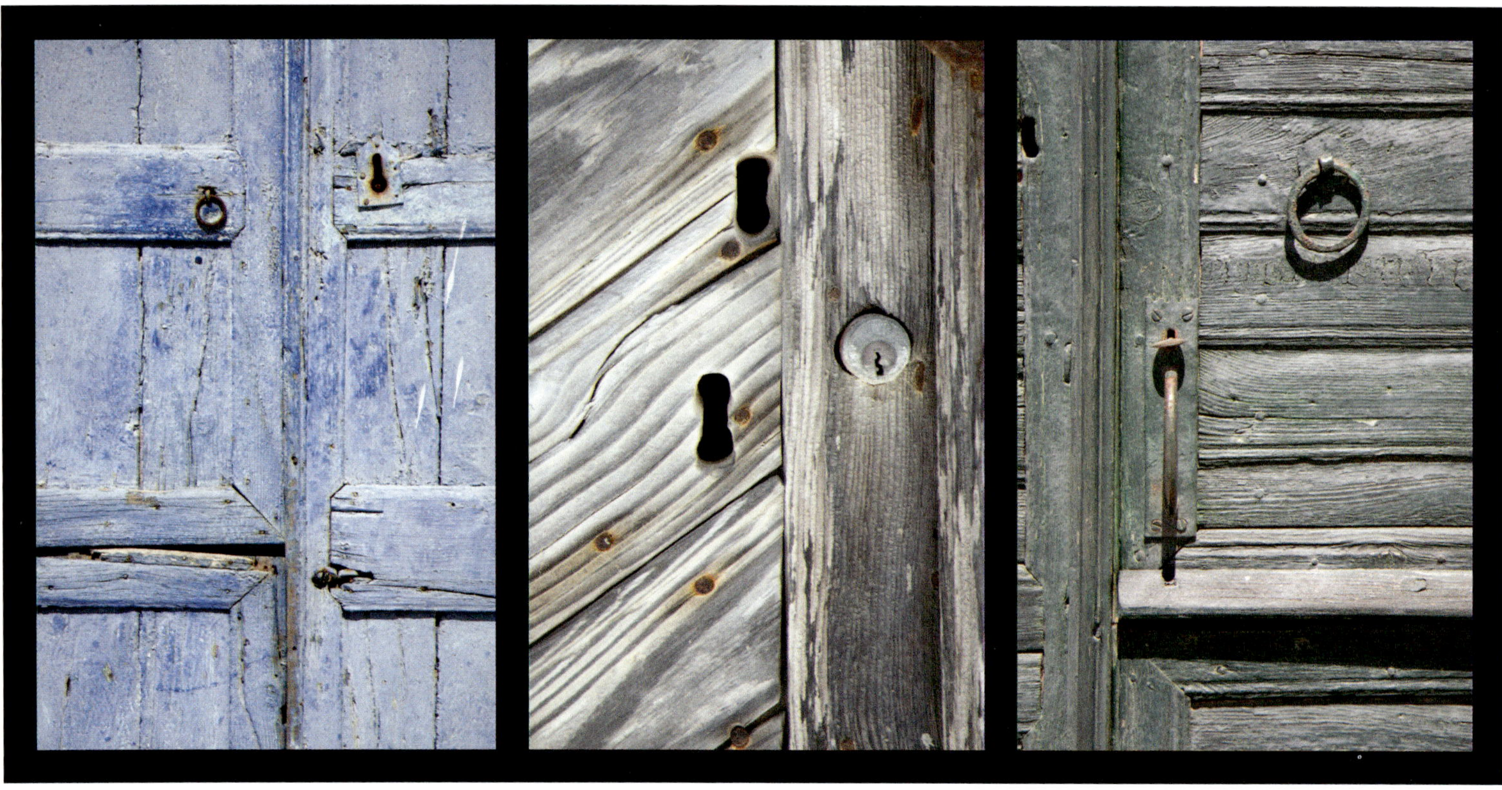

Oben: Auch wenn jedes einzelne Foto dieses Triptychons für sich komponiert und aufgenommen wurde, wurden sie hier gruppiert, um etwas über Ähnlichkeit und subtile Varianz auszusagen. Die Nähe dieser drei Bilder innerhalb des Rahmens ist zweifellos ausschlaggebend, ebenso die Ausrichtung vertikaler und horizontaler Linien, die das Gefühl der Zusammengehörigkeit vermitteln. Bleibt zu hoffen, dass die Wirkung dieser Gruppierung größer ist als die Wirkung der einzelnen Bilder.

Bilder gliedern

Für unsere Zwecke sind all die psychologischen Prinzipien und die damit verbundenen Phänomene, die oben beschrieben wurden, potenziell relevant, wenn es darum geht, ein Foto aufzubauen. Darüber hinaus ist es interessant, zu betrachten, wie diese psychologischen Prozesse nicht nur relevant sind, wenn man ein einzelnes Bild präsentiert, sondern auch, wenn man Gruppen von Bildern in Ausstellungen, Alben oder Diashows zeigt. In diesen Situationen kann die Beziehung zwischen einzelnen Bildern genauso wichtig sein wie der Wert einzelner Fotografien. Man kann die Bilder auf eine Weise anordnen, welche die Botschaft, die man durch das Projekt zu vermitteln hofft, wirkungsvoll transportiert.

Den Blick lenken

Zum Abschluss dieses Kapitels soll betont werden, wie wichtig es ist, den Blick des Betrachters zu lenken und ihn auf eine Reise durch das Bild zu schicken. Es kann zum Beispiel sein, dass die Positionierung eines Objekts rechts im Bild den Blick länger festhält als ein Objekt auf der linken Seite – vorausgesetzt, die gewohnte Leserichtung des Betrachters ist von links nach rechts. Möglicherweise ist es bei denjenigen unter uns, die Arabisch lesen, genau umgekehrt.

Außerdem neigt das Auge dazu, unten in einem Bild zu beginnen und sich hinaufzuarbeiten. Das liegt wahrscheinlich daran, dass wir den unteren Teil des Bildes mit nah gelegenen Objekten in Verbindung bringen, weshalb die Dringlichkeit, sie zuerst zu erkennen, größer ist als bei weiter entfernten Gegenständen. Aus diesem Grund ist es bei Landschaftsaufnahmen oft wirkungsvoll, ein Schlüsselelement oben rechts zu platzieren, sodass sich das Auge zuerst alles andere anschaut, bevor es den

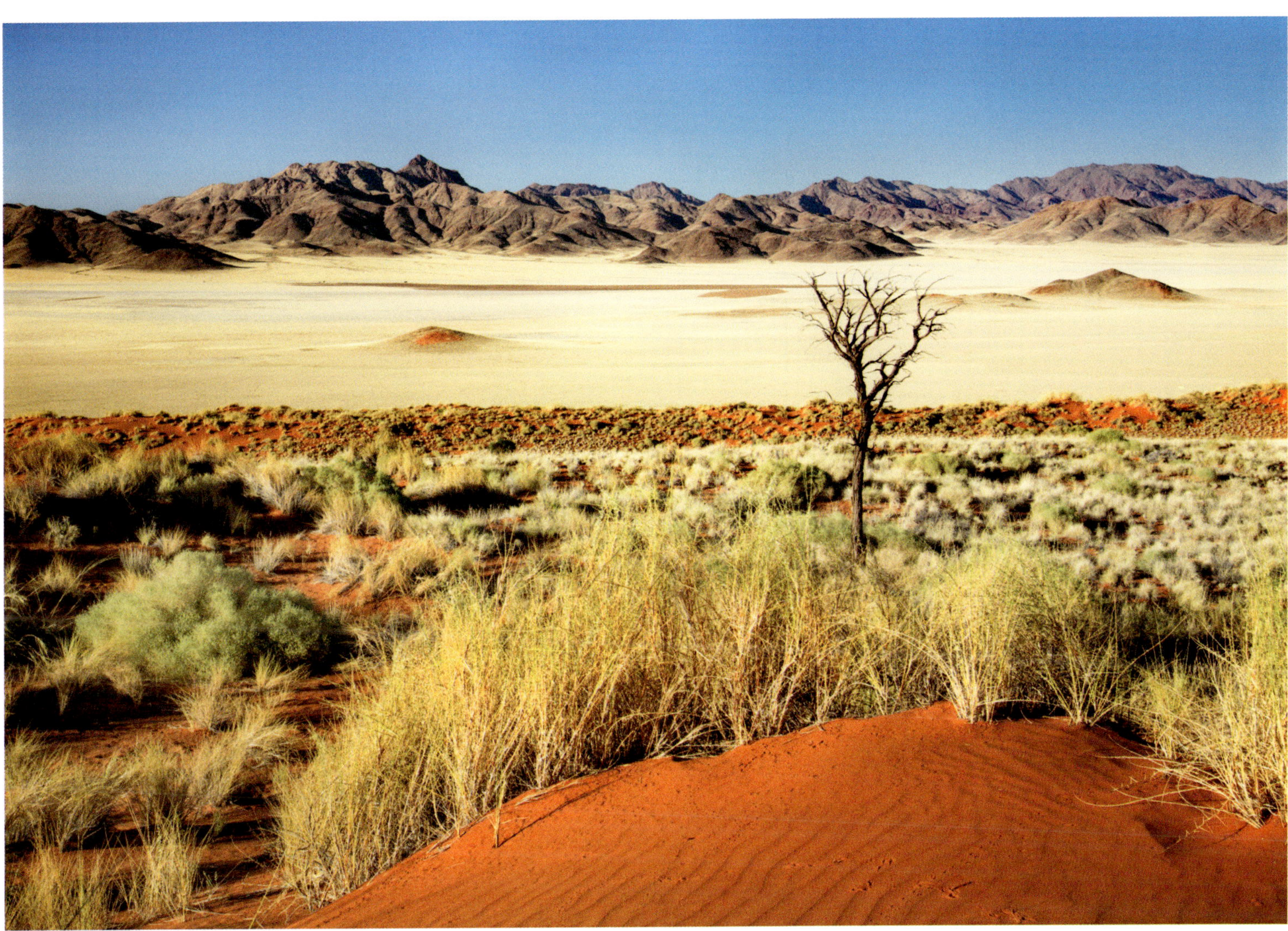

eigentlichen Fokus erreicht. So wird gewährleistet, dass die Aufmerksamkeit des Betrachters möglichst lang gefesselt wird. Dies ist auch eine einfache Illustration dessen, wie Komposition eingesetzt werden kann, um die Freude des Betrachters zu verlängern. Ein clever platzierter Startpunkt ist ebenfalls wichtig, da dadurch der Betrachter aktiv in das Bild hinein eingeladen werden kann. Effektiv kann dies geschehen, indem man etwas Interessantes in den Vordergrund der Szene setzt. Dies trägt nicht nur dazu bei, ein Gefühl der Tiefe zu vermitteln, sondern lässt den Blick auch bequem in das Bild „eintreten".

Nachdem wir nun diese Prinzipien untersucht und verinnerlicht haben, schauen wir uns einige weitere Begriffe und Konzepte an, die für die Komposition eines Fotos relevant sind.

Oben: In dieser namibischen Wüstenlandschaft bietet der Teil einer Sanddüne im Vordergrund dem Betrachter eine Plattform, die er „betreten" kann, um die Szene dahinter zu betrachten. Dies verleiht ihm das Gefühl, tatsächlich dort zu sein.

Kapitel 2

Prinzipien, Regeln & Richtlinien

Dieses Kapitel enthält im Laufe der Geschichte gesammelte Erkenntnisse, die uns als Fotografen jetzt zur Verfügung stehen und anhand derer wir das Bild aufteilen und Elemente darin positionieren können. Zuerst wenden wir uns einigen Regeln zu, die auf einfachen geometrischen Prinzipien beruhen; einige davon wurden bereits von griechischen Mathematikern und verschiedenen Künstlern der Renaissance erkannt.

Rechts: Bevor ich mich für diesen Blickwinkel entschied, verbrachte ich einige Zeit damit, meine Kamera auf dem Stativ höher und tiefer einzustellen. Es schien mir wichtig, die beiden dominanten Elemente auf der Horizontlinie – die Windmühle und die Insel im Hintergrund – ins Gleichgewicht zu bringen. Durch diesen Blickwinkel hebt sich die Windmühle außerdem deutlich vom klaren Himmel ab.

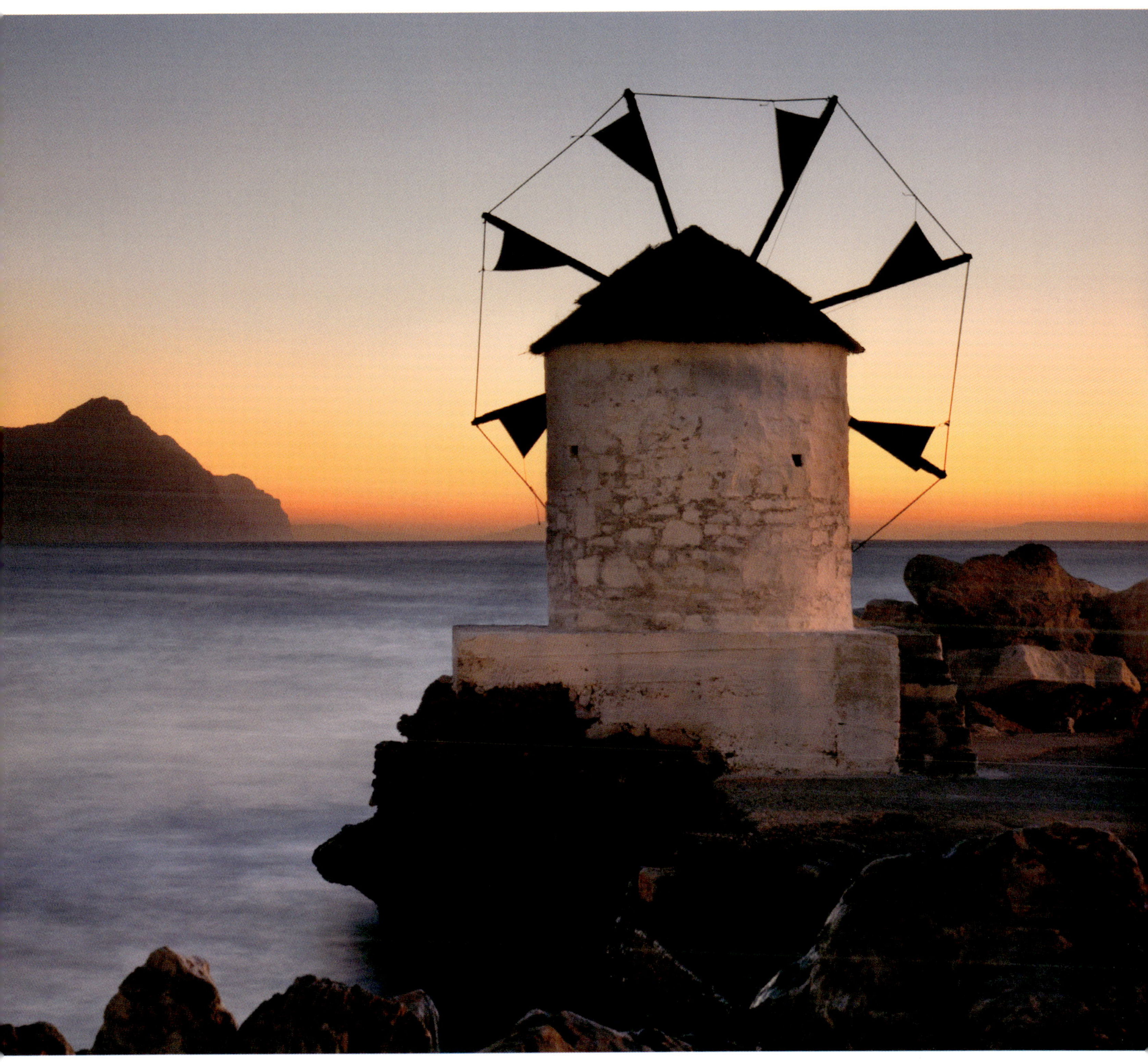

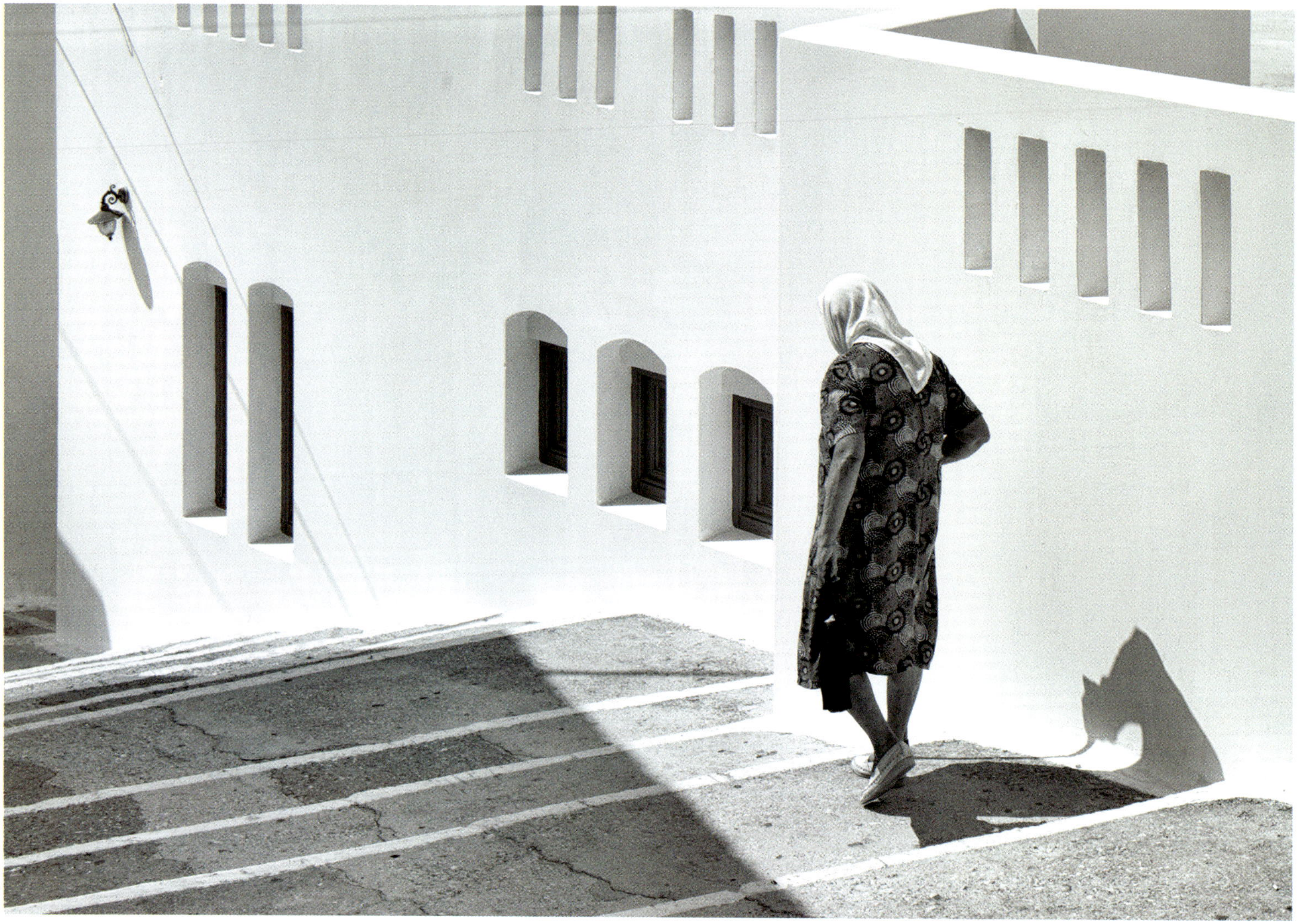

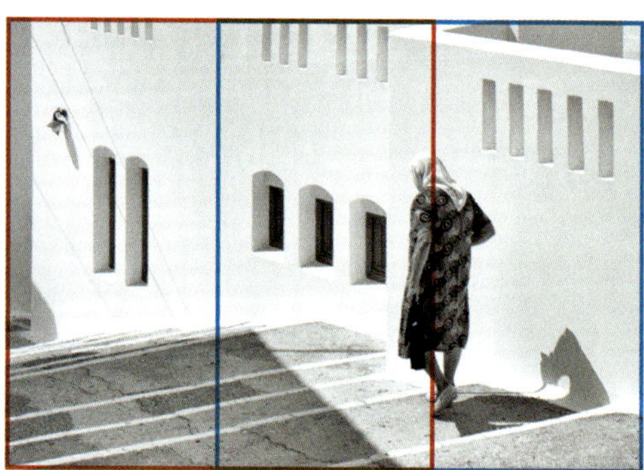

Oben und rechts: Auf diesem Bild ist die Frau in der griechischen Dorfszene auf dem Rabatment positioniert (rechts), der imaginären vierten Linie, die entsteht, wenn man im Geiste die kurzen Seiten des Rechtecks auf die langen umklappt.

1. Rabatment

Hierbei handelt es sich um eine einfache Kompositionstechnik als Hilfestellung für die Platzierung von Objekten auf einer rechteckigen Fläche oder für die Aufteilung der rechteckigen Fläche selbst. Das Prinzip besteht darin, dass jedes Rechteck zwei implizite Quadrate enthält, basierend auf den kurzen Seiten des Rechtecks – die Seitenlänge der beiden Quadrate entspricht also der Höhe des Rechtecks. Die beiden Quadrate können in das Rechteck eingezeichnet werden, indem man die senkrechten Linien ergänzt. Läuft dieser Prozess allein im Geist ab, klappt man gedanklich den linken beziehungsweise den rechten Rand des Rechtecks nach innen und unten, um die richtige Position für die zusätzlichen senkrechten Linien zu ermitteln.

Der Fachbegriff „Rabatment“ leitet sich vom Französischen Wort „rabattre“ für „umklappen“ ab. Im Deutschen wird allgemein die anglizierte Form des Begriffs „Rabatment“ verwendet. Allerdings bezeichnet derselbe Begriff auch die – realen oder imaginären – senkrechten Linien. Wird ein Bildelement auf einer dieser Linien, also auf dem Rabatment, platziert, dann vervollständigt der Geist des Betrachters das zugehörige Quadrat, denn das Gehirn strebt nach Vervollständigung einfacher geometrischer Formen. Beim Betrachter löst dies ein angenehmes Gefühl von Harmonie aus.

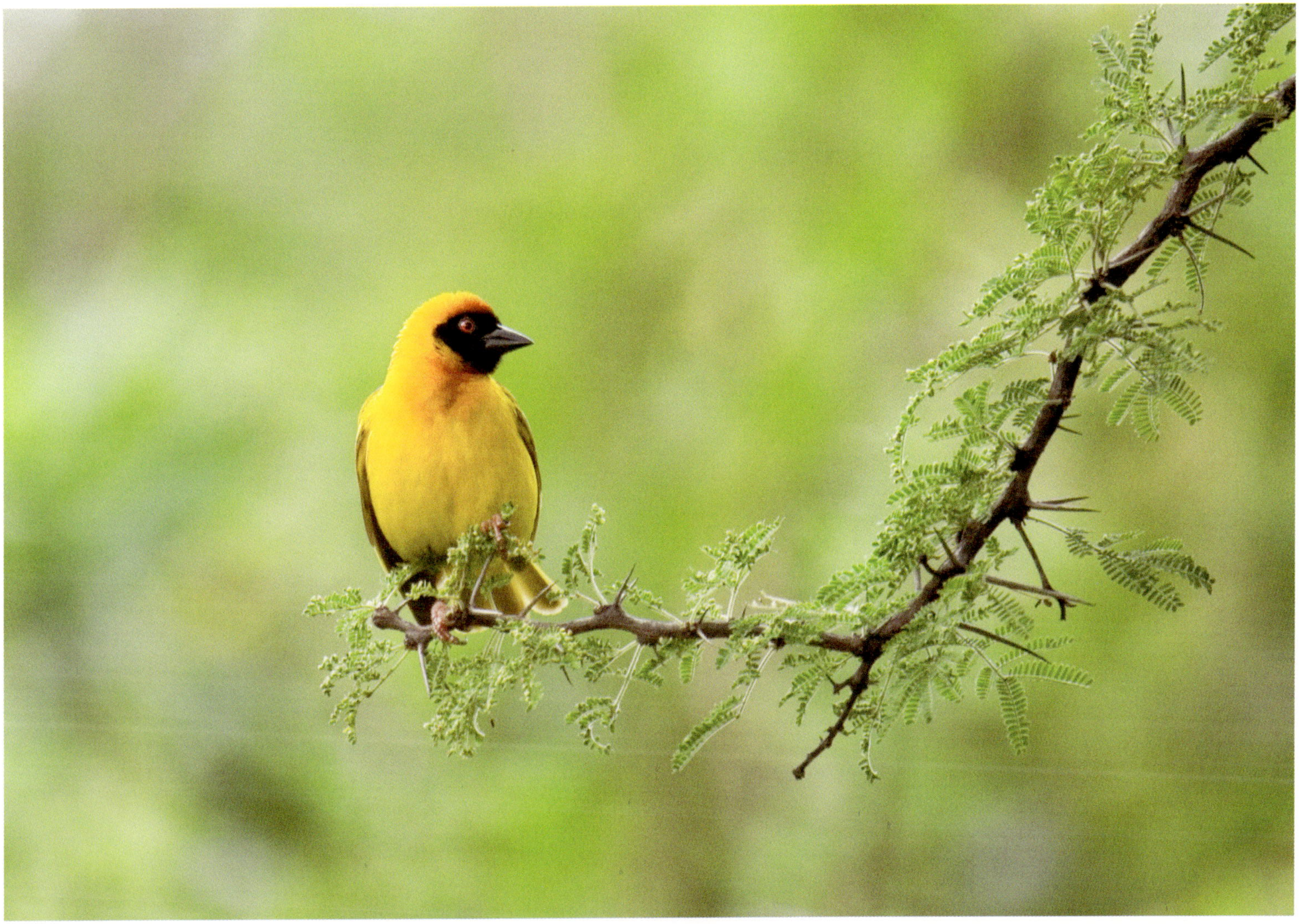

2. Die Zwei-Drittel-Regel

John Thomas Smith, Maler, Kupferstecher und Antiquar, hielt 1797 erstmals diese seit Langem bestehende Regel fest. Bei diesem Prinzip wird der Rahmen horizontal und vertikal in imaginäre Drittel aufgeteilt. Interessante Details werden auf diesen

Oben und rechts: Vieles auf diesem Bild eines Webervogels auf einem Ast entspricht der Zwei-Drittel-Regel. Neben der Positionierung des Vogels an sich liegt auch der Zweig, auf dem er sitzt, auf einer der Drittellinien. Die Blickrichtung des Vogels bildet eine weitere „optische Linie“, die nach rechts verläuft. Dadurch wird das mittlere Rechteck, das von den Linien der Drittelunterteilung gebildet wird, beinahe komplettiert.

Drittellinien platziert, die diese Unterteilung herstellen, oder dort, wo sich diese Linien kreuzen – man spricht von der „Kreuzung der Drittel“. Natürlich kann auch mehr als nur ein Element auf dem Bild entsprechend der Zwei-Drittel-Regel positioniert werden. Diese

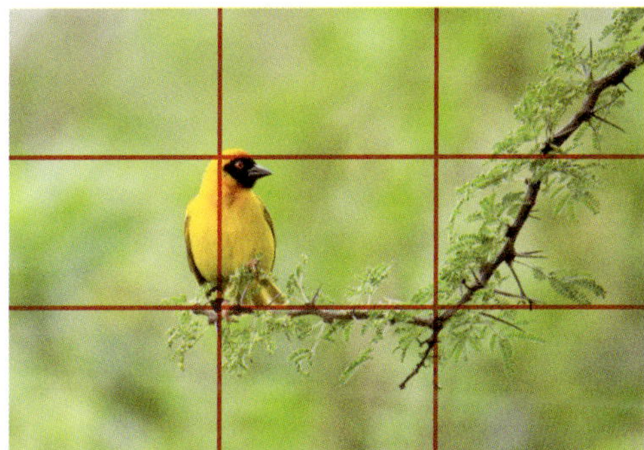

Linien sind oft gute Positionen für bedeutende Linien des Bildmotivs, wie zum Beispiel für den Horizont.

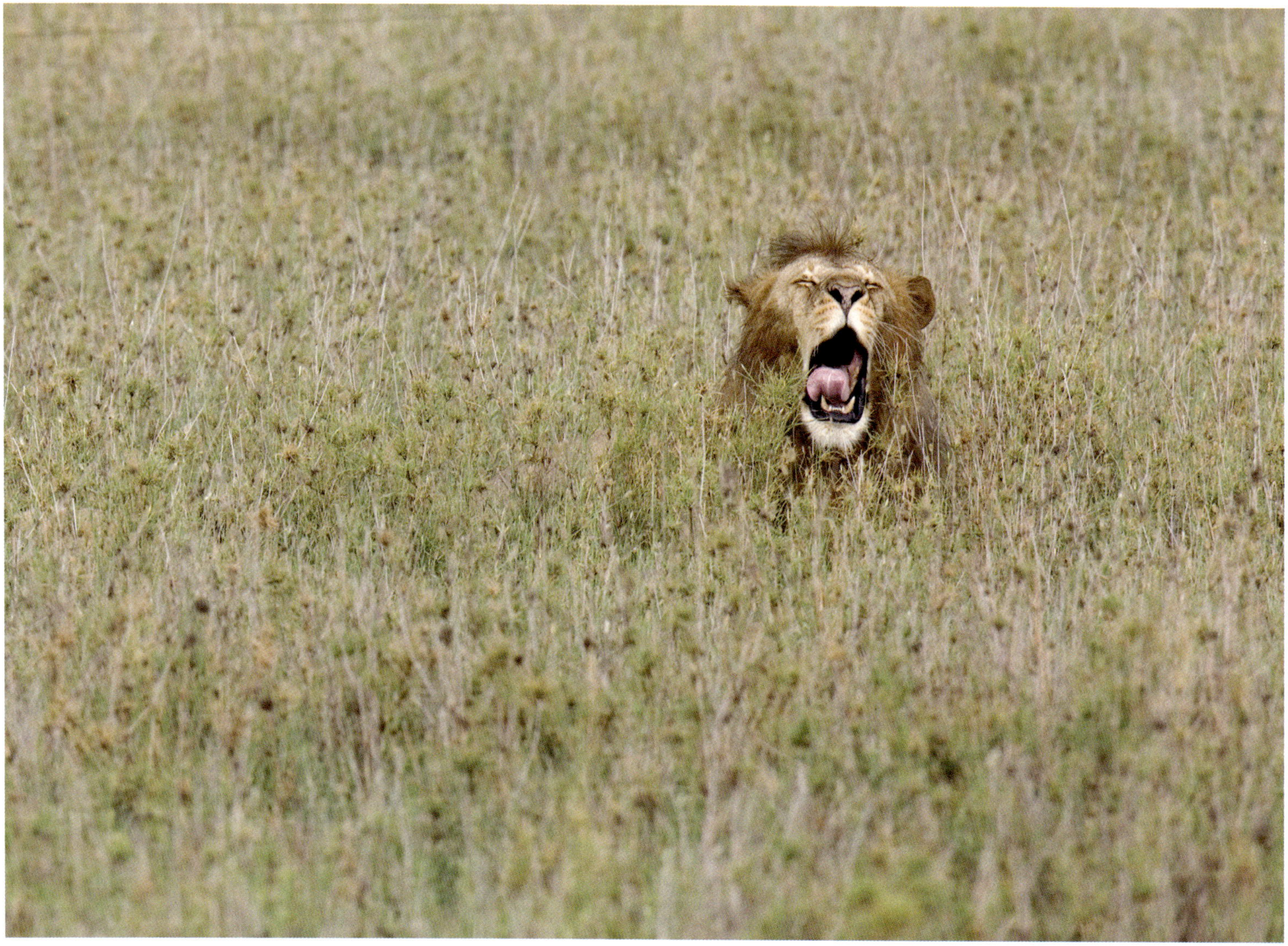

3. Der Goldene Schnitt

Dieses kompositorische Instrument basiert auf der Beobachtung, dass Flächen oder Linien, wenn sie in einem bestimmten Verhältnis unterteilt sind, ästhetischer und harmonischer wirken, was dem Betrachter angenehm ist. Eine Linie der Länge c wird in zwei Teile geteilt, a und b, wobei das Verhältnis a:b dasselbe ist wie das Verhältnis b:c. Wie wir bereits gesehen haben, entspricht dieses Verhältnis annähernd 1:1,618.

Daraus resultieren vier Goldene Punkte innerhalb eines rechteckigen Bildes, also Punkte, die sich für eine Platzierung wichtiger Elemente besonders gut eignen.

Die Anwendung des Goldenen Schnitts ist außerdem Grundlage eines weiteren Gestaltungsprinzips, gemäß dem eine rechteckige Fläche in drei Dreiecke unterteilt wird. Dies erfolgt mithilfe zweier Linien: einer Diagonalen von Ecke zu Ecke und einer anderen

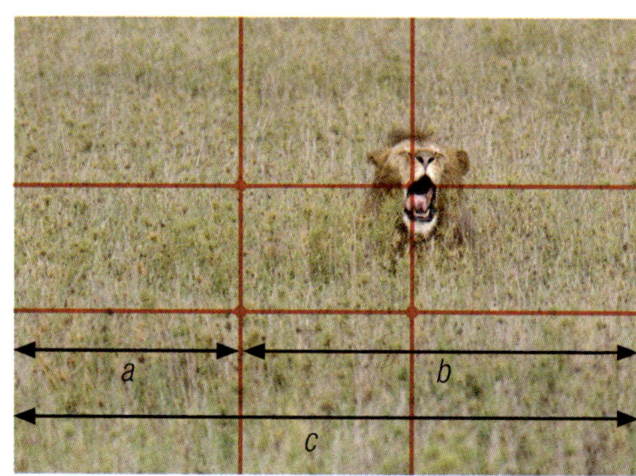

Oben und rechts: In diesem Beispiel wurde nur ein Element auf einem der goldenen Punkte platziert. Natürlich kann ein Foto aber auch mehrere Elemente oder Linien enthalten, die entsprechend diesen Richtlinien positioniert sind.

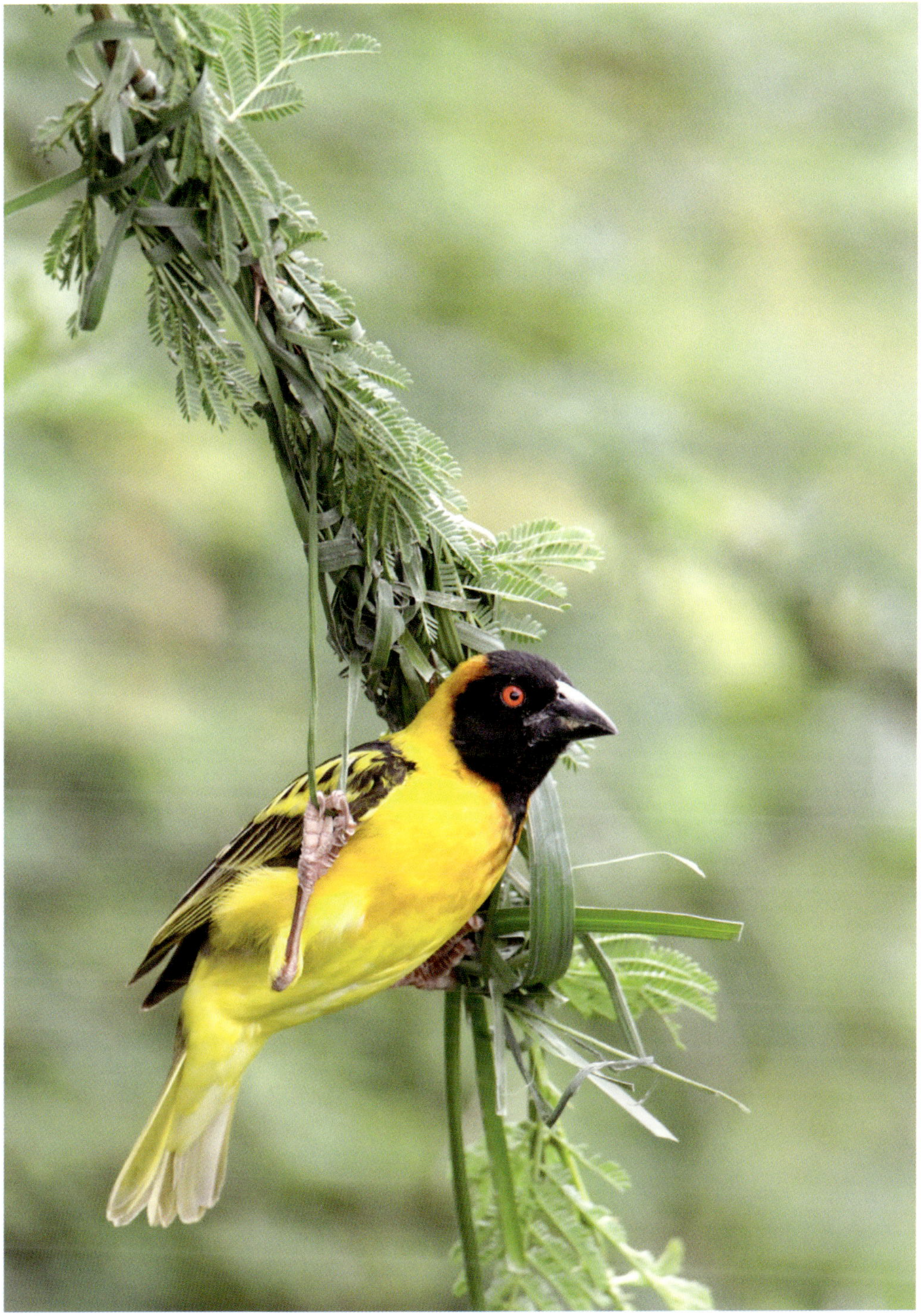

Oben und rechts: Dieses Bild eines Schwarzkopfwebers, der mit dem Nestbau beginnt, ist so eingeteilt, dass die Linien, die Vogelkörper und Ast beschreiben, die Bildfläche in ähnliche Dreiecke teilen und ein harmonisches Ergebnis erzielen.

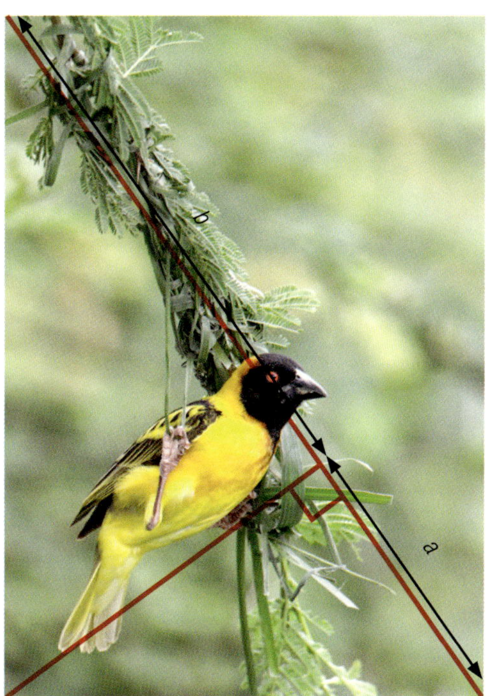

Linie, die von einer weiteren Ecke zu dieser Diagonalen hin verläuft und auf diese im 90-Grad-Winkel auftrifft. Wenn das Rechteck die passenden Proportionen hat, wird auf diese Weise die Diagonale entsprechend dem Goldenen Schnitt geteilt.

Elemente oder Linien können so positioniert werden, dass sie auf diesem Schnittpunkt liegen oder den Linien folgen, um die Harmonie zu verstärken. Auch gemäß diesem Konzept lassen sich vier Punkte auf der rechteckigen Bildfläche festlegen. Selbst wenn das Rechteck des Bildes kein Goldenes Rechteck ist, gilt die Regel dennoch in vielen Fällen. Eine weitere auf dem Goldenen Dreieck basierende Methode besteht darin, Gegenstände oder Bildelemente so zu platzieren, dass sie die Bildfläche in ähnliche Dreiecke aufteilen.

Aus dem Goldenen Schnitt ergibt sich schlussendlich auch noch das Konzept des Goldenen Rechtecks. Es handelt sich dabei um ein Rechteck mit folgenden Proportionen (ungefähr 8:5): Wenn man es in ein Quadrat und ein kleineres Rechteck teilt, so erfolgt diese Teilung in einem Verhältnis, das dem Goldenen Schnitt entspricht, und die Linie, die sich daraus ergibt, scheint sich gut für die Platzierung wichtiger Elemente zu eignen.

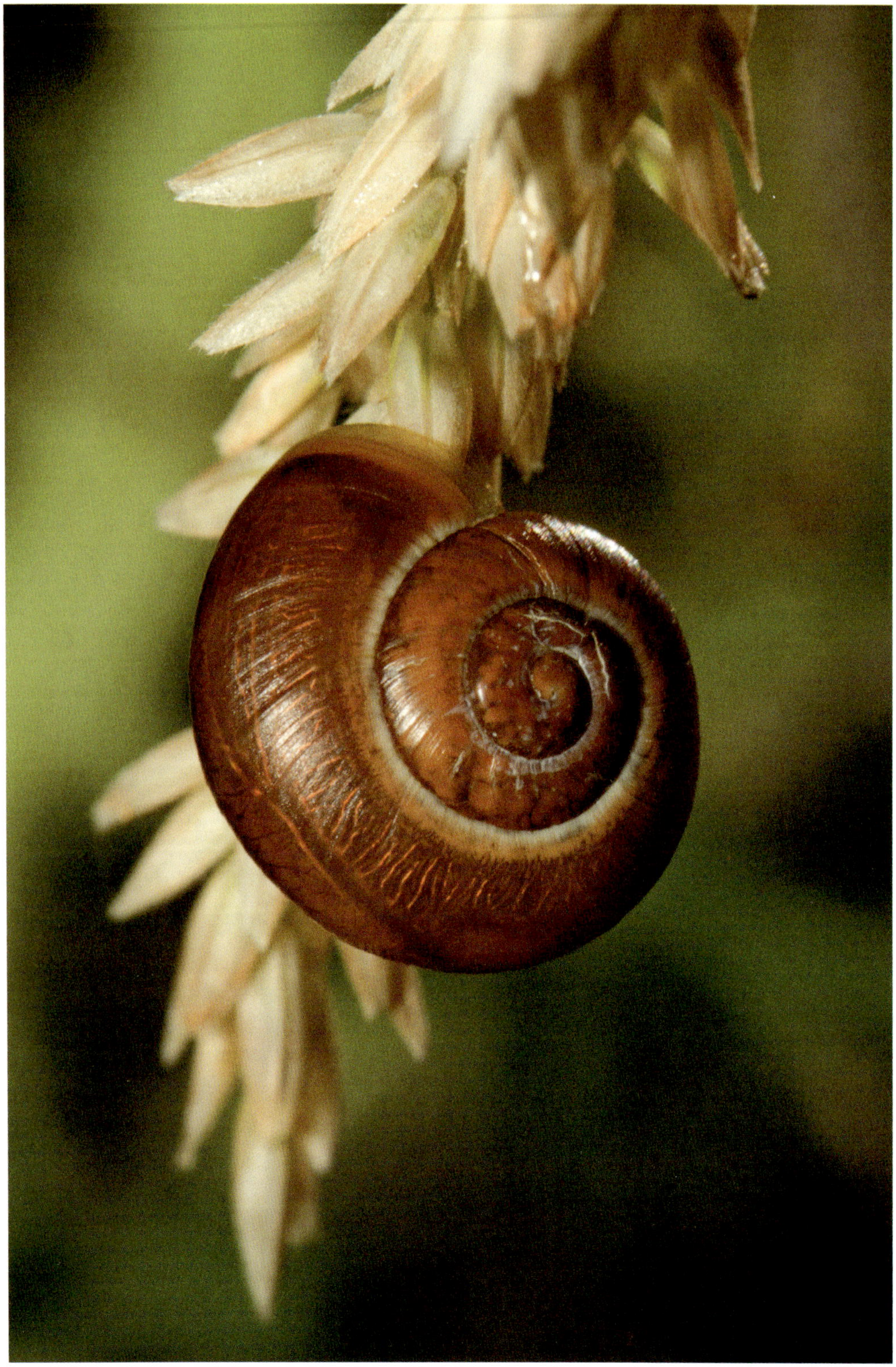

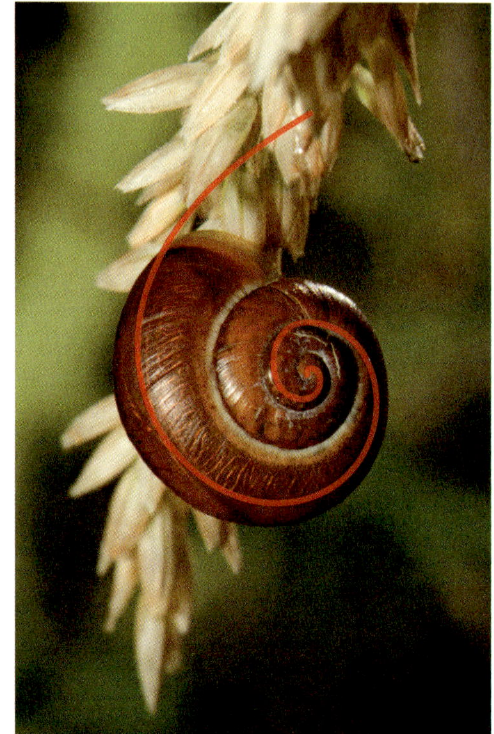

Links und oben: In der Natur entdeckt man oft Spiralen, bei denen sich die Windungen in einem immer größeren Maße entfalten oder ausdehnen, wenn man sie aus der Mitte heraus verfolgt. Viele, so wie dieses Schneckenhaus, sind annähernd Goldene Spiralen, und es lohnt sich, ihrem Verlauf mit dem Blick zu folgen.

4. Die Goldene Spirale

Die Goldene Spirale ist wie die Spirale, die wir sehen, wenn wir einen Schnitt durch ein Schneckenhaus machen. In der Natur ist diese Art von Spirale nicht ungewöhnlich. Es handelt sich um eine logarithmische Spirale, deren Wachstumsfaktor dem Goldenen Schnitt entspricht.

Wieder können Elemente oder Linienverläufe auf oder entlang dieser Linie platziert werden. Es bedarf jedoch einer klaren Vorstellung von dieser Spirale und jeder Menge sorgfältiger Planung, um Elemente auf einem Foto aktiv daran anzupassen. Dennoch lohnt es sich, in unserer Umgebung nach Spiralen dieser Art Ausschau zu halten.

5. Die Diagonalmethode

Edwin Westhoff entdeckte diese Methode, als er die Zwei-Drittel-Regel erforschte. Er bemerkte, dass Künstler wichtige Details intuitiv auf die Winkelhalbierende setzen, die sich ergibt, wenn man den 90-Grad-Winkel der Ecken eines Bildes in je zwei 45-Grad-Winkel unterteilt.

Diese Linien bilden zudem die Diagonalen der beiden überlappenden Dreiecke, aus denen die rechteckige Fläche des Bildes besteht. Laut Westhoff ist die Diagonalmethode ein Werkzeug, das nicht unbedingt „gute Kompositionen" gewährleistet, aber durch die der Künstler Details hervorheben kann, die ihm psychologisch oder emotional wichtig sind.

Weiterhin betont er, dass eine wichtige Unterscheidung zwischen dieser und anderen Regeln darin besteht, dass die Positionierung von Details auf diesen Linien unbewusst erfolgt, während Künstler durch Prinzipien wie die Zwei-Drittel-Regel Objekte bewusst platzieren. Darüber hinaus verwenden Fotografen die Diagonalmethode, um Details zu platzieren, die eine große Bedeutung für das Narrativ des Fotos haben oder für den Fotografen psychologisch oder emotional wichtig sind. Elemente von geringerer Bedeutung für das Bild, wie zum Beispiel Straßenlaternen am Horizont, eignen sich hierfür nicht.

Des Weiteren stellte Westhoff fest, dass Betrachter die Details auf der Winkelhalbierenden früher zu entdecken scheinen als die, die sich anderswo auf dem Foto befinden. Dies könnte mit der Art und Weise zu tun haben, wie der Blick ein zweidimensionales Bild abtastet. Westhoff argumentiert weiter, dass „die intuitive Gesamtgestaltung eines Bildes immer wichtiger ist als die Platzierung von Details. Mit der Diagonalmethode werden die intuitive Gesamtgestaltung und die Platzierung von Details gleichzeitig erledigt, denn beides erfolgt unbewusst … Rationale Manipulation ist manchmal notwendig, aber die Kombination von Intuition/Gefühl und Denken ist immer wesentlich, wenn man gute Kompositionen erhalten möchte."

Mehr Informationen und Beispiele für die Diagonalmethode finden sich online unter www.diagonalmethod.info und www.edwinwesthoff.nl (in englischer Sprache).

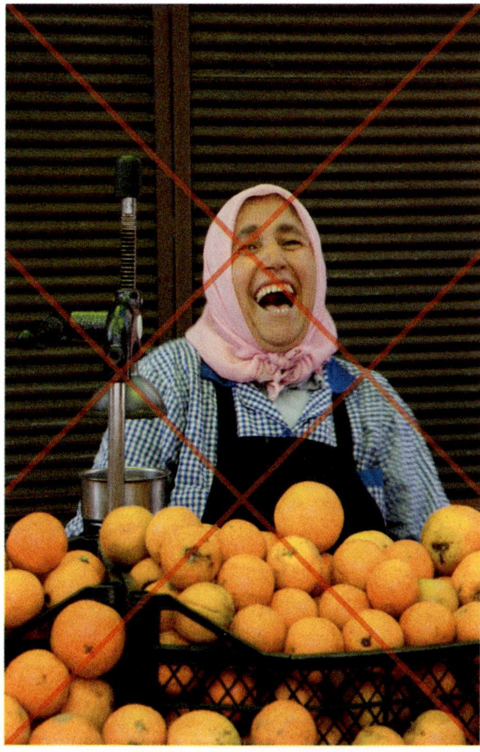

Oben: Auf diesem Bild stellen die diagonalen Linien die Züge der Marktfrau in den Fokus und betonen dadurch die Emotionalität des Moments. Auf der Handlungsebene des Bilds ist der Entsafter das Schlüsselelement. Er steht ebenfalls auf dem Schnittpunkt zweier Linien.

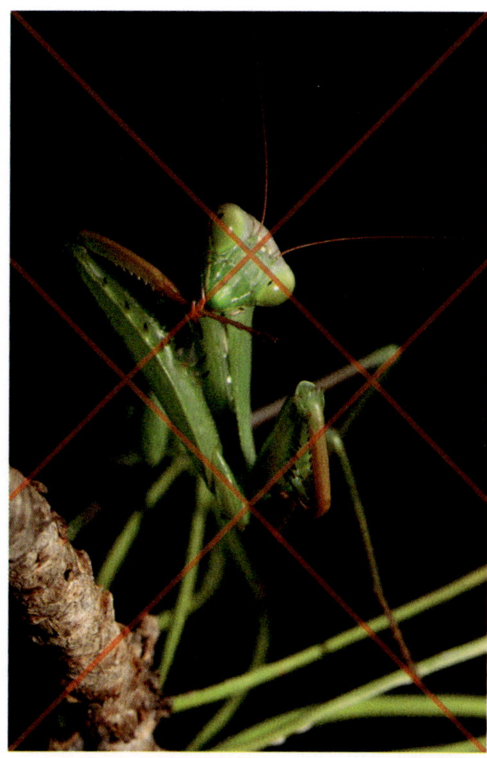

Oben: Ein Reihe von Schlüsselelementen scheint sich auf dieser Nahaufnahme einer Gottesanbeterin, die ihre Krallen säubert, wie von selbst nach den Diagonalen auszurichten: Die Augen, die Mundpartie und die Spitzen der Vorderbeine.

Weitere Überlegungen

Obgleich es zahlreiche unterschiedliche Prinzipien und Regeln gibt, sollten wir darauf achten, dass wir sie nicht zu strikt oder zu häufig anwenden, da hierdurch unsere Arbeiten zu einförmig und vorhersehbar werden könnten. Es lohnt sich aber, die Regeln im Hinterkopf zu behalten und mit ihrer Anwendung zu experimentieren, vor allem beim Erlernen der Grundlagen. Weiterhin ist es wichtig, zu wissen, dass es viele andere Faktoren gibt, die wir bei unserem Streben nach guter Komposition berücksichtigen sollten.

Unsere Wahrnehmung von Schönheit wird oft davon abhängen, ob wir eine gewisse Harmonie in den Beziehungen zwischen verschiedenen Elementen auf einem Bild entdecken, und nicht nur davon, ob ein einzelnes Element entsprechend der Gestaltungsregeln positioniert ist. Das heißt, es ist auch wichtig, sich Gedanken zu machen, wie alle Elemente – wichtigere und weniger wichtige –, die wir durch den Sucher sehen, zusammenhängen.

Anders als Maler haben wir selten die Freiheit, Elemente genau dort zu positionieren, wo wir sie gerne haben möchten. Vieles von dem, was wir tun, erfordert Kompromisse. Wie David Bailey einmal sagte: „Es braucht eine Menge Vorstellungskraft, ein Fotograf zu sein. Als Maler braucht man weniger davon, weil man Dinge erfinden kann. Aber in der Fotografie ist alles so gewöhnlich; man muss sich schon genau umschauen, bis man das Außergewöhnliche entdeckt."

Visuelles Gewicht

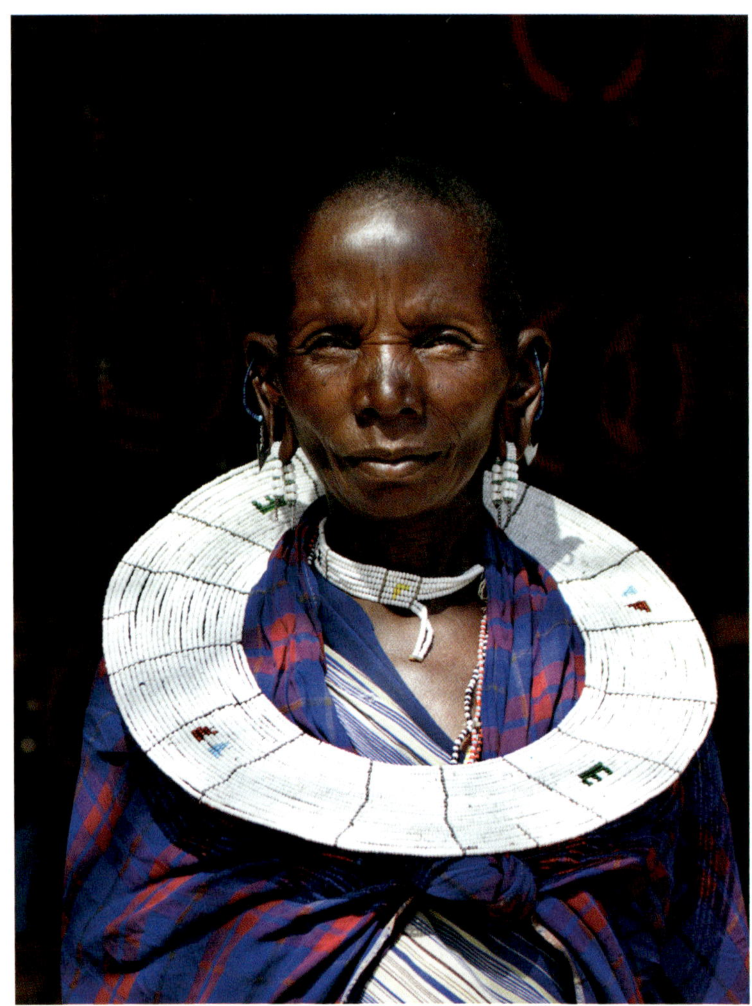

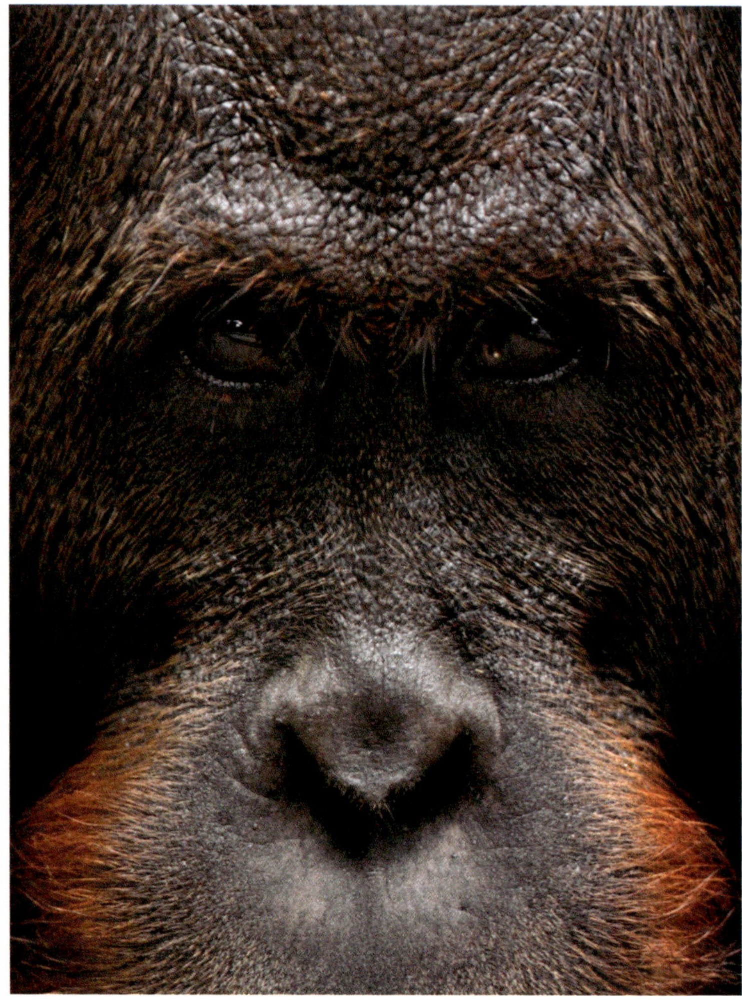

Inzwischen werden Sie hoffentlich aktiv über die Beziehung zwischen verschiedenen Bildelementen, über deren Proportionen und über ihre Positionierung auf der Bildfläche nachdenken. Besonders wichtig ist hier das sogenannte visuelle Gewicht. Manchmal wird dieser Begriff benutzt, um zu beschreiben, wie sehr ein Element innerhalb eines Bildes dazu tendiert, den Blick des Betrachters auf sich zu ziehen. Etwas mit großem visuellem Gewicht wird die Aufmerksamkeit stark auf sich lenken und gleichzeitig Aufmerksamkeit vom Rest des Bildes abziehen. Unser Blick wird zum Beispiel von Natur aus von Gesichtern oder Schrift auf einem Bild angezogen, deshalb schreibt man diesen Elementen ein hohes visuelles Gewicht zu.

Der Begriff kann jedoch auch verwendet werden, um den Eindruck von tatsächlichem Gewicht zu beschreiben, das ein Element zu haben scheint. Da wir alle die Schwerkraft erfahren, neigen wir dazu, ein Bild mit der unterbewussten Annahme

Oben links: Bei diesem wunderbaren Porträt einer Masai in Tansania hat der Fotograf Kopf und Schultern auf der Bildfläche zentriert, wodurch der entschlossene Gesichtsausdruck der Frau hervorgehoben wird.

Oben: Bei diesem Porträt geht es um den Blick und die Augen des Orang-Utans, deshalb befindet sich das Gesicht perfekt in der Mitte des Bildes und ist stark beschnitten, um die Symmetrie zu verstärken.

zu betrachten, dass die verschiedenen Elemente darauf die Tendenz haben, zu Boden zu fallen. Sogar Wolken haben in diesem Sinne ein visuelles Gewicht. Unser Gleichgewichtsgefühl beeinflusst stark unsere Reaktion auf die visuelle Bildersprache, und unser Wunsch nach körperlichem Gleichgewicht erklärt unser Streben nach Balance in allem, was wir sehen.

Gravitationszentrum

Das Gravitationszentrum ganzer Kompositionen liegt oft in der Mitte des Rahmens, daher besteht die naheliegendste Methode, Balance auf einem Bild herzustellen, darin, das Objekt in der Bildmitte zu platzieren. Das Zentrum stellt die Kombination aller Kräfte dar: Es ist der stärkste Anziehungspunkt. Wenn die Elemente dort positioniert sind, erscheinen sie stabil. Unser Blick wandert zu einem Objekt im Zentrum eines Bildes und verweilt dort. Vor allem für Porträts lässt sich das wirkungsvoll nutzen.

Wenn der Blick jedoch nirgendwo sonst hinwandern kann, nachdem er direkt ins Zentrum gelenkt wurde, kann er auf der Suche nach weiteren Impulsen vom Bild abdriften oder der Betrachter blättert schnell weiter. Daher ist es nicht überraschend, dass wir perfekte Symmetrie oder ein perfekt zentriertes Bild für gewöhnlich nur dann wollen, wenn das auch die Botschaft ist, die wir vermitteln möchten.

Stattdessen werden wir uns oft dafür entscheiden, das wichtigste Element außerhalb der Mitte anzusiedeln, doch je weiter es von der Mitte entfernt ist, desto wahrscheinlicher sucht der Betrachter nach irgendeiner Erklärung für diese Positionierung. Sie wird häufig durch die Beziehung des Hauptmotivs zu anderen Elementen gerechtfertigt, und es spielt ebenfalls eine Rolle, ob alle Elemente in Bezug auf ihr visuelles Gewicht ausbalanciert sind.

Generell scheint es so, als vermittle ein Element mehr physisches Gewicht, je weiter es von der Achse versetzt positioniert ist. Daher kann es helfen, sich eine Balkenwaage vorzustellen: Wenn die

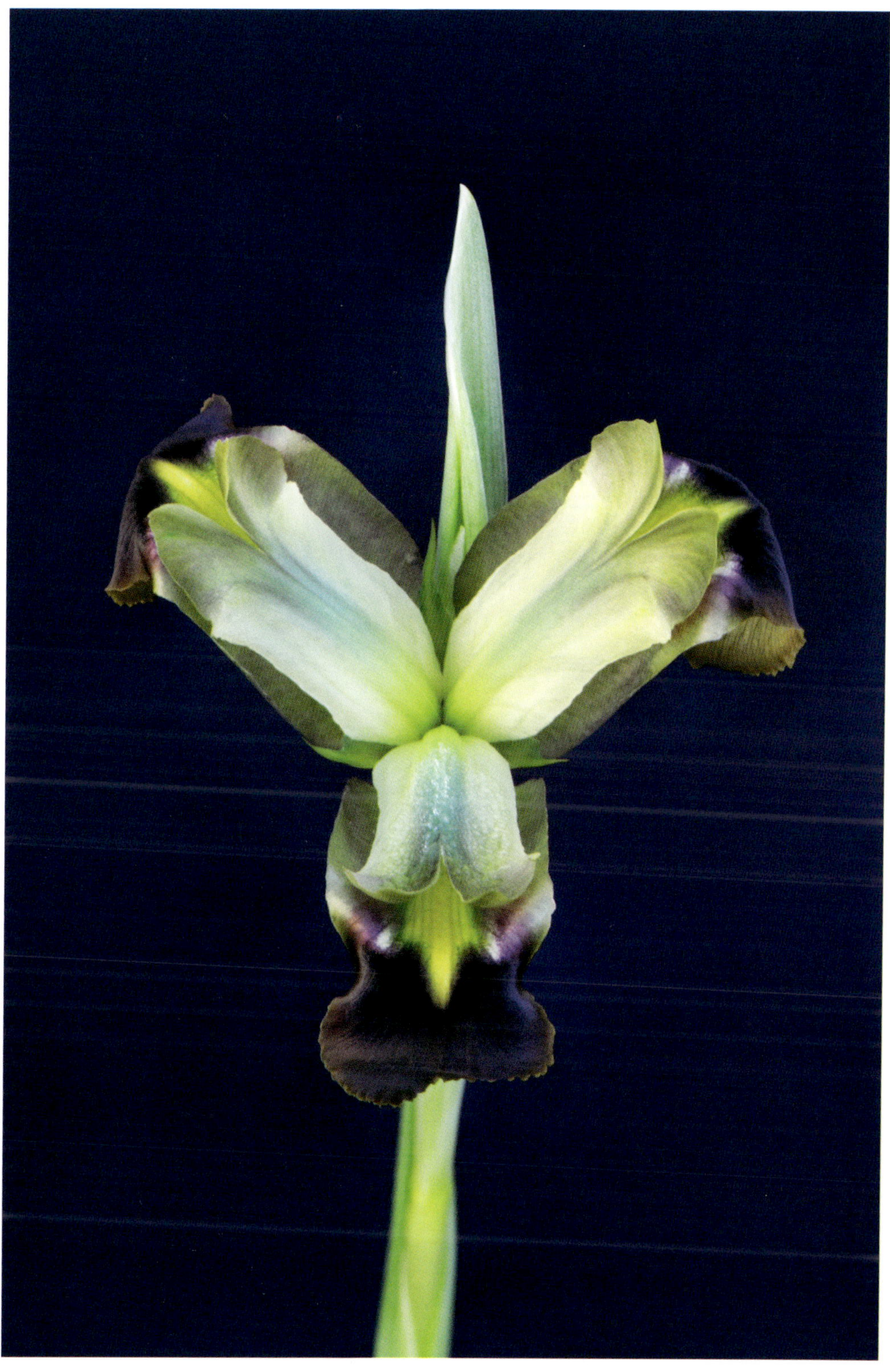

Rechts: Die Symmetrie ihrer Blüte ist charakteristisch für diese Iris. Um dies zusätzlich zu betonen, scheint ihre mittige Platzierung angemessen zu sein.

Elemente entlang des Balkens so angeordnet sind, dass dieser waagrecht bleibt, ist dies auch eine gute Voraussetzung für ein Gleichgewicht im Bild. Dadurch kann ein kleines, relativ unbedeutendes Element am Bildrand ein größeres, dominanteres ausbalancieren, das nur wenig von der Mitte abweicht. Auch können mehrere Elemente zusammenwirken, um andere auszubalancieren.

Das Konzept des visuellen Gewichts manifestiert sich eher auf der horizontalen Bildebene, spielt aber auch bei der Anordnung von Bildelementen entlang einer Vertikalen eine Rolle. Dies hängt wahrscheinlich mit der Wahrnehmung von Tiefe in der Zweidimensionalität zusammen. Ein Ungleichgewicht nach rechts wird als unangenehmer empfunden als eines nach links.

Rechts und links

Von Interesse ist hier auch, dass verschiedene symbolische Merkmale mit der rechten beziehungsweise linken Seite von Bildern assoziiert werden. Dies scheint nicht mit der rechten und linken Gehirnhemisphäre oder ob jemand Rechts- oder Linkshänder ist zusammenzuhängen, sondern eher damit, wie unsere gewohnte Leserichtung ist: von links nach rechts oder von rechts nach links. Diejenigen, die von links nach rechts lesen, assoziieren die linke Bildhälfte mit Begriffen wie vergangen, abgegrenzt, nahegelegen sowie echt, wirklich und greifbar, die rechte Seite hingegen mit zukünftig, unklar, weit entfernt sowie frei und unbestimmt. Wenn also auf einem Bild eine Bewegung nach rechts angedeutet wird, wird diese als in die Zukunft gerichtet betrachtet.

Eine Bewegung nach rechts wird außerdem als weniger herausfordernd wahrgenommen, weil sie der Richtung entspricht, zu der das Auge ohnehin neigt. Sie wird als flüssiger wahrgenommen, als eine Bewegung mit dem Strom, während eine Bewegung in die entgegengesetzte Richtung so erscheint, als müsse mehr Kraft aufgewandt werden, weil man gegen den Strom ankämpfen muss. Entsprechend wird der Energieaufwand je nach Richtung als unterschiedlich hoch wahrgenommen: von links nach rechts erscheint die Bewegung schneller bei geringerem Kraftaufwand, von rechts nach links als langsamer bei höherem Kraftaufwand.

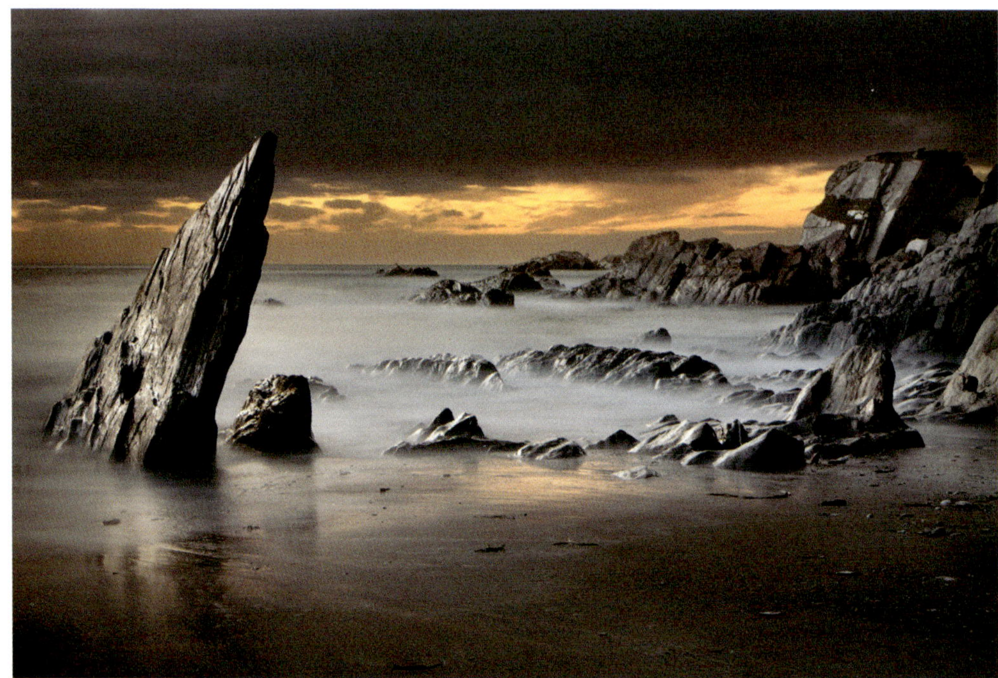

Oben und unten: Das vertikale Kontern eines sorgfältig gewichteten Bilds kann ein interessantes Experiment sein. In diesem Fall würden die meisten Menschen wohl finden, dass die Verlagerung des spitzen Felsens von links nach rechts zu schwer wiegt und das Bild aus dem Gleichgewicht bringt.

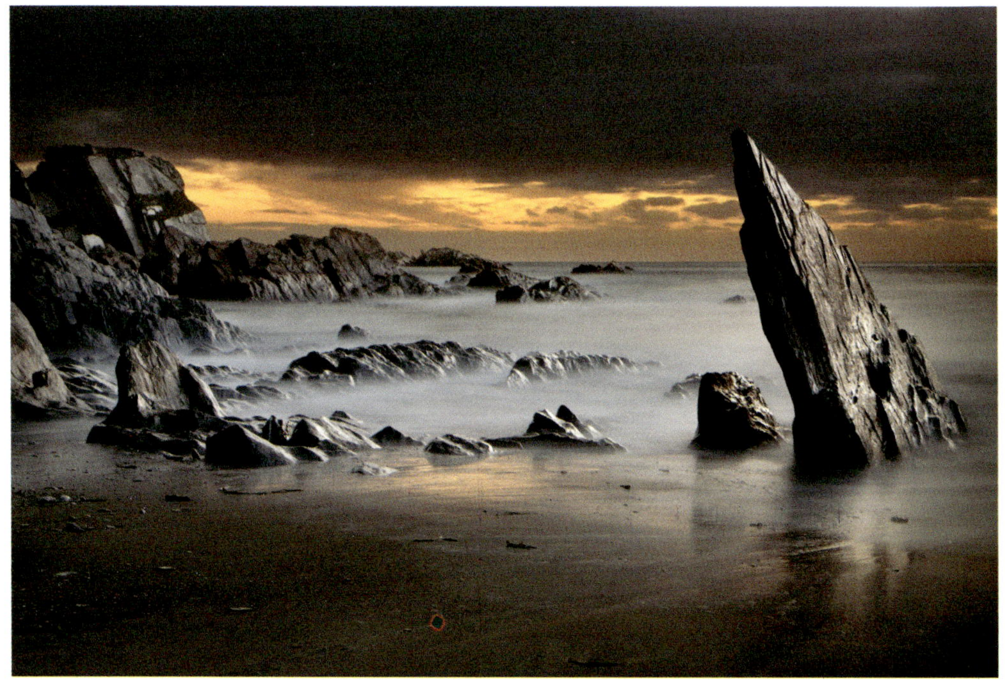

GEWICHTSFAKTOREN

Das Gewicht eines Elements hängt von einer ganzen Reihe von Faktoren ab:

- Wenn alles andere gleich groß ist, wiegt ein größeres Element schwerer als ein kleineres.
- Unterschiedliche Farben scheinen unterschiedliches Gewicht zu haben. Rot wiegt zum Beispiel schwerer als Blau, und hellere Farben haben mehr Gewicht als dunklere. Wenn wir also Blumen arrangieren, sollten wir genau überlegen, welche Farben wir auswählen wollen, wie stark die einzelnen Farben vertreten sein sollten und wie wir sie verteilen, gruppieren oder mit anderen Farben durchsetzen.
- Ein Element erscheint schwerer, wenn es rechteckig und schlicht ist, wenn es kompakt erscheint und vertikal ausgerichtet ist.
- Wie hell oder dunkel ein Farbton ist, spielt ebenfalls eine Rolle. Ein schwarzes Element muss größer sein als ein weißes, wenn man das optische Gleichgewicht herstellen möchte. Das mag teilweise am Überstrahlen liegen, das von hellen Objekten ausgeht und das sie größer erscheinen lässt.
- Die Position eines Elements auf der Bildfläche ist wichtig, nicht nur, ob es von der Zentralachse versetzt ist oder nicht. Elemente, die eher rechts im Bild sind, haben ein größeres visuelles Gewicht als die auf der linken Seite. Dies hängt mit unserer kulturellen Prägung durch die Leserichtung zusammen. Um ein Gefühl von Gleichgewicht herzustellen, müssten wir möglicherweise unverhältnismäßig schwere Elemente auf der linken Seite platzieren.
- Ein Element im Vordergrund hat weniger offensichtliches Gewicht als das gleiche Element im Hintergrund. Elemente oben im Bild werden tendenziell als schwerer wahrgenommen als unten.
- Ein Element in einem relativ leeren Raum wiegt wegen seiner Isoliertheit schwerer als in einem vollen Raum.
- Ein Element, das in starkem Kontrast zu seiner Umgebung steht, hat mehr Gewicht. Eine Rolle spielt hierbei auch, wie groß die kontrastierende Umgebung ist.
- Ein Element von größerem Interesse wirkt ebenfalls gewichtiger.

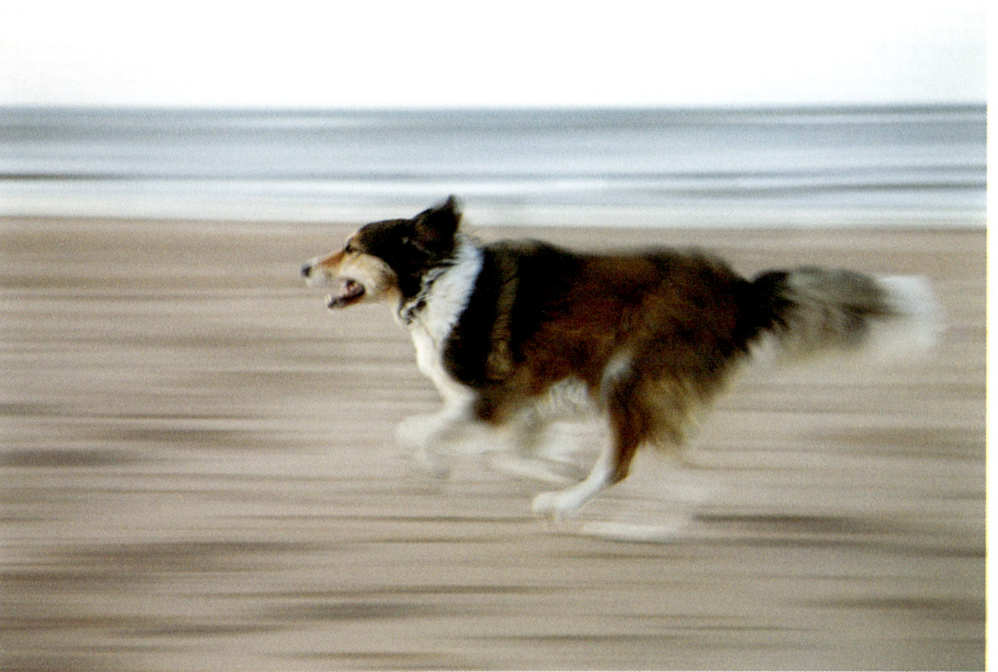

Oben und unten: Glaubt man der Theorie, dann empfinden diejenigen, die von links nach rechts lesen, den Lauf des Hundes von rechts nach links als anstrengender als von links nach rechts. Das ist so, weil es für den Betrachter eine größere Herausforderung ist, der Bewegung mit den Augen gegen die Leserichtung zu folgen. Mal sehen, was Sie davon halten.

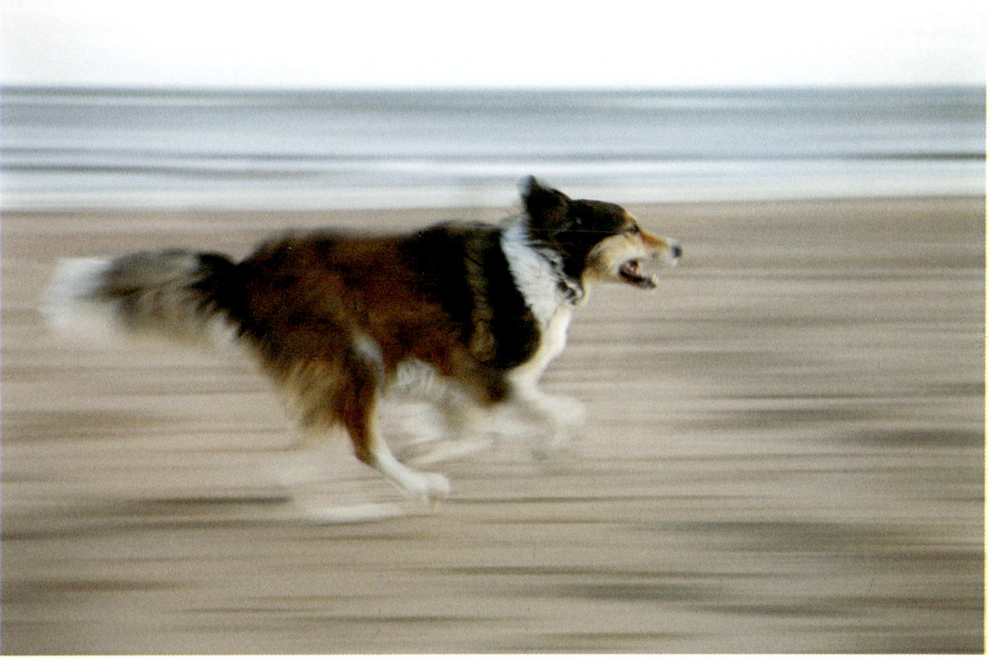

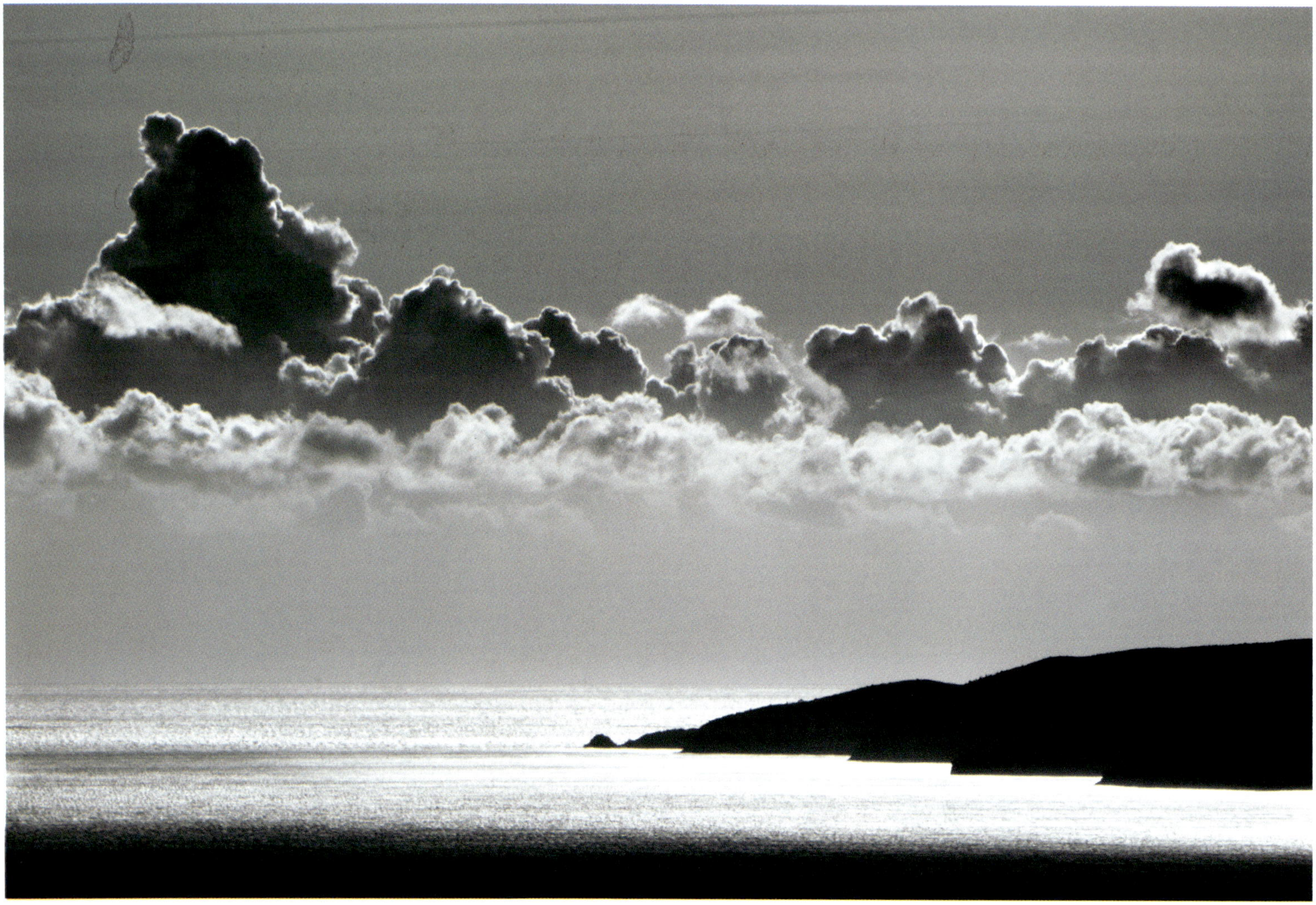

Die Wirkung von Bildern, die mit solchen Assoziationen arbeiten, ist natürlich völlig anders als die von Bildern, die mit einer vertikalen oder horizontalen Achse und Spiegeleffekt komponiert sind.

Eine Frage des Gleichgewichts

Aufgrund all dieser Faktoren visuellen Gewichts begreifen wir, wie ein kleines Objekt durch ein großes, ein helles durch ein dunkles und ein Negativraum durch einen visuell ausgefüllten Raum ausbalanciert werden kann. Ein Extrembeispiel für Letzteres ist ein Bild, auf dessen einer Seite ein Objekt zu sehen ist während die andere Seite leer ist. In diesem Fall ist das Gleichgewicht der einzige Grund, Negativraum zu integrieren. Raum ohne Detail vermag Gewicht zu vermitteln, weil er durch Anregung oder Andeutung Interesse weckt.

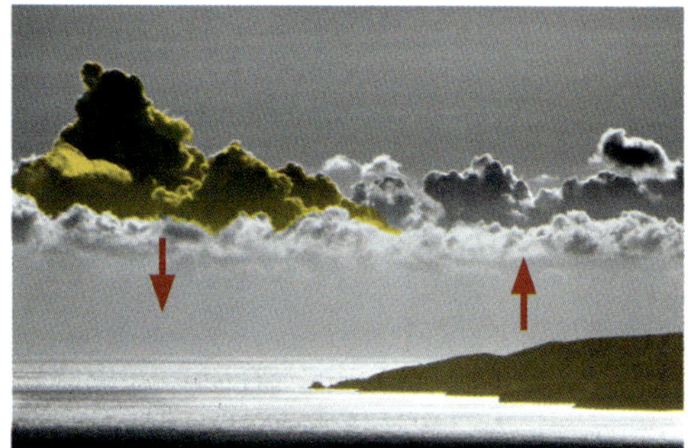

Oben und ganz oben: In dieser minimalistischen Meereslandschaft wird die dunkle Landmasse rechts durch die sich klar vom sonst wolkenlosen Himmel abzeichnende dunkle Wolkenformation links ausbalanciert.

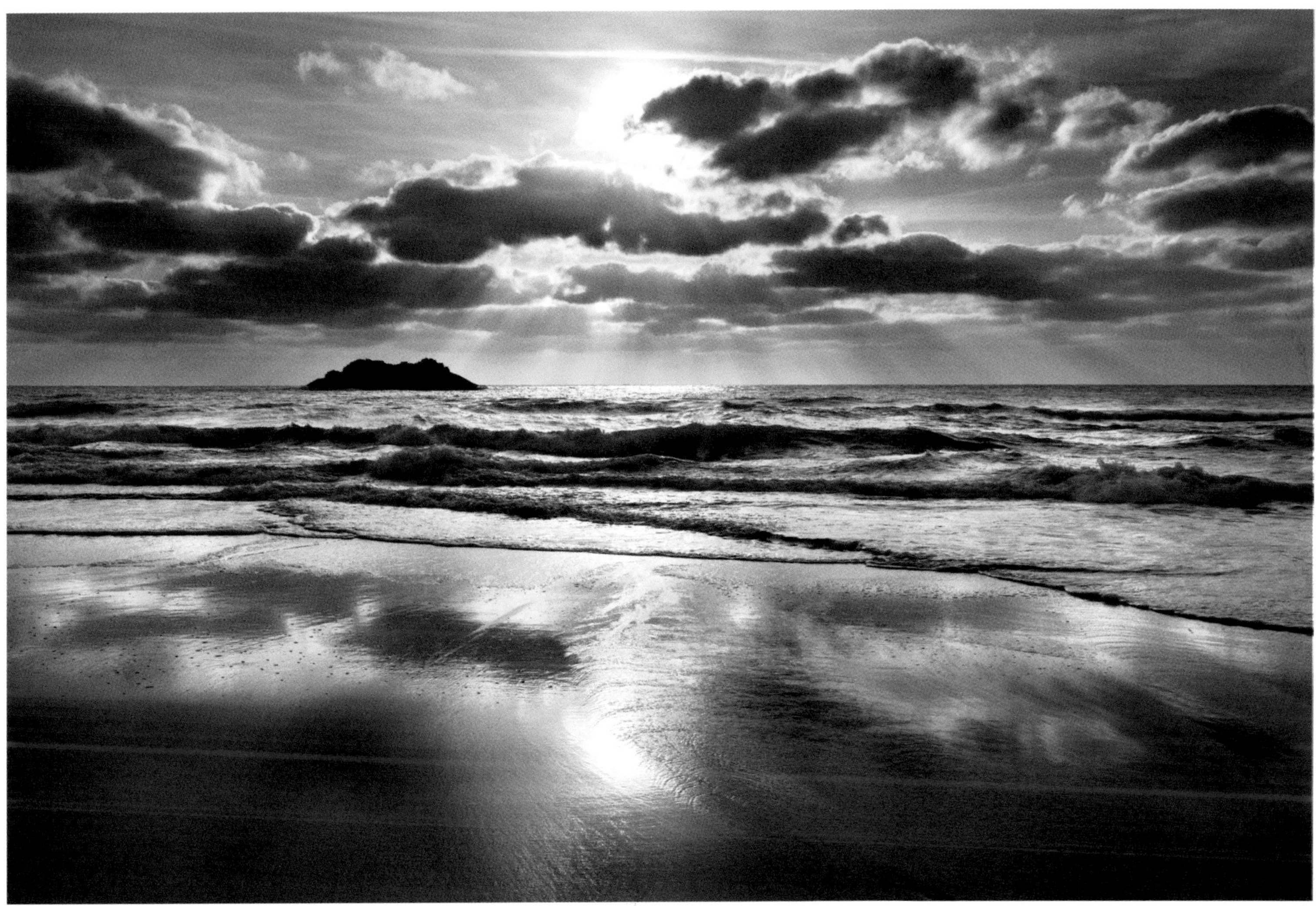

Oben: Auf diesem Foto besteht die Balance zwischen einem kleinen, sehr dunklen Element – der Insel – und dem offenen Raum oder Negativraum auf der rechten Seite.

Aus der Mitte verschobene Elemente

Wir können das Konzept des visuellen Gleichgewichts auch so einsetzen, dass wir Elemente innerhalb eines Rahmens außerhalb der Mitte platzieren. Ungerade Zahlen von Personen auf einem Gruppenfoto wirken gerade deswegen so gut, weil eine Person genau in der Mitte stehen kann. Das empfinden wir als angenehm, denn wir streben stets nach Balance. Man folgt damit der „Ungerade-Zahlen-Regel“, die besagt, dass eine ungerade Anzahl an Objekten auf einem Bild angenehmer ist als eine gerade Anzahl, denn gerade Zahlen von Objekten bilden Symmetrien, die ein wenig unnatürlich wirken.

Die Regel weist außerdem darauf hin, dass es besser ist, das Objekt von Interesse mit einer geraden Zahl von Objekten zu umgeben, denn diese sekundären Elemente ergeben zusammen mit dem Primärelement wiederum eine Balance. Man sollte also drei oder fünf Objekte im Rahmen unterbringen oder kleine Gruppen, die aus einem Primärelement und zwei oder vier Sekundärelementen bestehen.

Elemente außerhalb der Mitte zu platzieren kann auch Spannung erzeugen, die uns nach Beziehungen zwischen diesen Elementen und anderen Bildelementen suchen lässt. Das kann helfen, die Geschichte zu erzählen, die wir vermitteln wollen, oder Gefühle wie Freude und Harmonie beziehungsweise Unbehagen und Unsicherheit auszulösen.

Pyramidenform

Eine Variante der Ungerade-Zahlen-Regel ist die Pyramidenkomposition. Dabei wird ein großes Objekt im Zentrum des Fotos platziert, und kleinere Objekte werden in ausbalancierten Proportionen seitlich davon arrangiert.

Anordnung entlang einer Achse

Hier werden mehrere Elemente entlang einer Achse angeordnet. So entsteht zum Beispiel durch die Anordnung von Elementen entlang der Horizontlinie eine friedvolle Landschaftsaufnahme.

TIPP

EINE ÜBUNG IN KOMPOSITION
Eine interessante Übung besteht darin, mit einigen Objekten auf einem großen rechteckigen Tablett herumzuspielen und verschiedene Positionen und Bezüge auszuprobieren. Nehmen Sie zum Beispiel eine Banane und einen Apfel und beobachten Sie, wie die Positionierung des Apfels in der Biegung der Banane ganz anders wirkt, als wenn man ihn auf die andere Seite der Banane legt – auf die Außenseite der gebogenen Form.

Unten: Beim Ausbalancieren einer Gruppe ähnlicher Elemente kommt es nicht allein auf ihre Anzahl an. In diesem Fall empfinde ich das Gleichgewicht der sich nähernden Armada aus Schwänen, die um den mittleren herum gruppiert sind, als ausgewogen. Vier schwimmen rechts von ihm und fünf links, aber die relative Größe der Schwäne auf der Bildebene spielt zweifellos auch eine Rolle, vor allem weil die Komposition sehr stark von den kontrastierenden Farbtönen abhängt. Die Blickrichtung der dominierenden Schwäne mag zudem ein Faktor sein, und manch einer wird argumentieren, dass die genaue Bildmitte zwischen den beiden zentralen Schwänen liegt.

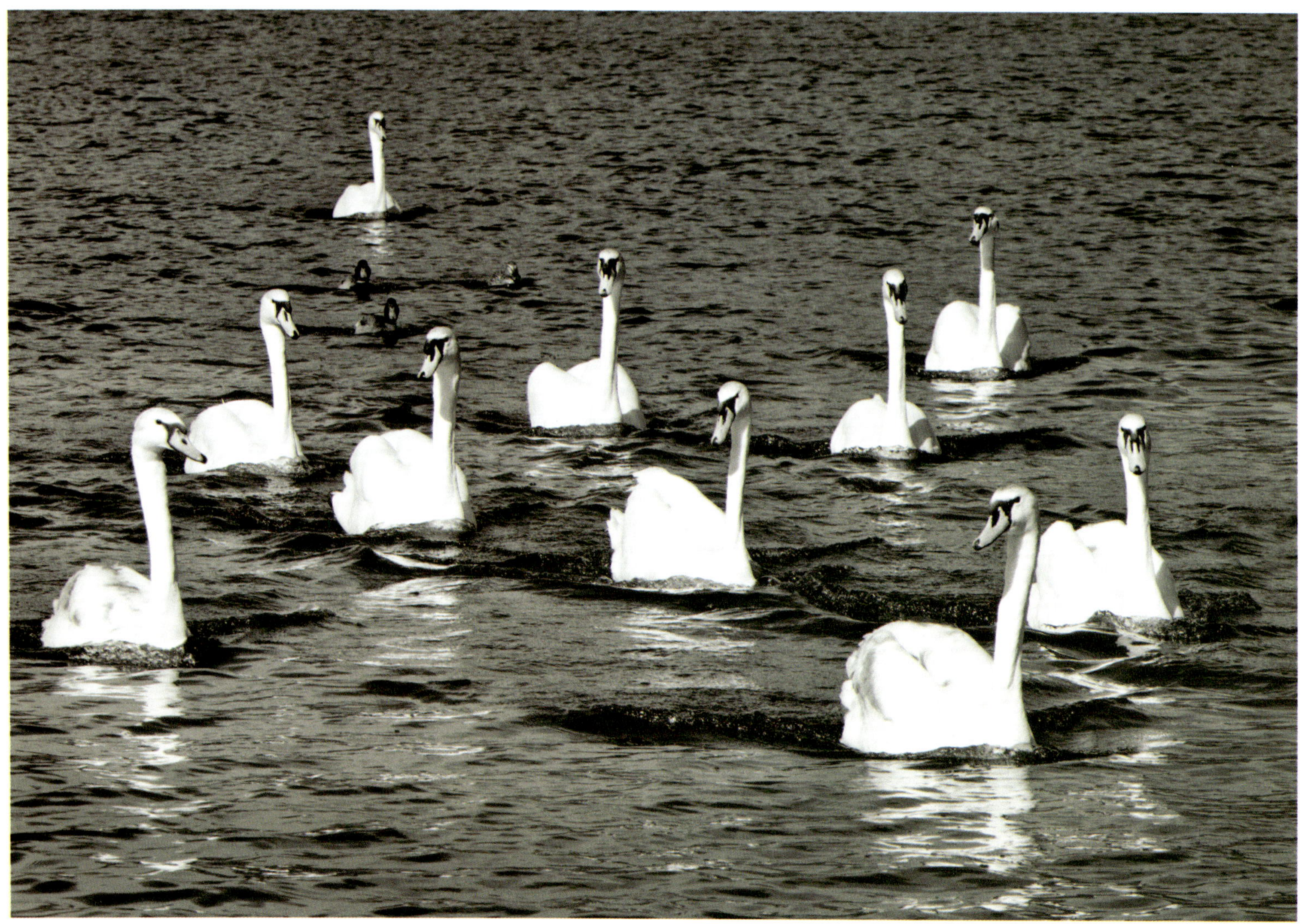

Anziehungspunkte

Jede Form, die klein genug ist, kann als Punkt wahrgenommen werden. Aufgrund ihrer einfachen, konzentrierten Form ziehen Punkte den Blick extrem stark an!

Punkte können zudem eine Achse bilden, um die ein anderes Element rotieren kann, deshalb können sie als Drehpunkt eingesetzt werden, um eine Komposition auszubalancieren. Dabei lohnt es sich, im Gedächtnis zu behalten, dass Elemente und Faktoren, die außerhalb des Bildrahmens liegen, ebenfalls unsere Entscheidung beeinflussen, wo wir ein Subjekt innerhalb des Fotorahmens am besten platzieren. Das ist zum Beispiel der Fall, wenn eine Person oder ein Tier auf dem Foto etwas anschaut, was nicht auf dem Foto zu sehen ist. In solchen Fällen ist es günstig, das Objekt ein wenig zu verrücken – weg von dem, worauf es sich bezieht.

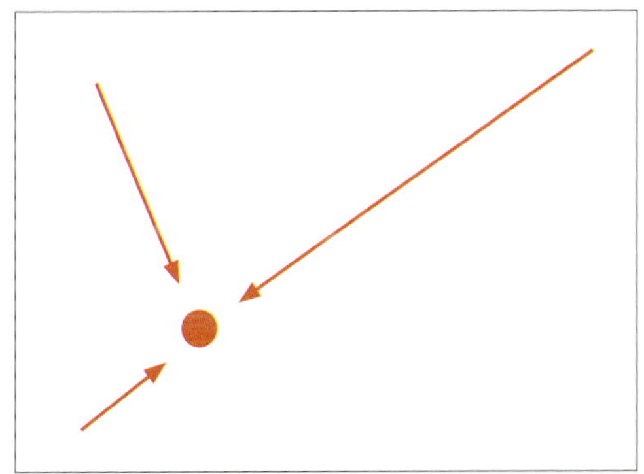

Oben: Jede noch so kleine einfache Form kann als Anziehungspunkt fungieren und den Blick mächtig anziehen.

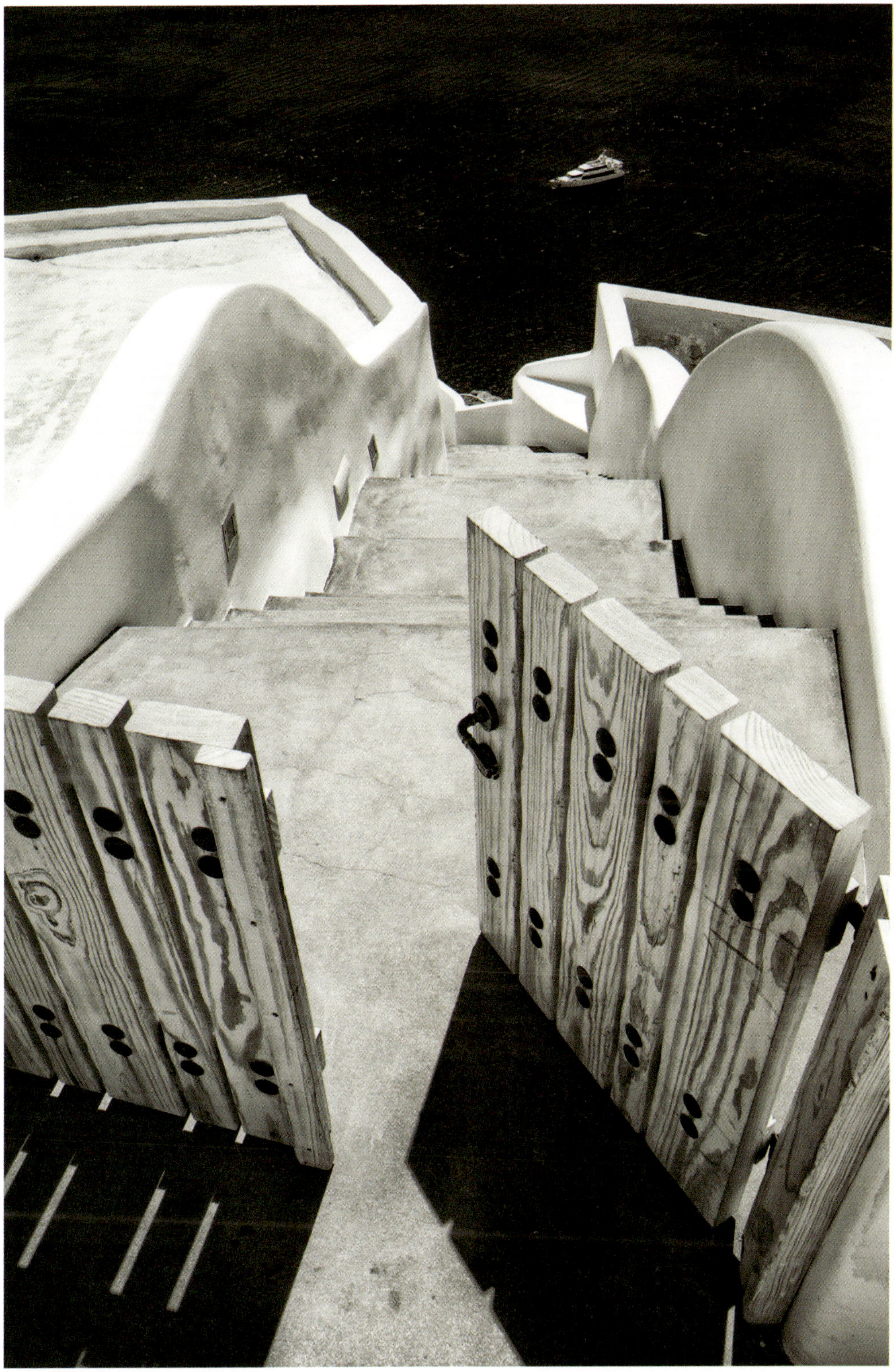

Rechts: Auf diesem Beispielbild befindet sich ein Gegenstand – das Boot in der Ferne –, der klein, aber durch seinen hellen Farbton deutlich genug erkennbar ist. Daher zieht es den Blick auf sich. Der Weg und die begleitenden Linien lenken ebenfalls den Blick auf das Boot, das offene Tor fungiert als symbolische Einladung für den Betrachter, der so in die Szene eintritt. Es fühlt sich an, als gehe man selbst auf Reise.

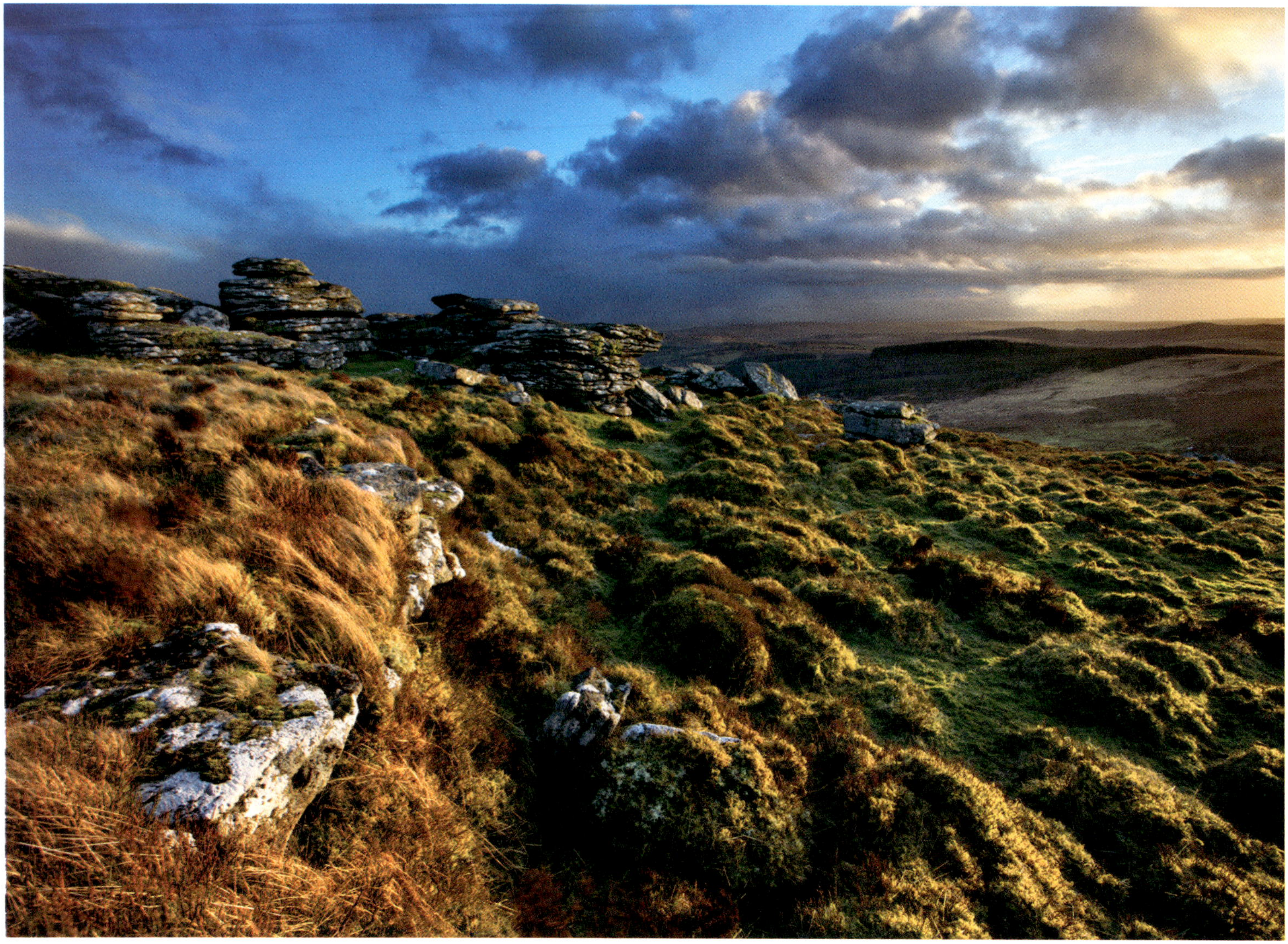

Gute Ausgewogenheit

Beim Arrangieren von Elementen auf einer Bildfläche geht es um viel mehr als nur ihre gleichmäßige Verteilung und die Vermeidung von Flächen mit Negativraum, denn es gibt eine fühlbare Anziehungskraft zwischen den Elementen. Deshalb scheint in der Übung auf S. 52 die Banane mit dem Apfel eine optische Verbindung einzugehen. Es ist, als würde die Banane den Apfel umarmen, wenn er innerhalb der Biegung platziert wird. Liegt der Apfel jedoch außerhalb, transportiert das Bild ein Gefühl von Ausgeschlossensein und Ablehnung. Die Ecken und die Mitte eines Bildes wirken ebenfalls in gewissem Maße magnetisch auf den Blick, was unsere Anstrengungen, Elemente in einem Rahmen ins Gleichgewicht zu bringen, weiter kompliziert. In detaillierten Analysen von Kompositionen kann die Interpretation dieser Anziehungslinien sehr komplex werden, da verschiedene Achsen und Vektoren eine Rolle spielen.

Oben: In diesem Beispiel befindet sich die Sonne nicht innerhalb des Bildrahmens, dennoch ist sie für die Komposition von zentraler Bedeutung. Die Pfeile deuten die Linien an, denen der Blick beim Betrachten des Fotos folgt.

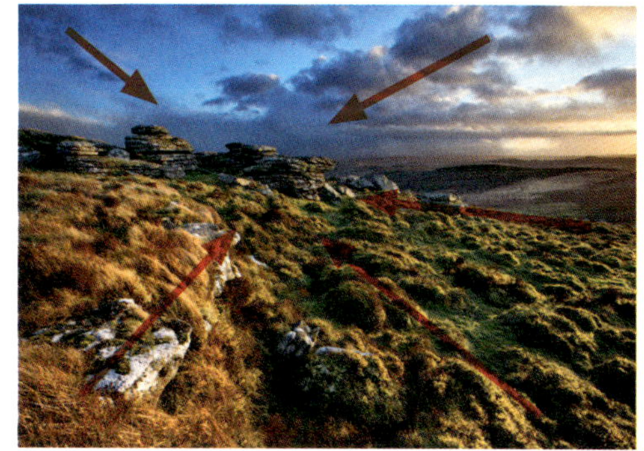

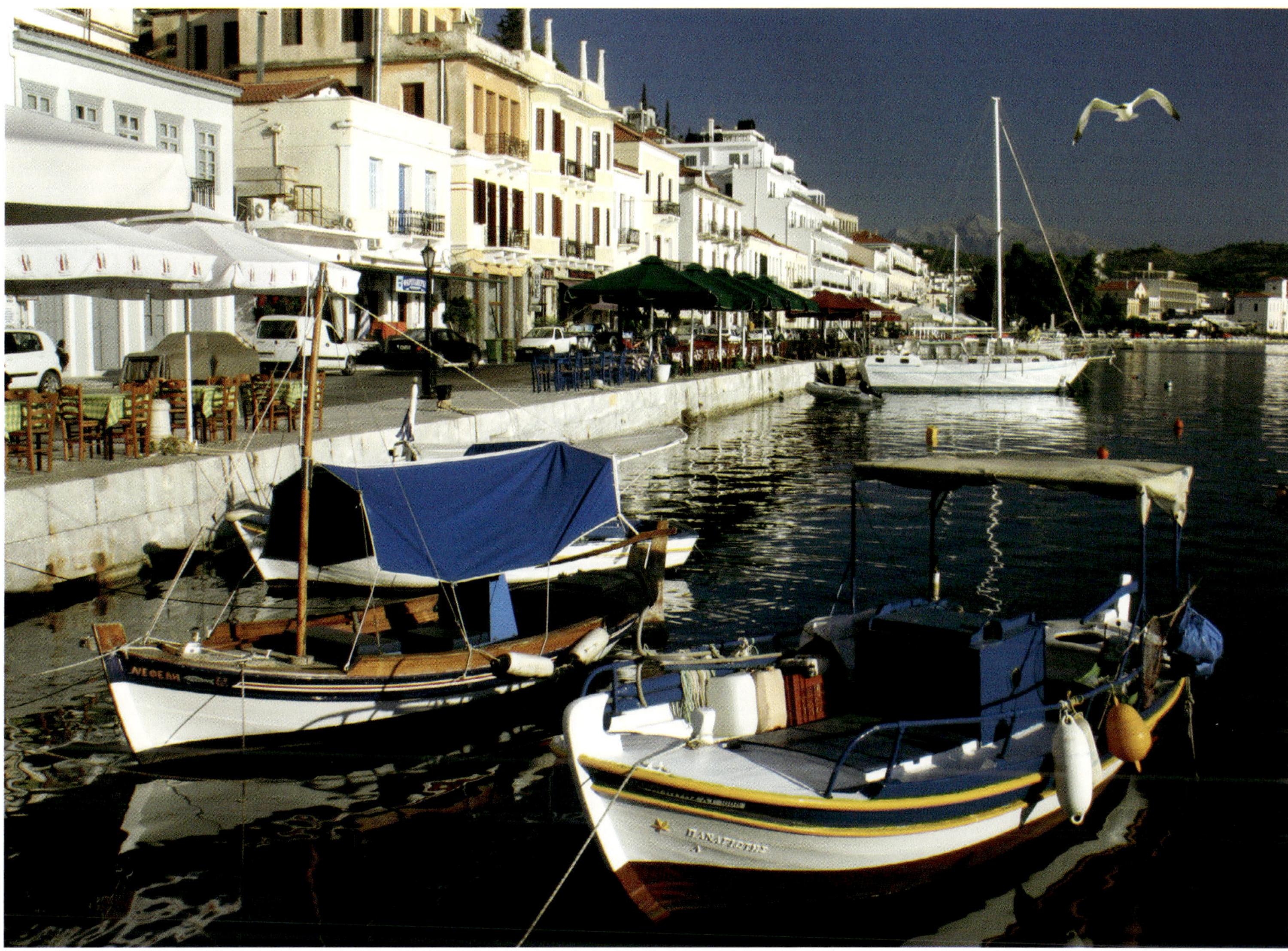

Oben: Obwohl sie winzig ist, hat die fliegende Möwe eine enorme Wirkung in dieser Szene und ist für die allgemeine Ausgewogenheit des Bildes wesentlich. Ohne sie würde das optische Gewicht zu stark auf der linken Seite liegen.

Zum Glück haben wir alle so etwas wie einen inneren Sensor – unser Bauchgefühl –, wenn es darum geht, Balance zu bewerten. Wir wissen instinktiv, wann sich etwas ausgewogen anfühlt, und es ist unbedingt nötig, dass wir beim Bildaufbau auf unsere innere Stimme hören.

Oft haben wir es beim Fotografieren mit Situationen zu tun, in denen manche Elemente in Bewegung und andere statisch sind. Eine gute Strategie ist dann, sich erst einmal Zeit zu nehmen, um die statischen Elemente sorgfältig zu komponieren. Dann sollte man auf den Moment warten, in dem das sich bewegende Element genau die Position erreicht, welche die Komposition ins Gleichgewicht bringt. Um solche Situationen erfolgreich zu meistern, muss man sich vorstellen können, wie die Szene am Ende aussehen könnte. Dazu ist es erforderlich, den Kurs des sich bewegenden Elements voraussehen, und natürlich braucht man Geduld und ein wenig Glück.

Manchmal lohnt es sich, die Kamera auf Serienaufnahme zu stellen, um eine Abfolge zu knipsen. Wenn das sich bewegende Element ins Bild kommt, kann man auf diese Weise sicherstellen, dass man es an der genau richtigen Stelle auch ablichtet.

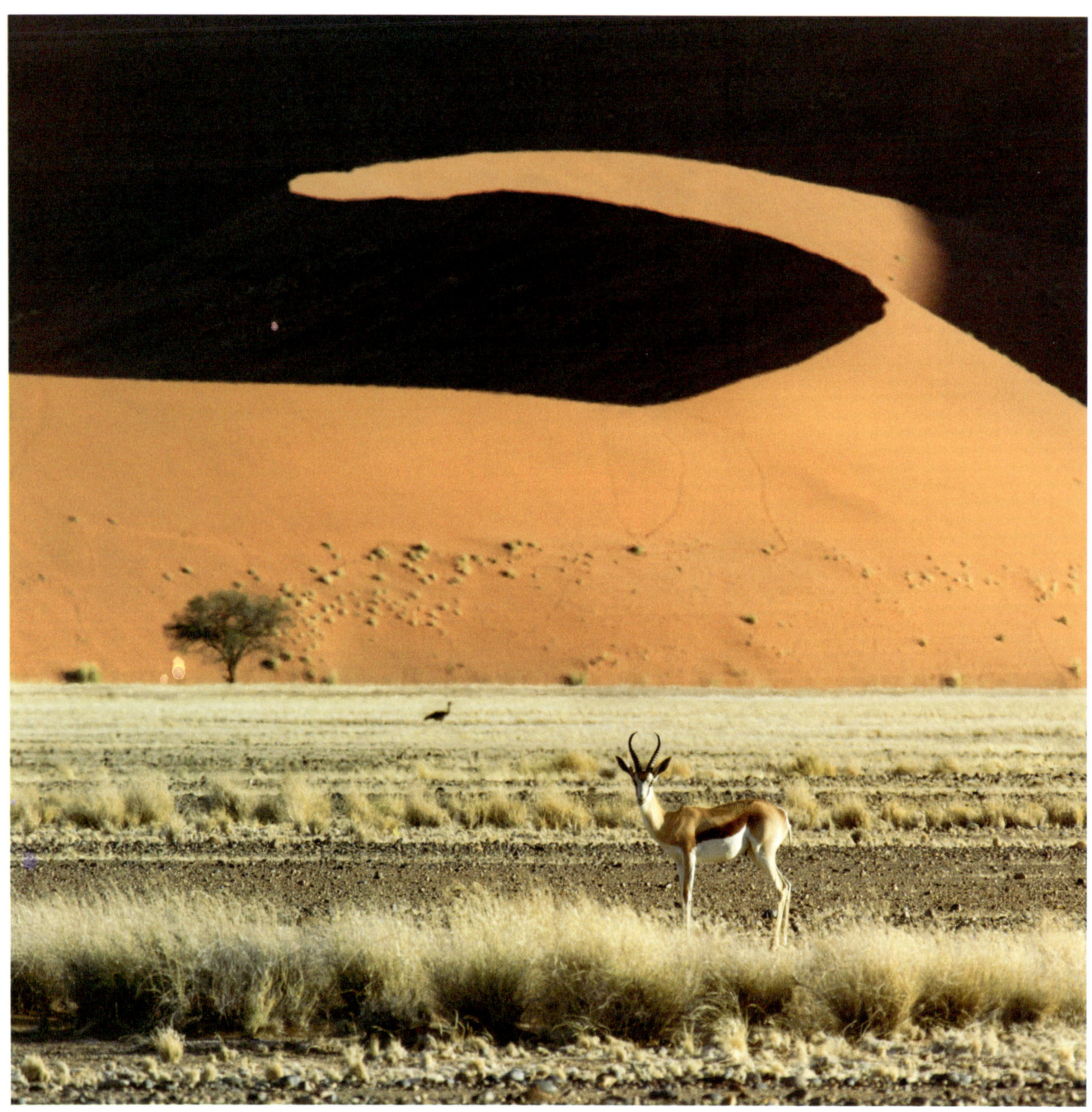

Links: Das statische Element dieser Szene in Namibia ist die eindrucksvolle Sanddüne im Hintergrund, die ich als Erstes in Szene setzen konnte. Dann wartete ich auf den einzelnen Springbock, der von rechts ins Bild trat, und durch einen glücklichen Zufall kam dann noch die Riesentrappe in der Ferne, auf der offenen Fläche zwischen Antilope und Baum, hinzu.

Übergeordnete Faktoren

Es lohnt sich, sich daran zu erinnern, dass ein Element in Bewegung in einer Komposition eine ganz andere Wirkung erzielt als ein statisches. Auch wenn die Bewegung auf dem Foto eingefroren wird, kann man erkennen, dass es sich in eine bestimmte Richtung bewegt. Dies ergibt einen Vektor, der mit berücksichtigt werden muss, denn gemäß der Raum-Regel wird Platz in der Bewegungsrichtung benötigt. Außerdem übt das sich bewegende Objekt einen gefühlten Zug auf andere Elemente in seiner Umgebung aus und verändert möglicherweise deren Platzbedarf. Um das Ganze noch komplizierter zu machen, müssen wir im Hinterkopf behalten, dass auf dem Bild auch Gefühls-, Richtungs- und Erzählfaktoren existieren. Es gibt also Fotos, bei denen die Bildelemente in einer bestimmten Abfolge arrangiert werden müssen, damit sie eine Geschichte erzählen. Erzählende Faktoren können wichtiger sein als ein präzise komponiertes Gleichgewicht der Einzelelemente auf dem Foto. In einem solchen Fall die Abfolge zu ändern, kann zum vollständigen Verlust der Bildbedeutung führen.

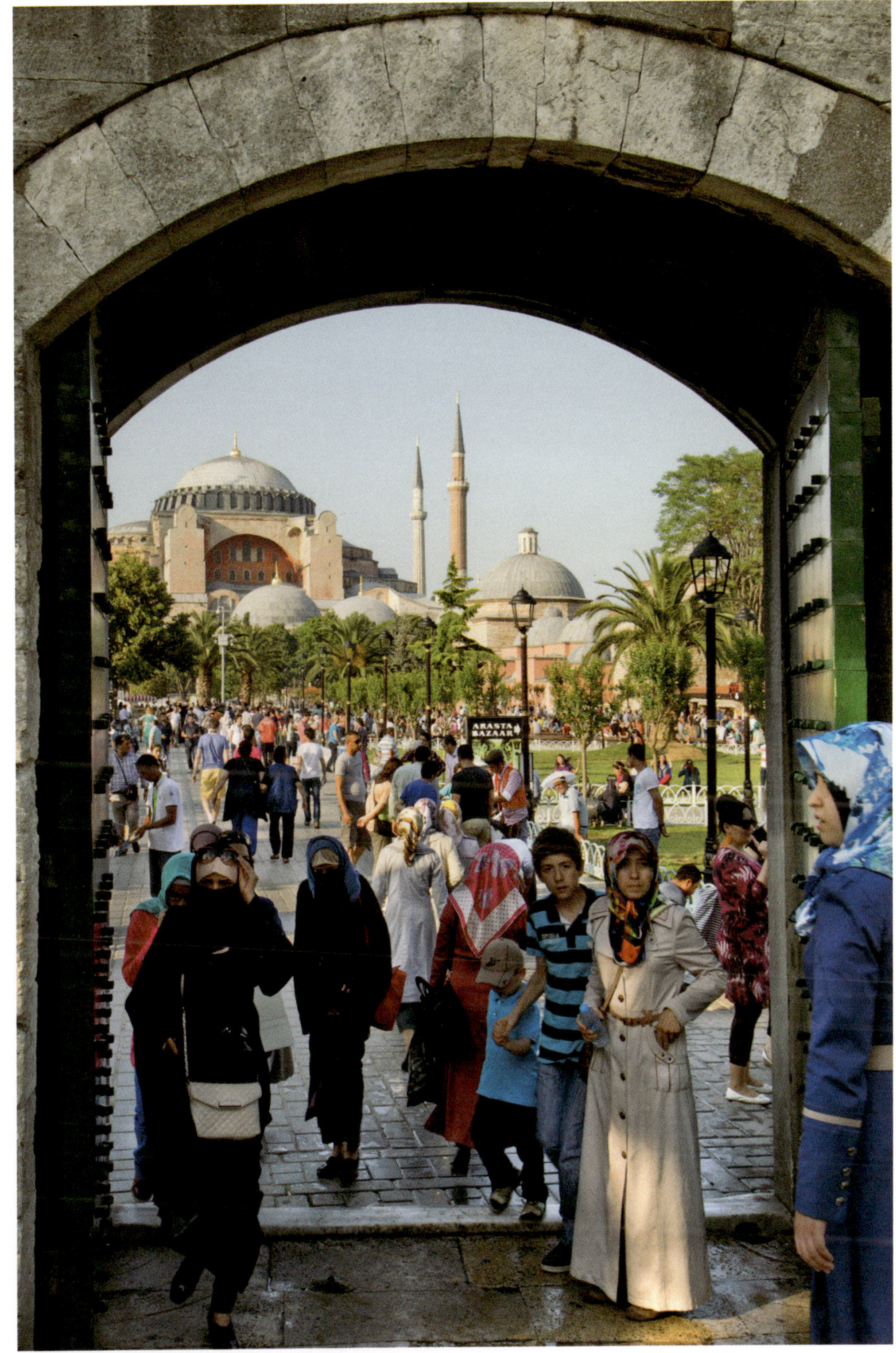

Rechts: In geschäftigen Szenen, wie hier im Istanbuler Sultan-Ahmad-Viertel, gibt es viele variable Faktoren zu beachten, zum Beispiel Farbe, Form und Blickkontakte. In einem solchen Fall bleibt einem nichts anderes übrig, als Ergebnisse auszuwählen.

Bildformate & Proportionen

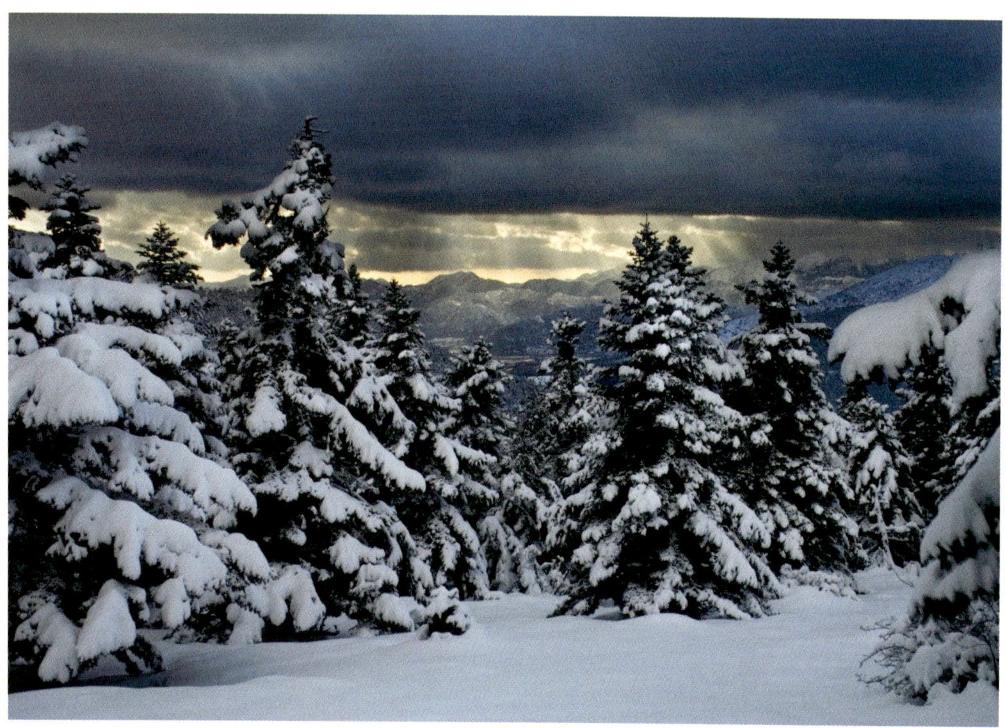

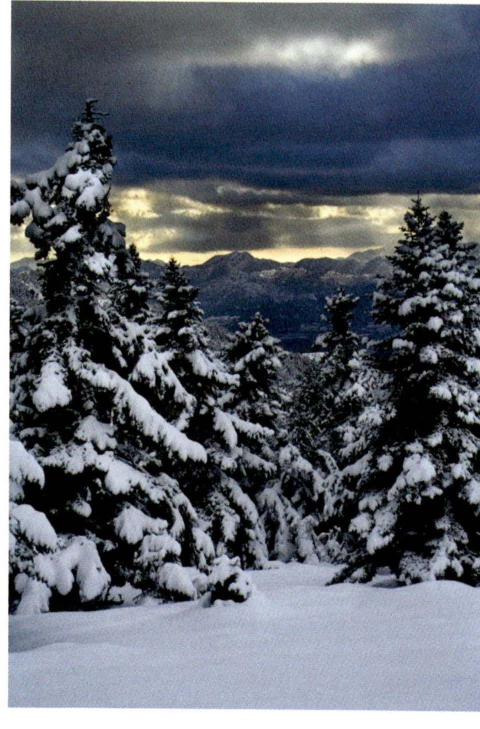

Oben und oben links: Eine einfache Szene, die sowohl in horizontaler als auch in vertikaler Ausrichtung aufgenommen wurde. Keine von beiden ist „falsch" – die horizontale Aufnahme vermittelt ein größeres Gefühl von Raum, während die vertikale Aufnahme mehr Tiefe verleiht.

Nach der Besprechung des Arrangements von Elementen im Raum wenden wir uns nun dem Thema Formate und Proportionen des Raumes selbst zu. Der Rahmen eines Bildes kann innerhalb einer Bildkomposition als Bildelement aufgefasst werden, denn er wirkt sich auf andere Elemente aus. Tatsächlich haben die Ausrichtung – vertikal oder horizontal – und die Proportionen des Rahmens eine eigene Wirkung auf den Betrachter, die unterbewusst wahrgenommen wird.

Bildformat

Das Bildformat beschreibt die Rahmenform in Zahlen, indem die horizontalen und vertikalen Maße in einem Verhältnis ausgedrückt werden. Die meisten Bilder haben eine leicht längliche Form, in den meisten Fällen mit einem Verhältnis der Seitenlängen von 3:2 oder 4:3. Im Lauf der Jahre wurden Kameras hergestellt, die mit unterschiedlichen Formaten arbeiten. Großbildkameras liefern Fotos in einem Format von 7:6, 5:4 oder sogar 1:1, die am meisten verbreiteten Kameras verwenden jedoch das Verhältnis 3:2. Es beruht auf der Rahmengröße von 35-mm-Filmen, die mit 36 x 24 mm eben dieses Verhältnis aufweisen. Es scheint für dieses Verhältnis keinen ausdrücklichen ästhetischen Grund zu geben, aber bestimmt bietet ein leicht länglicher Rahmen einen besseren Raum für kompositorische Kreativität als ein quadratischer oder runder Rahmen. Er bietet einen größeren Bereich für den Einsatz eines Von-links-nach-rechts- oder Von-oben-nach-unten-Vektors im Bild, um zum Beispiel ein Gefühl von Bildtiefe zu vermitteln oder dem Blick zu ermöglichen, eine Szene geordnet mit den Augen abzutasten. Außerdem bietet es die Möglichkeit, eine Geschichte zu erzählen, indem man Elemente entlang der längeren Seite platziert.

Die horizontal verlängerte Ansicht entspricht auch eher unserer natürlichen Herangehensweise an die Welt. Da unsere Augen nach vorne ausgerichtet und nebeneinander angeordnet sind, neigen wir dazu, die Welt als ein Gesichtsfeld mit horizontaler Ausdehnung wahrzunehmen. Natürlich wird unser Gesichtsfeld nicht von einem wirklichen Rahmen begrenzt, wenn wir eine Szene betrach-

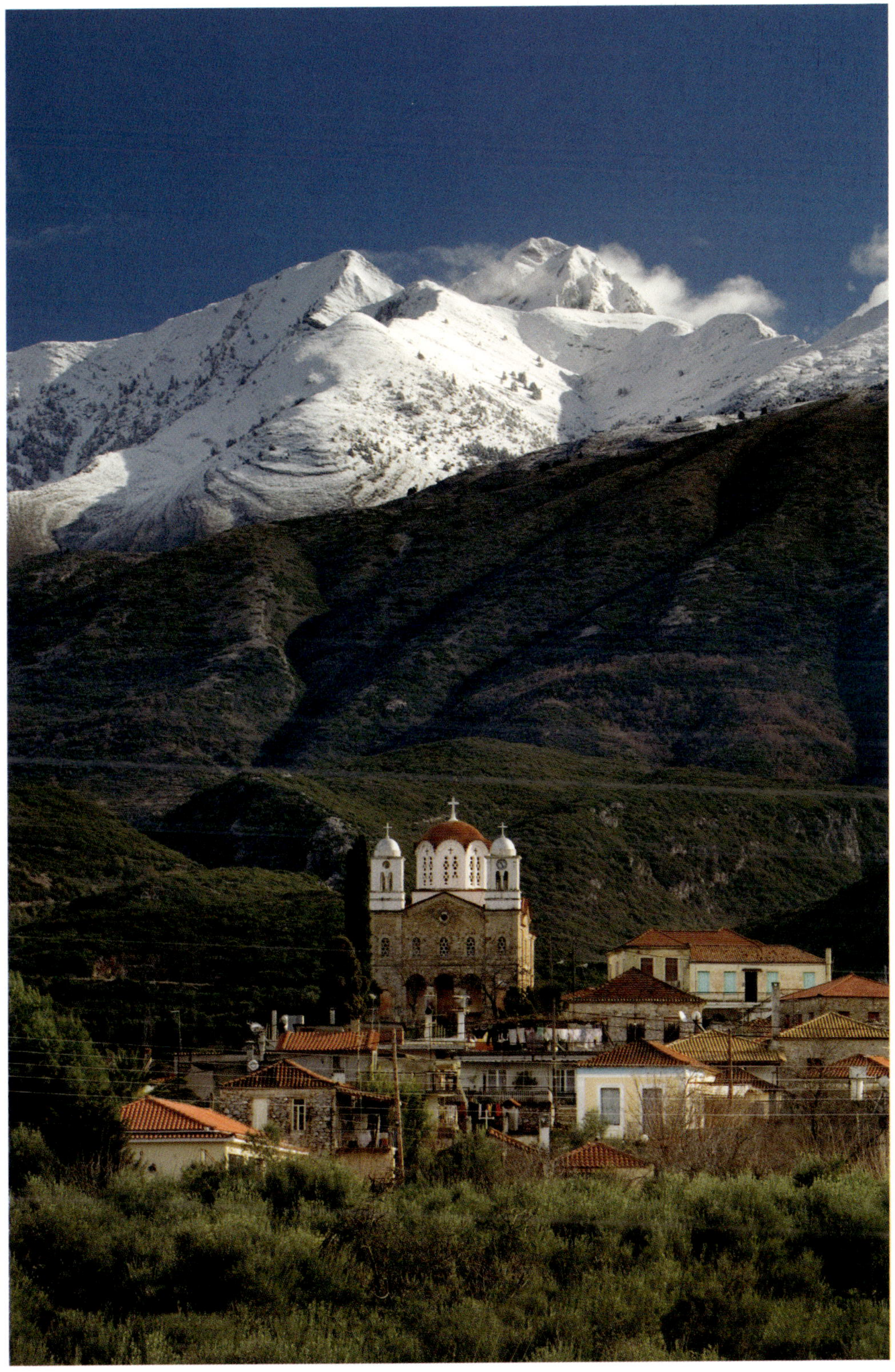

HORIZONTAL ODER VERTIKAL?

Wer Orientierung sucht, sollte sich folgende Fragen stellen:

- Passt die Form eines Gegenstands zu einer bestimmten Ausrichtung?
- Welche Ausrichtung vermeidet, dass unnötiger Ballast mit auf das Bild kommt?
- Gibt es Elemente im Vordergrund, mit denen Sie die Bildbotschaft verstärken wollen?
- Wollen Sie ein Gefühl für Raum oder Tiefe vermitteln?
- Gibt es Beziehungen zwischen Elementen, die Sie betonen möchten?
- Haben Sie eine bestimmte Reise vorgesehen, die der Blick des Betrachters machen soll, oder gibt es eine Abfolge von Elementen, die beim Betrachten bemerkt werden soll?
- Gibt es Linien und Formen in der Szene, die aktiv zu Ihrer Komposition beitragen können?

ten, indem wir sie als Ganzes und dann im Detail betrachten, wir neigen jedoch dazu, die Welt als horizontal längliches Oval mit verschwommenen Rändern zu sehen.

Das Verhältnis 4:3 ist heute zunehmend populär, weil viele Digitalkameras, die der Endverbraucher nutzt, diese Proportionen liefern. Der Vorteil ist hier, dass es mit vielen Bildschirm- und Druckpapierformaten kompatibel ist. Es gibt auch noch das leicht komprimierte Verhältnis von 5:4, das einen weiteren relativ verbreiteten Standard darstellt.

Links: Höhe ist hier das Bildthema. Die Kirche im Vordergrund trägt eine weiße Krone. Diese stellt einen optischen Bezug her zur Schneekrone des Bergs im Hintergrund. Ein Teleobjektiv verstärkte den Effekt, weil es einen knapperen Schnitt ermöglichte.

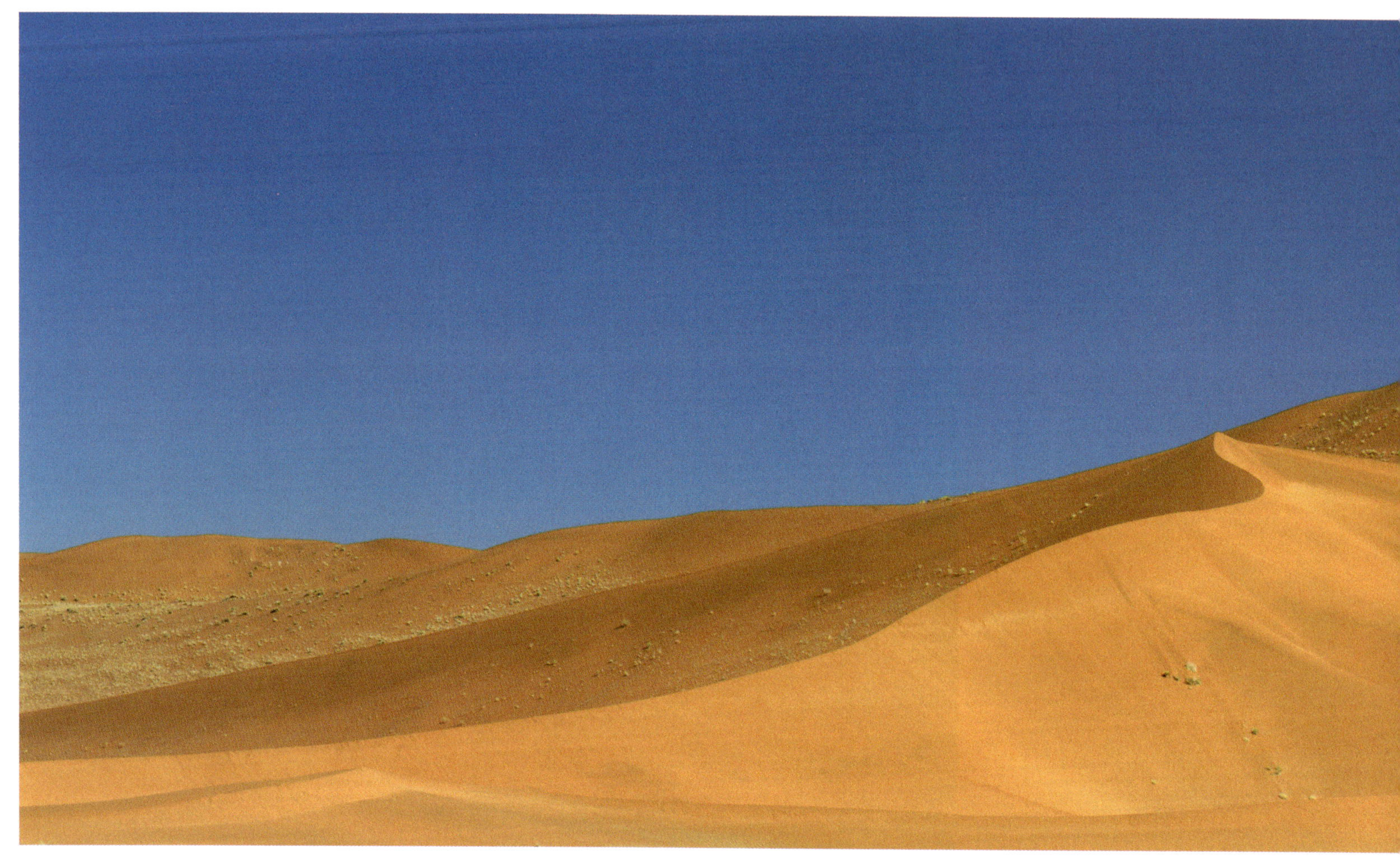

Panorama-Aufnahmen

Am anderen Ende des Spektrums der Formate befinden sich Panoramafotos, die sich dank Breitbildfernsehern und Software, die es ermöglicht, mehrere Bilder zu verknüpfen, immer größerer Beliebtheit erfreuen. Die Wirkung eines Panoramafotos hängt oft davon ab, ob es großformatig gedruckt wird, weil man dann die Details der Szene deutlich sehen kann. Ein einziges Bild so zu beschneiden, dass es ein Panorama ergibt, birgt das Risiko, dass die Auflösung zu schlecht ist, um großformatige Drucke zu ermöglichen. Werden jedoch mehrere Bilder zu einer Panoramaaufnahme zusammengerechnet, verändern sich Pixelzahl und Auflösung nicht.

Vor der digitalen Fotografie maß das Standard-Panoramabild 17 x 6 cm (ein Verhältnis von ungefähr 3:1), aber 12 x 6 cm (2:1) und 24 x 6 cm (4:1) waren ebenfalls erhältlich. Wenn man mit einer speziellen Panoramaformatkamera arbeitet, kann man natürlich das Bild mit einmal Knipsen festhalten, was nützlich ist, wenn die Szene bewegliche Elemente, wie Wellen oder Wolken, enthält. Im Allgemeinen sind diese Fotos im erweiterten Format besonders geeignet für natürlich verlängerte Szenen, in denen die Komposition ein starkes lineares Element enthält und der Blick weit durch die Szene schweifen kann.

Man beachte: Wenn Panoramafotos groß sind und von Nahem betrachtet werden, können wir nur einen Teil des Bildes richtig ansehen, weil es hier schwieriger ist, das ganze Bild rasch nach interessanten Einzelheiten abzusuchen. Der Prozess der Bildbetrachtung wird dadurch verlangsamt, und es ist, als würden wir die tatsächliche Szene beobachten. Bei bestimmten Bildern mag das eine gute Sache sein.

Wie nicht anders zu erwarten, werden diese verlängerten Formate vor allem in horizontaler Ausrichtung verwendet. Der Grund dafür liegt im Sehen mit zwei Augen und den ergonomischen Anforderungen von Kameras, bei deren Konzipierung man den Einsatz für horizontale Motive im Sinn hatte. Solche Kameras eignen sich auch, um ein Gefühl der Weite auf Bildern zu erzielen.

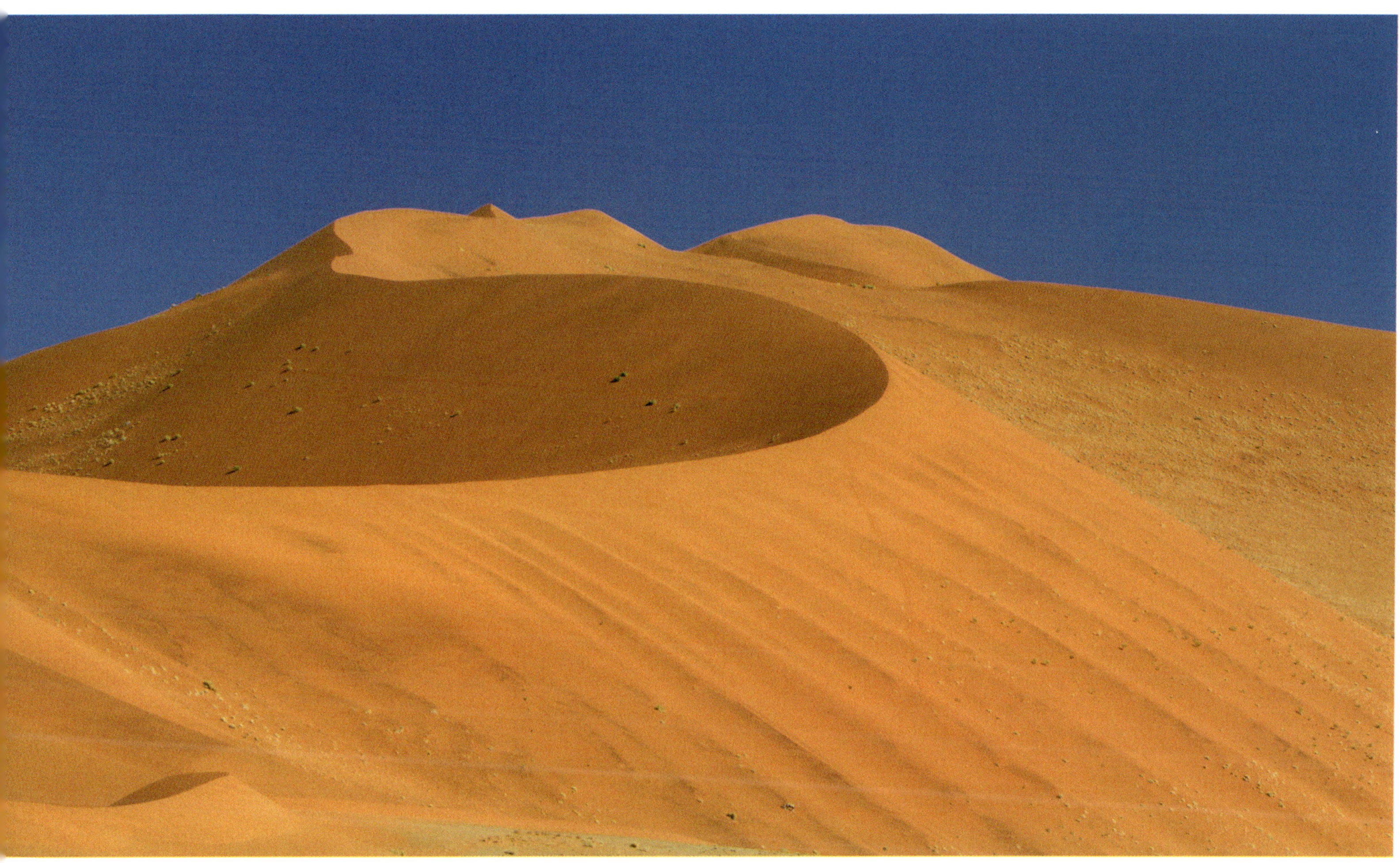

Oben: Dieses Foto enthält ein starkes lineares Element. Es bewirkt, dass der Blick von links unten nach rechts oben am Kamm der Sanddüne entlangwandert. Das Panoramaformat ist dafür passend.

Das Porträtformat

Bei vertikaler Ausrichtung, dem sogenannten Porträtformat, kann jedes der unterschiedlichen Verhältnisse seine Vorteile haben, je nach Gegenstand und kompositorischen Intentionen des Fotografen. Das leicht verlängerte 3:2-Format eignet sich zum Beispiel für höhere Motive, wie etwa einen stehenden Menschen oder hohe Gebäude. Es kann dazu beitragen, ein Gefühl der Höhe zu vermitteln, und bei Landschaftsaufnahmen auch der Tiefe. Es kann sich auch für die Darstellung der Beziehung zwischen sehr nahen Objekten – einschließlich des Betrachters – oder sehr entfernten eignen.

Während man sich überlegt, ob man die Kamera drehen soll oder nicht, müssen hinsichtlich der besten Ausrichtung Entscheidungen getroffen werden, um die Wirkung von Linien und Formen der Szene, die man fotografiert, auszunutzen und die Elemente bestmöglich auszubalancieren. Es kann interessant sein, am Abend einmal auszuwerten, wie viele horizontale und wie viele vertikale Aufnahmen man den Tag über gemacht hat.

Das quadratische Format

Das Verhältnis 1:1 – das quadratische Format – bietet an sich schon Symmetrie, die dabei hilft, ein Gefühl der Ausgeglichenheit und Ruhe zu vermitteln. Die Symmetrie der Seiten und Ecken leitet den Blick immer wieder zurück zur Mitte, deshalb ist es ein besonders gutes Format für perfekt symmetrische Gegenstände oder Fotos, die wie Muster wirken. Dieses Format ermutigt dazu, den Blick in alle Richtungen frei schweifen zu lassen, um das Muster zu erforschen.

Das quadratische Format eignet sich jedoch nicht unbedingt als Standard, denn es gibt nur wenige Motive, die keine lineare Komponente haben. Für uns ist es normal, die längere Achse von Objekten an der langen Seite eines rechteckigen Rahmens auszurichten. Einige Filmkameras benutzen dieses Format, aber in der Regel wird es erst dadurch erreicht, dass man ein rechteckiges Bild beschneidet.

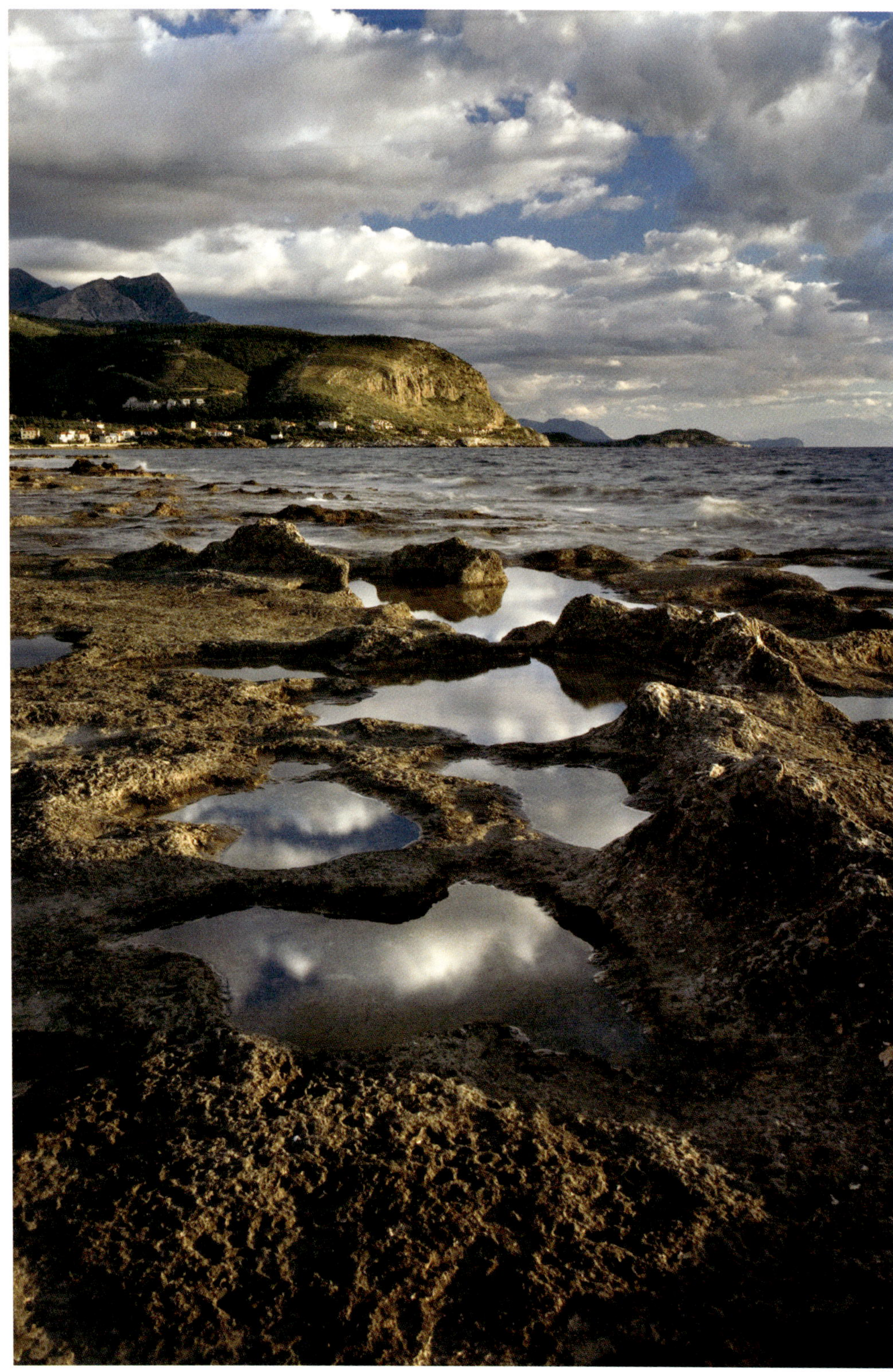

Links: Die vertikale Ausrichtung eignet sich für Landschaftsaufnahmen, bei denen der Vordergrund sehr wichtig ist und das Verhältnis von Vordergrund zu Hintergrund ein Gefühl der Bildtiefe vermittelt.

Durch ein wenig extra Platz an den Seiten der Komposition sowie oben und unten bekommt man die Freiheit, die gebraucht wird, um den Zuschnitt goldrichtig hinzubekommen – Präzision ist ein wichtiger Teil des Erfolgs quadratischer Fotos.

Natürlich steht den meisten Fotografen nur eine einzige Kamera zur Verfügung, die Bilder in einer festgelegten Größe – typischerweise 3:2 – produziert. Das Format des endgültigen Bildes wird also bei Beschnitt bestimmt, einmal abgesehen von Panoramen, die durch das Zusammenfügen von Fotos entstehen.

Das bedeutet, dass wir das Bildmaterial nicht in eine vordefinierte, feststehende Bildform pressen müssen, sondern eine Form wählen können, die zum Motiv passt, nachdem das Foto gemacht wurde. Wir brauchen uns auch nicht auf die Standardformate zu beschränken, weil wir die Form, die am besten zu jedem einzelnen Foto passt, frei bestimmen können.

Bildgröße

Genau wie die Form des Rahmens hat auch die Bildgröße Einfluss auf die Komposition. Es liegt eine gewisse Ironie darin, dass viele von uns jetzt, wo wir über Digitalkameras verfügen, mit deren Hilfe wir in der Lage sind, große, qualitativ hochwertige Drucke zu erzeugen, Fotografien am häufigsten auf dem Bildschirm betrachten. Unsere Forderung nach Bequemlichkeit in der Anwendung und sofortigem Erfolg hat zur Folge, dass die Bildschirme, die wir benutzen, immer kleiner werden: Laptops und Notebooks ersetzten die Desktop-Computer,

Rechts: Die Symmetrie dieser Bocksbartblüte und der klare Hintergrund passen zum quadratischen Format. Die strahlenförmigen Linien der Blüten- und Kelchblätter lenken den Blick sowohl zur Mitte hin als auch nach außen zur Peripherie.

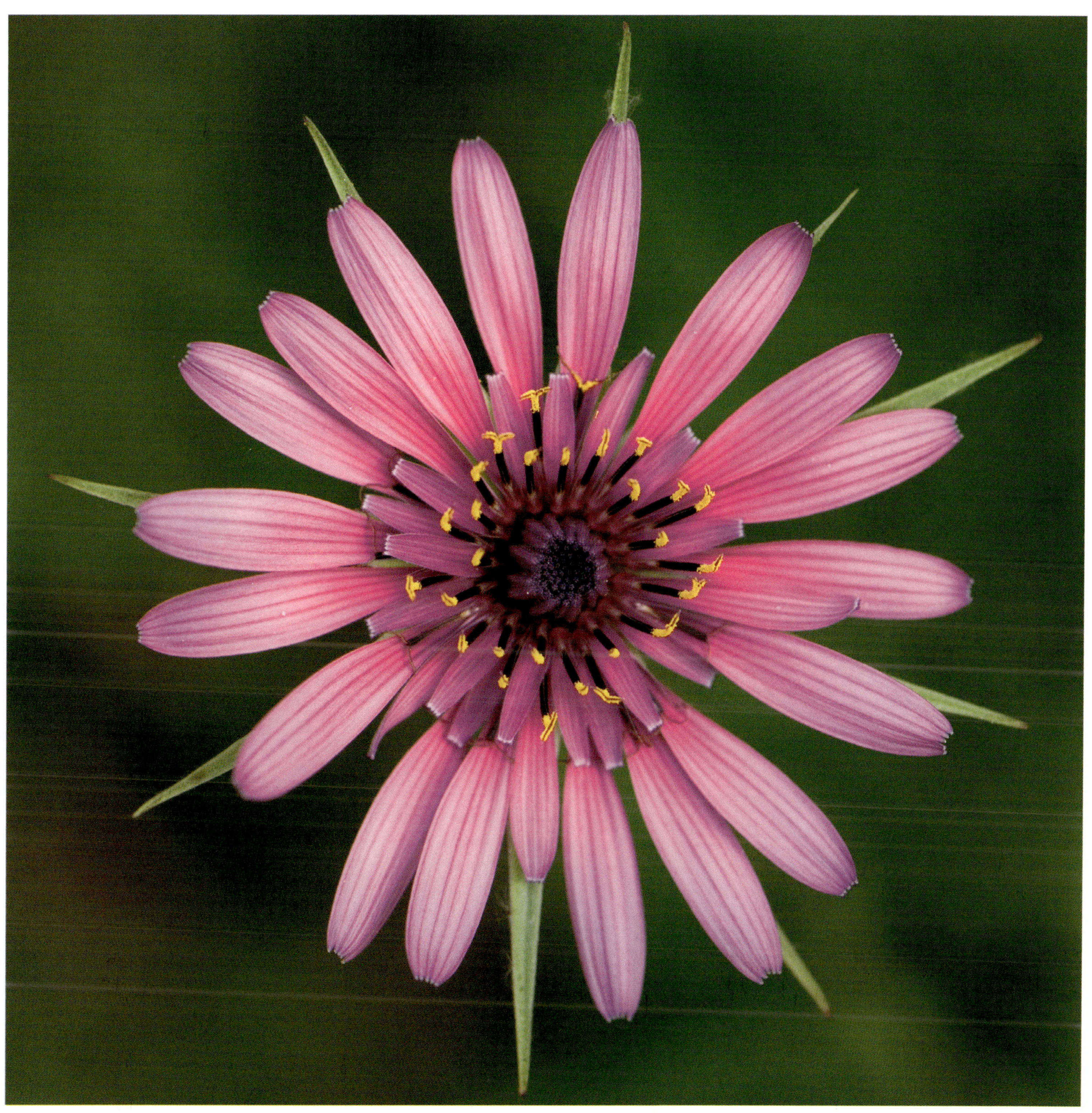

und inzwischen werden Bilder überwiegend auf Tablets und Smartphones angeschaut.

Es ist interessant, darüber nachzudenken, was nötig ist, um mit so kleinen Bildern eine gute Wirkung zu erzielen. Im Allgemeinen lässt sich sagen, dass sie einfach und grafisch sein müssen, da komplexe Bilder mit kleinen Details auf mobilen Medien nicht so einfach genauer betrachtet werden können und dort ihre Wirkung verfehlen.

Bilder werden oft flüchtig, in einer Abfolge mit Hunderten anderer betrachtet. Deshalb müssen sie eine sofort ersichtliche, klare Botschaft haben und unmittelbar packend sein.

Es besteht jedoch das Risiko, dass wir bequem werden, wenn wir unsere Bilder in dieser digitalen Umgebung herstellen. Bildstörungen, wie Rauschen und schlechte Fokussierung, sind bei kleiner Größe nicht so offensichtlich, und man kann ein Foto meist durch radikalen Beschnitt retten. Glücklicherweise wissen die meisten Menschen großformatige, qualitativ hochwertige Drucke immer noch zu schätzen – in Bildbänden, in Ausstellungen oder einfach zu Hause an der Wand. Nichts ist so zufriedenstellend, wie die eigenen Fotos „in groß" zu sehen, um sie in Ruhe zu studieren und über sie nachzudenken.

Rechts: Ein vertikales Bildformat war die naheliegende Wahl für diese Aufnahme der Rindomo-Schlucht in Griechenland. Der Blick des Betrachters folgt auf natürliche Art den Strahlen der aufgehenden Sonne und dem Verlauf der Schlucht in Richtung der Berge im Hintergrund.

Den richtigen Beschnitt üben

Diese Fotoserie mit zwei Enten, die auf einem nebligen See an einigen Pfosten vorbeischwimmen, illustriert, wie ein raffinierter Beschnitt Ordnung in eine Komposition bringen kann.

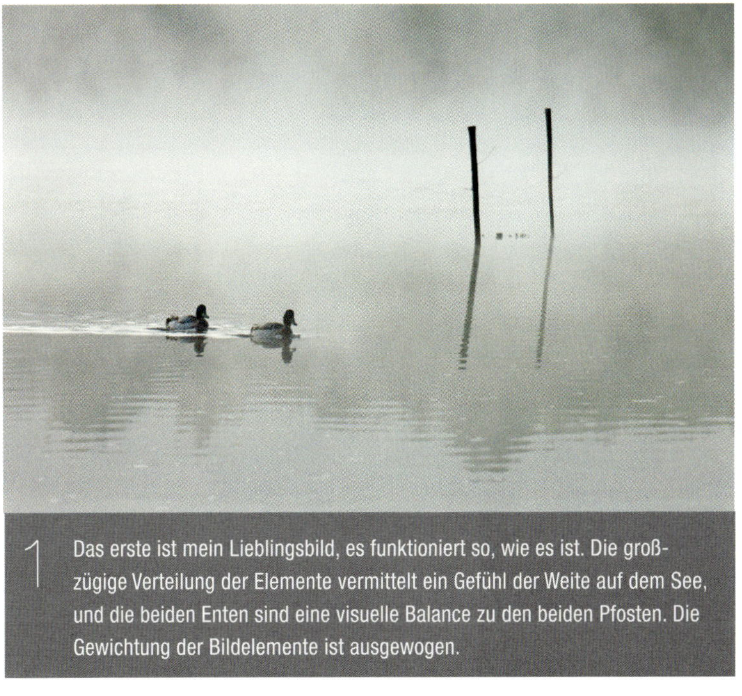

1 Das erste ist mein Lieblingsbild, es funktioniert so, wie es ist. Die großzügige Verteilung der Elemente vermittelt ein Gefühl der Weite auf dem See, und die beiden Enten sind eine visuelle Balance zu den beiden Pfosten. Die Gewichtung der Bildelemente ist ausgewogen.

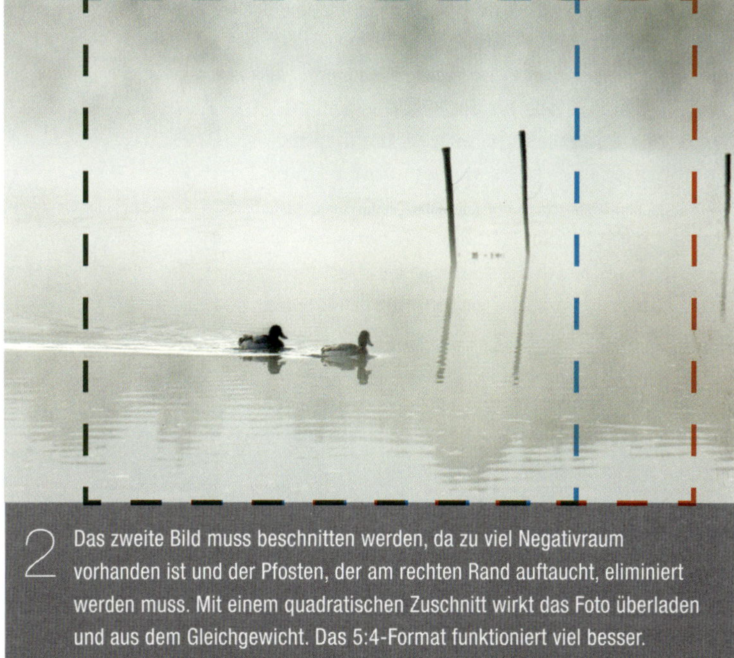

2 Das zweite Bild muss beschnitten werden, da zu viel Negativraum vorhanden ist und der Pfosten, der am rechten Rand auftaucht, eliminiert werden muss. Mit einem quadratischen Zuschnitt wirkt das Foto überladen und aus dem Gleichgewicht. Das 5:4-Format funktioniert viel besser.

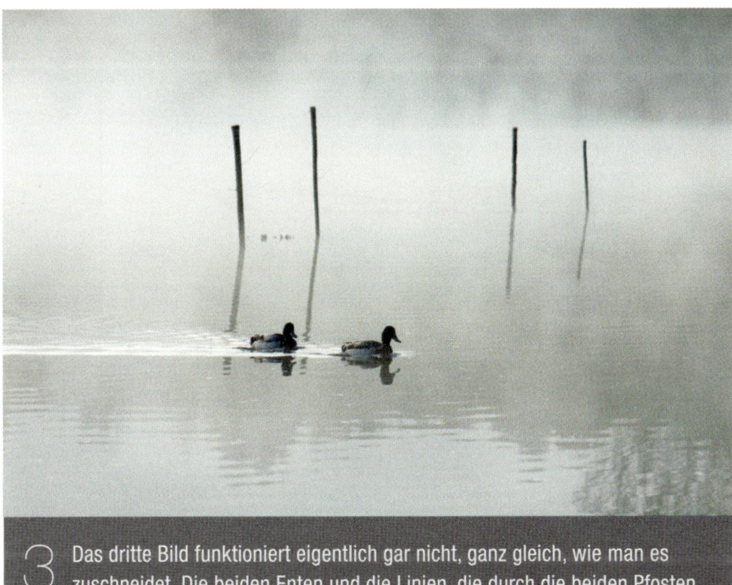

3 Das dritte Bild funktioniert eigentlich gar nicht, ganz gleich, wie man es zuschneidet. Die beiden Enten und die Linien, die durch die beiden Pfosten gebildet werden, überschneiden sich. Es entsteht ein Ungleichgewicht, das durch die beiden Pfosten rechts nicht ausgeglichen werden kann.

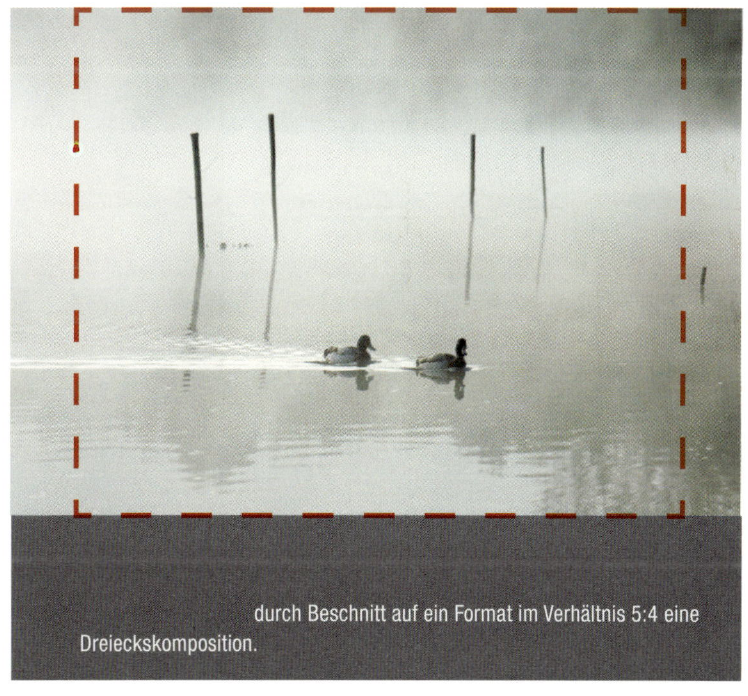

durch Beschnitt auf ein Format im Verhältnis 5:4 eine Dreieckskomposition.

Die äußere Bildbegrenzung

Nachdem wir das Format und die Bildebene besprochen haben, wenden wir nun unsere Aufmerksamkeit der Wirkung des Bildrandes und seiner Rolle für die Komposition zu. Wir können den Rahmen nutzen, um unsere Kompositionen zu stützen oder subtil zu ihrer Wirkung beizutragen. Wir können zum Beispiel starke Linien an den Bildkanten oder einer Ecke ausrichten, um die äußere Bildbegrenzung zu verstärken und zu betonen. Dies wird oft bei Architekturfotos angewandt.

Die Außenkanten stellen außerdem eine Referenz für die Ausrichtung anderer Linien innerhalb des Fotos dar. Durch eine Drehung des Motivs im Rahmen können wir einen ruhigen flachen Horizont in eine dynamische Diagonale verwandeln und ein Gefühl des Ungleichgewichts und der Irritation erzeugen, da ein Horizont in der Realität nicht gekippt werden kann.

Aufmerksamkeit einfordern

Alle Ränder und Ecken einer Bildeinfassung scheinen ebenfalls Zug und Druck auf die Bildelemente auszuüben und damit Spannung zu erzeugen. Ein Element, das zum Beispiel auf einem Rand liegt, scheint daran zu kleben, was mehr Aufmerksamkeit auf den Rand als auf das Element an sich lenkt. Wenn die Elemente frei im Rahmen schweben, ist die Einfassung selbst weniger offensichtlich, und wir neigen dazu, durch sie hindurchzuse-

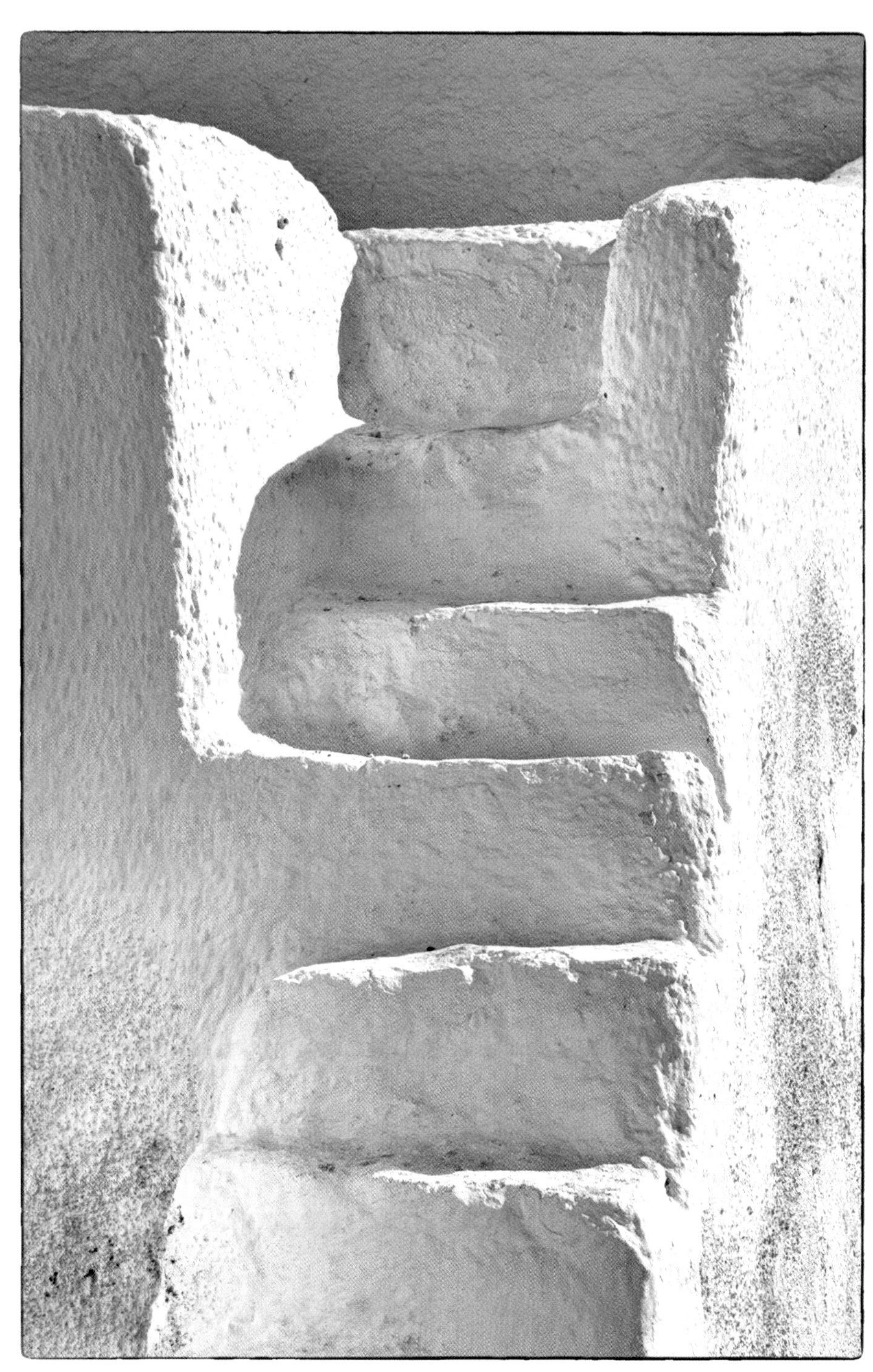

Rechts: Eine grafische Studie mit Sonnenlicht und Schatten. Die Rahmenkante stützt die starken vertikalen und horizontalen Linien der Stufen.

hen wie durch ein Fenster, ohne uns ihrer Existenz überhaupt bewusst zu sein. Wenn der Rand merklich und absichtlich ein Element anschneidet, ist er selbst auch weniger offensichtlich, aber nicht ganz so unsichtbar, wie wenn das Element frei im Rahmen schweben würde.

Nah am Rand

Ebenso wie wenn man Objekte leicht versetzt von der Mitte platziert, kann es zu ablenkender Mehrdeutigkeit führen, wenn man Objekte nah am Rand positioniert. Der Betrachter denkt dann darüber nach, ob dies absichtlich geschehen ist, anstatt sich in die Botschaft zu versenken, die Sie vermitteln wollen. Dasselbe gilt auch für die Ecken. Im Allgemeinen vermeidet man am besten, dass der Blick des Betrachters in die Ecke gelenkt wird, denn dann wird er wahrscheinlich den Rahmen verlassen. Das alles sind Gründe, weshalb es sich lohnt, die Ränder im Sucher nach Randverschmelzungen, bei denen ein Element teilweise durch den Rahmen abgeschnitten wird, zu überprüfen, bevor man den Auslöser betätigt. Bisweilen ist es notwendig und angemessen, einen Teil eines Objekts abzuschneiden, vor allem dann, wenn durch das Bild Details in einem Teil dieses Objekts hervorgehoben werden sollen. Wenn dies der Fall ist, ist es in der Regel am besten, kühn vorzugehen und damit zu vermeiden, dass irrelevante Details aufs Bild kommen, die den Betrachter dazu veranlassen könnten, den Beschnitt komplett infrage zu stellen.

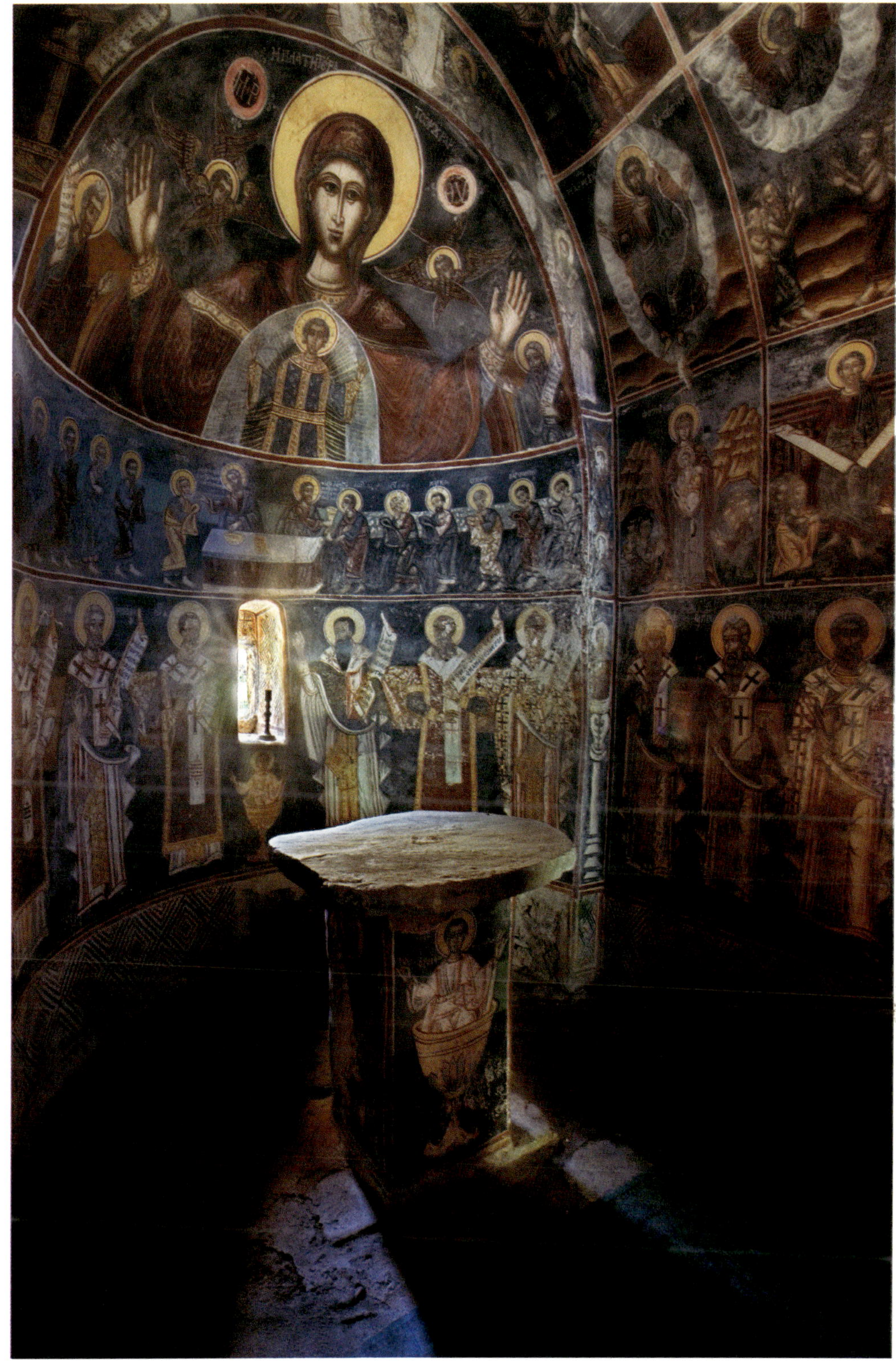

Rechts: Auf diesem Foto mit Fresken in einer winzigen Kapelle in Griechenland besteht eine wichtige Komponente aus dem umschließenden Bogen oben. Es war von großer Bedeutung, dass ich es vermied, den Bogen zu durchschneiden, denn das gibt nach oben ein wenig Luft zum Atmen.

Kompositorische Rahmen

Objekte und Umrisse in einer Szene können dazu eingesetzt werden, einen natürlichen Rahmen für das Motiv zu bilden. Man spricht dann von „kompositorischen Rahmen". Er wirkt wie eine Art Fenster, durch das man hindurchschauen kann. Dadurch lässt sich der eingerahmte Gegenstand aufwerten, genauer verorten, und die Aufmerksamkeit wird auf ihn gelenkt. Türen, Gebäude im Vordergrund, in der Natur auch Bäume, Äste und Felsvorsprünge – dies alles dient typischerweise diesem Zweck. Dieser kompositorische Rahmen braucht das Objekt nicht vollständig zu umschließen, denn diese Funktion übernehmen die Bildränder. Oft ist es jedoch wichtig, den kompositorischen Rahmen so zu wählen, dass er zum Gegenstand passt und diesen ergänzt oder die Geschichte, die erzählt wird, unterstützt. Wenn man ihn dazu benutzt, einen Teil des Gegenstands zu verdecken, kann dies dazu dienen, die Fantasie des Betrachters anzuregen oder die Aufmerksamkeit auf das Wesen und die Rolle des kompositorischen Rahmens an sich zu lenken. Die Wahl Ihrer Position wird zudem die Beziehung zwischen Objekt und Rahmen beeinflussen. Am besten keine überflüssigen Elemente mit einbeziehen, denn diese werden mit dem Motiv konkurrieren und die Bildbotschaft verschleiern. Auch die Brennweite verändert die Beziehung: Ein längeres Objektiv reduziert die scheinbare Distanz zwischen einem Rahmen im Vordergrund und einem Objekt in der Ferne.

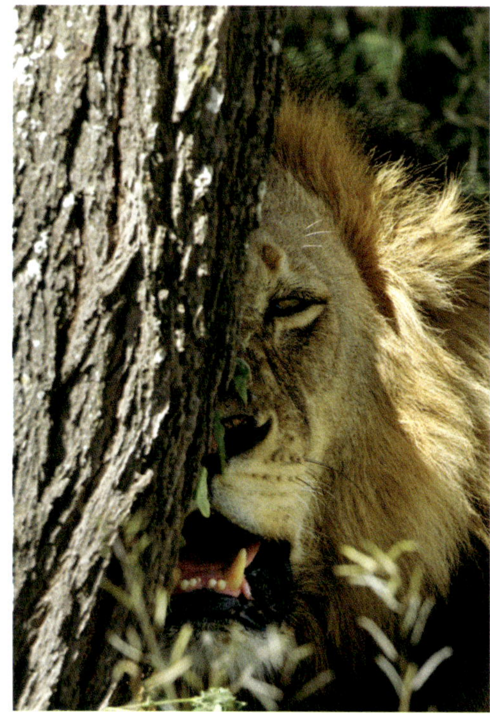

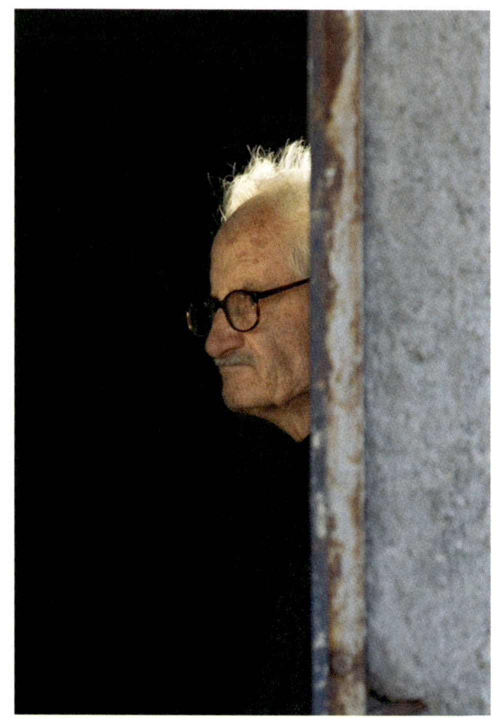

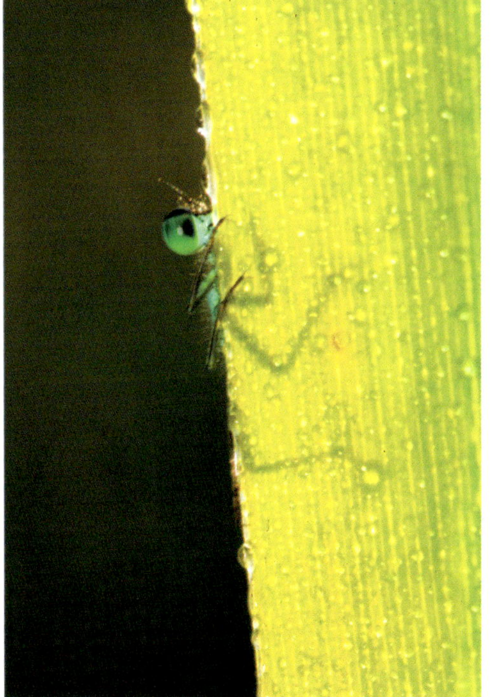

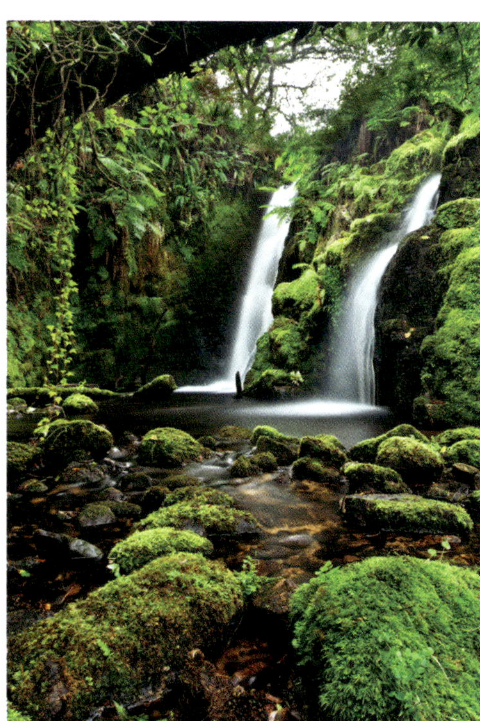

Rechts: Vier Beispiele für die Wirkung einer teilweisen Rahmung, die einen Teil eines Objekts isolieren und ihn in eine Art Kontext setzen.

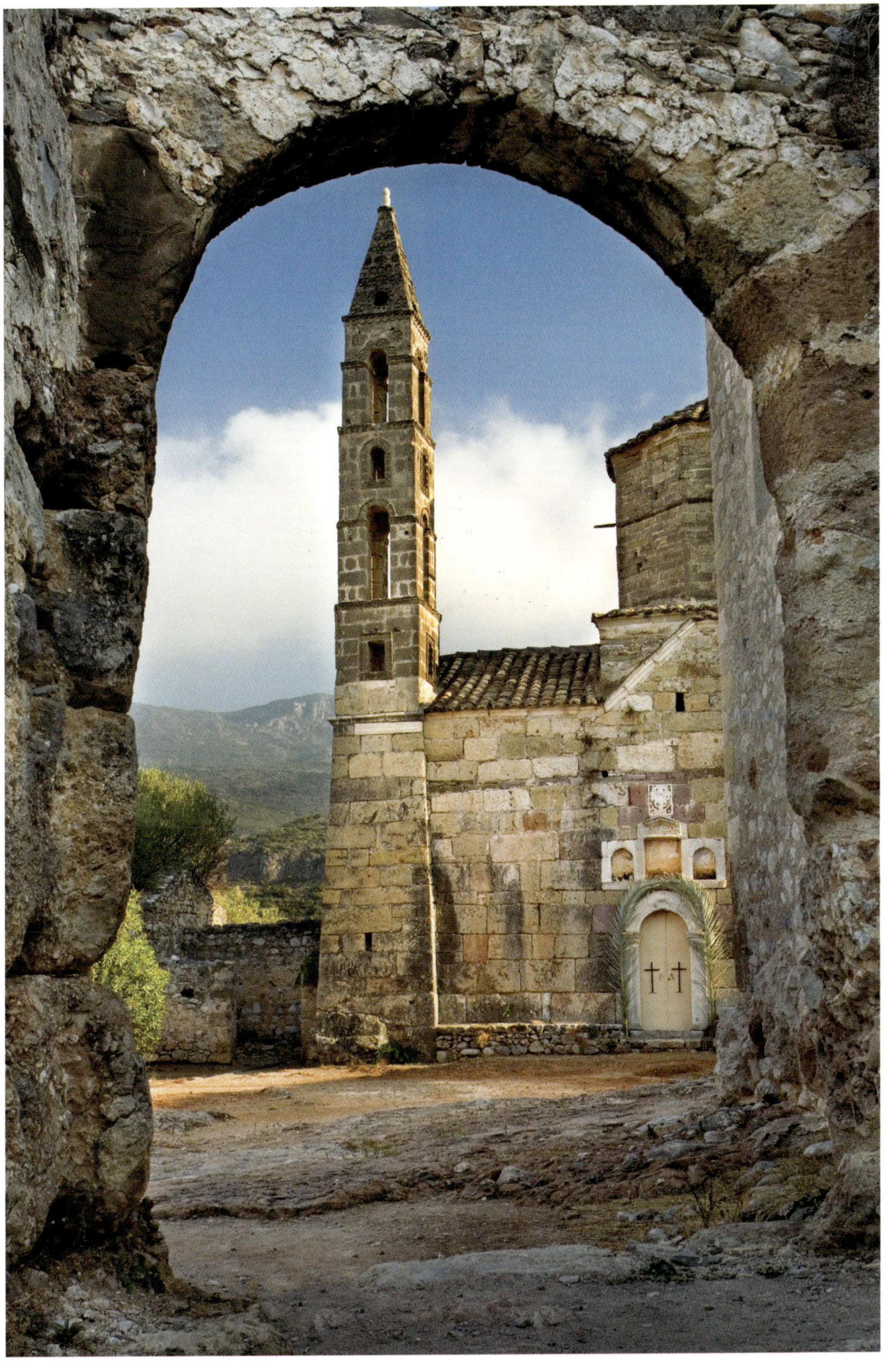

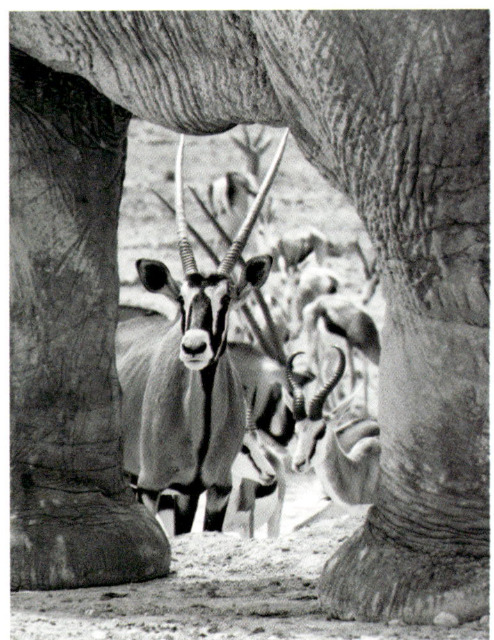

Oben: Ein Spießbock starrt mich an einem Wasserloch in Namibia durch die Beine eines Elefanten hindurch an. Es entsteht so ein natürlicher Rahmen um das zentrale Motiv, der für die Bildbedeutung relevant ist und zur Erzählung der Geschichte im Bild beiträgt.

TIPP

BILDERRAHMEN

Wenn wir unsere Fotos als Abzüge ausstellen, können unsere kompositorischen Überlegungen noch ausgedehnt werden und Farbe, Struktur, Beschaffenheit, Breite und Form von Montageplatten und Bilderrahmen mit einbeziehen. Diese werden zu Elementen, die zusätzlich beeinflussen können, wie das Bild wahrgenommen wird. Wenn sie gut ausgesucht sind, ergänzen und unterstützen Bilderrahmen das Bild, anstatt mit ihm zu konkurrieren oder uns von seinem Inhalt und seiner Botschaft abzulenken. Im Allgemeinen besteht ihr Zweck darin, Aufmerksamkeit auf das Bild zu lenken, es von seiner Umgebung zu isolieren und unsere Aufmerksamkeit auf seinen Inhalt zu lenken.

Links: Die Kirche in Kardamyli, Griechenland, wird durch diesen Bogen eingerahmt. Möglich wurde diese Aufnahme, indem die Kamera ganz dicht am Boden positioniert wurde.

Dynamik und Spannung

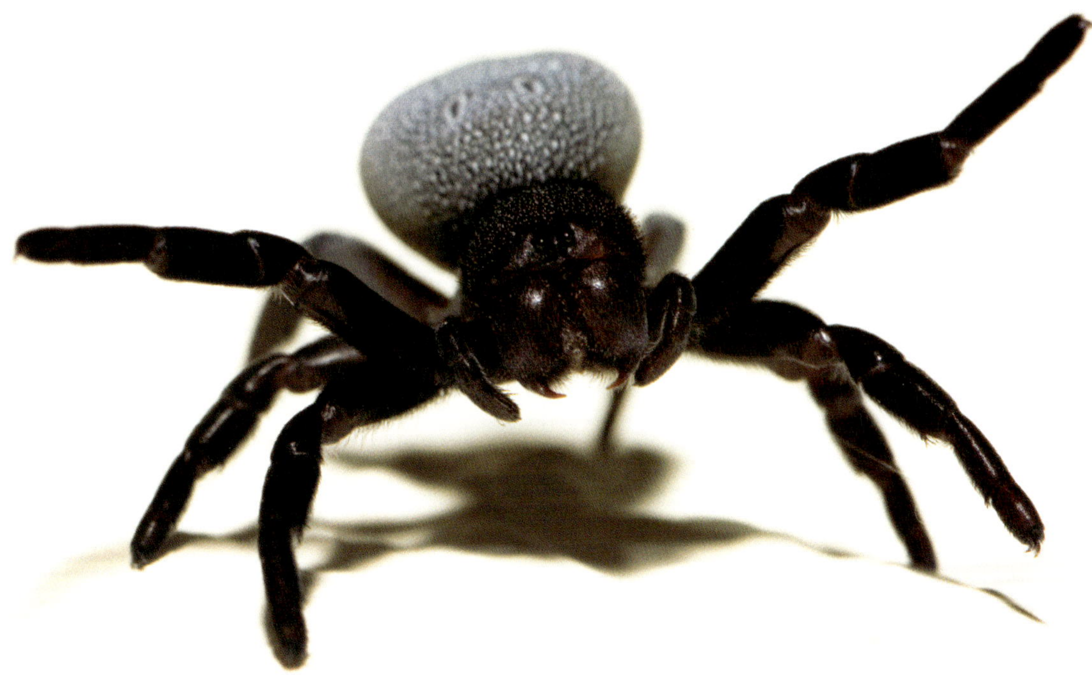

Oben: Diese schräge und zur Seite gekippte Haltung der Spinne lässt den Eindruck entstehen, sie laufe gerade auf uns zu.

Ein Gefühl von Disharmonie

Wie oben erwähnt, ist Schönheit nicht immer die intendierte Wirkung, und es kann vorkommen, dass wir mit einem Foto bewusst ein Gefühl der Disharmonie erzeugen wollen. Auch hier können die Regeln und Prinzipien der Komposition zum Einsatz kommen, auch wenn es in diesem Fall darum geht, sie mit Absicht zu brechen beziehungsweise gegen sie zu verstoßen. Elemente auf unausgewogene oder unkonventionelle Art zu positionieren – zum Beispiel durch eine leichte Neigung der Kamera –, kann Dynamik in ein Bild bringen oder Spannung erzeugen.

In gewisser Weise ist dies das Gegenteil von Harmonie, Gleichgewicht und Ordnung. Wahrscheinlich ruft ein solches Foto beim Betrachter ein unbehagliches Gefühl hervor. Bewegung, Umkippen, Reibung oder Energie erzeugen Dynamik.

Wenn man die Absicht hinter einer Regel erkennt, kann man sie wissentlich und gezielt untergraben, um die Reaktion des Betrachters zu verändern.

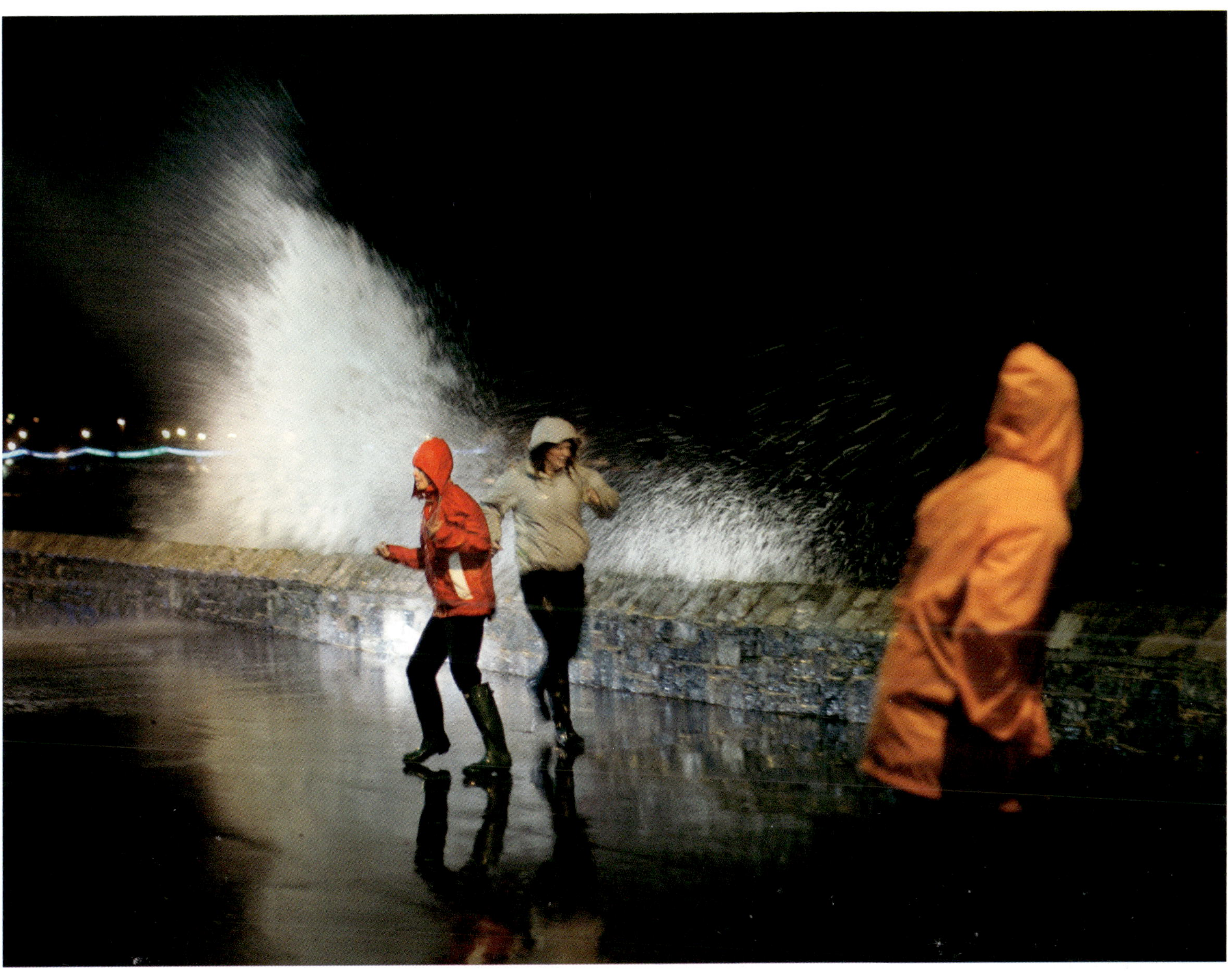

Oben: Die zufälligen Positionen der drei Gestalten auf diesem Foto, die Drehung von zweien von ihnen, die aus dem Rahmen hinauszuschauen scheinen, und ihre unausgewogene Körperhaltung vermitteln die Dynamik des Geschehens und ein leicht verstörendes Gefühl von Panik. Dies ist dem Motiv angemessen, und die offensichtliche Verwirrung der Person in Rot, die nicht weiß, wohin sie sich wenden soll, macht die Bildwirkung noch stärker. Foto: Mark Shuttleworth.

Kapitel 3

Gestaltungs-elemente

Mit zunehmender Erfahrung werden die bereits beschriebenen Gestaltungselemente immer besser verinnerlicht und die Bildelemente intuitiver platziert, wobei jedoch auch neue Kriterien, wie zum Beispiel die Kraft bestimmter Farben, eine Rolle spielen. Der Einfluss von Farbe und Tonwert auf unsere Fotografie ist Gegenstand des folgenden Kapitels, doch zunächst wollen wir uns einige andere Gestaltungselemente anschauen, die dem Fotografen zur Verfügung stehen. Dazu gehören Linie, Umriss, Form, Struktur, Muster, Raum, Tiefe und Perspektive. Für die Komposition eines Bildes kann jedes dieser Konzepte angewandt werden, oft indem man sie gemäß den bereits behandelten psychologischen Prinzipien verwendet und in Form der künstlerischen Mittel Wiederholung, Muster, Rhythmus, Gleichgewicht, Kontrast, Maßstab, Proportion, Bewegung und Richtung einsetzt.

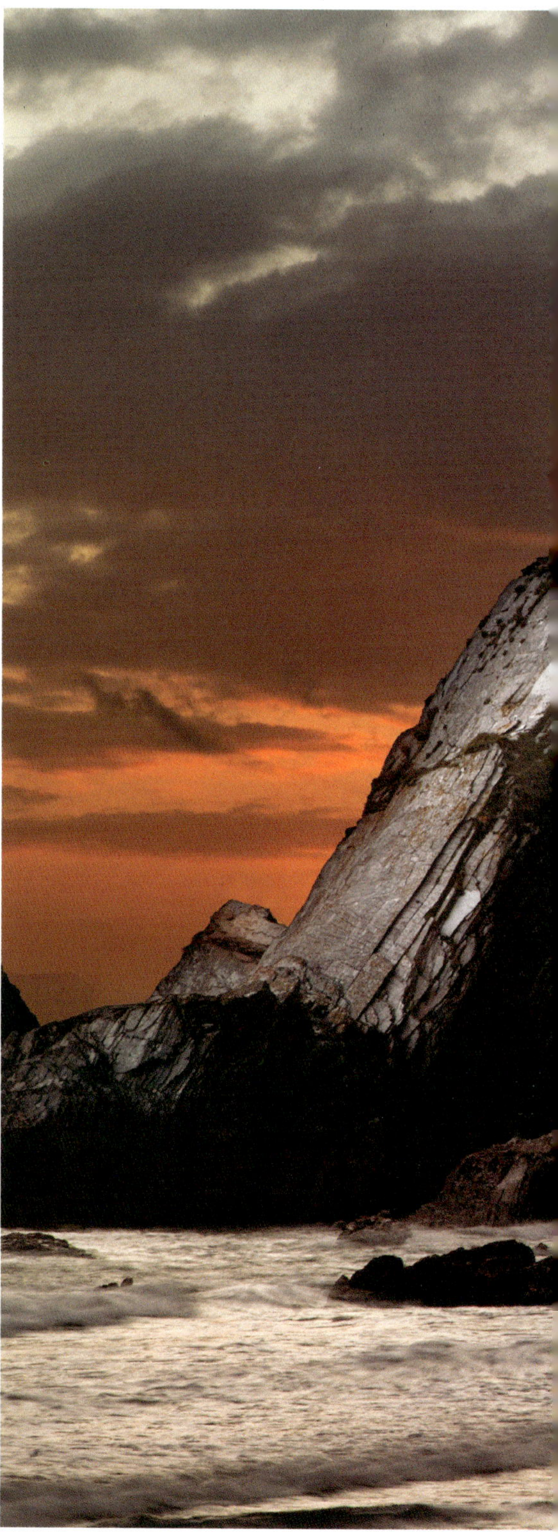

Rechts: Die Beleuchtung dieser Felsformationen betont ihre Pyramidenform. Pyramiden werden oft mit Stabilität, Beständigkeit und dem Gefühl, dass dieses Gebilde über Jahrtausende Wind und Wetter getrotzt hat, assoziiert. Dies verleiht der Landschaftsaufnahme Zeitlosigkeit.

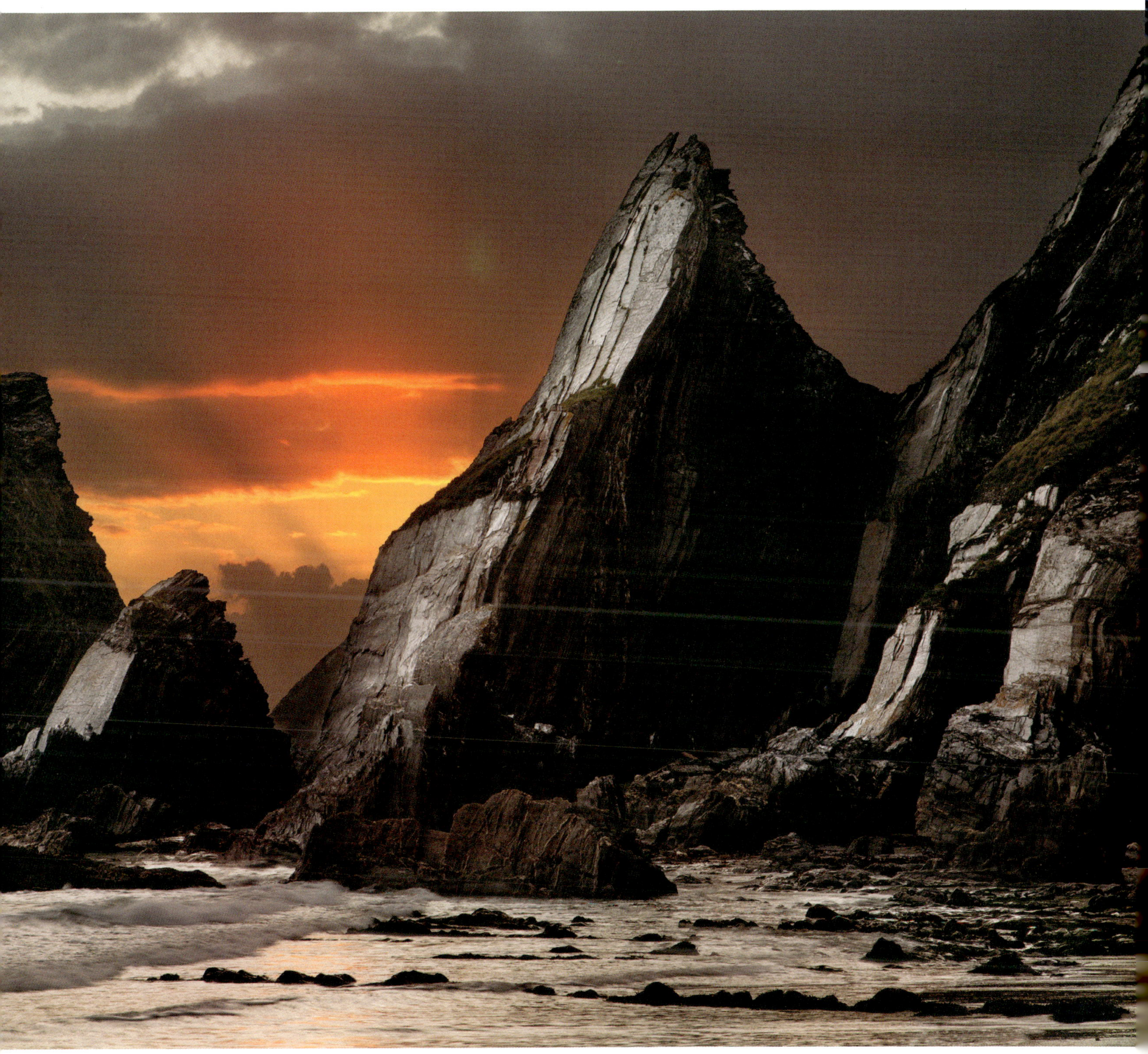

Die Kraft der Linien

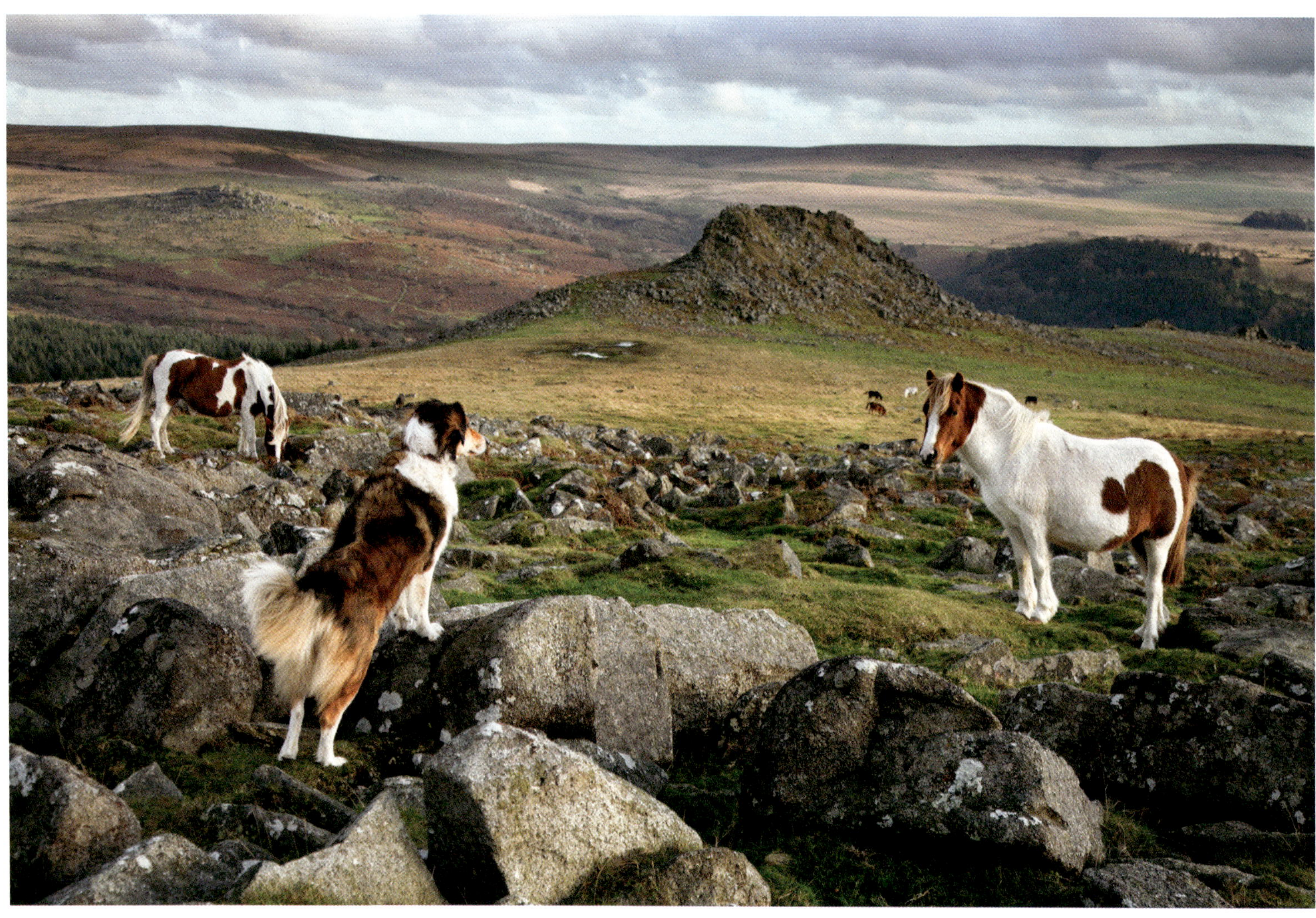

Oben: Dieses Bild wurde in der Nähe von Leather Tor im englischen Dartmoor aufgenommen. Unser Auge neigt dazu, dem Blick des Hundes zum Pferd und über einen kleinen Umweg wieder zurück zum zweiten Pferd zu folgen. Die ähnliche Färbung der drei Tiere verstärkt die Beziehung zwischen ihnen.

Richtungslinien

Linien haben die Macht, den Blick des Betrachters durch den Bildraum zu lenken, daher sollte man möglichst alle Linien, die ein Bild hergibt, ausnutzen. Die Schaffung von Linien im Bild ist eine großartige Methode, um den Blick des Betrachters auf etwas im Bildraum zu lenken.

Vergessen Sie dabei nicht, dass die Linie dabei keinesfalls tatsächlich vorhanden oder durchgehend sein muss. Wenn mehrere Elemente in einem Bildraum vereint sind, versucht der Betrachter im Geiste Formen und Linien aus ihrem Arrangement abzuleiten. Eine Reihe von Objekten kann zum Beispiel als Linie aufgefasst werden und den Blick in eine bestimmte Richtung lenken. Dies ist ein Beispiel für das Gestaltprinzip der „guten Fortsetzung". Außerdem kann der Blick des Betrachters

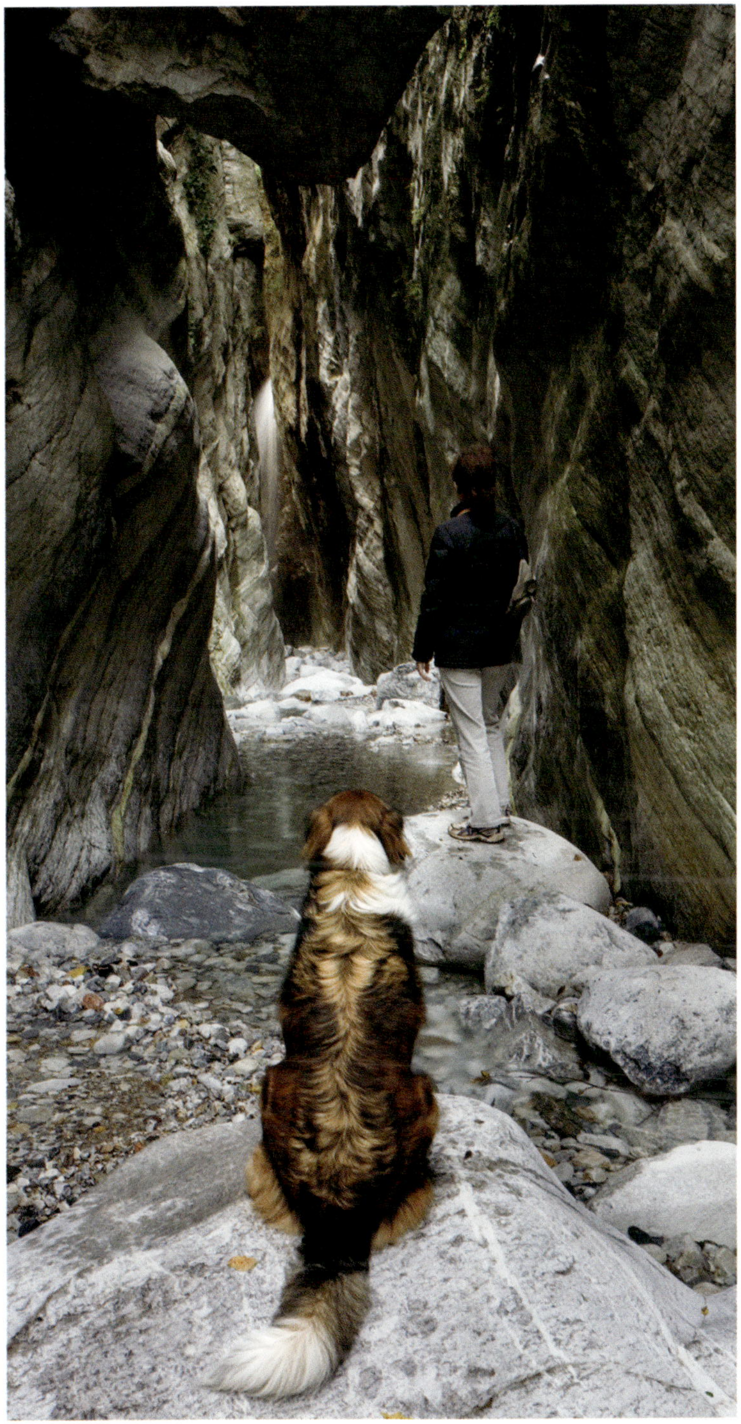

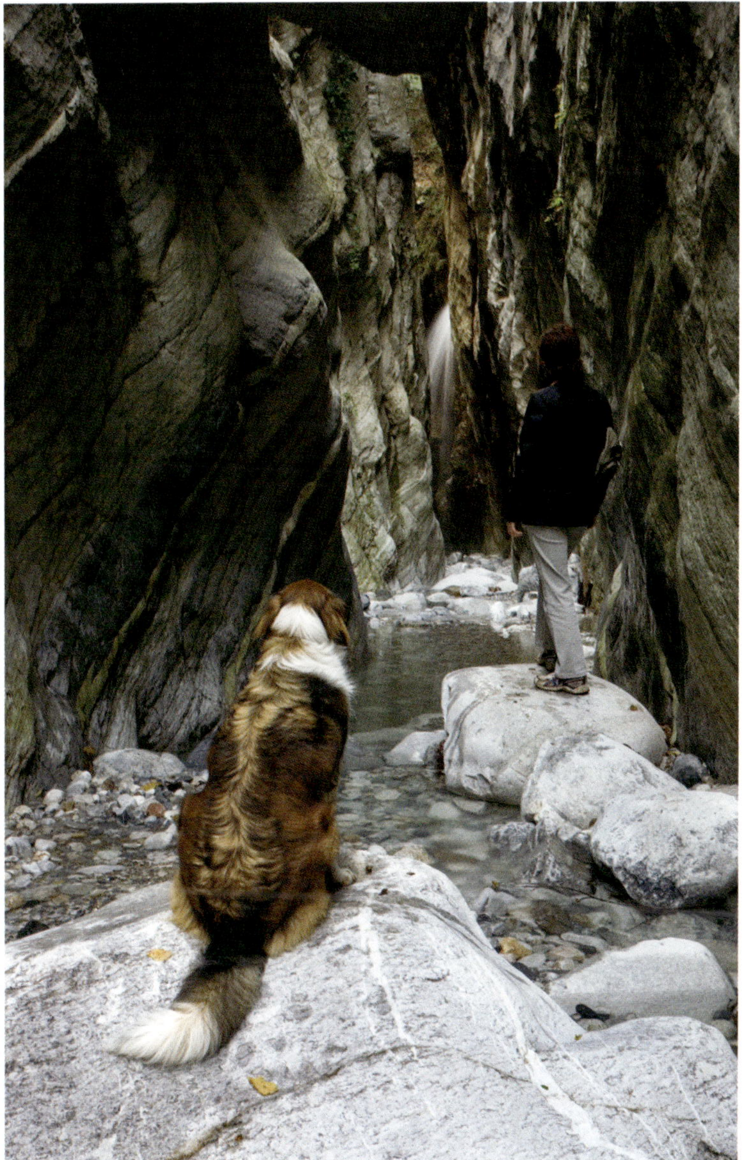

Links und oben: In der Tiefe dieser Schlucht sind verschiedene Linien zu erkennen: die streifenförmigen Felsschichten, die Blickrichtung meiner Frau und die unseres Hundes. Sie alle dienen im Bild dazu, unseren Blick auf den Wasserfall im Hintergrund zu lenken. Im linken Bild stellt der Hund ein Hindernis auf dem Weg des Blickes dar. Die leichte Veränderung seiner Position auf dem Bild oben macht den Weg frei.

an einer virtuellen Linie – einer Leit- oder Führungslinie – zwischen zwei getrennten Elementen oder Punkten entlangwandern.

Angedeutete Linien – auch „optische Linien" genannt – können sehr wirkungsstarke Faktoren innerhalb unseren Kompositionen sein. Selbst die Blickrichtung eines Menschen oder eines Tieres kann als Leit- oder Führungslinie innerhalb einer Bildkomposition funktionieren, und wir können damit den Blick des Betrachters auf ein beabsichtigtes Ziel lenken. Die Wirkung dieser Linien hängt von vielen Faktoren ab, zum Beispiel von der Ähnlichkeit in Bezug auf Form und Erscheinungsbild oder dem Helligkeitskontrast zwischen zwei oder mehr Elementen, die die Linie erzeugen. Weitere Linien können dazu dienen, die Führungslinie zu verstärken.

Natürliche Linien

In der vom Menschen geschaffenen Welt überwiegen strenge Linien, aber echte oder optische Linien können auch in der Natur gefunden werden. Besonders hier führt ihre Verwendung als Führungslinien in unseren Kompositionen oft zu Kompromissen, da wir ihre genaue Richtung nicht anpassen können. Glücklicherweise reicht es oft aus, dass sie den Blick in die Nähe von interessanten Punkten lenken und nicht notwendigerweise direkt dorthin. Wie schon erwähnt, beeinträchtigen Unterbrechungen dieser Linien aufgrund unserer Neigung, die Lücken auszufüllen, ihre Wirkung nicht wesentlich.

Eine besonders kraftvolle Wirkung in Bezug auf Führungslinien kann erzielt werden, wenn mehrere Linien aus unterschiedlichen Richtungen auf einen interessanten Punkt zulaufen. Sie neigen dazu, sich gegenseitig zu verstärken und die Aufmerksamkeit des Betrachters schnell und stark auf den Gegenstand zu ziehen, der am Schnittpunkt der Linien zu sehen ist.

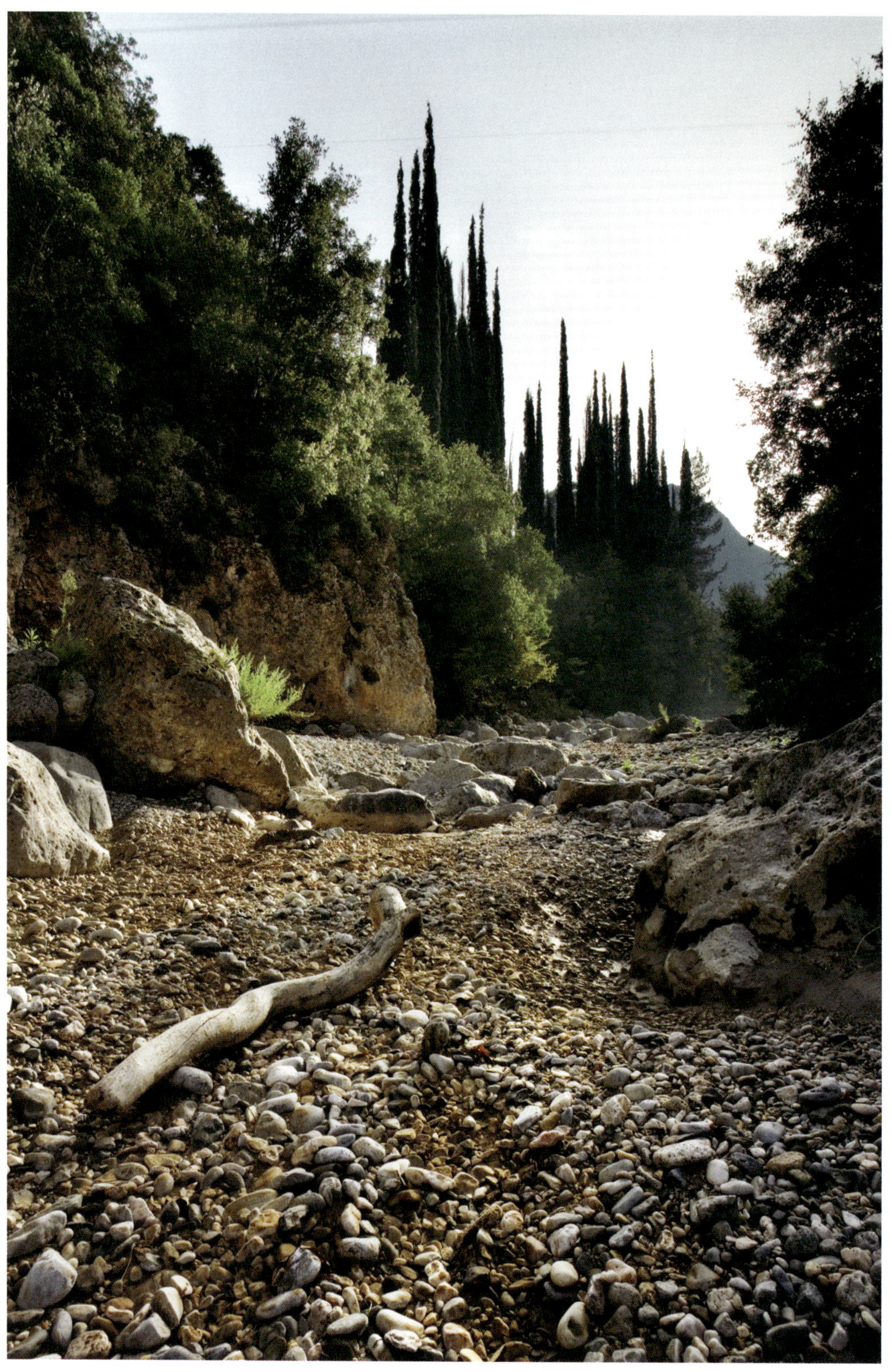

Rechts: Der günstig platzierte Holzstamm in einem ausgetrockneten Flussbett lenkt den Blick wie beabsichtigt von unten links nach oben rechts.

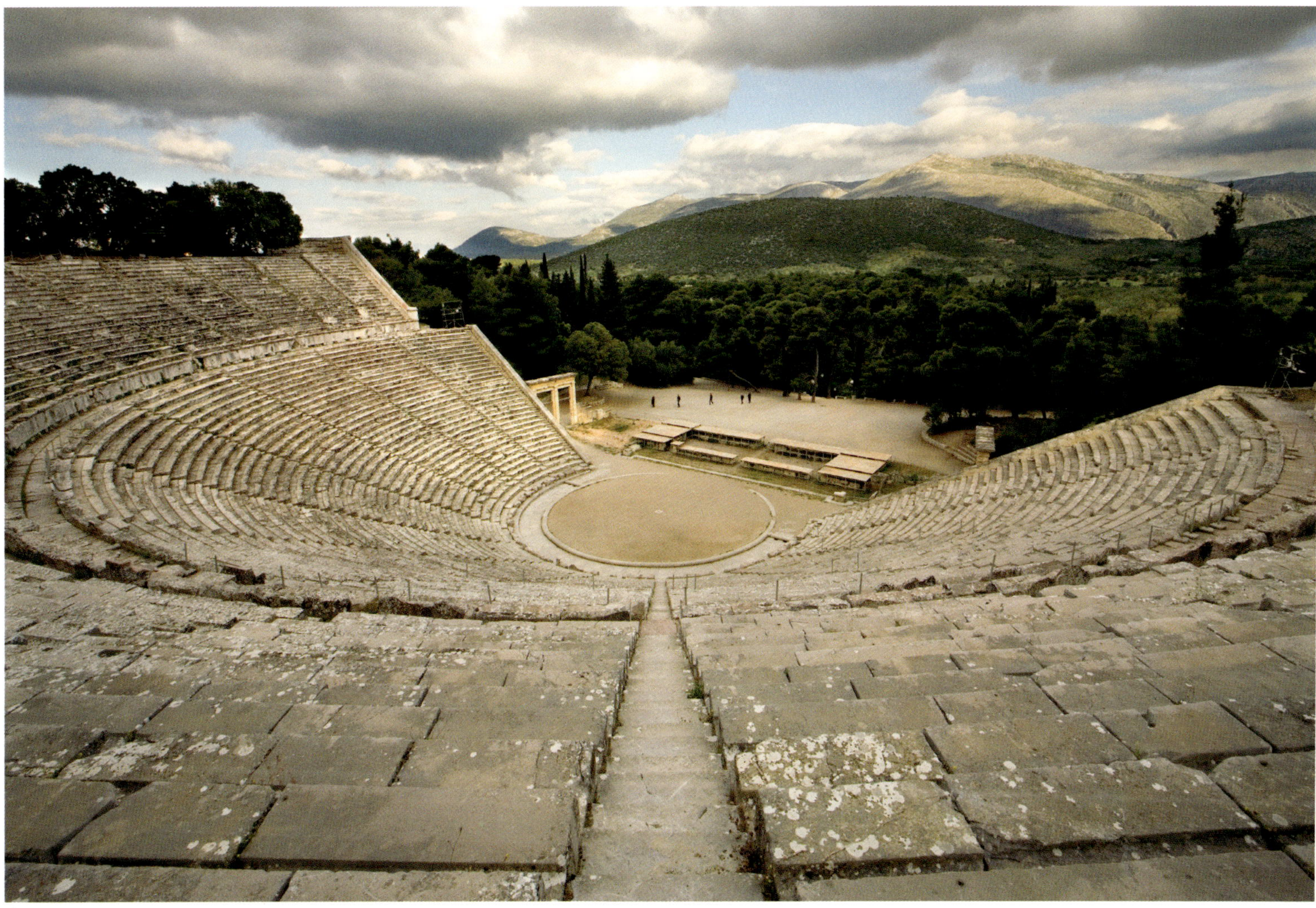

Oben: Die starke zentrale Führungslinie und verschiedene andere zusammenlaufende Sekundärlinien lenken den Blick hinunter in die Orchestra des antiken Theaters von Epidauros, Griechenland. Diese Wirkung wird durch ein Weitwinkelobjektiv erreicht. Auch wenn dies eine interessante Studie des Theaters an sich darstellt, wäre das Foto vermutlich fesselnder, wenn auf der Bühne tatsächlich etwas passieren würde.

TIPP

STRASSEN INS NICHTS

Wenn die Linien den Blick stark in einen bestimmten Bereich des Fotos lenken, ist es wichtig, dass dort bedeutende Inhalte liegen – es sei denn natürlich, gerade der Mangel an solchen soll zum Ausdruck kommen. Den Blick zu nahe an den Bildrand zu führen, kann sich als Fehler erweisen, weil dies die Aufmerksamkeit auf den Rahmen lenkt oder sogar dazu anregt, die Komposition ganz zu verlassen.

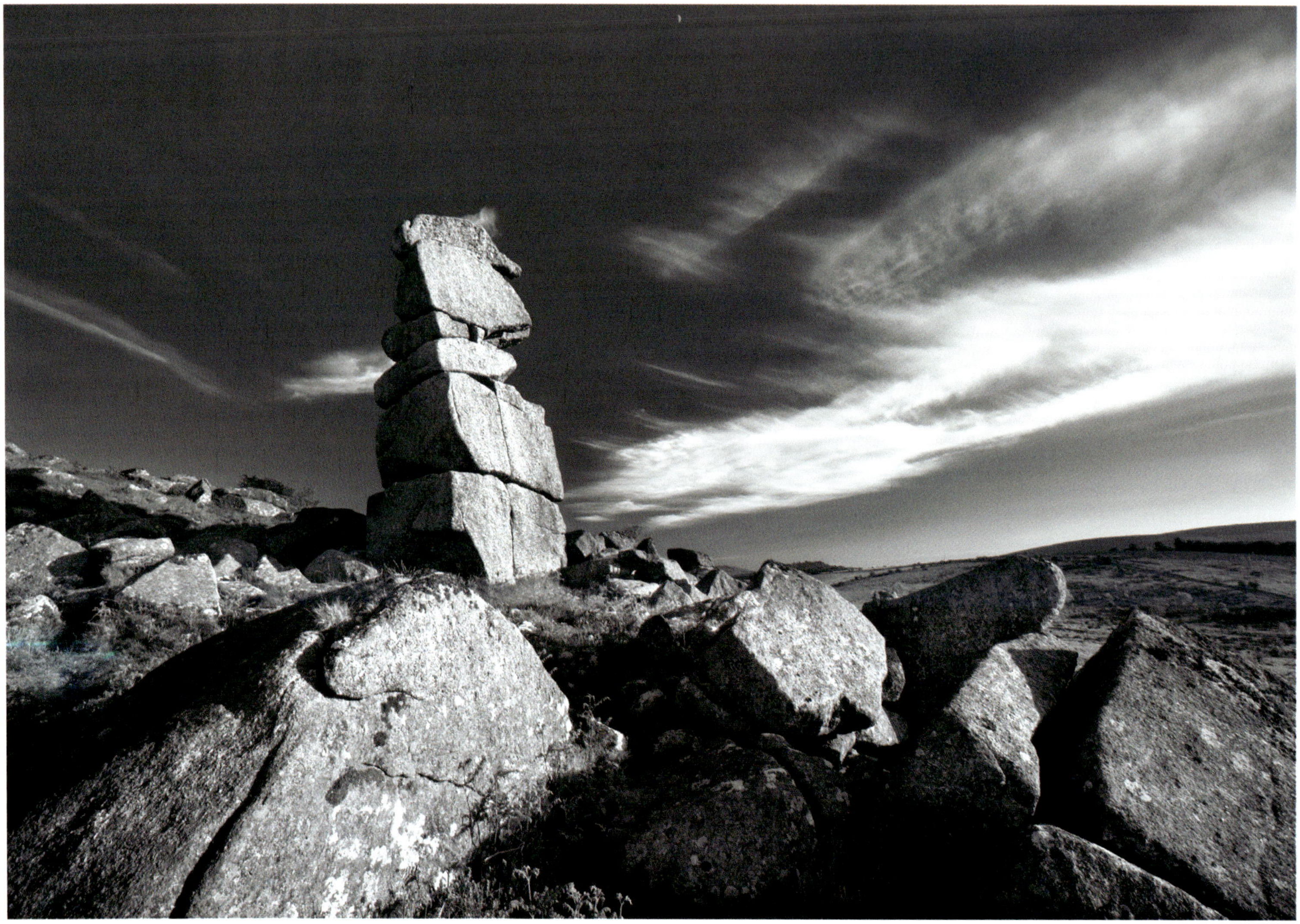

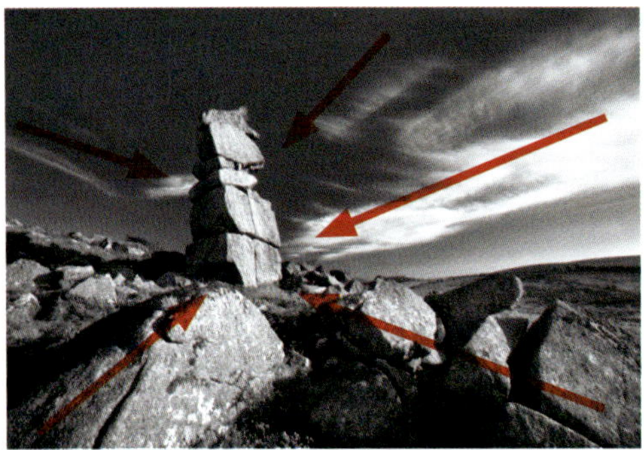

Oben und links: Dieser charakteristische Fels, genannt Bowerman's Nose, ist eines der bekanntesten Wahrzeichen Dartmoors. Die Wolkenformationen am Himmel und die Felsbrocken im Vordergrund lenken den Blick auf das eigentliche Bildmotiv, das eindrucksvoll aufragt. Die turmartige Felsformation scheint sowohl zum Himmel als auch zur Umgebung einen Bezug herzustellen. Die Komposition verleiht ihr Stabilität und Solidität in ihrer Umgebung, und das wollte ich damit auch vermitteln.

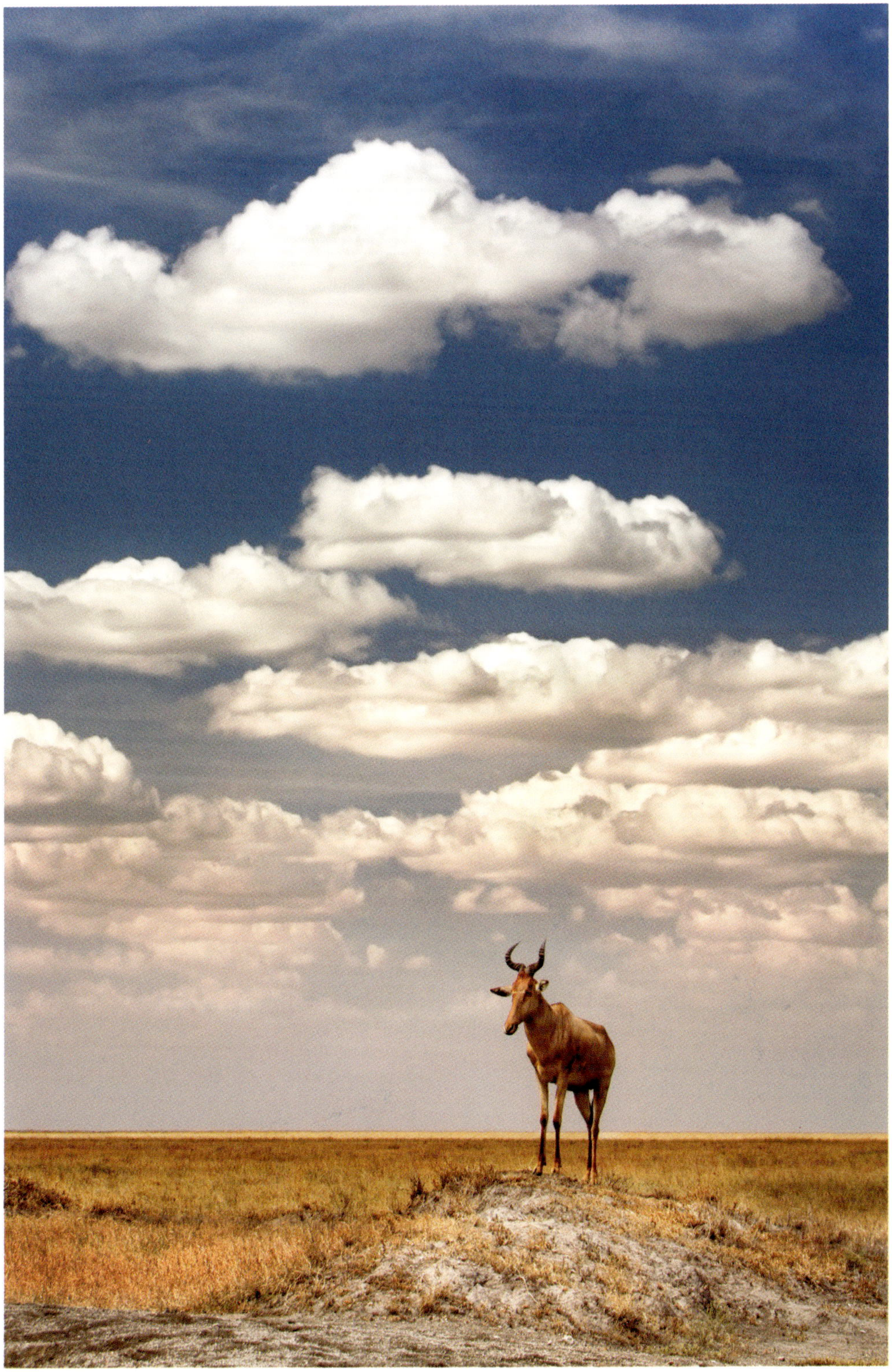

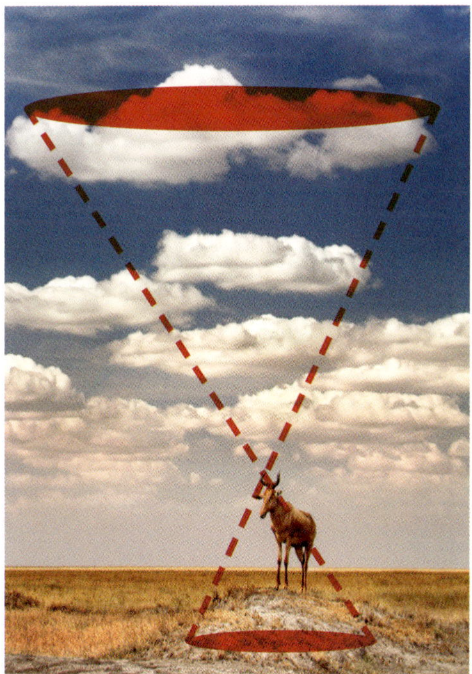

Oben und links: Dieses Foto einer Kuhantilope auf einem Ameisenhügel in der Serengeti ist ein schönes Beispiel für das Gestaltungsprinzip der Sanduhr. Der Ameisenhügel und die Kuhantilope bilden einen Kegel, dessen Spitze der Kopf der Antilope bildet. Die ausladenden Wolken darüber bilden einen weiteren, dessen Spitze auf den Punkt des Interesses, also den Kopf der Antilope, gerichtet ist. Ohren, Nase und Hörner bilden außerdem eine sternartige Form, die den Blick weiterhin auf den Kopf des Tieres lenkt.

Der „Sanduhreffekt"

In der dreidimensionalen Welt ist dies, als wäre ein Objekt auf der engsten Stelle einer Sanduhr platziert – dort, wo sich die beiden Kegel oder vielleicht auch Pyramiden treffen. Die beiden Kegel bündeln unsere Aufmerksamkeit auf den Punkt, an dem sie zusammentreffen. Wegen unserer Neigung, auf einem zweidimensionalen Bild den Begriff der Tiefe zu bewahren, kann dies auf unseren Fotografien vermittelt werden, was ihnen eine besonders starke Wirkung verleiht. Dieses Zusammenlaufen bündelt nicht nur unsere Aufmerksamkeit auf das Objekt, sondern schafft auch ein starkes Gefühl von Raumtiefe. Ich habe den Begriff „Sanduhreffekt" geprägt, um dieses Phänomen zu beschreiben.

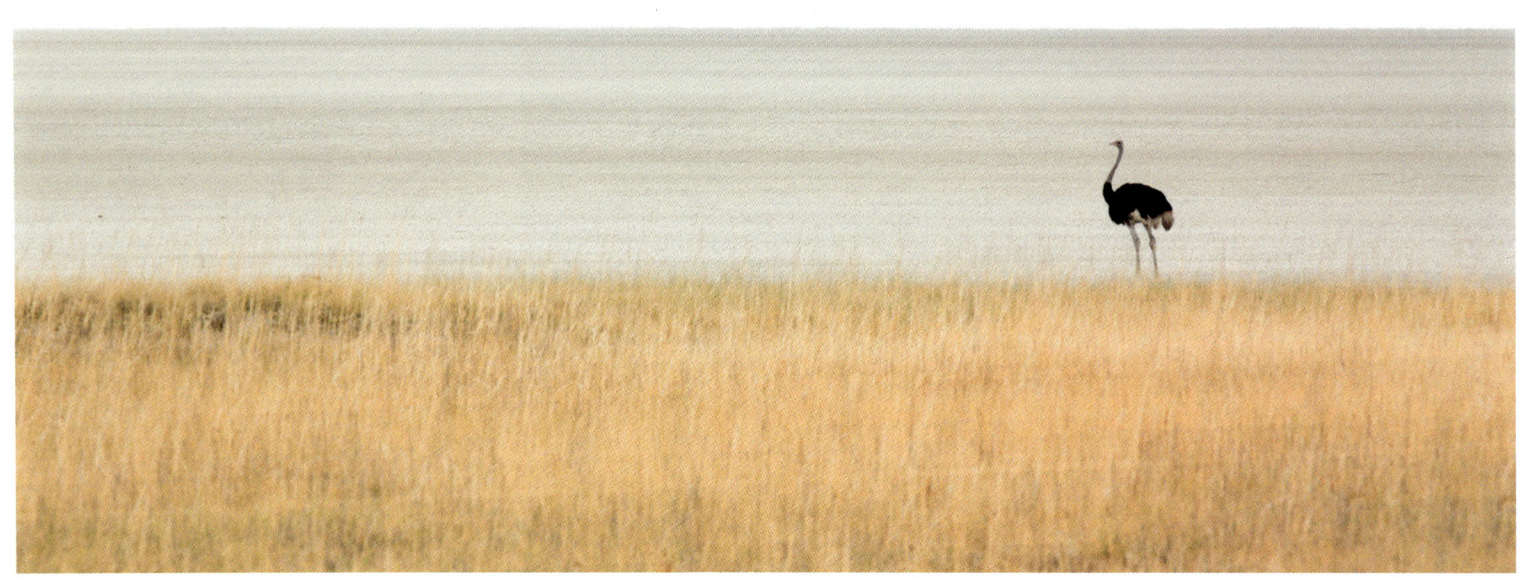

Linienorientierung

Weiter geht es mit dem Thema Linien: Es ist wichtig, sich bewusst zu machen, dass verschiedene Arten und Ausrichtungen von Linien den Betrachter unterbewusst in unterschiedlicher Art und Weise beeinflussen. Wie genau sie den Betrachter allerdings emotional ansprechen, folgt keinem festen Schema, da emotionale Reaktionen auch von vielen anderen Faktoren abhängen. Allerdings lassen sich bestimmte Tendenzen beobachten.

Gerade Linien, wie sie im technischen Bereich verwendet werden, stehen für Strenge und Struktur. Erscheinen sie auf einem Bild, so vermitteln sie einen dementsprechenden Eindruck. Wenn sie horizontal verlaufen, strahlen sie Ruhe, Frieden und Stabilität aus. Gerade Linien vermitteln oft auch ein Gefühl der Länge und Breite und des Raums. Wenn man dazu noch ein längliches horizontales Bildformat verwendet, wird dieser Eindruck noch verstärkt.

Vertikale Linien werden als energiegeladener, positiver und direkter empfunden. Sie verleihen ein Gefühl von Höhe und Erhabenheit, und dies kann durch ein schmales Hochformat verstärkt werden.

Oben: Hier war es meine Absicht, ein Gefühl von Weite zu erzeugen, der einsame Strauß tritt hinaus auf den riesigen ausgetrockneten Salzsee des Etosha-Nationalparks in Namibia. Die beiden starken horizontalen Linien sind wichtig, und dadurch, dass der größere Teil des Bildraums vom Himmel eingenommen wird, wird dieses Gefühl von Weite noch verstärkt. Rückblickend denke ich, ich hätte den Strauß vielleicht noch kleiner halten sollen, doch dann hätte ich riskiert, dass er an Präsenz verliert.

Trennlinien

Generell sollte man Linien durch die Bildmitte vermeiden – das gilt für horizontale und vertikale Linien gleichermaßen –, da sie ein Bild in zwei gleiche Teile teilen. Wer natürlich vorhat, Symmetrie zwischen den beiden Bildhälften zu zeigen, kann durch eine solche Teilung in gleich große Hälften seine Botschaft verstärken. Wenn Symmetrie jedoch nicht bewusst gewollt ist, empfiehlt es sich eher, sämtliche offensichtlichen Linien außerhalb der Mitte zu platzieren.

Der Horizont ist eine so starke horizontale Linie, dass es sich lohnt, mögliche Konflikte mit anderen Schlüsselelementen zu vermeiden, insbesondere sollte er sie nicht durchschneiden – man denke zum Beispiel an Gesichter.

Interessanterweise wird es im Vergleich zu vertikalen Linien in der Regel besser akzeptiert, wenn horizontale Linien aus dem Bildraum hinausführen. Dies liegt wahrscheinlich hauptsächlich daran, dass wir daran gewöhnt sind, dass der Horizont, der eine so dominante Horizontallinie darstellt, aus unserem Gesichtsfeld hinausführt. Wenn jedoch vertikale Linien über den Bildrand hinausführen, stellt dies eher eine Herausforderung dar, weil sie generell sehr aktiv sind und unseren Blick besonders dazu zwingen, ihnen zu folgen. Außerdem zeigt unsere Erfahrung mit ihnen in der Realität – zum Beispiel bei Straßenlampen, hohen Gebäuden, Bäumen und anderem –, dass vertikale Objekte in der Regel oben und unten enden, nämlich dort, wo sie auf den Boden treffen, und am oberen Rand, der aus Gründen der Schwerkraft nicht beliebig weit vom Boden entfernt sein kann.

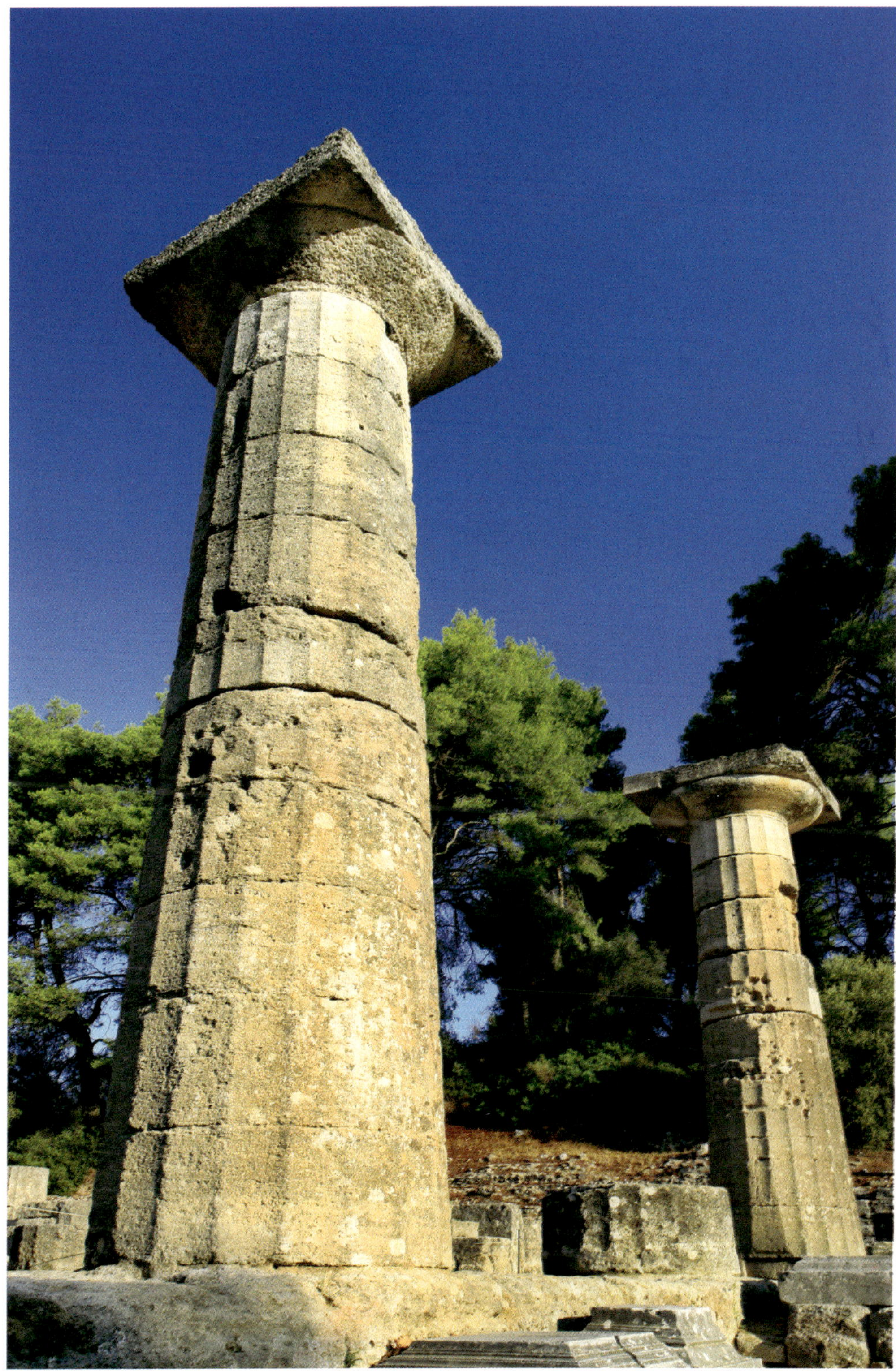

Rechts: Diese beiden Säulen im antiken Olympia sind ein typischer Fall dafür, wie vertikale Linien ein Gefühl von Höhe vermitteln. Von einem niedrig gelegenen Punkt aus mit einem Weitwinkelobjektiv aufgenommen, laufen die Linien noch stärker zusammen und erzeugen so ein Gefühl von Höhe und Raum. Außerdem werden dadurch die beiden Säulen miteinander in Bezug gesetzt.

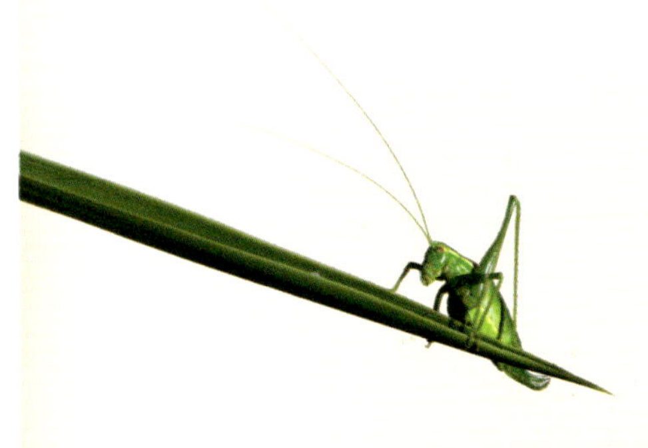

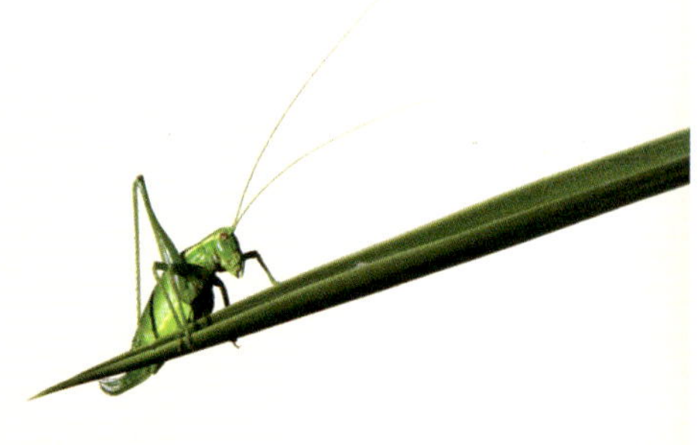

Diagonale Linien

Diagonale Linien vermitteln Tiefe, da sie Distanz und Perspektive suggerieren. Tatsächlich entsteht perspektivische Wirkung auf vielen Bildern durch Diagonalen. Diagonale Linien haben mehr Energie als horizontale und vertikale Linien, sie produzieren im Bild eine dynamische Energie, wobei Dynamik hier der Illusion von Bewegung entspricht. Dies rührt teilweise von einem Gefühl des Ungleichgewichts her, das die Diagonale erzeugt. Man stelle sie sich wie einen Baumstamm vor: Wenn der Baumstamm diagonal ist, steht der Baum nicht mehr, ist aber auch nicht gefallen, sondern ist im Fallen begriffen. Diagonalen neigen auch dazu, den Blick schneller durch eine Szene schweifen zu lassen, daher können sie die Komposition dominieren oder auch stören, wenn sie nicht korrekt eingesetzt werden.

Wenn wir ein leeres Rechteck betrachten, bewegen sich unsere Augen ähnlich, wie wenn wir einen Text lesen, daher wandert der Blick der meisten Leser, die dieses Buch lesen, von links nach rechts auf der Seite und von oben nach unten. Elemente auf dem Bild können die Augenbewegungen beim Betrachten jedoch beeinflussen, und Abweichungen von der üblichen Routine rufen Reaktionen beim Betrachter hervor.

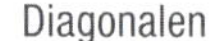

Diagonalen

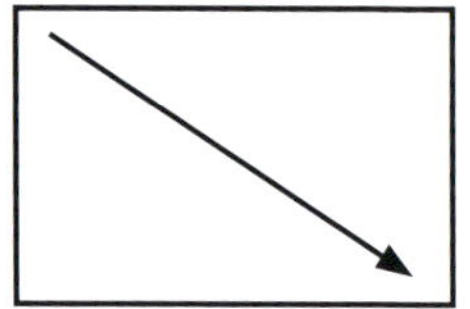

Oben: Sorgt für Ordnung, erzielt aber wenig dynamische Wirkung, daher Ruhe.

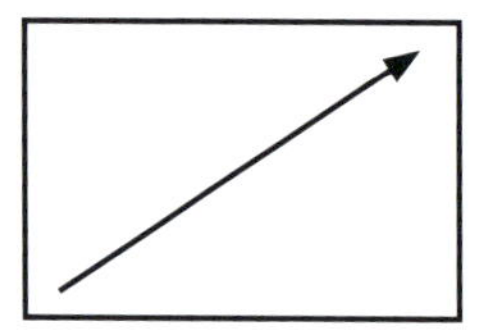

Oben: Dynamik, verleiht Kraft, Eindringlichkeit, Bewegung.

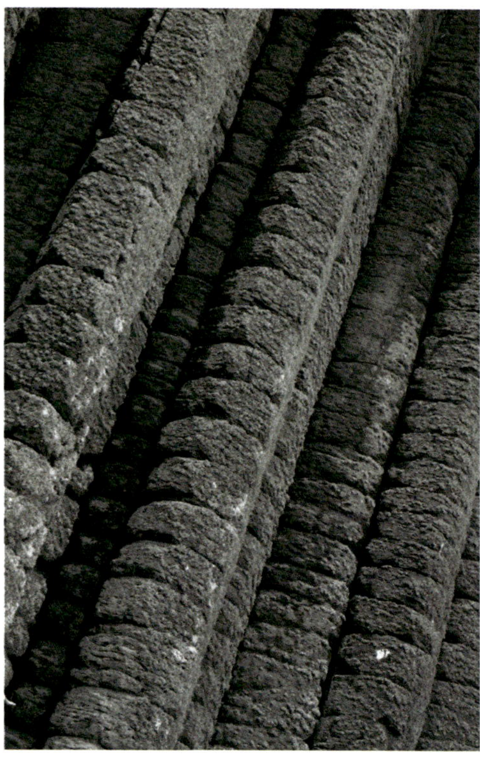

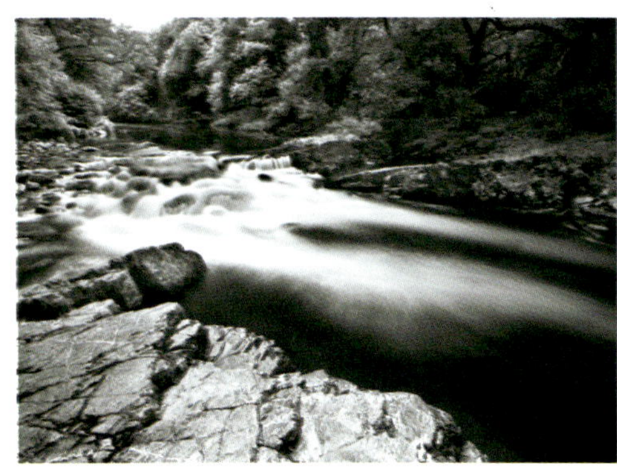

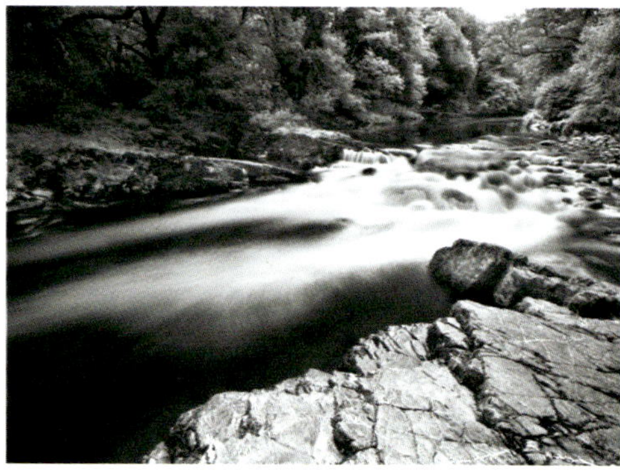

Links und rechts: Es kann ein interessantes Experiment darstellen, Bilder mit diagonalen Linien vertikal zu kontern, um die unterschiedliche Wirkung, die dadurch entsteht, zu sehen, wie die Bilderreihe auf dieser Seite illustriert.

Dynamische Wirkung

Diagonalen können den Blick des Betrachters von seinem üblichen Kurs abbringen, deshalb wirkt sich die Richtung der Diagonalen darauf aus, wie sie uns beeinflusst. Wenn die Diagonale von links oben nach rechts unten verläuft, entspricht dies eher der Gewohnheit des Auges beim Abtasten einer Seite. Deshalb kann unser Blick ihr leichter folgen. Sie verleiht dem Bild außerdem Ordnung, aber wenig dynamische Wirkung. In dieser Form können Diagonalen Ruhe oder sogar Melancholie ausstrahlen. Wenn die Linie jedoch von links unten nach rechts oben verläuft, ist sie herausfordernder und dynamischer. Sie vermittelt dem Bild Kraft, Eindringlichkeit und Bewegung.

Zickzacklinien können als Variante von Diagonalen angesehen werden, die durch den Wechsel von Auf und Ab natürlich Spannung erzeugen. Kurven, die sich ebenfalls auf und ab bewegen, vermitteln in einem Bild dagegen Ruhe und Weichheit. Gut platzierte, ausladende Kurven strahlen Gleichgewicht und Harmonie aus, während wellige, gewundene Linien einen aktiveren „Flow“ und Sinnlichkeit vermitteln.

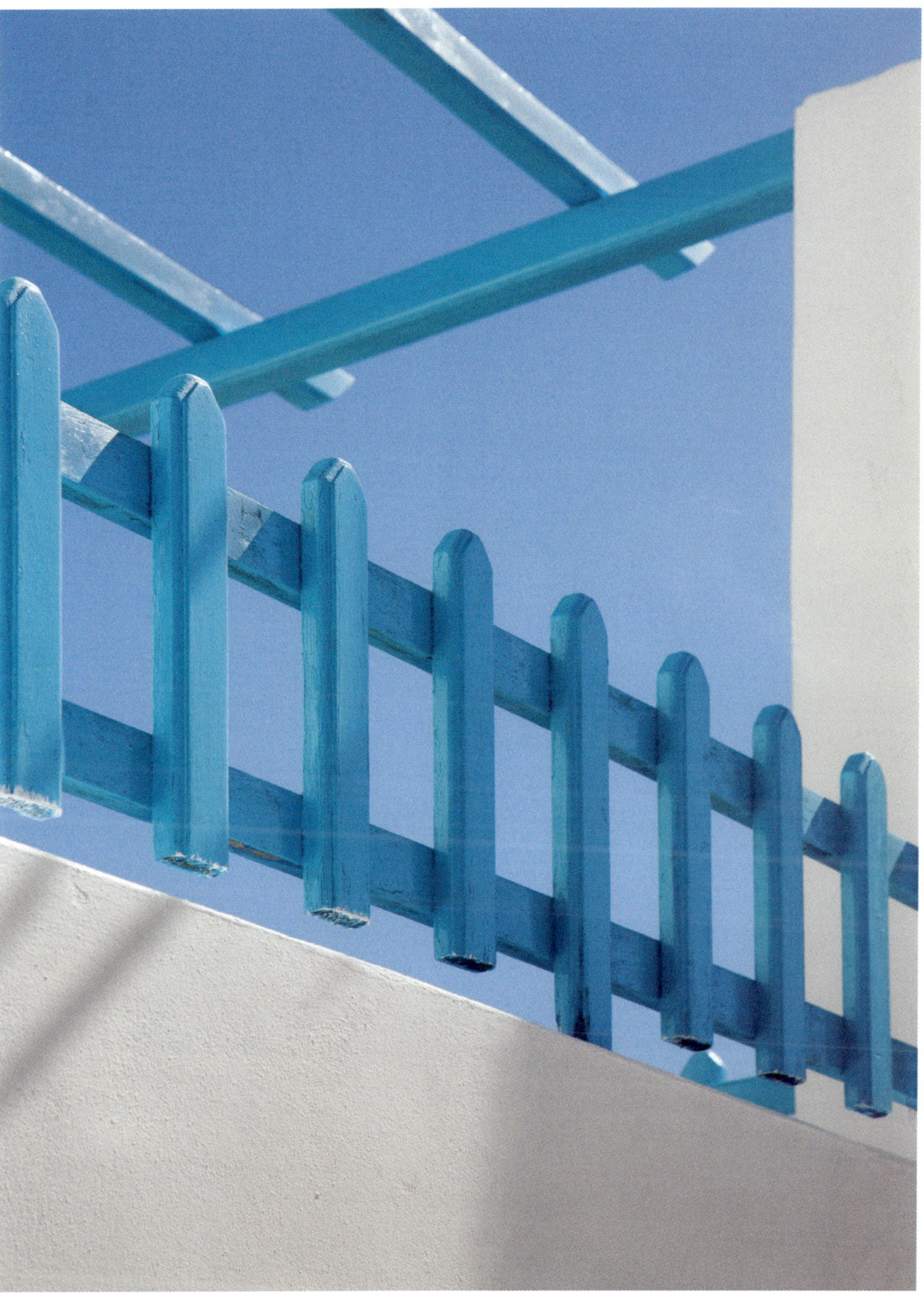

Oben: Interpretation architektonischer Komponenten auf einer griechischen Insel: Der Blickwinkel erzeugt hier eine interessante Z-Form der in Wirklichkeit horizontal verlaufenden blauen Holzträger.

TIPP

HORIZONTE

Noch etwas zum Thema Horizonte: Im Allgemeinen sollte man darauf abzielen, Horizonte gerade zu halten. Ich sage „im Allgemeinen“, weil man manchmal, wenn die Szenerie ein wenig flach oder statisch ausfällt, versuchen kann, die Kamera ein wenig zu drehen, um einen besonderen Effekt zu erzielen. Eine leichte Kippung kann Bewegung vermitteln und die emotionale Wirkung diagonaler Linien erzeugen. Mit Weitwinkelobjektiven lässt sich dieser Eindruck noch verstärken.

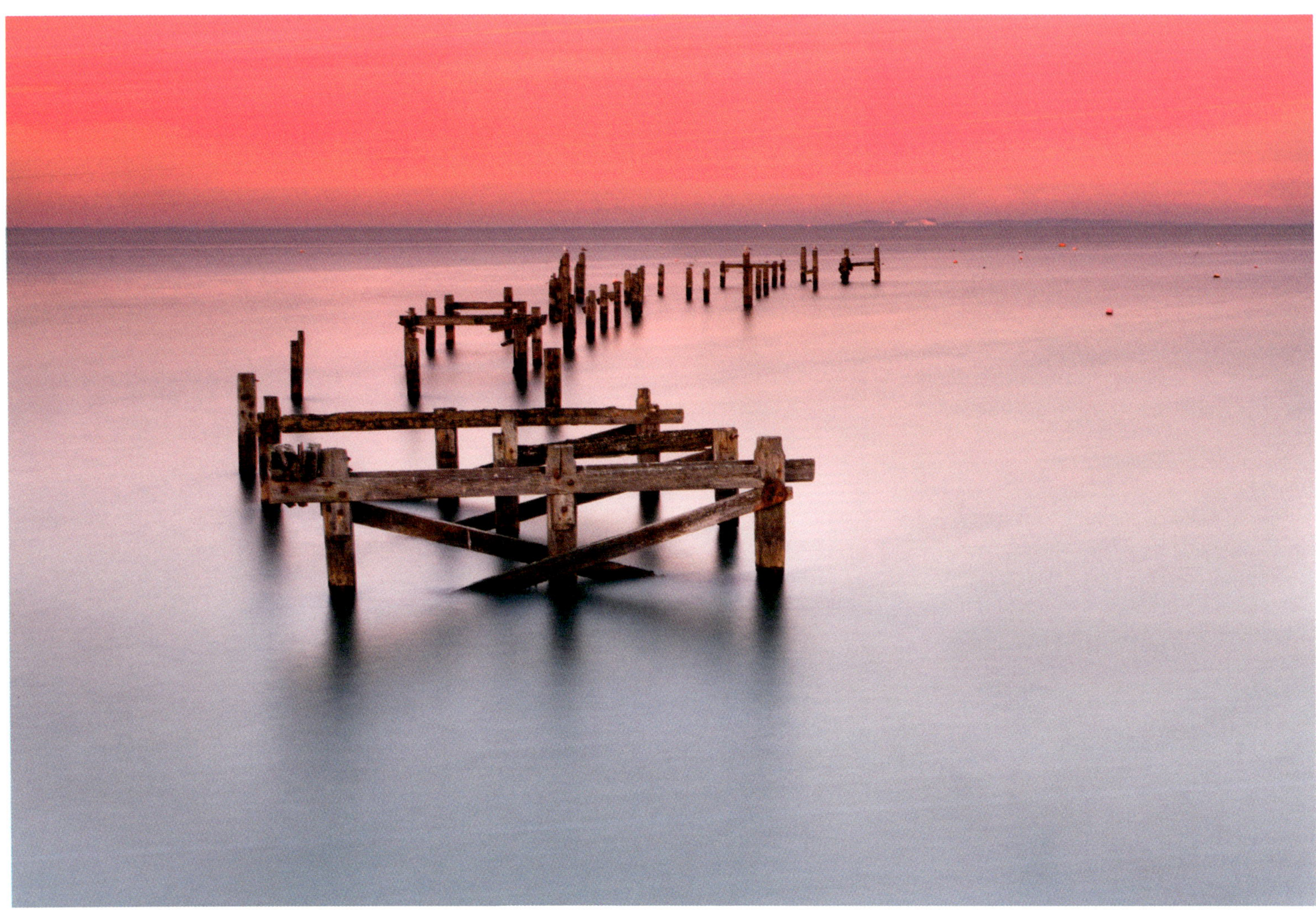

Oben: Der alte Pier bei Swanage in Dorset, England. Die sanfte Kurve verleiht der Szene Ruhe. Da die Überreste des Piers, welche noch seine frühere Breite zeigen, nach hinten hin schmaler werden, gewinnt das Bild an Tiefe.

Zusammenlaufende Linien

Schließlich gilt es sich ins Gedächtnis zu rufen, dass zusammenlaufende Linien dazu benutzt werden können, ein starkes Gefühl von Tiefe auf Fotos hervorzurufen. Diese Wahrnehmung rührt daher, dass wir wissen, dass zum Beispiel eine Straße oder Bahngleise überall die gleiche Breite haben, auch wenn sie schmaler zu werden scheinen, wenn sie von uns wegführen. Wenn wir also zwei Linien sehen, die auf einem Bild zusammenlaufen, oder eine einzelne Linie, die schmaler wird, nehmen wir an, dass die Linien beziehungsweise die Linie von uns weg in die Ferne führen. Wichtig ist auch, sich ins Gedächtnis zu rufen, dass eine leichte Veränderung des Blickwinkels den Kurs, den Winkel und den Grad des Zusammenlaufens der Linien auf Ihrem Bild radikal verändern kann. Wir werden auf diese Überlegungen zurückkommen, wenn wir später in diesem Kapitel das Thema „Perspektive“ behandeln.

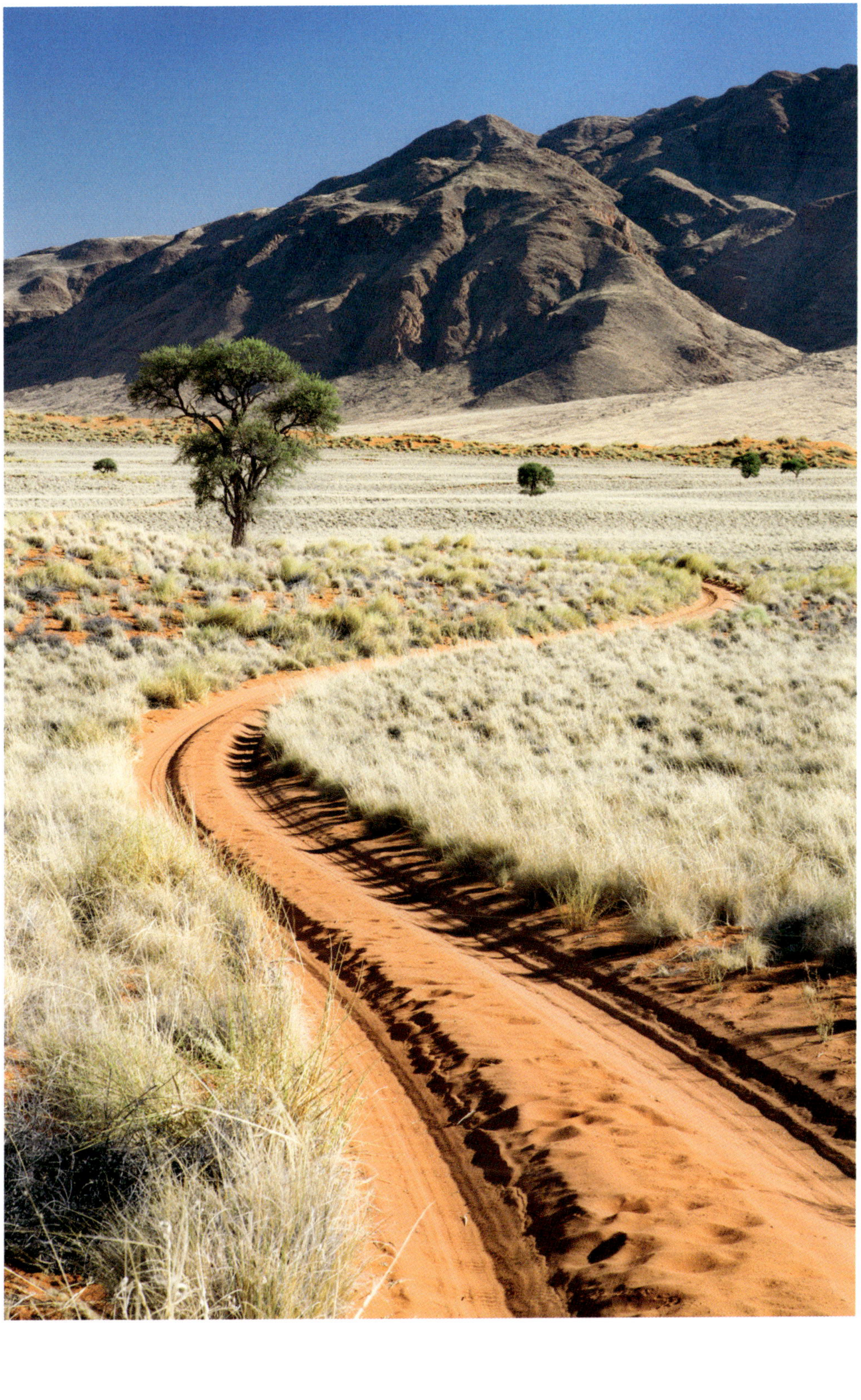

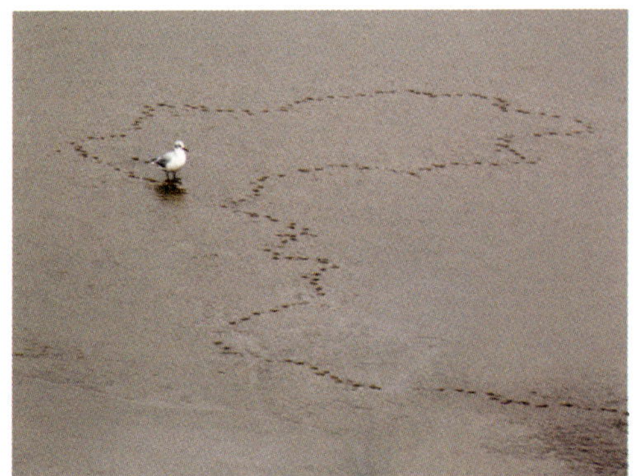

Oben: Auch eine ganz beliebige Schlangenlinie kann plötzlich eine wichtige Funktion im Bild haben! Foto von Mark Shuttleworth.

Links: Durch die Spurrillen auf diesem Feldweg entsteht eine starke Führungslinie, welcher der Blick unweigerlich folgt. Wieder erzeugt das optische Zusammenlaufen der eigentlich parallelen Rillen eine große Bildtiefe.

Die Wirkung von Formen

Dominante Formen

Wie wir in der Gestalttheorie bereits gesehen haben, weiß man um die Wirkung unterschiedlicher Formen auf die Psyche. Zusätzlich zu Linien müssen wir uns also auch anschauen, wie Formen eingesetzt werden, damit sie die von uns gewünschte Bildaussage stützen. Wenn hier von „Formen" gesprochen wird, bezieht sich dies nicht ausschließlich auf die Formen der gezeigten Bildobjekte. Formen können auch Räume zwischen Elementen sein oder Schatten im Bild. Das heißt, dass sowohl Negativräume – also leerer Raum ohne Objekte – als auch Positivräume – Bildobjekte – als Formen ein Bild prägen können.

Formen als Symbole

Tatsächlich beruht der Erfolg einiger Bilder hauptsächlich auf etwas, was nicht Bildobjekt ist. Dies sind Fotos, auf denen die Form, die wir als dominant wahrnehmen, von dem gebildet wird, was als Negativraum oder Hintergrund erscheint. Kommt einer solchen Form eine symbolische Bedeutung zu, kann sie sogar wichtiger werden als das eigentliche Bildobjekt und zum dominanten Thema des Bildes werden. Dies geschieht, weil unser Bewusstsein dazu neigt, bekannte Formen auf Flächen zu identifizieren.

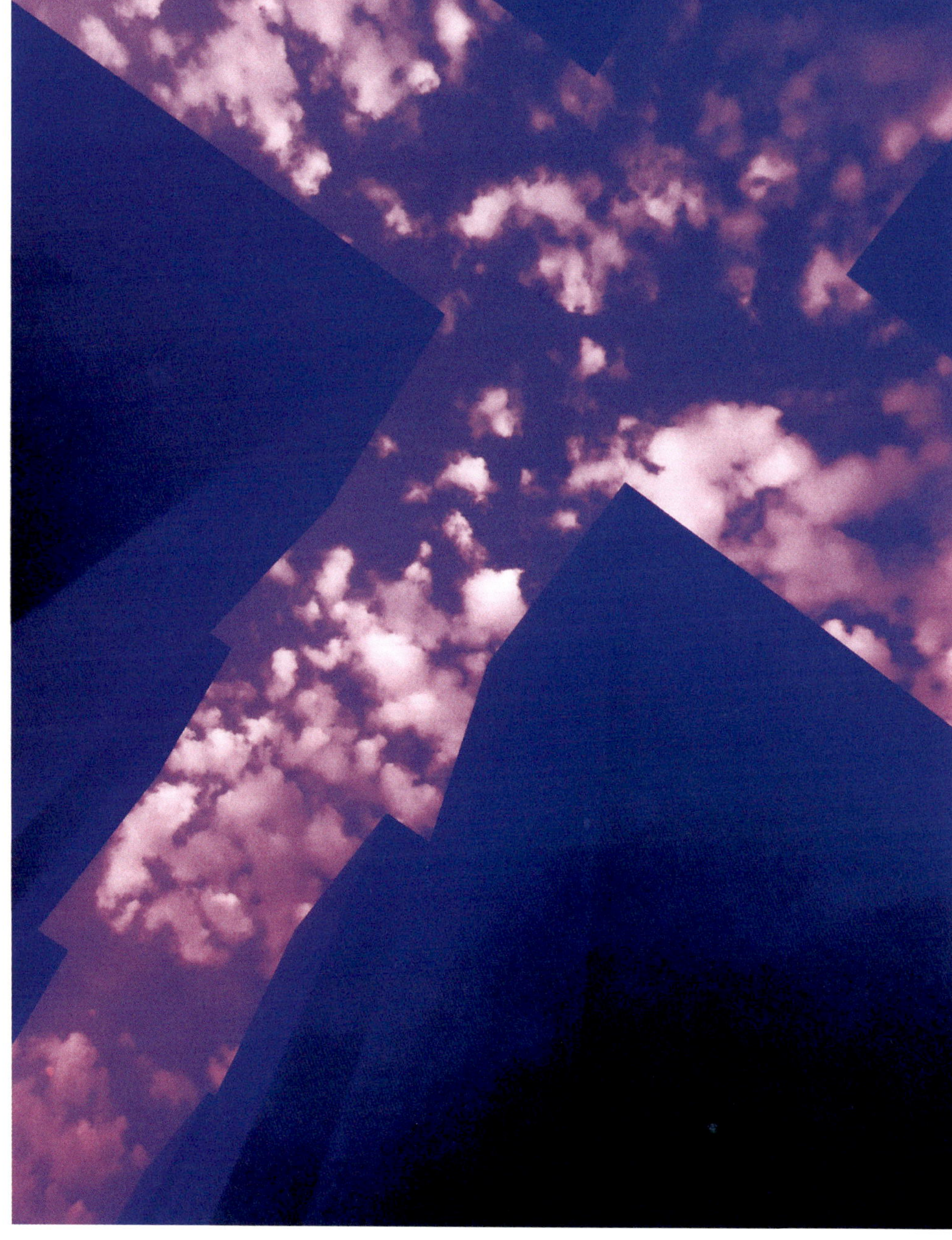

Rechts: Dieses Foto, das Edwin Westhoff am Holocaust Denkmal in Berlin aufgenommen hat, ist ein hervorragendes Beispiel für eine Form, die aus dem Negativraum entsteht. Edwins sorgfältig gewählter Blickwinkel von unten nach oben lässt am Himmel eine Form entstehen, die ein wenig an ein Flugzeug erinnert.

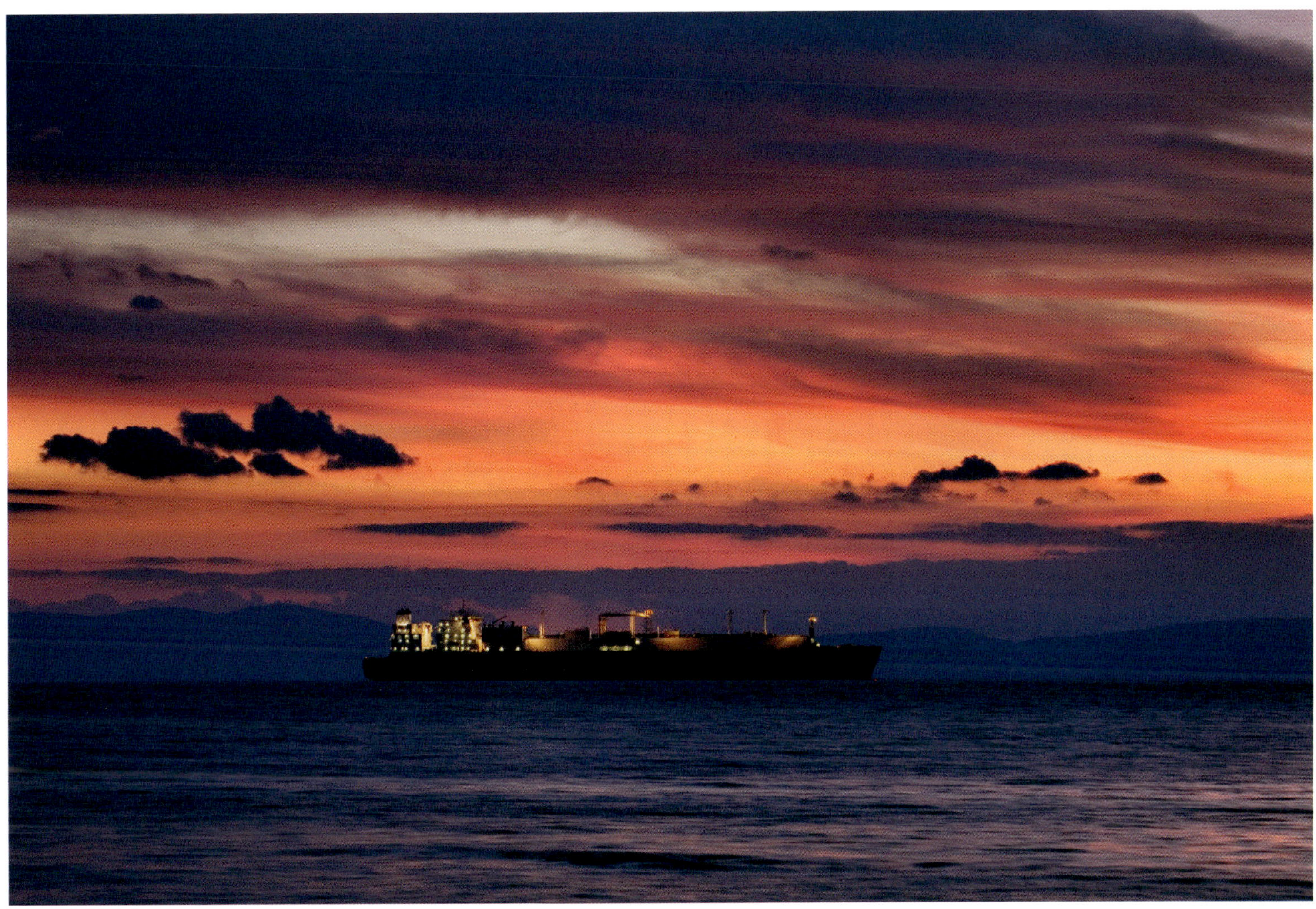

Oben: Dieser schöne, dunstige Himmel schrie geradezu danach, fotografiert zu werden, als ich eines Abends nach Hause fuhr. Ich entdeckte das Schiff und positionierte mich so, dass ich ungefähr gleich weit von den beiden dominanten dunklen Wolkenfetzen entfernt war, wodurch ich effektiv ein Dreieck zwischen dem Schiff und den Wolken herstellte.

Die Elemente ausbalancieren

Schauen wir also, ob die Konturen von Bildobjekten eine Form entstehen lassen. Solche Formen müssen nicht präzise sein, um gesehen zu werden, da unsere Wahrnehmung unvollständige Formen mit Bildern in unserem Gedächtnis abgleicht und fehlende Teile beim Betrachten des Bilds ergänzt. Man beachte außerdem, dass man oft eine hübsch ausbalancierte Komposition erhält, wenn man Schlüsselelemente einfach an den Spitzen geometrischer Formen platziert. Wenn man zum Beispiel drei Elemente hat, kann man sie auf der Bildebene auf die Spitzen eines Dreiecks setzen. Dieser einfache Ansatz für das Positionieren und Ausbalancieren von Elementen, um angenehme Bezüge herzustellen, wird oft „Dreieckskomposition“ genannt. Natürlich trifft man seltener auf die Gelegenheit, eine größere Anzahl von Elementen zu arrangieren, um den Eindruck von komplexeren geometrischen Formen zu vermitteln, aber manchmal bietet sich diese Möglichkeit doch und sollte dann auch genutzt werden. Eine präzise Positionierung an den Ecken eines Quadrats oder Sechsecks oder auf einer Kreislinie ist normalerweise nicht notwendig – eine Andeutung reicht aus.

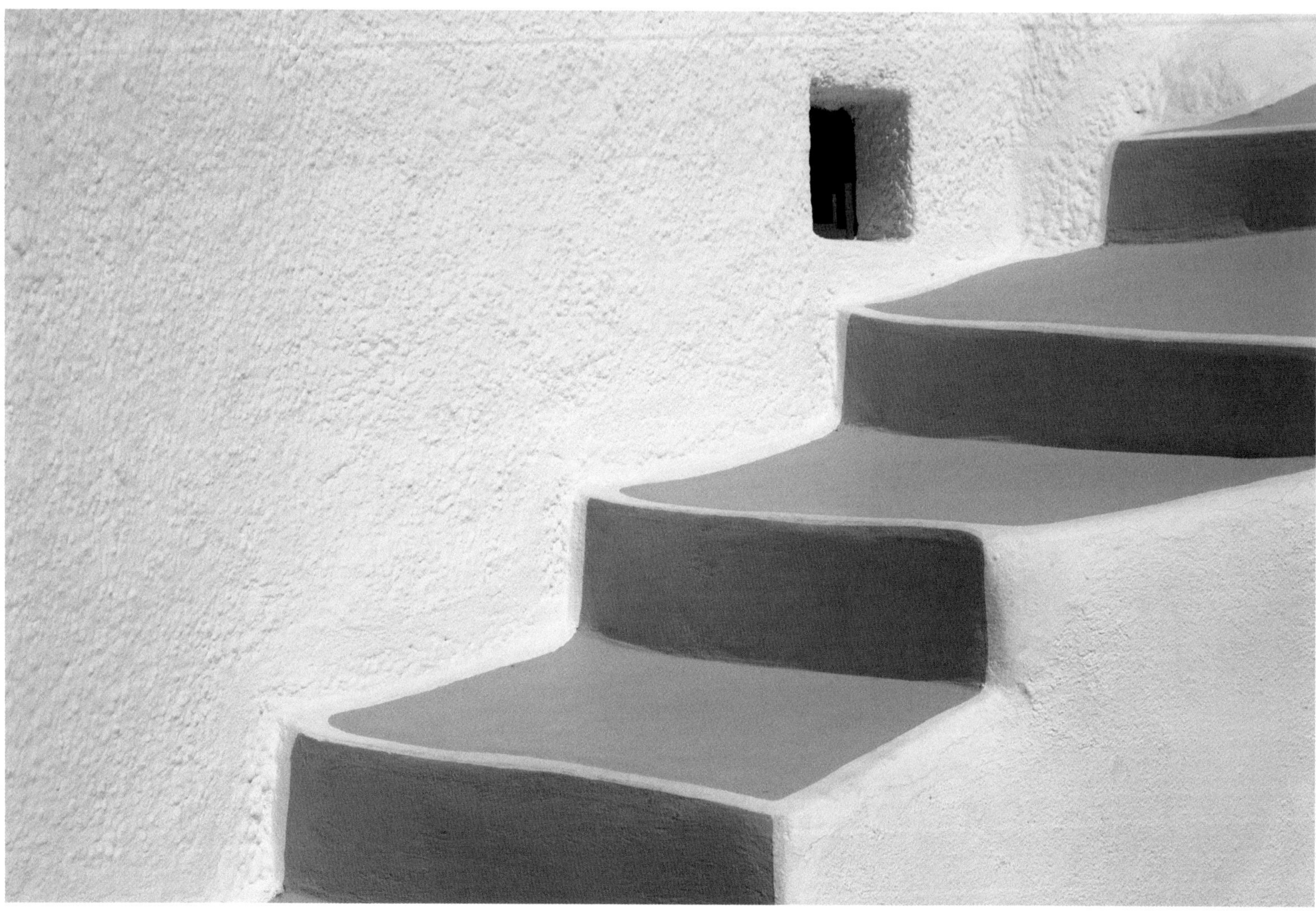

Kühne Formen

Verständlicherweise führen kühne Formen zu kühnen Bildern. Eckige Formen sind zudem dynamischer und erwecken unsere Aufmerksamkeit eher als abgerundete, glatte Formen. Verschiedene Formen assoziiert man mit verschiedenen Eigenschaften, zweifellos basierend darauf, wo und warum sie in unserer Umgebung auftauchen. Präzise, strenge Formen werden tendenziell mit vom Menschen geschaffenen Dingen verbunden. Ich habe einmal gehört, wie ein Quadrat als „das Sinnbild menschlicher Dominanz über die Natur" bezeichnet wurde – eine traurige Reflexion unserer Arroganz, aber womöglich wahr. Rechtecke symbolisieren in der Regel Struktur, Stabilität und Präzision, während Dreiecke für Stärke, Ausdauer, Einheit, Vertrauen, Stabilität und Beständigkeit stehen. In dieser Hinsicht sind sie mit den Pyramiden verwandt, und verständlicherweise vermittelt ein auf der Spitze stehendes Dreieck weniger Stabilität. Kreise dagegen repräsentieren Ganzheit, Reinheit und Potenzial. Außerdem haben sie eine einschließende, umfassende Wirkung auf die Elemente, die sie umgeben. All dies lässt sich gut für die Komposition nutzen.

Oben: Die diagonale Linie, die diese Treppe beschreibt, lenkt den Blick hinauf zu der Stelle, wo die klare und deutliche Form des kleinen Fensters die Aufmerksamkeit auf sich zieht.

Rechts: „Gecko auf dem Mond" – nicht ganz! In Wirklichkeit sitzt das Tier in Borneo auf einer kugelförmigen Lampe.

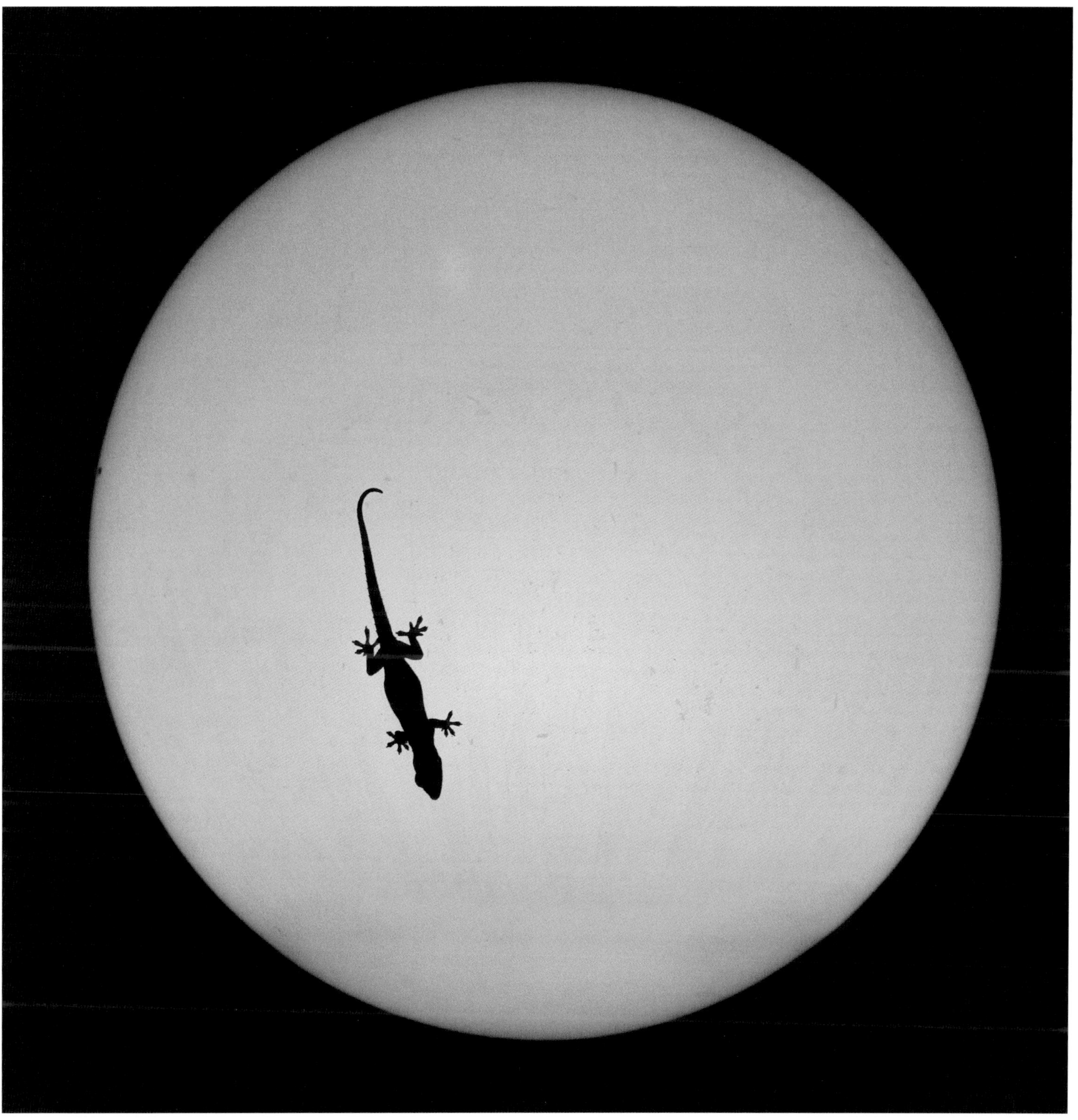

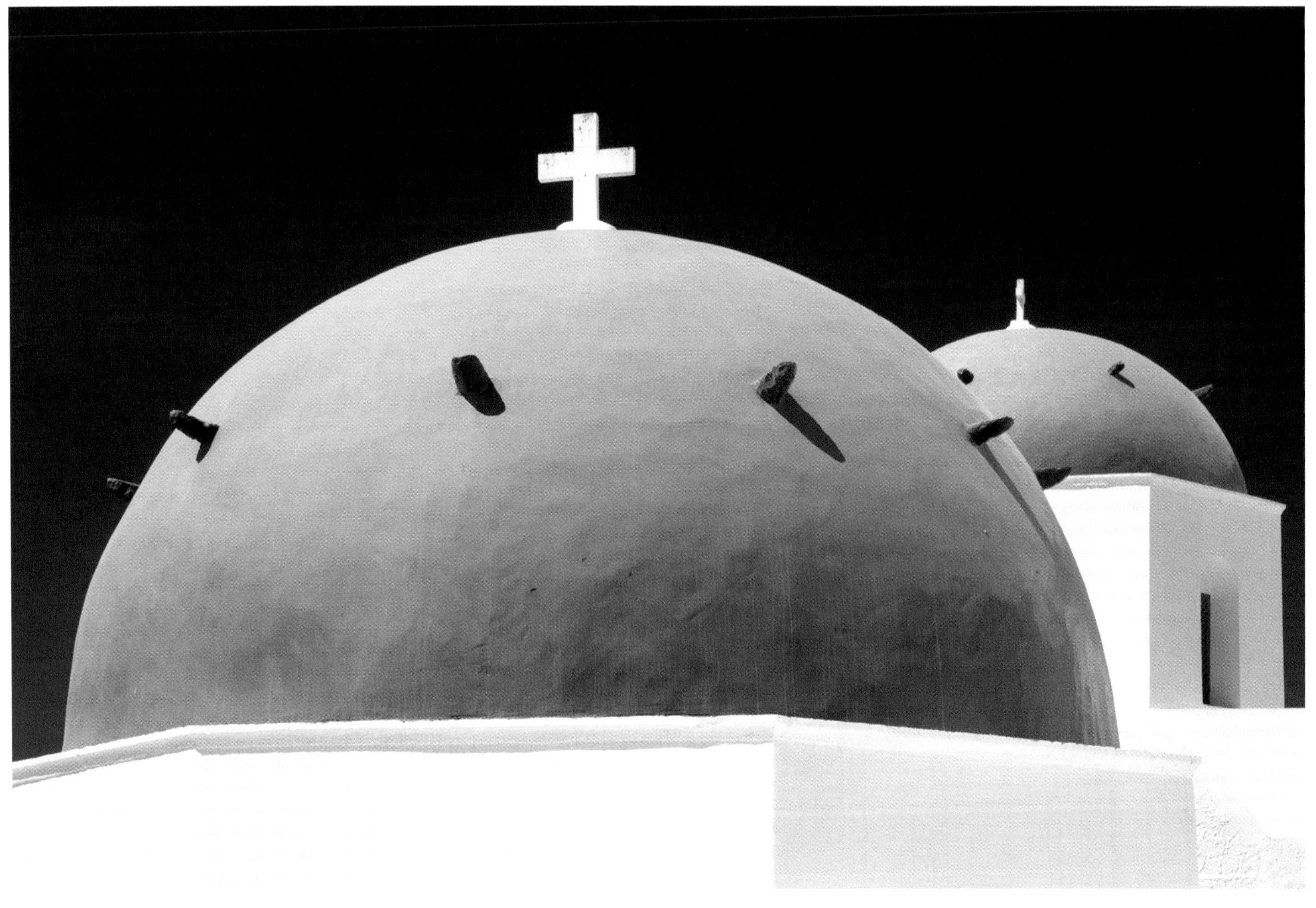

Oben: Kirchenkuppeln auf der Insel Santorini bieten ein Beispiel für die Vorherrschaft starker, potenziell symbolischer Formen in der Architekturfotografie.

Ausdruck durch Formen

Beim Fotografieren von Natur und Wildtieren wird der emotionalen Wirkung verschiedener Formen vielleicht eher weniger Beachtung geschenkt, da dort perfekte Kreise, Rechtecke und Dreiecke selten sind. Pyramidenförmige Berge im Hintergrund, runde Augen und selbst abstraktere Formen, wie der Raum zwischen den Beinen eines Elefanten beim Gehen, können zur Unterstützung des Ausdrucks eingesetzt werden.

Bei der Architekturfotografie hingegen gibt es eine Fülle von starken Linien und Formen und damit einen großen Spielraum für kompositorische Kreativität. Hier ergeben zusammenlaufende Linien ohne Weiteres Dreiecke und andere starke Formen.

Wir haben bereits gestreift, wie die Bewegung des Blicks zwischen Elementen im Bildraum Formen andeutet, weil die Elemente dadurch faktisch miteinander verbunden werden. Wenn zum Beispiel auf einem Foto drei Punkte von besonderem Interesse abgebildet sind, neigt die Wahrnehmung dazu, ein Dreieck zu bilden, vor allem dann, wenn sich Inhalt, Farbton oder Größe ähneln. Vergessen Sie also nicht, auch nach diesen Formtypen in ihrer Umgebung Ausschau zu halten, und überlegen Sie, welche Aussage das transportieren könnte oder wie das zum Gleichgewicht der Komposition beitragen könnte.

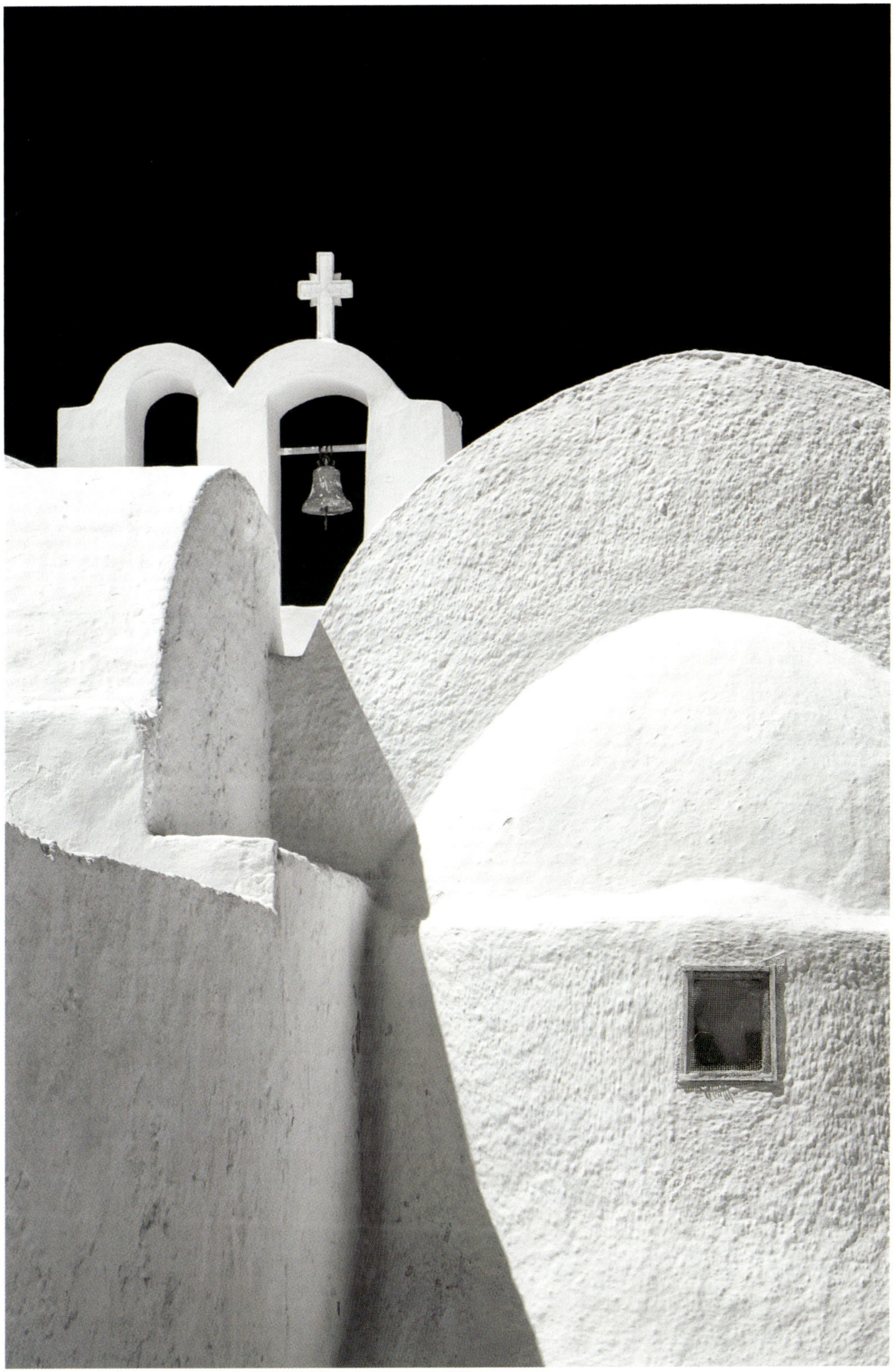

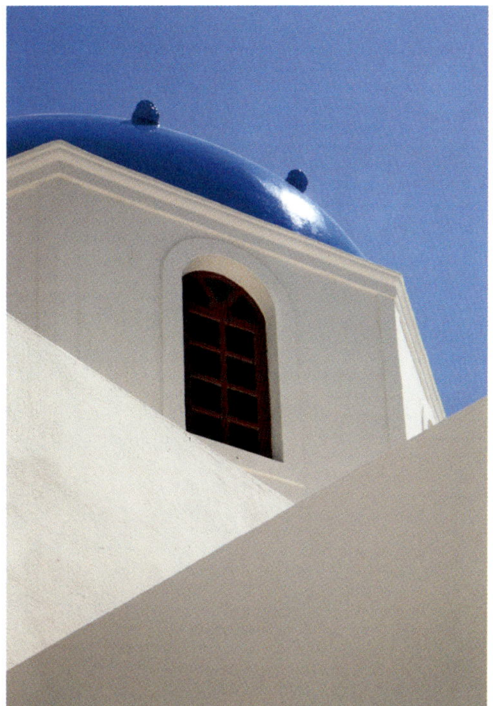

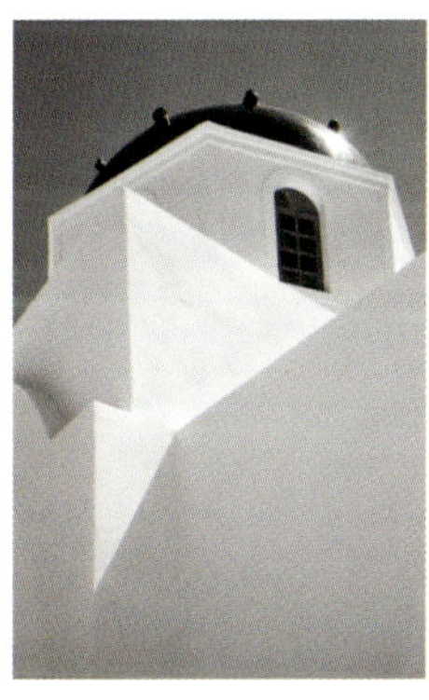

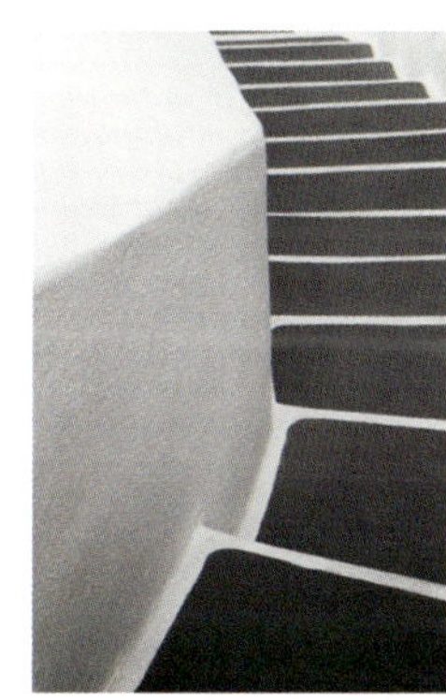

Links und oben: Bilder von kykladischen Gebäuden zeigen beispielhaft, wie architektonische Fotos starke Linien, Kurven, Formen und Muster in Szene setzen können.

Maßstab, Form, Muster & Struktur

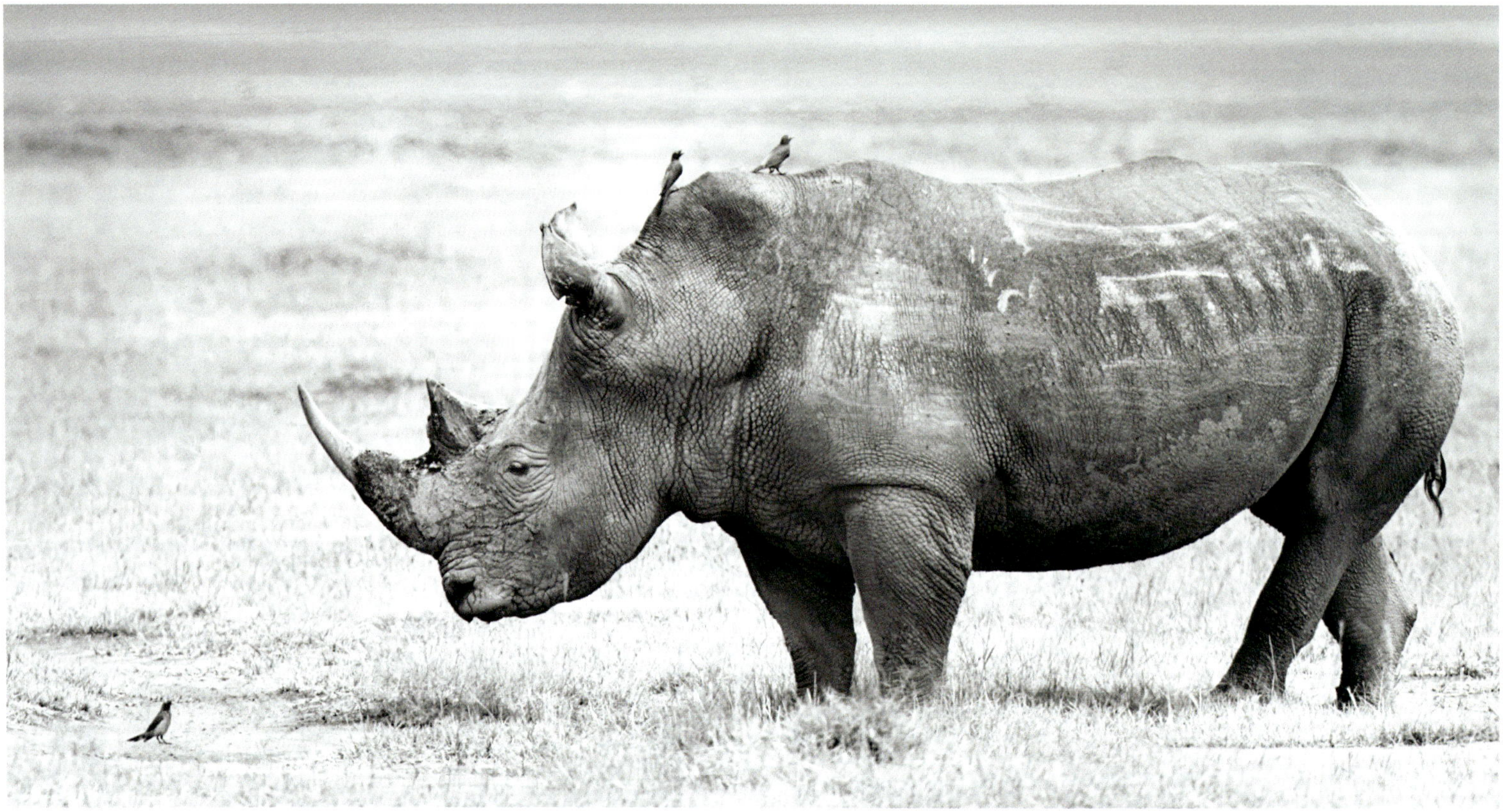

Maßstab, Form, Struktur und Muster sind weitere Wahrnehmungen, die wir gern durch unsere Fotos zum Ausdruck bringen wollen. Intelligente Fotografie, kombiniert mit guten kompositorischen Fähigkeiten, kann uns ebenfalls in die Lage versetzen, diese und andere Konzepte, wie Geschlossenheit, Ausrichtung oder Konformität, wirkungsvoll abzubilden.

Der Maßstab

Der Maßstab wird häufig geklärt, indem ein zweites Objekt ins Bild integriert wird, das eine wohlbekannte Größe hat. Der Maßstab einer Aussicht auf die Berge kann zum Beispiel offenbart werden, indem ein Wanderer auf einem Bergpfad mit aufs Foto kommt. Die Botschaft wird womöglich noch offensichtlicher, wenn der Wanderer eine rote Jacke trägt, mit der er die Aufmerksamkeit auf sich als Maßstab in der Landschaft zieht.

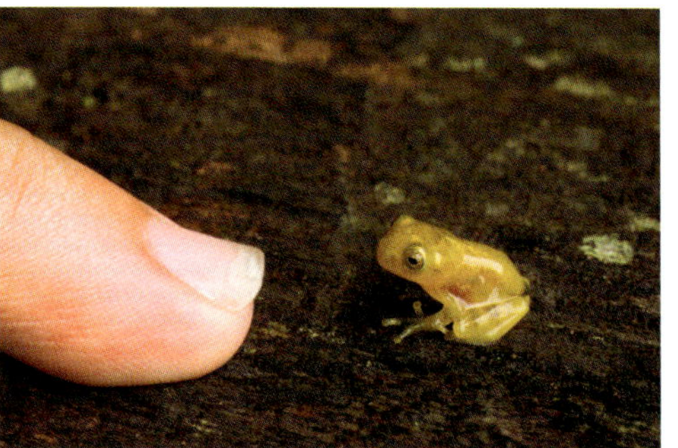

Oben: Als einfache, direkte Aussage über die Größe dieses winzigen Baumfroschs auf Borneo wird ihm im Bild der Fingernagel eines kleinen Fingers gegenübergestellt. So kann man sofort erkennen, dass das Tier nur wenig mehr als einen halben Zentimeter lang ist.

Oben: Die flüchtige Interaktion zwischen diesem Breitmaulnashorn und dem winzigen Vogel eröffnete die Möglichkeit, die Größenverhältnisse deutlich zu machen. Der Vogel dient als Maßstab im Bild.

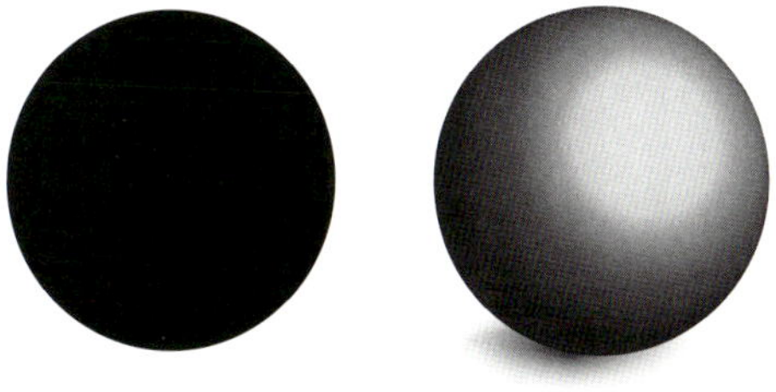

Umriss

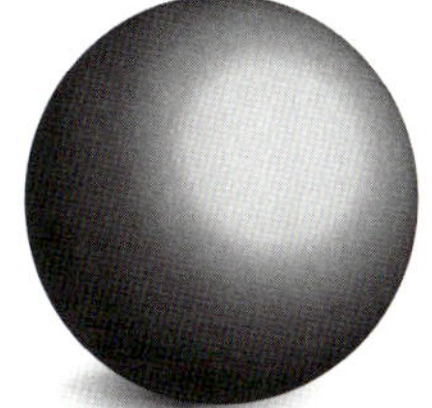

Form

Die Form

Der Begriff „Form“ bezeichnet hier eine dreidimensionale Einheit. Wie auf der Illustration oben zu erkennen ist, sind subtile Abstufungen von Licht und Schatten der Schlüssel zu unserer Wahrnehmung von Form. In der Kunst wird der aus dem Italienischen stammende Begriff „Chiaroscuro“ für „Hell-Dunkel-Malerei“ verwendet. In der Malerei bezieht sich diese Beschreibung auf klare Helligkeitskontraste, die für gewöhnlich durch starkes direktes Licht entstehen, das Schlüsselelemente in dunklen Szenen beleuchtet. Diese werden oft dazu benutzt, das Volumen und die Moduliertheit eines oder mehrerer Gegenstände darzustellen. In dieser Bedeutung wird der Begriff inzwischen auf andere visuelle Kunstformen ausgedehnt, einschließlich der Fotografie. Es ist eine Strategie, die in der Fotografie von Menschen verbreitet ist, wo sie verwendet wird, um die Form des Körpers zu betonen.

Mit einem guten Einsatz von seitlichem Licht kann man zum Beispiel die gerundete Masse eines Elefanten hervorheben. Wenn man dem Elefanten nun eine winzige Maus zur Seite stellt, wird eine weitere Aussage über seine Masse getroffen, ebenso wenn man ihn mit einem Weitwinkelobjektiv aus der Froschperspektive fotografiert. Die bewusste Wahl des Fokus eines Bilds kann ebenfalls in Betracht gezogen werden, um den Abstand zwischen Elementen zu betonen. Im Falle des Nashorns auf S. 92 lassen der Fokus auf dem Kopf und die Unschärfe am Hinterteil das Tier besonders lang erscheinen.

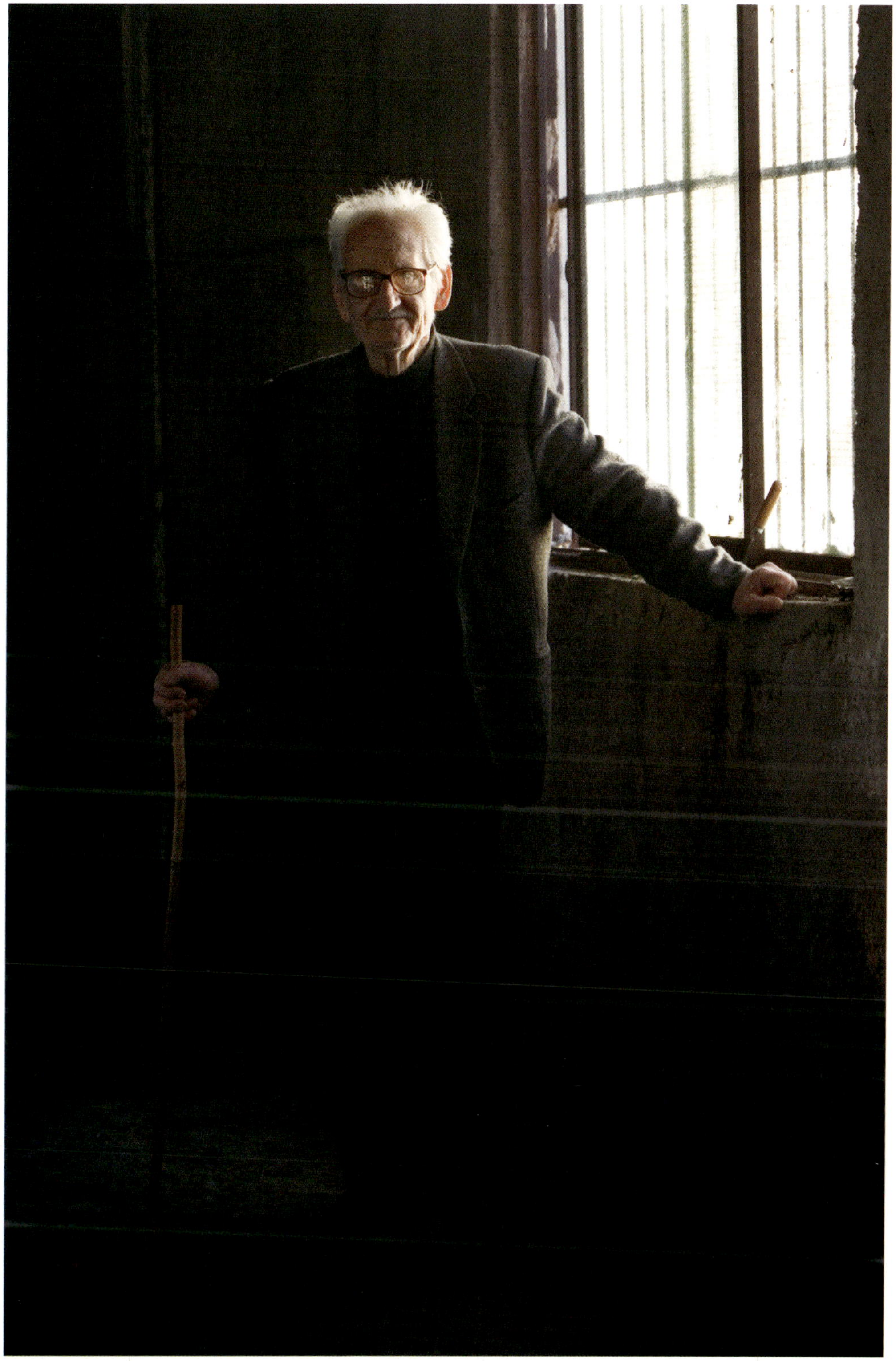

Rechts: Dieses Foto illustriert, wie starkes, direktes Licht Konturen und Umrisse herausstellen kann. Vor allem wird dies am Jackenärmel des ausgestreckten Armes des Mannes deutlich.

Muster

Eine nützliche Strategie, Muster in Szene zu setzen, besteht darin, den Rahmen komplett mit ihnen auszufüllen: Das innere Auge wird dann annehmen, dass das Muster weit über die Ränder hinausgeht, selbst wenn dies nicht der Fall ist.

Wichtig ist jedoch das Bewusstsein, dass streng diktierte Kompositionen, einschließlich Mustern, reizlos sein können, da sie unentrinnbare Konformität darstellen. Bei manchen Kompositionen reicht es, sie zu durchbrechen, damit der Raum aktiver und einladender wirkt. Der Bruch eines Musters, Versatz oder Überlappungen innerhalb eines Bildes oder einem Teil eines Bildes können dazu beitragen, den ansonsten strengen, undurchdringlichen Raum zu aktivieren. Etwas hinzuzufügen, was das Muster durchbricht, schenkt dem Auge einen Ruhepol, während es das Muster studiert, und durchbricht gleichzeitig die Monotonie.

Denken Sie auch daran, was die Gestalttheorie über Muster aussagt, und darüber, wie Konzepte – Einheit, Ausrichtung, Maßstab und anderes – vermittelt werden können, wenn man Elemente zu Gruppen verbindet.

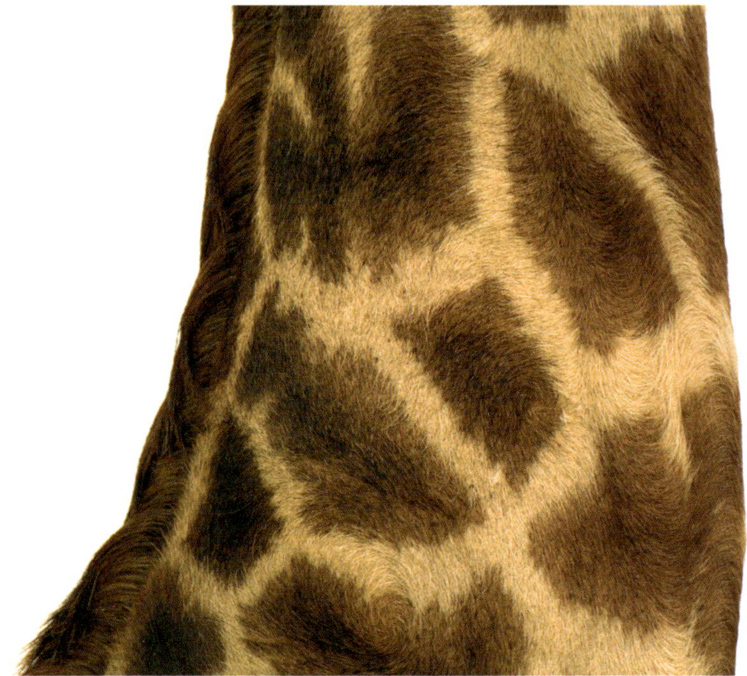

Oben und unten: Auf diesen beiden Musteraufnahmen widerstand ich der Versuchung, die Muster durch stärkere Beschneidung des Fotos bis zu den Bildrändern laufen zu lassen. Ich fand, dass die Bilder irgendwie davon profitierten, als ich die geschwungenen Kurven der Begrenzungen hinzufügte, und dass die Gegenüberstellung der beiden Farben auf dem Sanddünenfoto das Foto verbesserte.

NEGATIVRAUM

Nebenbei erwähnt ist es interessant, festzustellen, dass ein Negativraum durch das, was im Positivraum passiert, aktiviert werden kann. Wenn es zum Beispiel so scheint, als ob sich das Motiv in den Negativraum bewegen will, bekommt der Negativraum sofort eine Bedeutung und erweckt unser Interesse. Ein Bild, auf dem ein Mensch am Rand eines Pools steht und kurz davor ist, hineinzuspringen, kann zum Beispiel davon profitieren, dass ein großer Teil des Bildraums vom stillen Wasser des leeren Pools eingenommen wird.

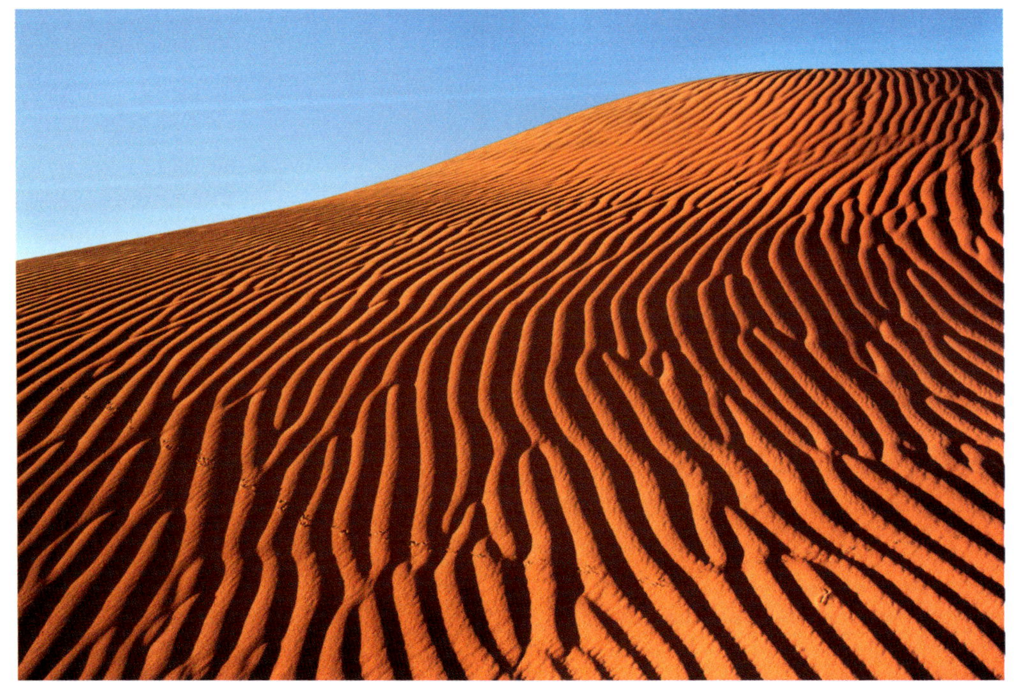

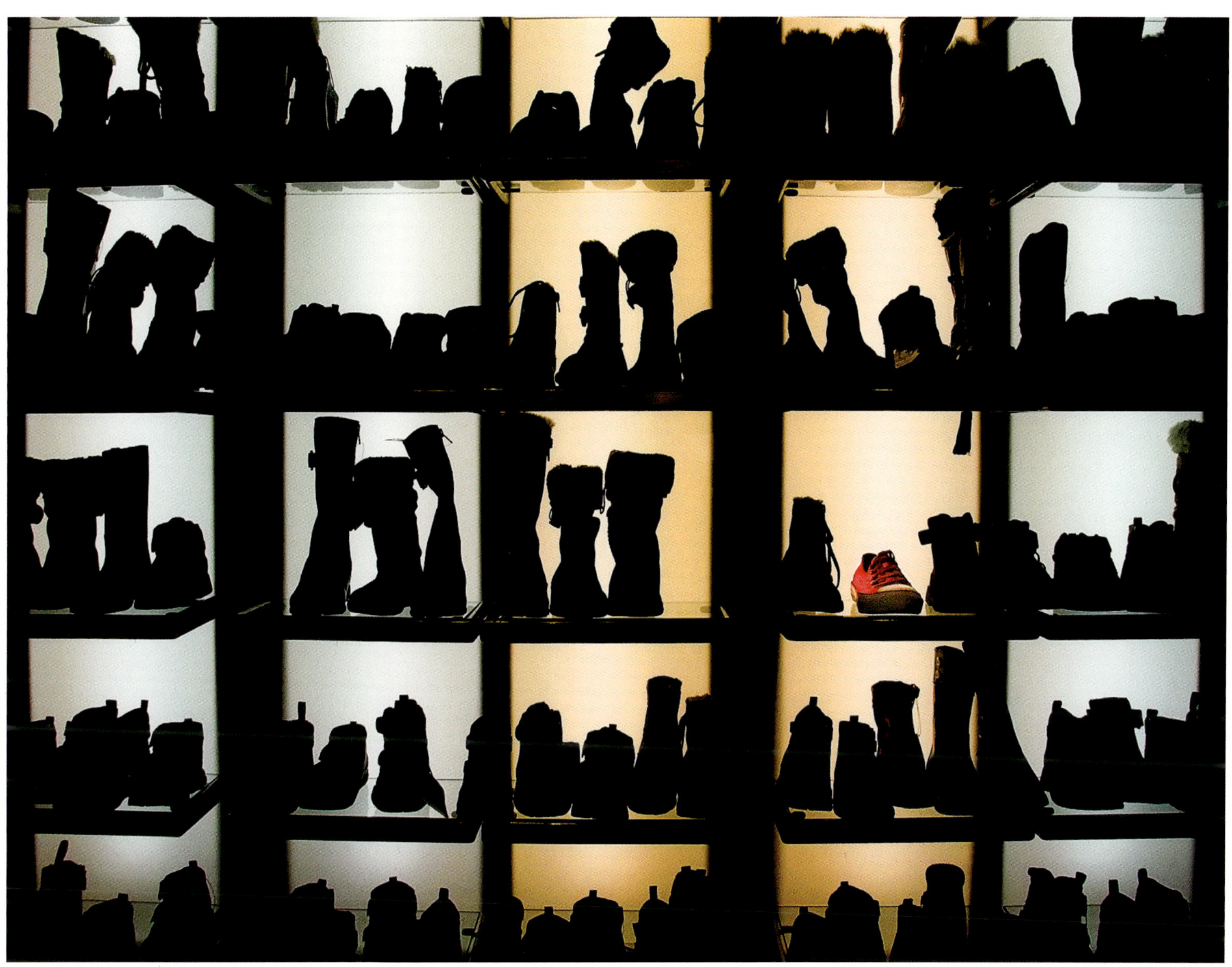

Oben: Ein herrliches Beispiel für ein Musterfoto, auf dem das Muster durch die Veränderungen von Farbe, Beleuchtung und Umriss clever durchbrochen wurde. Foto von Mark Shuttleworth.

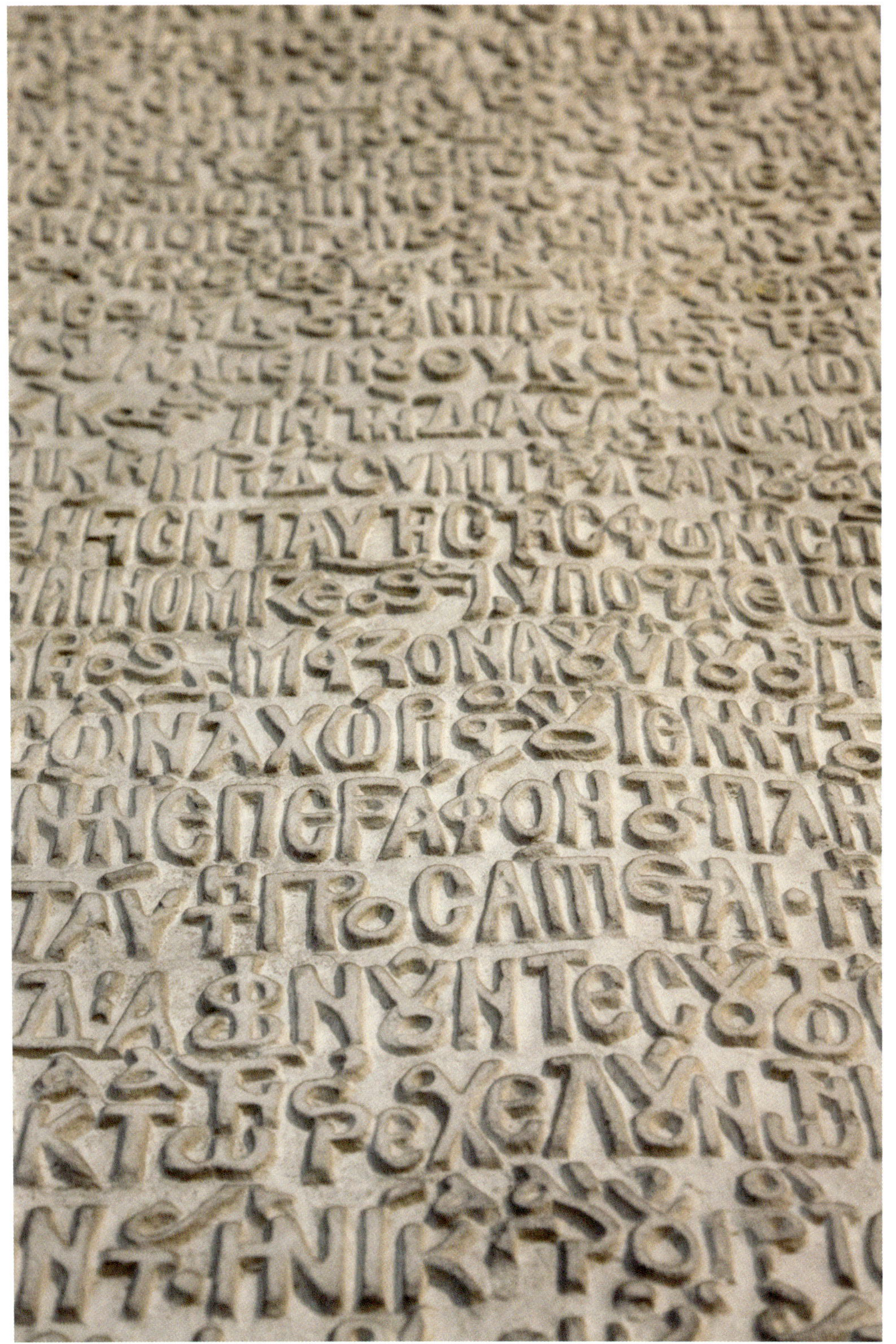

Die Struktur

Wenn es um Oberflächenbeschaffenheit und Struktur geht, kommt unser Tastsinn ins Spiel. Deshalb hängt unsere Fähigkeit, Struktur durch ein Foto auszudrücken, von der Tatsache ab, dass Sinne in der Regel nicht isoliert voneinander funktionieren. Jeder unserer Sinne wird von den anderen Sinnen informiert, wenn wir das Terrain, das uns umgibt, erforschen. Deshalb soll hier durch ein Foto das Gefühl dafür geweckt werden, wie es sich anfühlt, wenn man mit der Hand das fotografierte Objekt berühren oder darüberstreichen würde. Wenn dies gelingt, wird auch die haptische Wahrnehmung des Betrachters aktiviert und hinterlässt bei ihm das Gefühl, das Objekt tatsächlich angefasst zu haben. Da man dafür die dreidimensionalen Merkmale des Gegenstands – also seine Form – hervorheben muss, kann Licht der Schlüssel dazu sein, diese Botschaft zu transportieren. Schwaches Seitenlicht kann für härtere, zerklüftetere Strukturen gut funktionieren, für weichere, feinere Strukturen eignet sich oft diffuses Licht besser.

SINNESWAHRNEHMUNG

Es ist interessant, wie das Potenzial, andere Sinne als nur das Sehen bei der Wahrnehmung von Fotos zu wecken, den Bildern zusätzliche Wirkung verleiht. Ein verschwommenes Foto von einem rasenden Polizeiauto kann den Klang einer Polizeisirene heraufbeschwören und zu einer emotionalen Reaktion des Betrachters führen. Ein Foto kann auf viele Arten die Sinne reizen, und dies wird zweifellos bei Werbefotos der Nahrungsmittelindustrie besonders gut ausgenutzt.

Links: Hier wird das Gefühl vermittelt, dass die Schrift auf diesem Stein im Hagia-Sophia-Museum in Istanbul weit über die Ränder des Bildes hinausgeht. Eine relativ große Blende hat für eine gewisse selektive Schärfe gesorgt, der einen Teil des Textes aktiviert, sodass der Blick dort zur Ruhe kommen kann, um die feineren Details zu studieren.

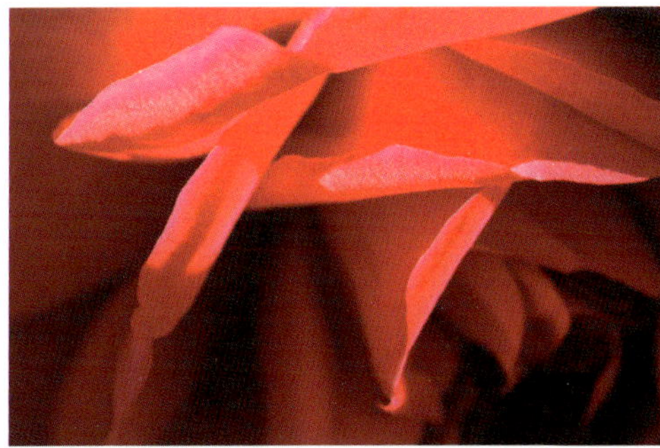

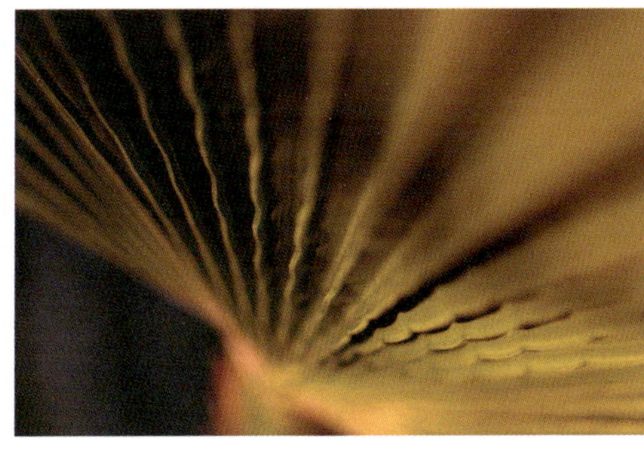

Oben und rechts: Die Qualität und die Richtung des Lichts vermitteln, wie sich der Rand der rosa Rosenblätter anfühlen mag (ganz oben), völlig anders nämlich als die Kugeldistel (rechts)! Starkes Seitenlicht betont auch die Struktur auf der Unterseite des Palmwedels (oben), und selektive Schärfe macht in diesem Fall die Aussage über die Struktur noch direkter.

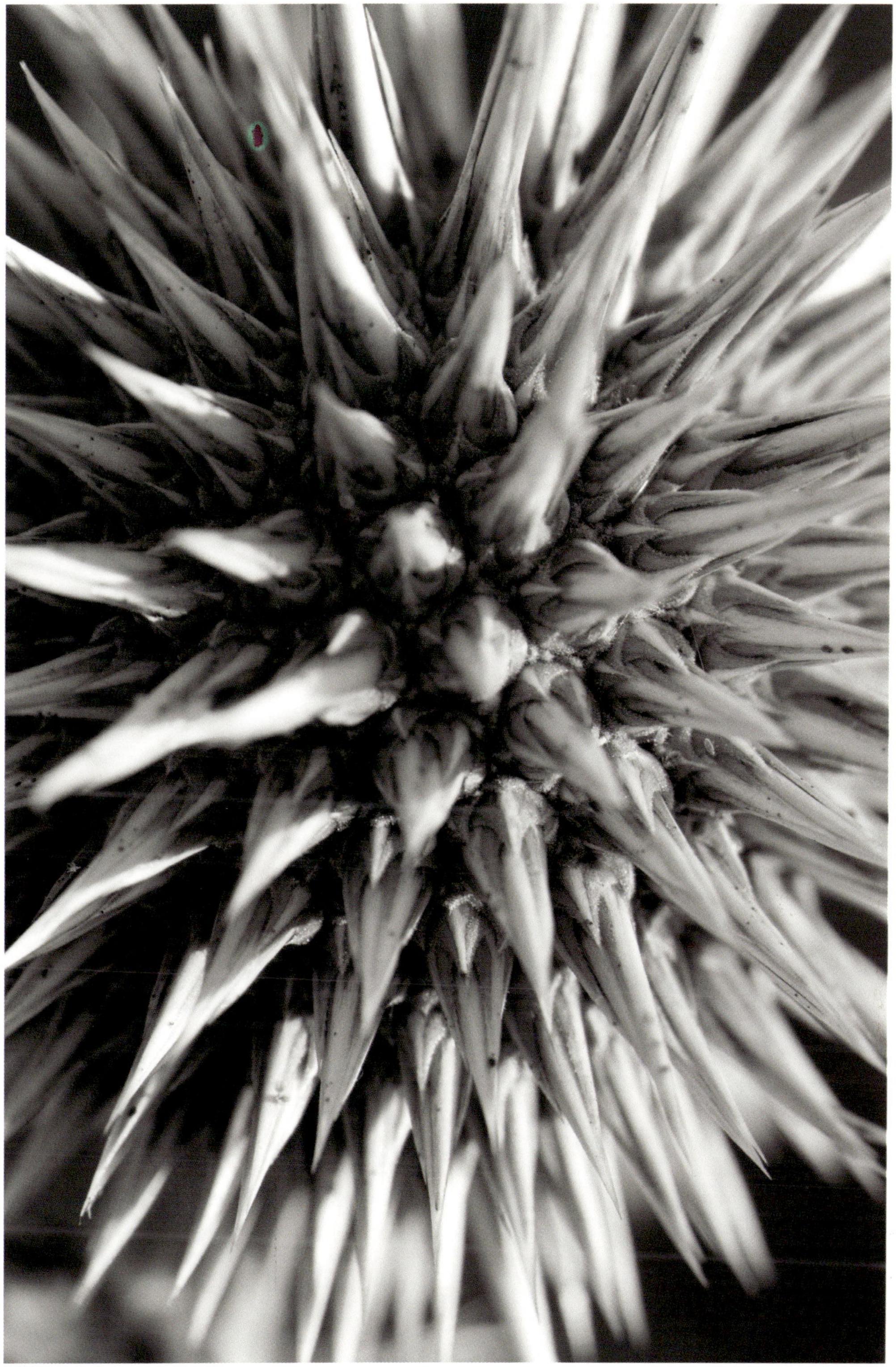

Perspektive & Tiefe

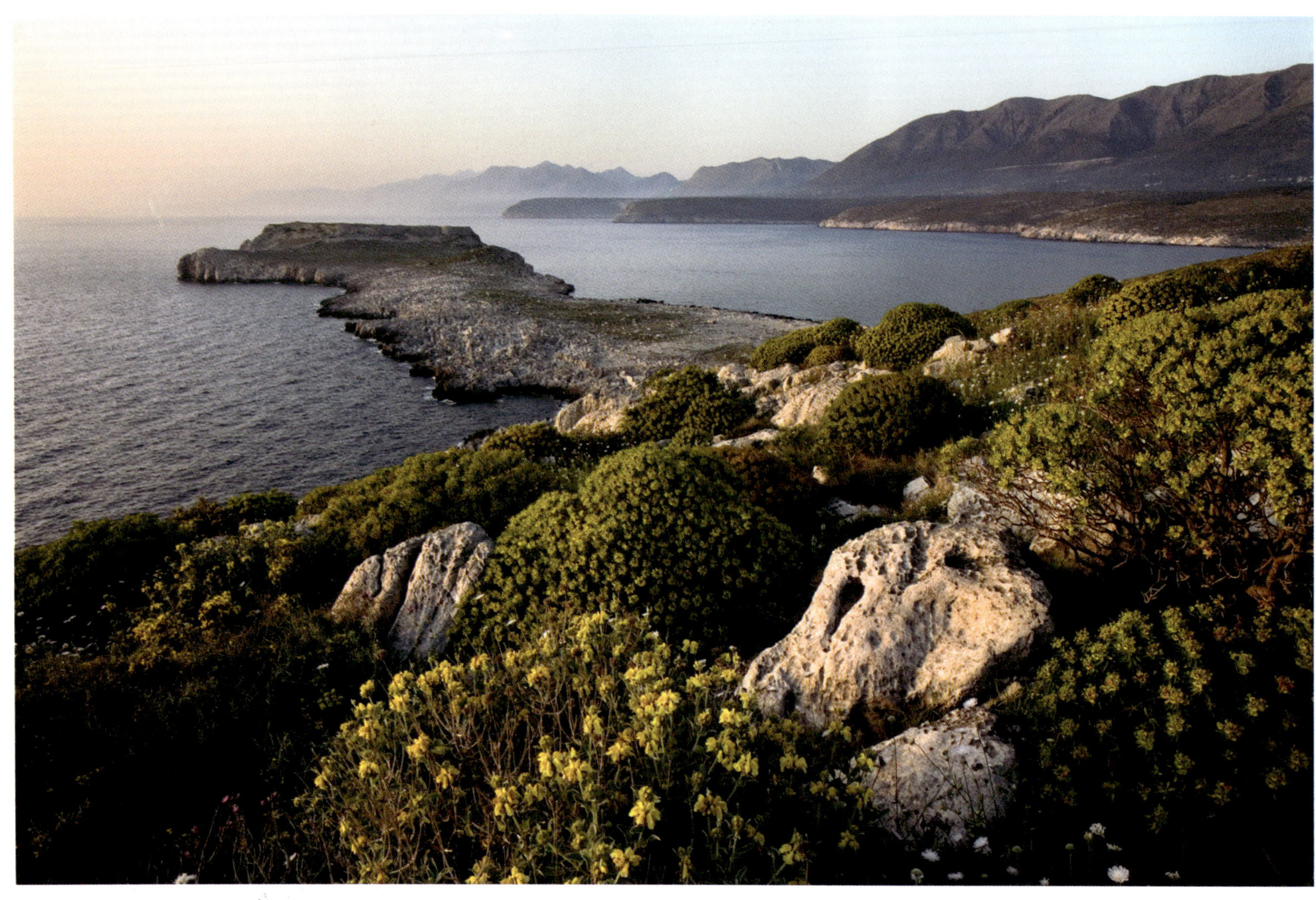

Farbperspektive

Der Eindruck von Tiefe ist unabdingbar für die Wirkung vieler Fotos, weil dadurch ein Gefühl von Realität erzeugt wird, das es uns ermöglicht, einen Bezug herzustellen. Fotos sind in Wirklichkeit nur zweidimensional, deshalb muss die dritte Dimension – die der Tiefe – angedeutet werden, wenn sie vom Betrachter wahrgenommen werden soll. Perspektive ist die Kunst, drei Dimensionen auf einer zweidimensionalen Oberfläche vorzugaukeln. Dazu gehört es, die räumlichen Beziehungen nachzubilden, die Objekte, die in einer Szene nach hinten versetzt sind, dem Auge bieten. Wenn man ein Foto macht, sollte man diese räumlichen Beziehungen nicht wie beim Skizzieren einer Szene nachbilden müssen. Ein Fotograf muss jedoch Szenen und Blickwinkel auswählen, durch die diese räumlichen Beziehungen klar herauskommen. Je weiter entfernt ein Objekt ist, desto blasser erscheint es aufgrund der Staubpartikel in der Atmosphäre, und wir tendieren zu der Annahme, dass blassere Objekte auf einem Bild weiter weg sind.

Oben: Diese Küstenlandschaft gewinnt Tiefe durch die beträchtliche Betonung des Vordergrunds, der Führungslinie, die von der felsigen Halbinsel gebildet wird, und der aufgrund des Dunstes helleren Färbung der entfernteren Halbinseln.

Dies wird Farbperspektive oder Luftperspektive genannt. Der Effekt wird bei Landschaftsaufnahmen häufig ausgenutzt, wo Hügel und Berge, die sich in Schichten schrittweise in der Ferne verlieren, im Farbton immer heller werden.

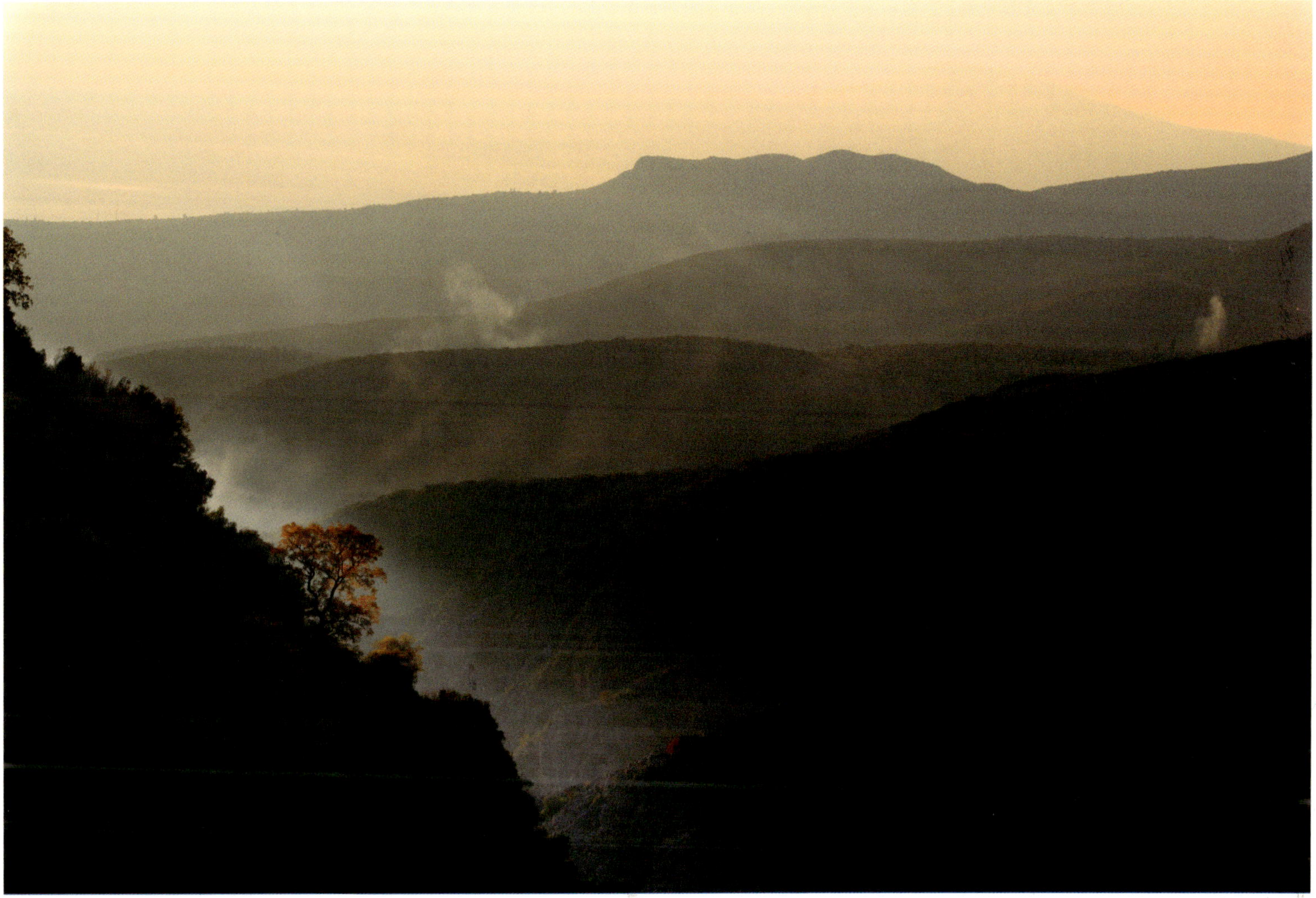

Oben: Ein weiteres Beispiel für den Effekt der Farbperspektive. Der Rauch von Lagerfeuern verstärkt die optische Trennung der hintereinander liegenden Hügel.

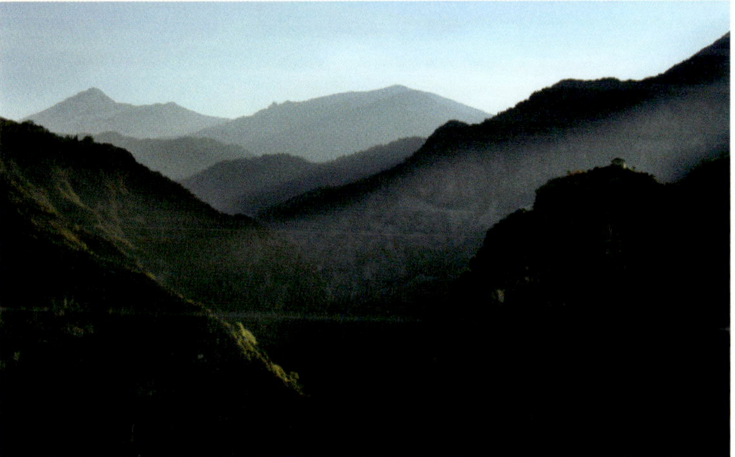

Links: Auf diesem Beispiel trennen die starken Strahlen der frühen Morgensonne die hintereinander liegenden Hügel, welche diese Schlucht in Griechenland umgeben.

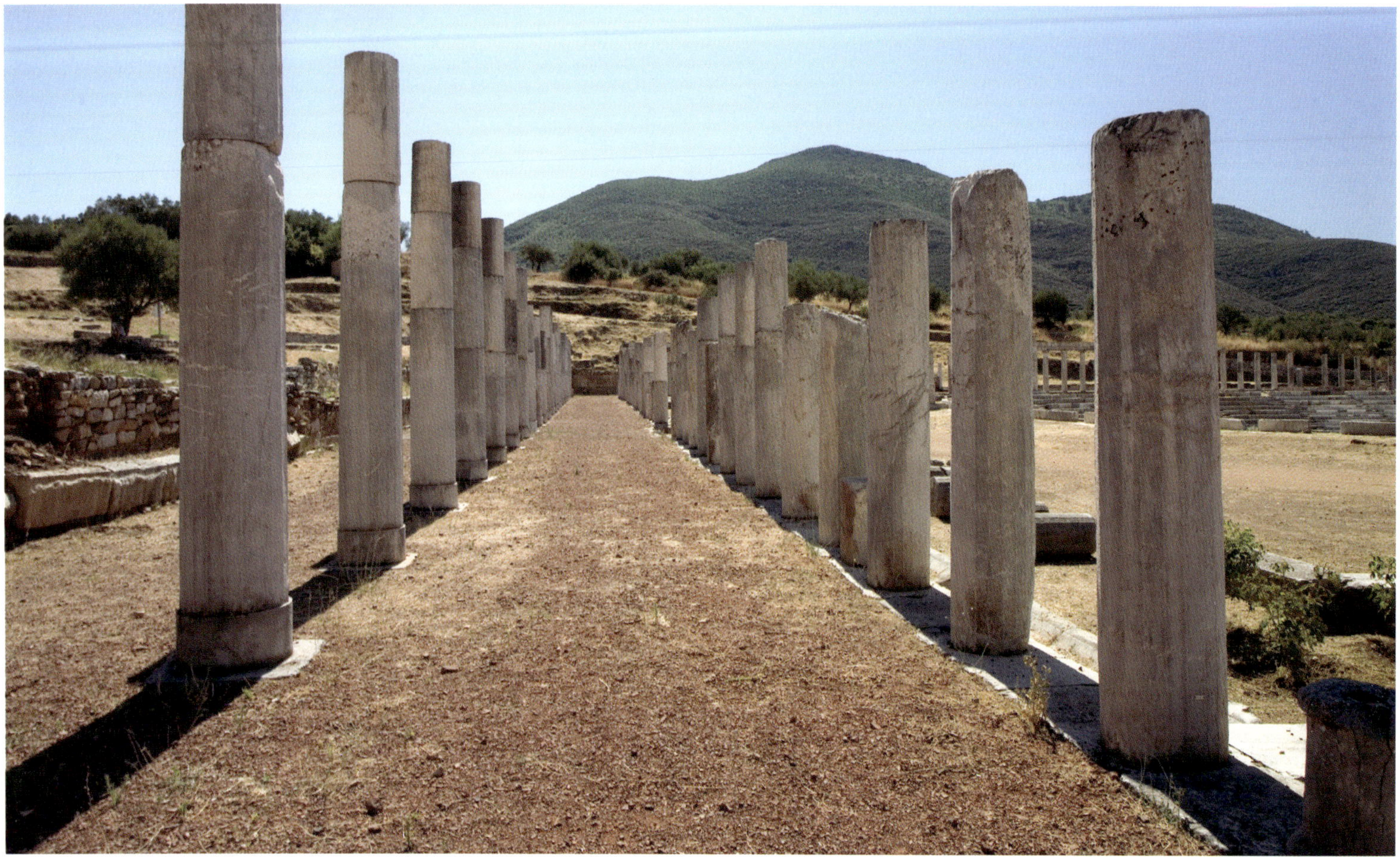

Zentralperspektive

Zentralperspektive basiert hingegen auf unserem Wissen, dass parallele Linien, die in die Ferne führen, wie zum Beispiel Bahngleise, zum Horizont hin zusammenzulaufen scheinen. Weitwinkelobjektive übertreiben diese Art der Perspektive, und je nachdem, in welchem Winkel sie zur Fläche stehen, auf der sich die zusammenlaufenden Linien befinden, ändert sich die Wirkung grundlegend. Man beachte, dass die perspektivische Verzerrung nicht daher rührt, dass wir eine Linse mit kurzer Brennweite verwenden. Eher liegt es an der Neigung der Kamera. In der Praxis erhalten wir tatsächlich mehr Verzerrung mit Weitwinkelobjektiven, denn wir kommen oft viel näher an das Motiv heran, sodass die Kamera wahrscheinlich nach oben oder unten geneigt wird, um das ganze Motiv aufs Bild zu bekommen. Ein

Oben: Diese antiken Säulenbasen im griechischen Messene werden durch ihre beiden starken Schattenlinien am Boden geeint. Sie fungieren als starke Linien, die in der Ferne deutlich zusammenlaufen und dadurch dem Foto Tiefe verleihen.

Bild kann eine Zentralperspektive haben, bei der zwei parallele Linien auf einen einzelnen Fluchtpunkt zulaufen. Es gibt aber auch die Variante mit zwei Fluchtpunkten, die auch „Übereckperspektive“ genannt wird. In einem solchen Fall verläuft ein Set paralleler Linien auf einen Fluchtpunkt zur rechten und ein weiteres Set zu einem Fluchtpunkt zur linken Seite. Schließlich gibt es auch noch die Perspektive mit drei Fluchtpunkten, bei der parallele Linien auf einen Fluchtpunkt zur rechten Seite, weitere Linien auf einen Fluchtpunkt zur linken und die vertikalen Linien auf einen dritten Fluchtpunkt zulaufen.

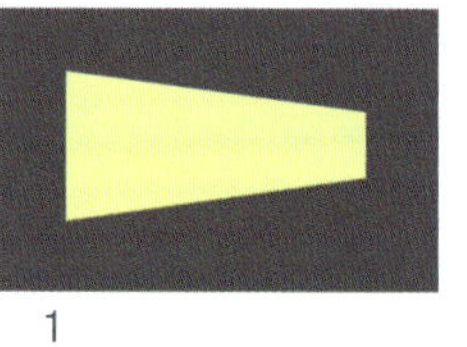

1

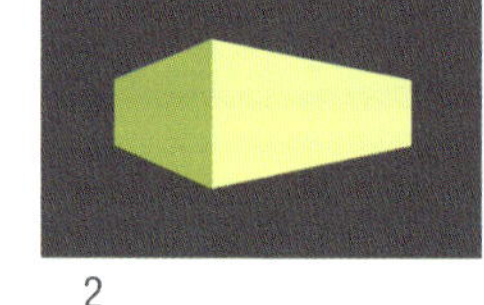

2

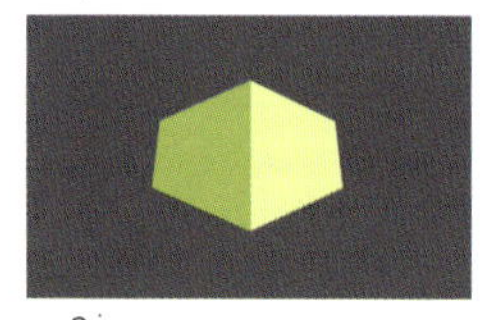

3

Zentralperspektive
1 mit einem Fluchtpunkt
2 mit zwei Fluchtpunkten
3 mit drei Fluchtpunkten

Außerdem können wir Tiefe erzeugen, indem wir mehrere Objekte derselben Größe abbilden, die sich auf dem Foto aber in der Ferne verlieren. Alternativ dazu können wir uns die Überlappung naher und ferner Objekte zunutze machen, was besonders

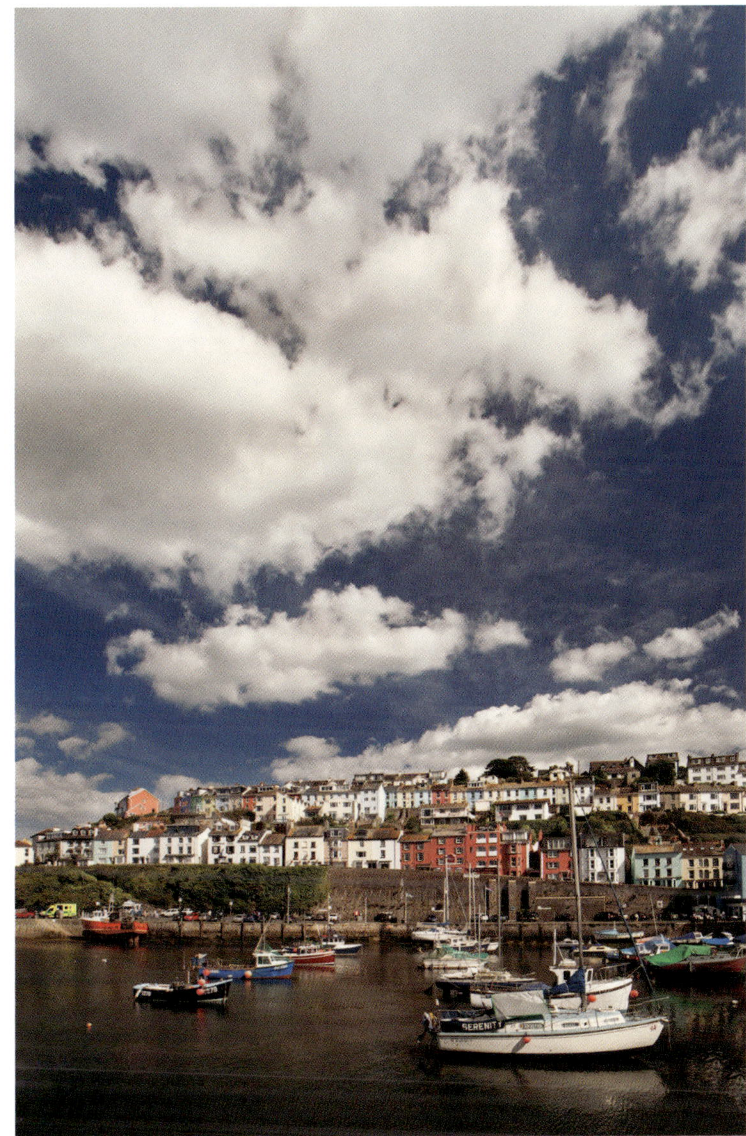

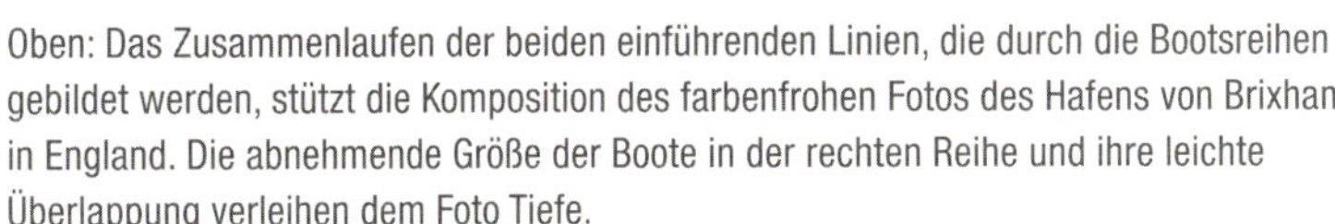

Oben: Das Zusammenlaufen der beiden einführenden Linien, die durch die Bootsreihen gebildet werden, stützt die Komposition des farbenfrohen Fotos des Hafens von Brixham in England. Die abnehmende Größe der Boote in der rechten Reihe und ihre leichte Überlappung verleihen dem Foto Tiefe.

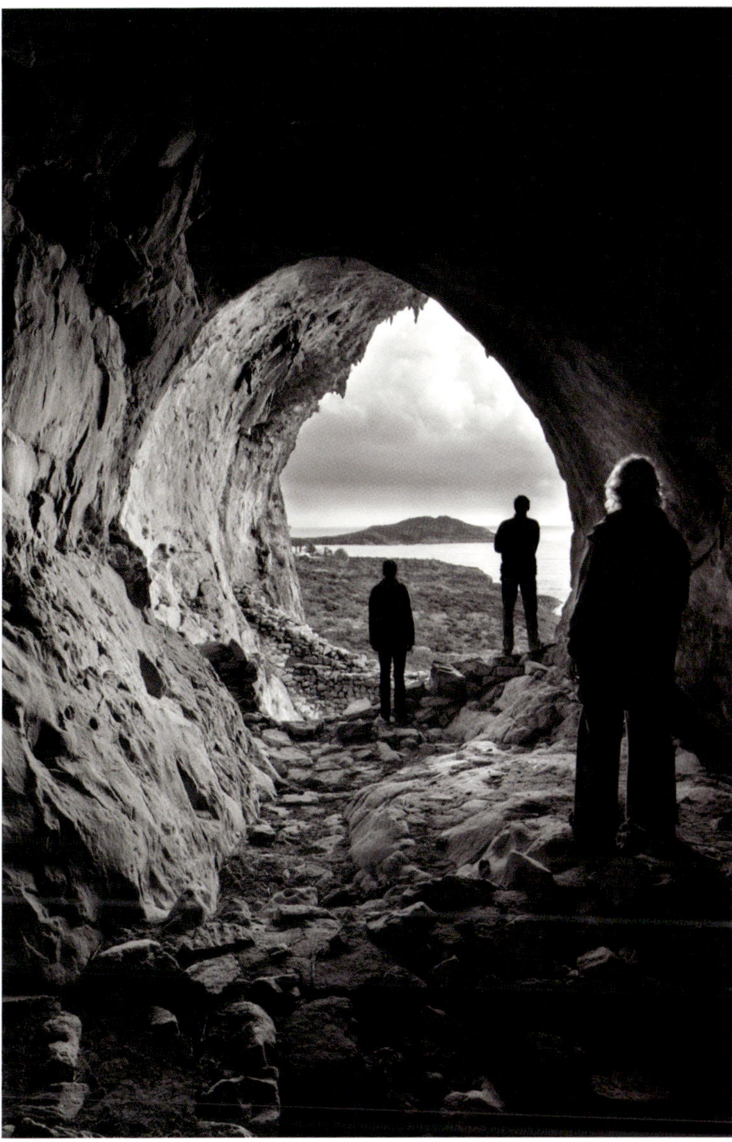

Oben: Die tunnelartige Höhle erzeugt an sich schon Tiefe, der Blick wird vom Licht außerhalb von ihr angezogen. Die abnehmende Größe der schattenhaften Gestalten fördert den Eindruck, indem sie dem Betrachter ein Gefühl für die Distanz innerhalb der Höhle vermittelt.

gut funktioniert, wenn die beiden verschmelzenden Objekte sich aufgrund ihrer verschiedenen Distanzen in Helligkeit oder Schärfe unterscheiden.

Tiefe kann auch durch unterschiedliche Schärfe vermittelt werden, einfach weil wir wissen, dass näher liegt, was scharf zu sehen ist. Daher ist unser Bestreben eher, dass nahe und entfernte Objekte unterschiedlich scharf sind, und nicht das Erreichen eines maximalen Schärfentiefebereichs. Welcher dieser Tricks auch immer angewandt wird – Objekte sowohl im Vorder- als auch im Mittel- und Hintergrund zu platzieren kann das Gefühl der Tiefe verstärken.

Kapitel 4

Tonwert & Farbe

Wir haben bereits erkannt, dass Tonwert und Farbe wichtige Faktoren sind, um zwischen Objekt und Hintergrund zu unterscheiden. Hell-Dunkel-Kontraste und starke oder kontrastierende Farben werden in der Regel eingesetzt, um die Stärke der Wirkung – der Fachbegriff hierfür ist „Salienz“ – ausgewählter Gegenstände zu vergrößern, indem man den Fokus darauf lenkt und dafür sorgt, dass sie sich von ihrer Umgebung abheben. Wir können sogar eine regelrechte Farbexplosion bewirken, indem wir nur den Bildgegenstand selbst farblich sättigen und alles andere nicht. Dies kann sogar so weit gehen, dass das Foto abgesehen von den ausgewählten Elementen monochrom ist. Die Rolle der Farbe in unseren Kompositionen ist jedoch weit komplexer. Zu verstehen und zu würdigen, wie unterschiedliche Schattierungen und Farben auf einem Bild die Blickbewegungen des Betrachters und seine emotionale Reaktion beeinflussen können, kann uns helfen, bedeutungsvolle, wirkungsvolle Fotos bewusst zu konstruieren.

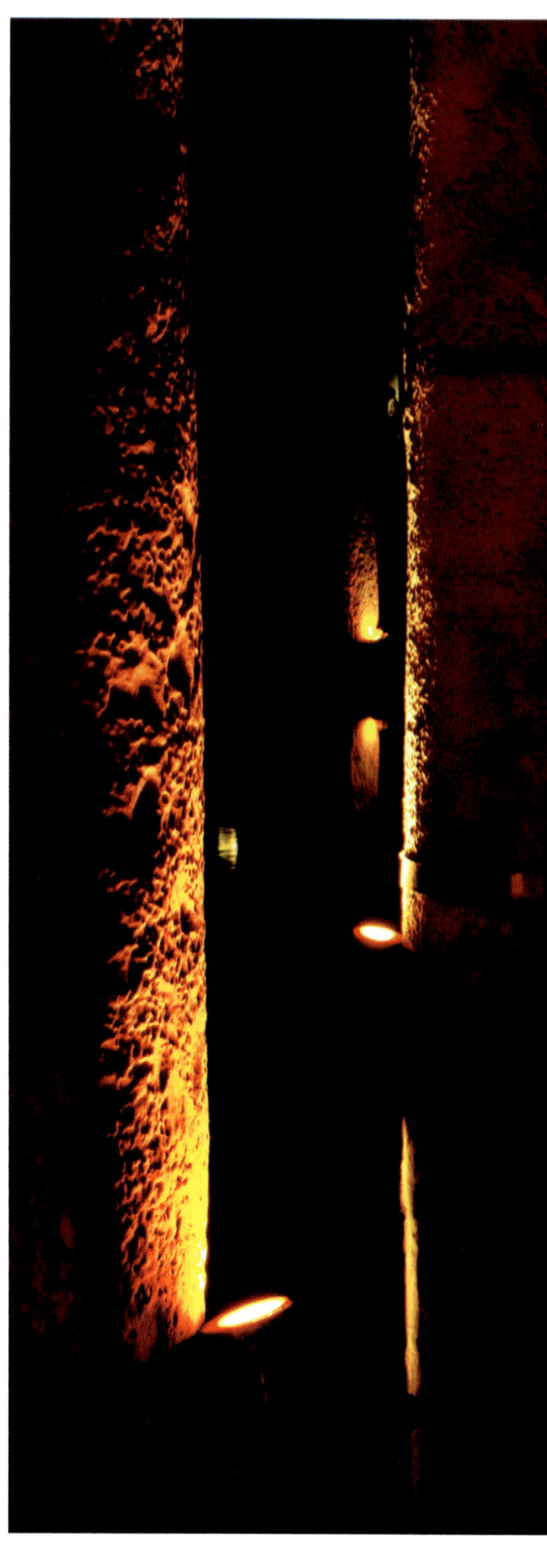

Rechts: Die künstliche Beleuchtung dieser Säulen in der Cisterna Basilica, einer unterirdischen Zisterne in Istanbul, erzeugt einen starken Kontrast und eine warme Färbung. Dies verleiht den Säulen, die sich in der Ferne verlieren und dem Bild dadurch Tiefe verleihen, ihren besonderen Reiz.

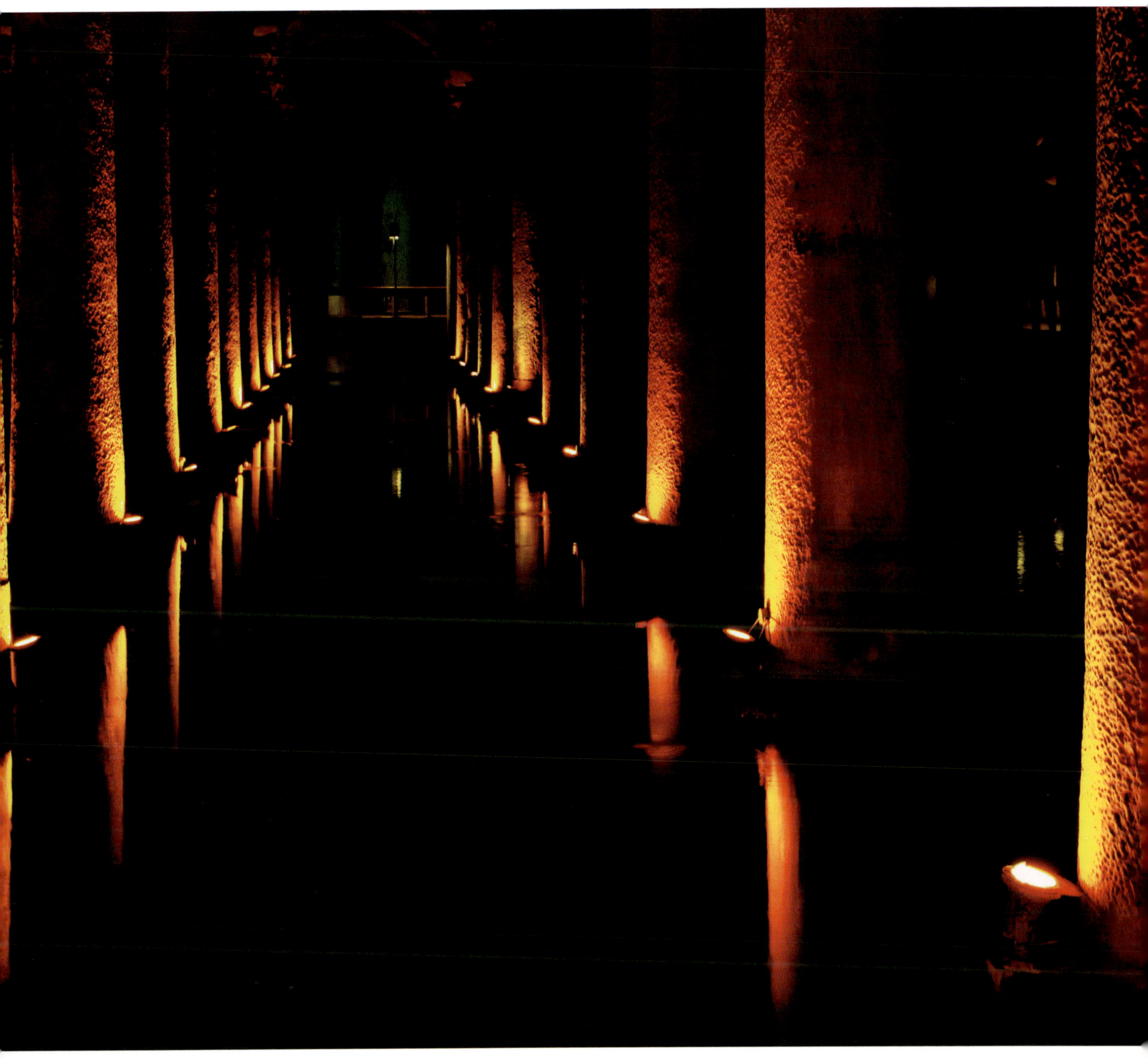

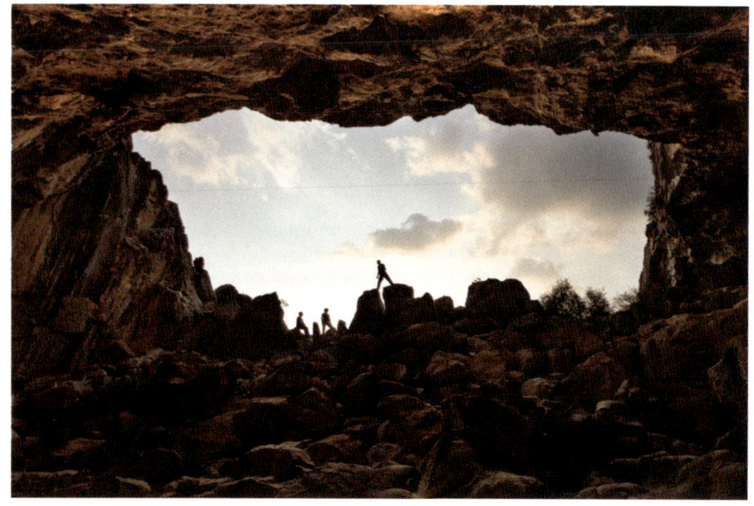

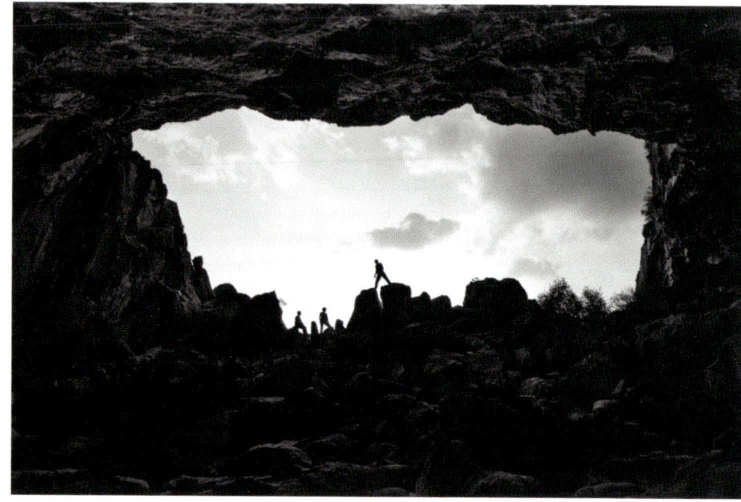

Links und oben: Diese einfache Übung zum Helligkeitsverlauf zeigt, dass der Blick dazu neigt, in hellere Bildbereiche zu wandern. Das Foto wurde aus den Tiefen einer riesigen Höhle in Richtung Öffnung aufgenommen.

Tonwert und Helligkeit

Wir schauen nie in die Dunkelheit, sondern zum Licht am Ende des Tunnels, denn der Fokus unserer Aufmerksamkeit wird stets von dunklen zu hellen Bereichen gelenkt. Dies lässt sich in der Fotografie nutzen, wenn der Gegenstand heller ist als seine Umgebung. Das heißt jedoch auch, dass wir auf der Hut sein müssen, wenn helle Vorder- oder Hintergrundobjekte, selbst wenn sie verschwommen sind oder weit entfernt vom eigentlichen Motiv, eine Konkurrenz zum beabsichtigten Ziel darstellen oder die Aufmerksamkeit des Betrachters ablenken.

Wenn wir also ein Porträt fotografieren, sollten wir deshalb unser Modell so positionieren, dass der Hintergrund ähnlich hell oder dunkler ist, und uns die Zeit nehmen, ihn nach potenziellen Ablenkungen abzusuchen. Eine präzise Wahl der Belichtungseinstellungen kann ebenfalls für aussagekräftige Fotos sorgen, wenn die Unterscheidung zwischen hellen und dunklen Bildbereichen besonders relevant für die Komposition ist.

Wenn die Umgebung des Motivs viel dunkler ist, sollten Sie darauf achten, dass Sie das Motiv als Bezugsgröße für die Belichtung wählen. Dies gewährleistet, dass die dunklere Umgebung besonders dunkel herauskommt und damit dazu beiträgt, dass das Motiv die direkte Aufmerksamkeit erhält.

Auch bei der Aufnahme von Silhouetten würde man keine gemessene Belichtungszeit verwenden, die sich nach dem Durchschnittswert der Gesamtszene richtet. Hier hängt alles von Hell-Dunkel-Kontrasten ab, und in der Regel besteht das Ziel darin, die Helligkeit des Bildgegenstands zu reduzieren, sodass man nur wenige Details erkennen kann. Dies ermöglicht es dem Betrachter, sich auf Form und Umriss des Gegenstands zu konzentrieren, die sich in starkem Kontrast vom Hintergrund abheben. Daher ist es normalerweise angebracht, den umgebenden helleren und hellsten Bereichen in Bezug auf die Belichtung viel Aufmerksamkeit zu widmen.

Kontraste

Wir haben bereits gesehen, dass Bereiche mit starken Kontrasten innerhalb einer Szene den Blick auf sich ziehen können, aber der Gesamtkontrast eines Bildes hat ebenfalls eine Wirkung auf uns. Auf einem Bild mit stärkeren Kontrasten wird der Blick in der Regel nachdrücklicher durch die Szene geleitet, weg von den schattigen Bereichen, hin zu den helleren Tönen.

Ein kontrastreiches Foto scheint daher mehr Aufmerksamkeit zu wecken. Wenn der Kontrast schwächer ist, schweift der Blick freier durch die Szene – ein kontrastarmes Foto kann daher eine sanftere, ruhigere Reaktion beim Betrachter auslösen. Hier gibt es kein Richtig oder Falsch, denn beides hat je nach Situation seine Vorteile – es kommt eben darauf an, welche Reaktion hervorgerufen werden soll.

Manche Szenen eignen sich zudem von Natur aus eher für eine High-key- oder Low-key-Interpretation. Unter „High key" versteht man das Überwiegen von hellen Tönen auf der Bildfläche, unter „Low key" die stärkere Präsenz dunkler Töne. Wir haben die Möglichkeit, auf einem Bild eins von beidem zu übertreiben, um bestimmte Kompositionsmerkmale zu betonen, zum Beispiel indem wir dafür sorgen, dass diese sich von ihrer Umgebung abheben. Außerdem können wir die Gesamtstimmung beeinflussen, indem wir ein Bild je nach unserer eigenen Interpretation der Szene eher zur High-key- oder zur Low-key-Darstellung werden lassen. Kleinere Eingriffe in dieser Hinsicht können noch bei der digitalen Bildbearbeitung erfolgen.

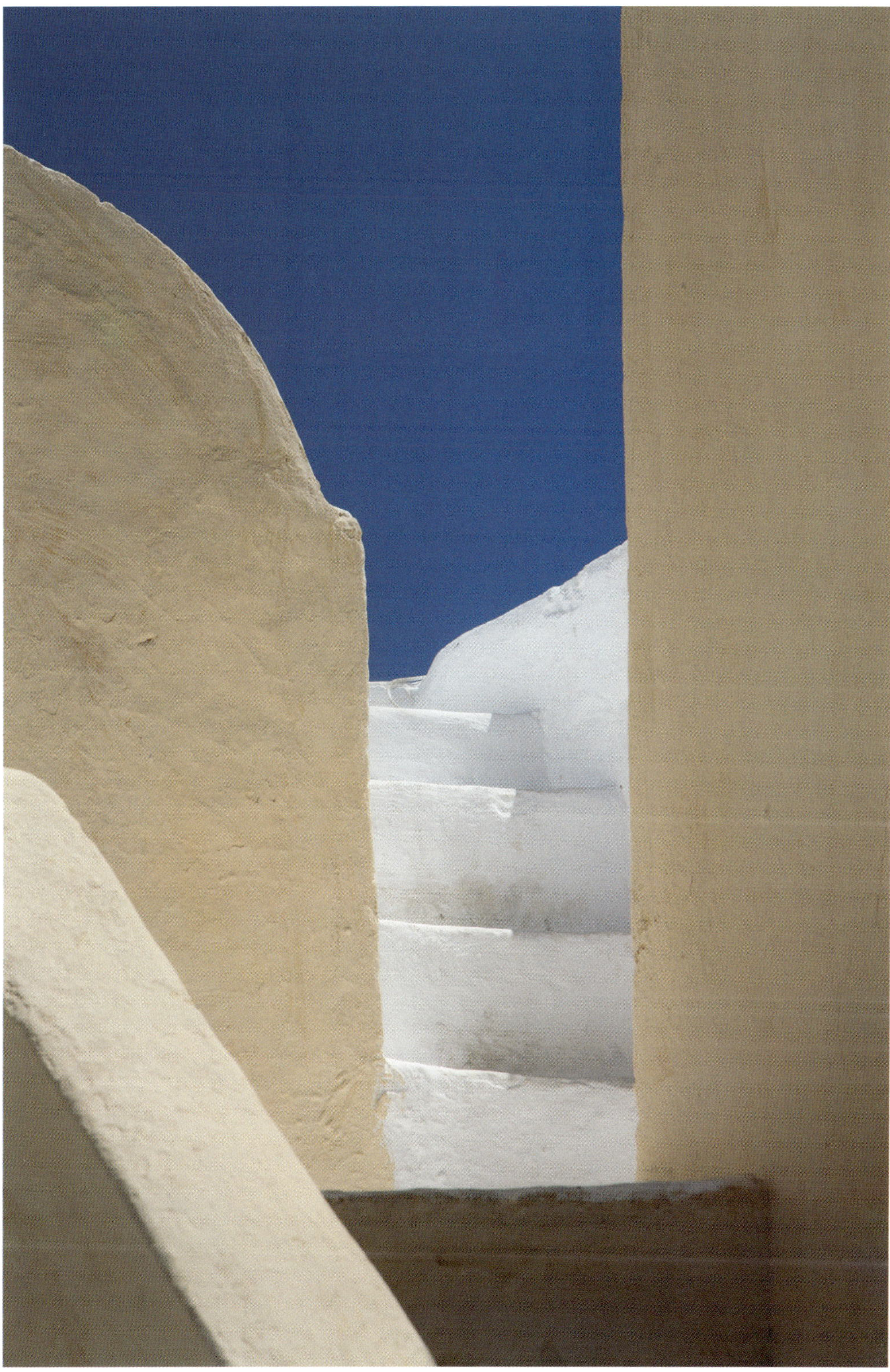

Rechts: Die zunehmende Helligkeit der weiter entfernten Stufen schickt das Auge des Betrachters auf eine Reise von Dunkel nach Hell und somit über die Treppe nach oben.

Farben

Genau wie die Helligkeit haben auch verschiedene Farben das Potenzial, die Aufmerksamkeit zu fesseln, und daher muss auch hier der Hintergrund – diesmal nach möglicherweise ablenkenden Farben – abgesucht werden. Wie wir noch sehen werden, stellen dabei bestimmte Farben ein besonderes Risiko dar.

Viele der Motive, die uns reizen, haben strahlende Farben, es ist also hilfreich, die Wirkung von Farbe ein wenig zu verstehen, wenn man sie gezielt einsetzen möchte. Vielleicht beschließen wir sogar, unser Motiv in eine bestimmte Farbe zu tauchen, damit es aus den umgebenden Farben heraussticht.

Farbe hat eine direkte Verbindung zu unseren Emotionen, und jede Farbe weckt spezielle Assoziationen. Diese gehen auf kulturelle Prägungen zurück und werden durch die physiologischen Wahrnehmungsprozesse von Auge und Gehirn beeinflusst. Gelb, als die hellste Farbe, wird zum Beispiel mit Wärme, Sommer, Reichtum, Frische und Freundlichkeit assoziiert und kann außerdem Freude, Glück und Fröhlichkeit ausstrahlen – oder auch das andere Extrem: Aggression. Da Gelb die hellste Farbe ist, springt sie einem direkt ins Auge.

FARBEN DEFINIEREN

Jede Farbe wird definiert durch folgende Merkmale: Helligkeit, Farbton und Sättigung. Vielleicht ist Ihnen schon einmal das weit verbreitete Munsell-Farbsystem begegnet, das Farben nach den folgenden drei Ordnungsprinzipien beschreibt und kategorisiert:

1. Farbton: Das Attribut einer Farbe, durch das sie als Rot, Gelb, Grün, Blau oder Violett – mit mehreren Stufen dazwischen – klassifiziert werden kann.
2. Wertigkeit: Beschreibt die Helligkeit einer Farbe und siedelt sie irgendwo zwischen Schwarz und Weiß an.
3. Sättigung: Beschreibt die Reinheit der Farbe.

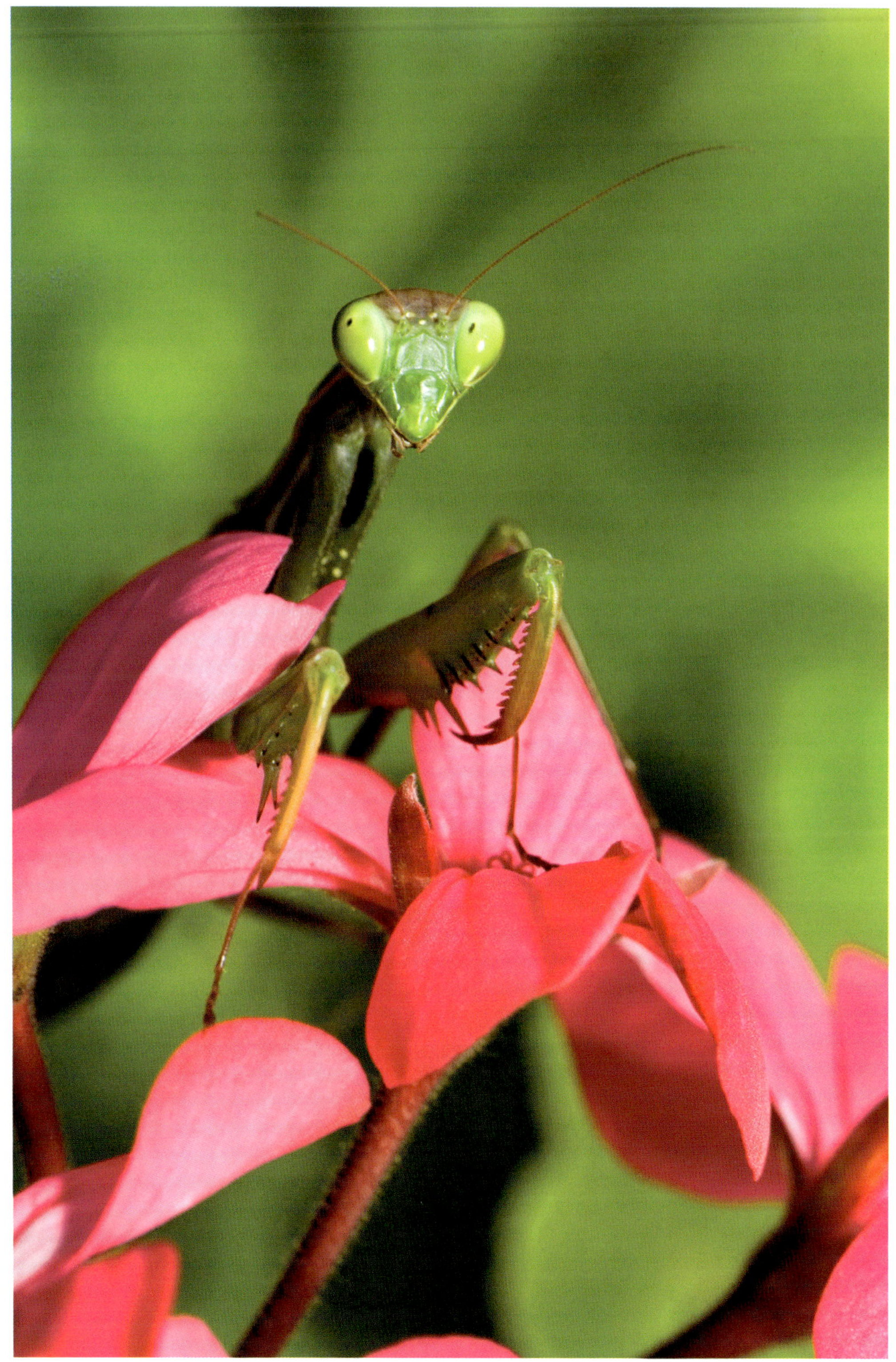

Rechts: Ein Foto, das zu mehr oder weniger gleichen Anteilen aus zwei starken Farben besteht, die sich gegenseitig ergänzen: eine hellgrüne Gottesanbeterin, unterstützt von einem farblich ähnlichen Hintergrund, blickt uns über eine rosa Geranie hinweg an.

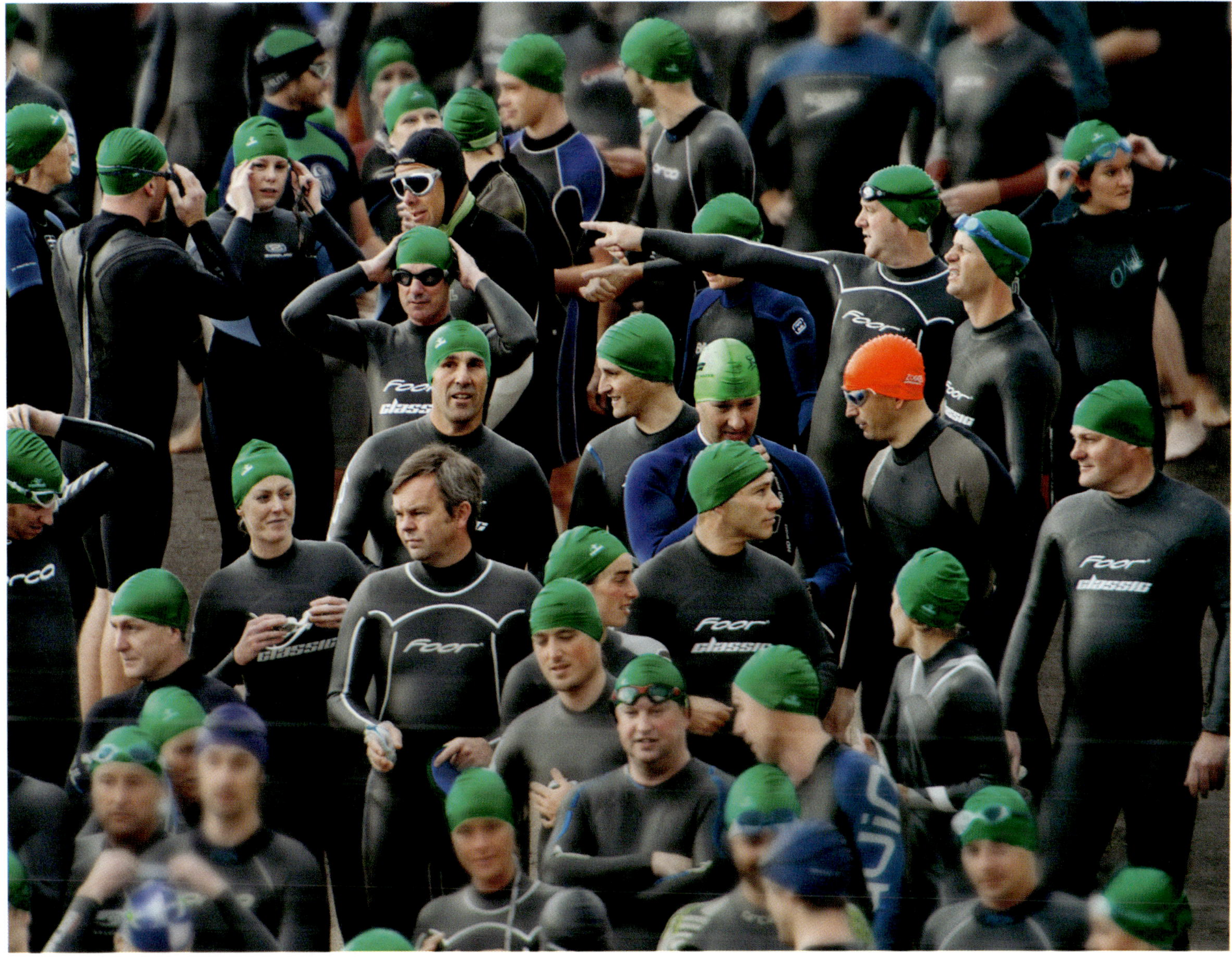

Stark hervortretende Farben

Rot ist ebenfalls kühn und energiegeladen. Es vermittelt Vitalität, Macht, Liebe, Lust, Begehren, Leidenschaft, Aufregung, Gefahr, Angst, Aggression und wird die Aufmerksamkeit auf sich zu ziehen. Diese Farbe kann ein Bild dominieren. Dementsprechend muss Rot in einer sensiblen Komposition mit Vorsicht eingesetzt werden. Orange ist die andere warme Farbe, die ein Gefühl von Hitze und Energie transportiert.

Kalte Farben

Die kälteren Farben sind Blau, Grün und Violett. Blau ist eine weniger aktive Farbe, die man mit Himmel und Wasser assoziiert. Sie steht für Leichtigkeit, Luft und Kühle, aber auch Depression, Trostlosigkeit und Einsamkeit. Sie kann aber auch Frieden, Gelassenheit, Harmonie und Ruhe symbolisieren. Grün steht für Natur, Umwelt, Gesundheit, Leben, Erneuerung, Wachstum, Hoffnung und

Oben: Dieses Foto von Triathleten, die sich für einen Wettkampf versammelt haben, zeigt, wie sehr die Farbe Rot unsere Aufmerksamkeit auf sich zieht. Da Rot und Grün Komplementärfarben sind, entfalten sie auf einem Foto eine gemeinsame Wirkung.
Foto von Mark Shuttleworth.

Jugendlichkeit. Seine negativen Konnotationen sind Zersetzung, Verfall und Krankheit. Violett symbolisiert Geheimnis und Spiritualität; wie andere kalte Farben tritt es hinter warme Farben, die mehr Aufmerksamkeit erfordern, zurück.

Diese Liste der Farben und ihrer Bedeutungen ist keinesfalls vollständig, und die Assoziationen variieren je nach Kultur. So bedeutet zum Beispiel Weiß in westlichen Kulturen oft Reinheit, Frieden und Unschuld, in Japan dagegen ist es die Farbe des Todes.

Farben und visuelles Gewicht

Farben variieren in Bezug auf ihr visuelles Gewicht. Rot wird zum Beispiel als schwerer angesehen als Blau, daher benötigt man nur eine kleine Menge Rot um eine größere Menge Blau auszugleichen. Man beachte außerdem, dass eine Farbe ihren Charakter verändert, wenn sie neben anderen Farben platziert ist. Das liegt daran, dass unsere Wahrnehmung ständig adaptiert und sich unsere Reizschwelle je nach der Wirkung benachbarter Farben verändert. Rot, das von Blau umgeben ist, wirkt zum Beispiel wärmer als derselbe Farbton, umgeben von Gelb.

Daher gibt es eindeutig viel zu bedenken, wenn wir mit Farben komponieren – vor allem in Bezug darauf, wie wir verschiedene Farben kombinieren und ihre Anteile im Bildraum ausbalancieren. Wir können verschiedene Farben auf einem Foto bewusst so zusammenstellen, dass eine bestimmte Wirkung erzielt wird. Um die Wirkung von Farben gezielt einsetzen zu können, lohnt es sich, den Farbkreis (unten) im Hinterkopf zu behalten.

Die drei Grundfarben in der Malerei sind Rot, Blau und Gelb, und jede für sich genommen hat eine starke Wirkung. Sie sind am Farbkreis außen

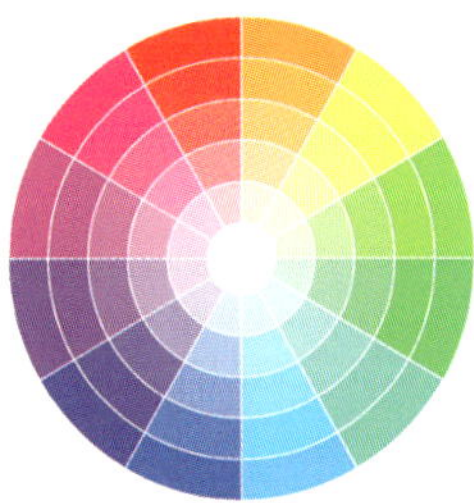

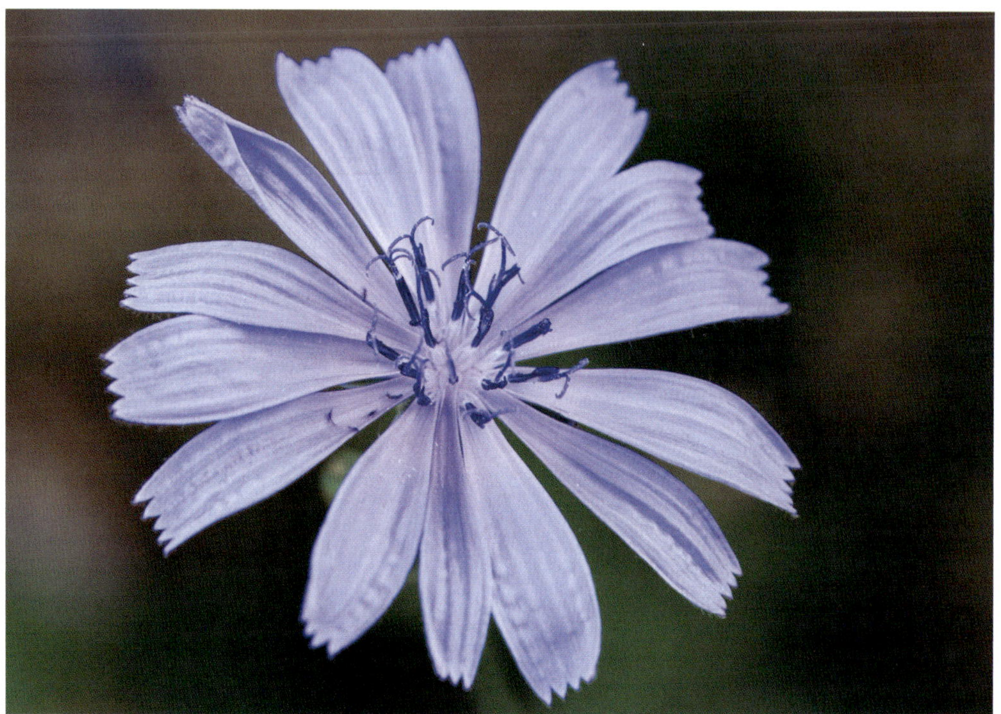

Oben und unten: Die Blüten von Wegwarte (oben) und Schwertlilie (unten) zeichnen sich durch ruhige kalte Farben aus.

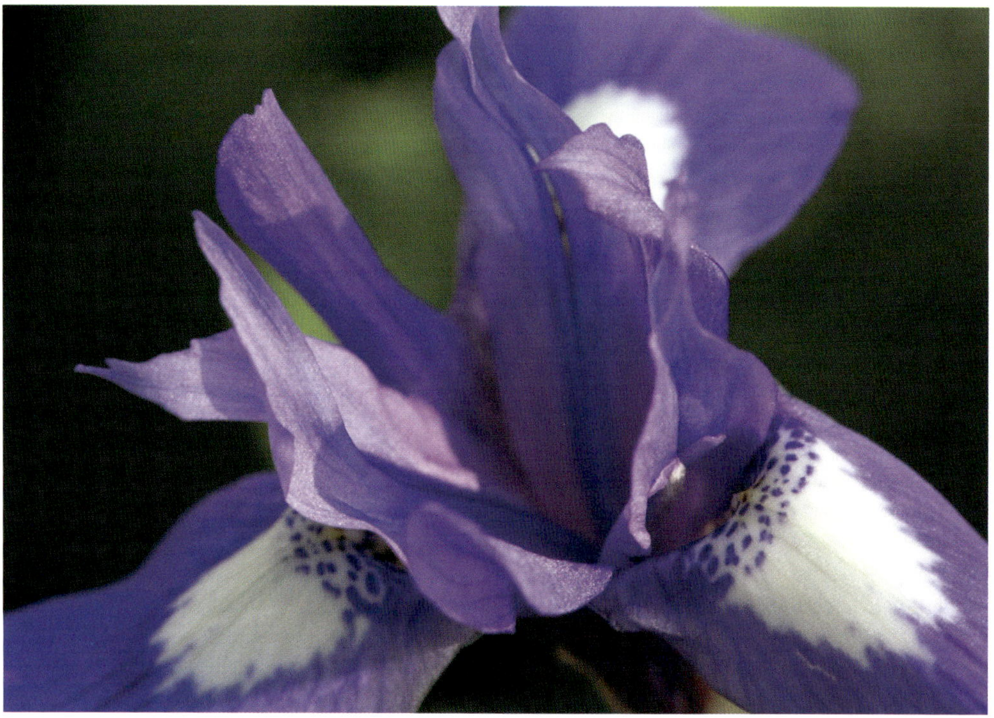

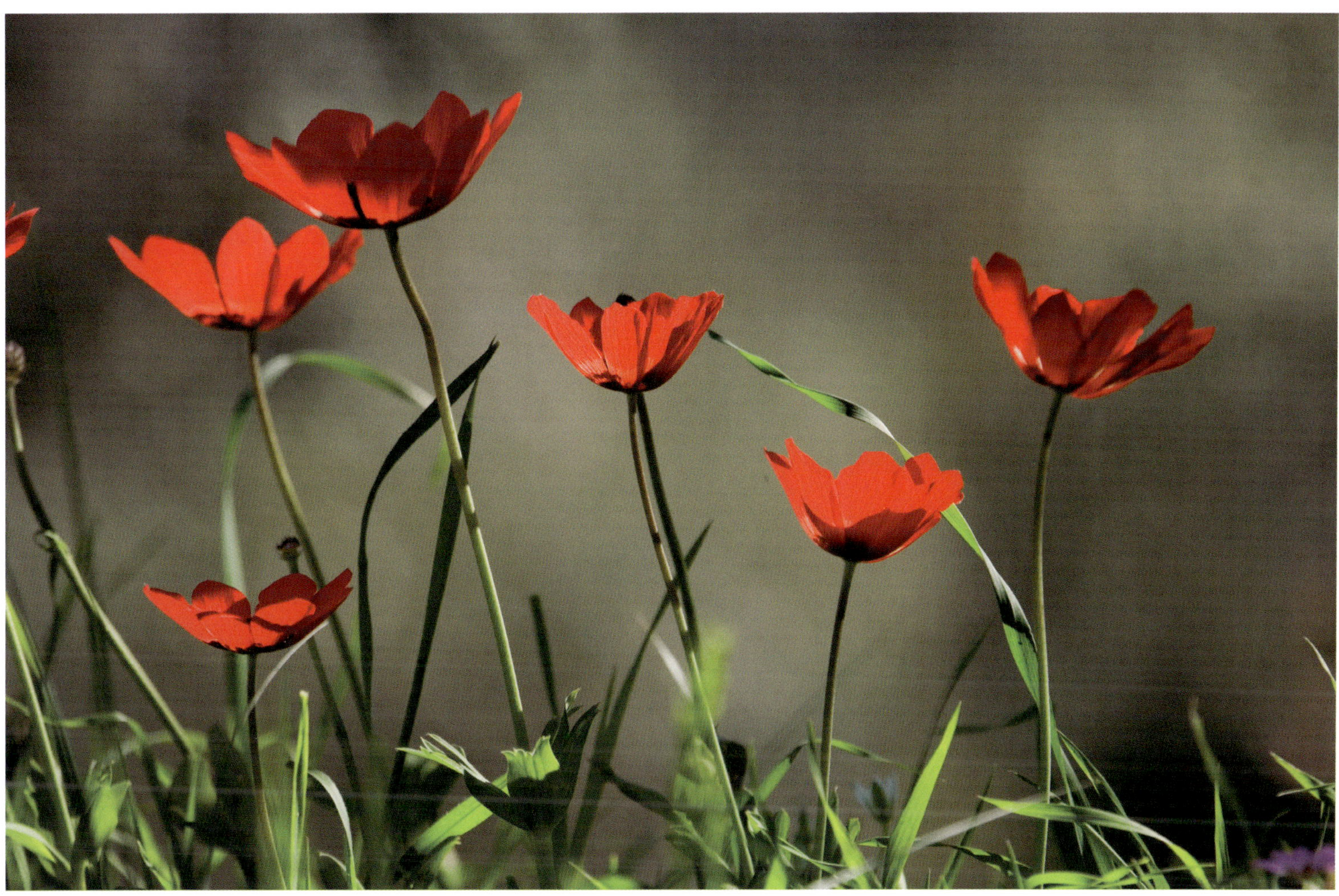

Oben: Das strahlende Rot der Anemonen steht in einem klaren Gegensatz zum intensiven Grün des Grases und zum gedämpften Grün des Bildhintergrunds. Das Nebeneinander der Komplementärfarben erzeugt ein Bild von angenehmer Wirkung.

platziert. Dazwischen befinden sich die Sekundärfarben, die durch das Mischen der beiden angrenzenden Primärfarben entstehen. Als Sekundärfarben bezeichnen wir Grün, Orange und Violett.

Komplementärfarben

Farben, die sich auf dem Farbkreis gegenüberliegen, werden als Komplementärfarben bezeichnet: Diese Paare sind Rot / Grün, Orange / Blau und Gelb / Violett. Wenn man sie kombiniert, ergibt sich ein ungewöhnlicher optischer Effekt, sie scheinen aufgrund von Eigenarten des physiologischen Sehprozesses als Farben mit stärkerer Schwingung empfunden zu werden.

Wenn wir eine Zeitlang auf ein Objekt mit intensiver Farbe starren und danach auf ein weißes Blatt Papier, neigen wir dazu, diesen Gegenstand unscharf und in seiner Komplementärfarbe zu sehen. Wenn wir ein Bild mit Komplementärfarben betrachten und uns eine Weile auf eine der Farben konzentrieren, erhöht sich dadurch auch die Wahrnehmung der anderen. Wenn wir unsere Aufmerksamkeit dann der anderen zuwenden, wird deren Wirkung verstärkt. Fotos mit dieser Farbkombination scheinen in der Tat oft etwas Besonderes zu haben. Vielleicht liegt es daran, dass der Kontrast von kalten und warmen Farben in einer Szene das Gleichgewicht herzustellen vermag, welches das Auge sucht.

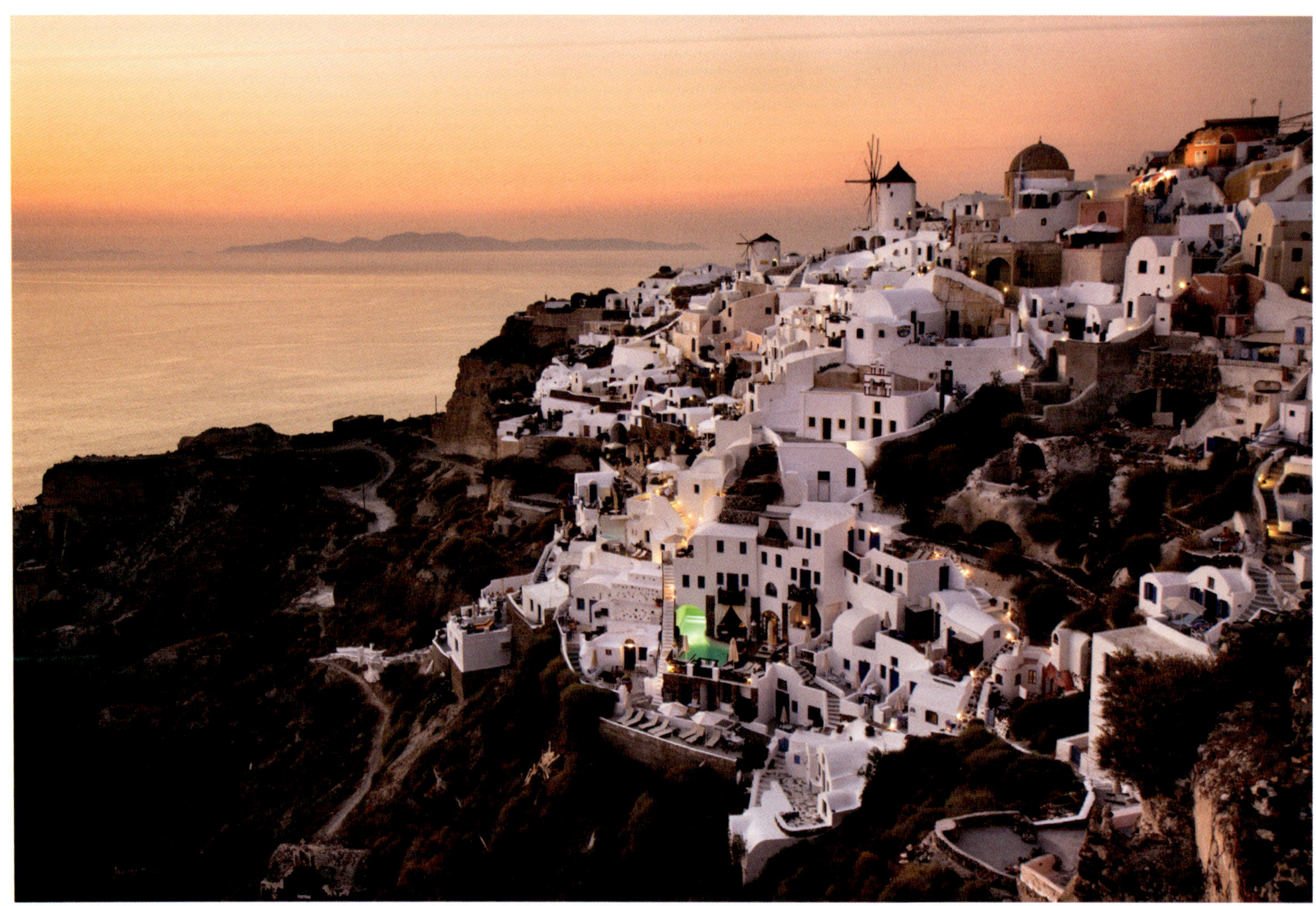

Farbharmonien

Farbharmonien entstehen, wenn Farben auf dem Farbkreis nahe beieinander liegen. Die Harmonie rührt von ihrer Ähnlichkeit her. Wenn sie zusammen verwendet werden, haben sie eine weniger aktivierende Wirkung als Komplementärfarben. Farbharmonien haben einen ganz eigenen Reiz, und man mag sie auch längere Zeit anschauen – man kann sie also getrost zu Hause an die Wand hängen. Gelb, Grün und Blau können gut zusammenpassen, oder auch Rosa, Orange und Gelb. Das Konzept der sogenannten Herbstfarben fällt ebenfalls in die Kategorie der Farbharmonien.

Gedämpfte Farben

Zu den gedämpften Versionen der Primär- und Sekundärfarben gehören die Pastelltöne. Sie wecken angenehme Gefühle und sind in ihrer Wirkung dezent. Viele mögen solche Bilder in der Wohnung. Ein Landschaftsfotograf, der seine Werke auf Kunstmessen an die Öffentlichkeit verkaufen will, kann davon profitieren, wenn er dies beim Anfertigen und Bearbeiten seiner Fotos berücksichtigt.

Oben: Nach dem Sonnenuntergang sind die Farben gedämpfter, und Santorini erscheint in ansprechenden Pastelltönen.

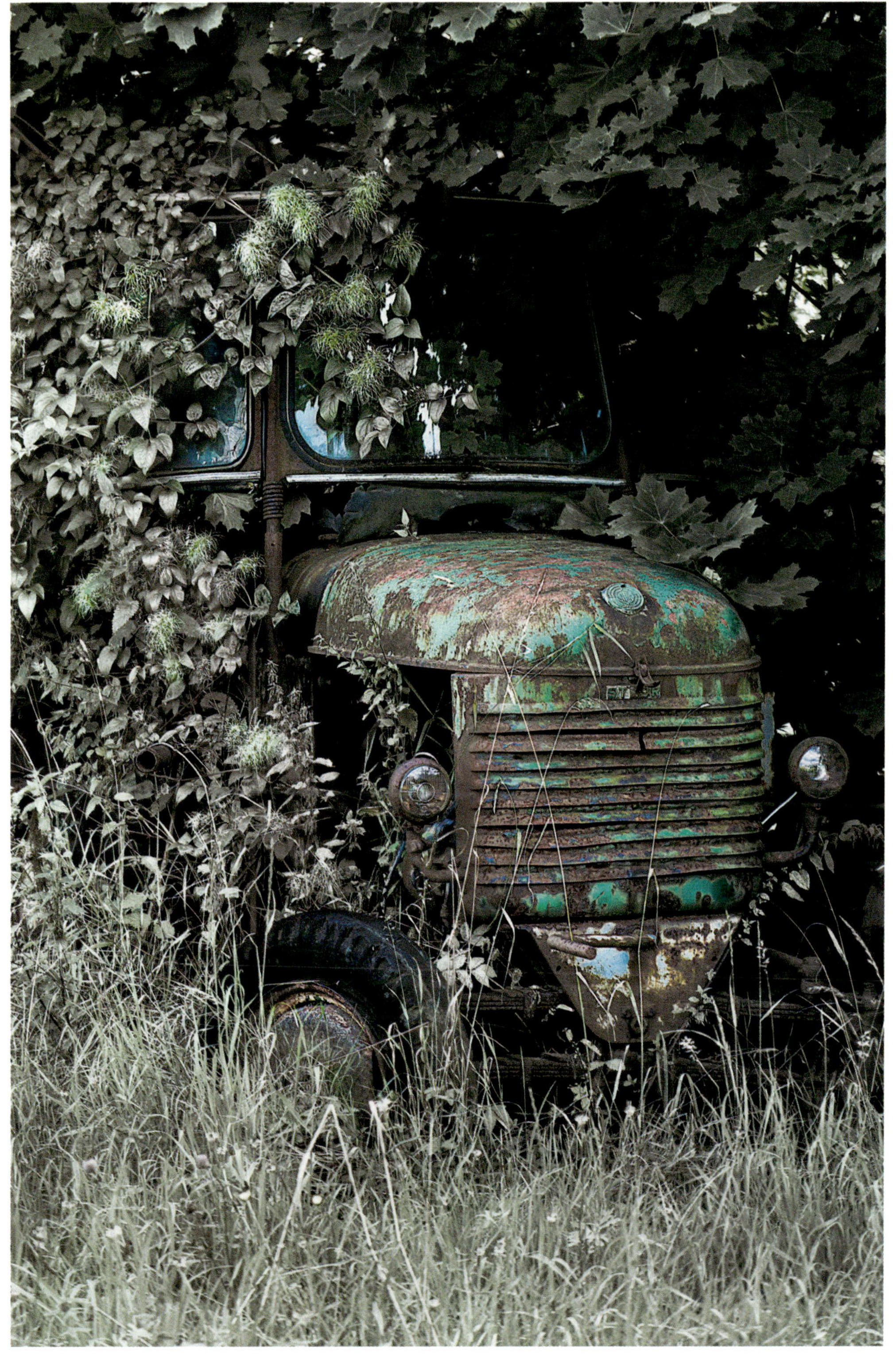

GOETHES FARBENLEHRE

Verschiedene Farben haben unterschiedliche Helligkeitswerte. Johann Wolfgang von Goethe ordnete jeder Farbe eine Zahl zu, um diesen Unterschied deutlich zu machen: Gelb ist eine Neun, Orange eine Acht, Rot und Grün eine Sechs, Blau eine Vier und Violett eine Drei. Wenn man Farben kombiniert, kann man sie entsprechend diesen Werten ausgleichen, um ein angenehmes Ergebnis zu erzielen. Die klassische Farbenlehre legt nahe, die Farben so zu kombinieren, dass man Prozentanteile der Bildfläche im umgekehrten Verhältnis zu ihrer relativen Helligkeit ausfüllt. Wenn man zum Beispiel Rot (laut Goethe eine Sechs) und Grün (ebenfalls Sechs) kombiniert, kann jede der Farben jeweils die Hälfte der Bildfläche einnehmen, damit Ausgewogenheit hergestellt wird. Gelb (Neun) und Violett (Drei) hingegen würde man im Verhältnis 1:3 verwenden (Violett überwiegt), um Balance herzustellen. Wenn Sie über die Proportionen der unterschiedlichen Farben nachdenken, mit denen Sie ihr Bild zusammenstellen wollen, lohnt es sich, auch daran zu denken.

Die digitale Fotografie bietet uns viele Möglichkeiten, die Farbigkeit unserer Bilder zu steuern. Das kann der Deutlichkeit der Bildaussage zugute kommen. Wollen wir uns anpassen oder wollen wir herausfordernd sein? Wollen wir Harmonie oder mehr aktive Energie? Wollen wir eine bestimmte emotionale Reaktion beim Betrachter provozieren? Je nach Absicht können wir das Foto anpassen.

Links: Die gedämpften Grün- und Blautöne auf diesem Bild passen gut zu diesem rostigen alten Traktor, der allmählich von der Natur überwuchert wird. Foto von Mark Shuttleworth.

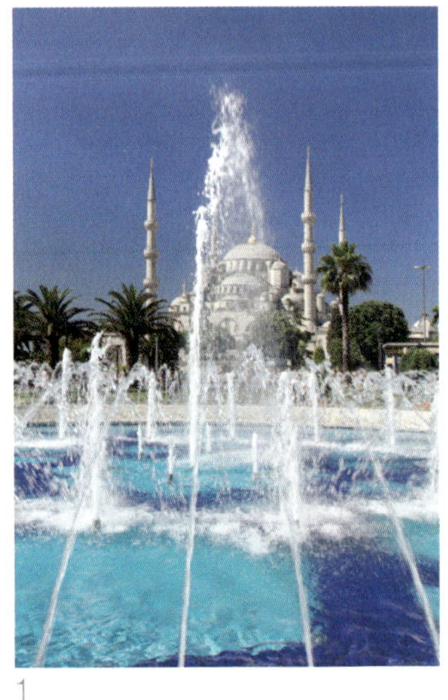

1

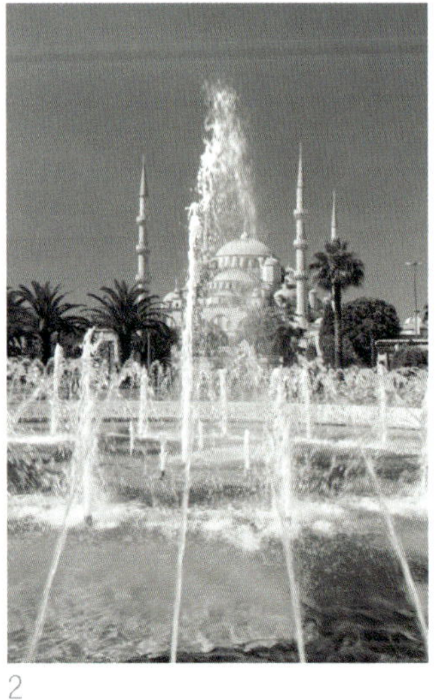

2

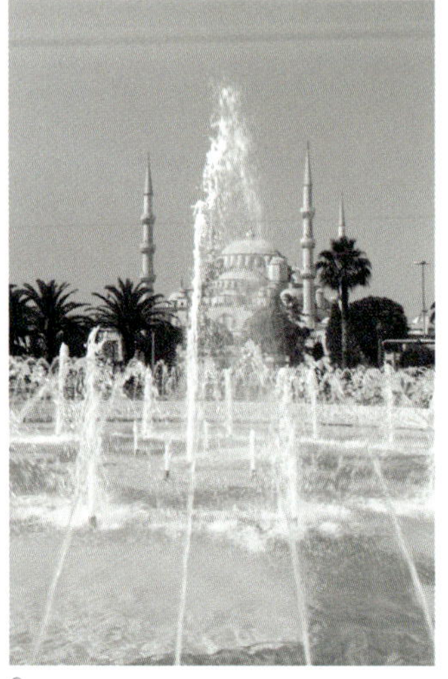

3

4

5

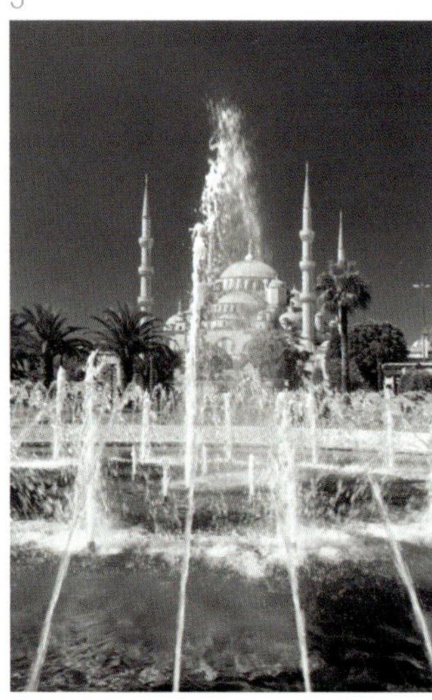

6

Links: Diese Bildserie von der Sultan-Ahmad-Moschee in Istanbul illustriert, wie man durch Farbfilter über Schwarz-Weiß-Fotografien die Wirkung einer Komposition beeinflussen kann.

1. Das Original wurde mit einem Polfilter geknipst, der den Himmel bereits verdunkelt hat, damit sich die Minarette und Wassertropfen besser davon abheben. Auch das Glitzern des Wassers wurde dadurch gedämpft. Gleichzeitig verstärkt der Filter die Blautöne des Brunnens.

2. Das zweite Foto ist einfach eine Schwarz-Weiß-Version des ersten.

3. Das dritte Bild hat einen Blaufilter, der in der Nik-Software Silver Efex Pro hinzugefügt wurde.

4. Das vierte Foto hat einen Grünfilter.

5. Auf dem fünften Foto wurde ein Gelbfilter hinzugefügt.

6. Meine bevorzugte Aufnahme wurde durch einen Rotfilter erreicht. Dieser hat die Blautöne von Himmel und Brunnen verdunkelt, wodurch sich die Wasserfontänen deutlicher abheben. Die Linien, die diese Fontänen bilden, sind sehr wichtig für die Komposition, sie leiten den Blick auf die Moschee. Der Rotfilter ergibt ein besseres Ergebnis als der Gelbfilter, weil durch ihn der Unterschied zwischen den dunklen und hellen Blautönen im Becken abgeschwächt wird, die den Blick von der Moschee ablenken könnten.

Rechts: Manche Motive, wie diese Zebras an der Tränke, sind für eine Schwarz-Weiß-Aufnahme prädestiniert.

Schwarz-Weiß-Fotos

An dieser Stelle der Überlegungen zur Bildkomposition stellt sich die Frage, ob es gute Gründe für Schwarz-Weiß-Aufnahmen gibt. Schwarz-Weiß-Fotografie geht prinzipiell von einer weniger gegenstandsgetreuen Interpretation der Realität aus als Farbfotografie, kann aber durch den bewussten Umgang mit Graustufen mehr Ausdruck erzeugen, wenn es darum geht, Struktur, Umriss und Form hervorzuheben. Wer mit Erfolg Schwarz-Weiß-Bilder produzieren möchte, sollte sich vorstellen können, wie sein Motiv ohne Farbe aussehen wird. Um dies zu können, bedarf es der Erfahrung.

Besonders wichtig für eine ausgewogene, wirkungsvolle Komposition ist dabei die Bandbreite an Schattierungen, die in einer Szene vorkommen, und die Balance zwischen diesen. Hierzu ein Beispiel: In ihrer Form ähnliche Elemente scheinen keinen Bezug zueinander zu haben, weil sich ihre Farben radikal unterscheiden. Wenn das Bild jedoch in Schwarz-Weiß umgewandelt wird, erscheinen diese Elemente in einem ähnlichen Grauwert. Da sich die besagten Elemente in ihrer Form ergänzen, kann es sein, dass sie in unserer Wahrnehmung sogar zu einer Gruppe zusammengefügt werden. Umgekehrt ist es aber auch möglich, dass ähnliche Farben nach der Konvertierung in Schwarz-Weiß als sehr unterschiedliche Grauwerte dargestellt werden.

Bei der Schwarz-Weiß-Fotografie ist es wichtig, auf Elemente mit gleichem Tonwert zu achten, damit diese, weil sie nach der Umwandlung eine ähnliche Graustufe aufweisen, nicht auf eine Art und Weise miteinander verschmelzen, die sich nachteilig auf unsere Komposition auswirkt. Wenn man das Ganze in Farbe betrachtet, kann eine solche Ähnlichkeit leicht übersehen werden.

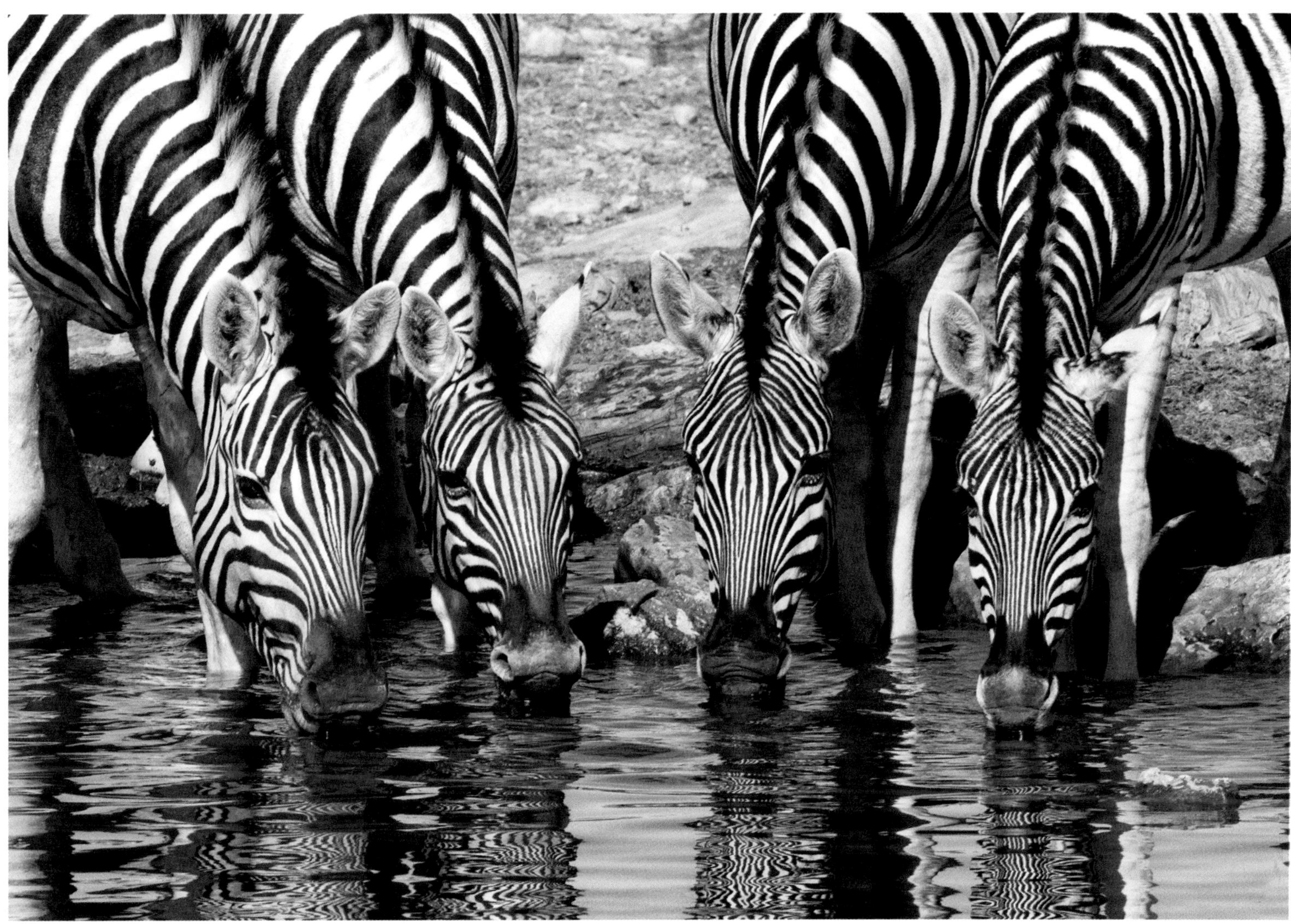

Wie bereits festgestellt, können Farbfilter in der Schwarz-Weiß-Fotografie wirkungsvolle Hilfsmittel sein, und Erfahrung bei ihrer Verwendung ermöglicht genauere Voraussagen im Hinblick auf das Resultat. Wer Software zur digitalen Nachbearbeitung verwendet, hat inzwischen viele Möglichkeiten, Farbe in Schwarz-Weiß-Fotos einzubringen und Filtereffekte zu simulieren.

Abwedeln & Nachbelichten

Werden die Farben aus einem Bild entfernt, wird die Aufmerksamkeit stärker auf Formen, Linien und Muster abgelenkt. Daher kann es umso wichtiger sein, dass diese bewusst eingesetzt werden, damit das Bild Erfolg hat. Abwedeln und Nachbelichten sind Techniken, um Kontraste zu verstärken, Bildelemente hervorzuheben und Tonwerte auszubalancieren. In der Schwarz-Weiß-Fotografie mit ihren Schattierungen kann mit solchen Techniken eine besonders intensive Wirkung erzielt werden.

In der Bildbearbeitung kann in ein Schwarz-Weiß-Foto nachträglich wieder Farbe eingebracht werden. Die Möglichkeiten reichen da von einem sehr subtilen Einsatz bis zu regelrechten Farbexplosionen im Bild. Eine Betonung von Bildelementen ist beispielsweise durch die Übertragung der Farbe aus der Originaldatei möglich. Dies alles sind nützliche Stilmittel, mit denen Sie Ihre Botschaft verdeutlichen oder eine besondere Stimmung schaffen können. Ob und wann Sie sie anwenden, hängt von Ihren Zielen ab.

Kapitel 5

Die Theorie anwenden

Das war jede Menge Theorie, und wahrscheinlich fragen Sie sich, was Sie damit in der Praxis anfangen können. Deswegen werde ich in diesem Kapitel zusammenfassen, was bisher behandelt wurde, und einige Ideen und weitere Beispiele hinzufügen, wie Sie die verschiedenen Konzepte praktisch umsetzen können. Dann folgen eine Checkliste und einfache Richtlinien, die Ihnen hoffentlich eine Hilfe sind. Bevor es losgeht, kehren wir jedoch zur Frage der Intention zurück, welche die treibende Kraft hinter jeder Fotografie ist.

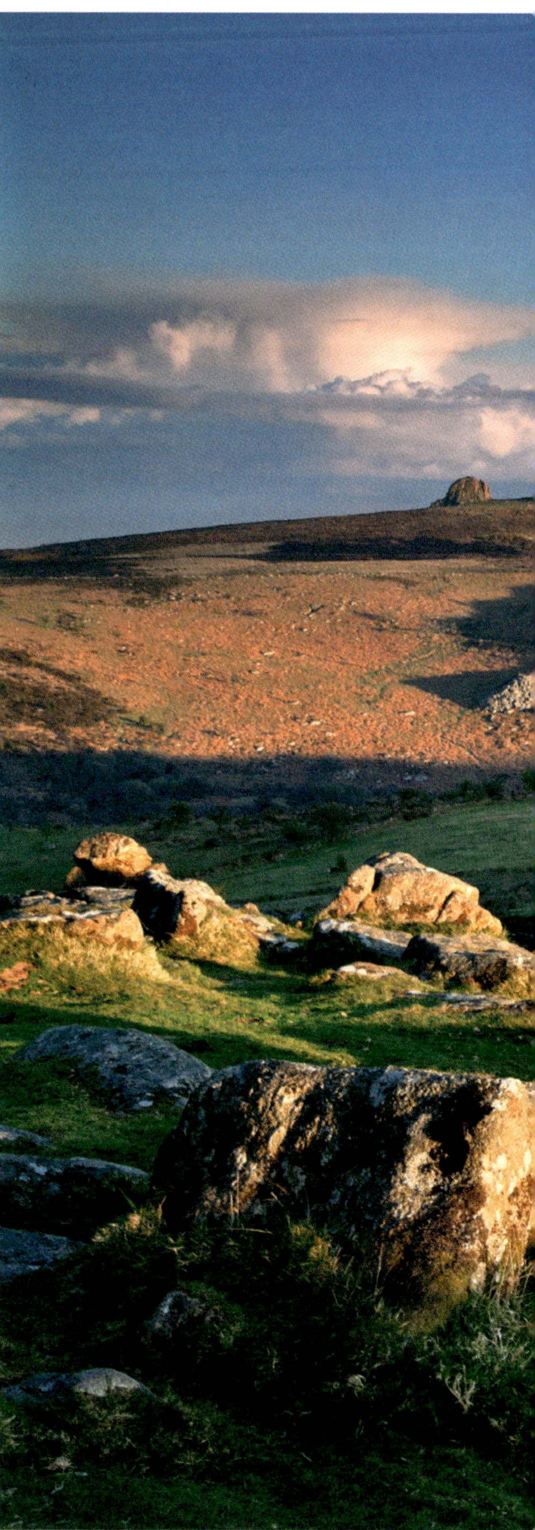

Rechts: Ein wichtiges Element dieser Aufnahme ist die Wolkenformation in der Ferne. Sie ahmt in vielerlei Hinsicht die Form der übereinander getürmten, abgeflachten Granitfelsen nach. So entsteht ein subtiler Bezug.

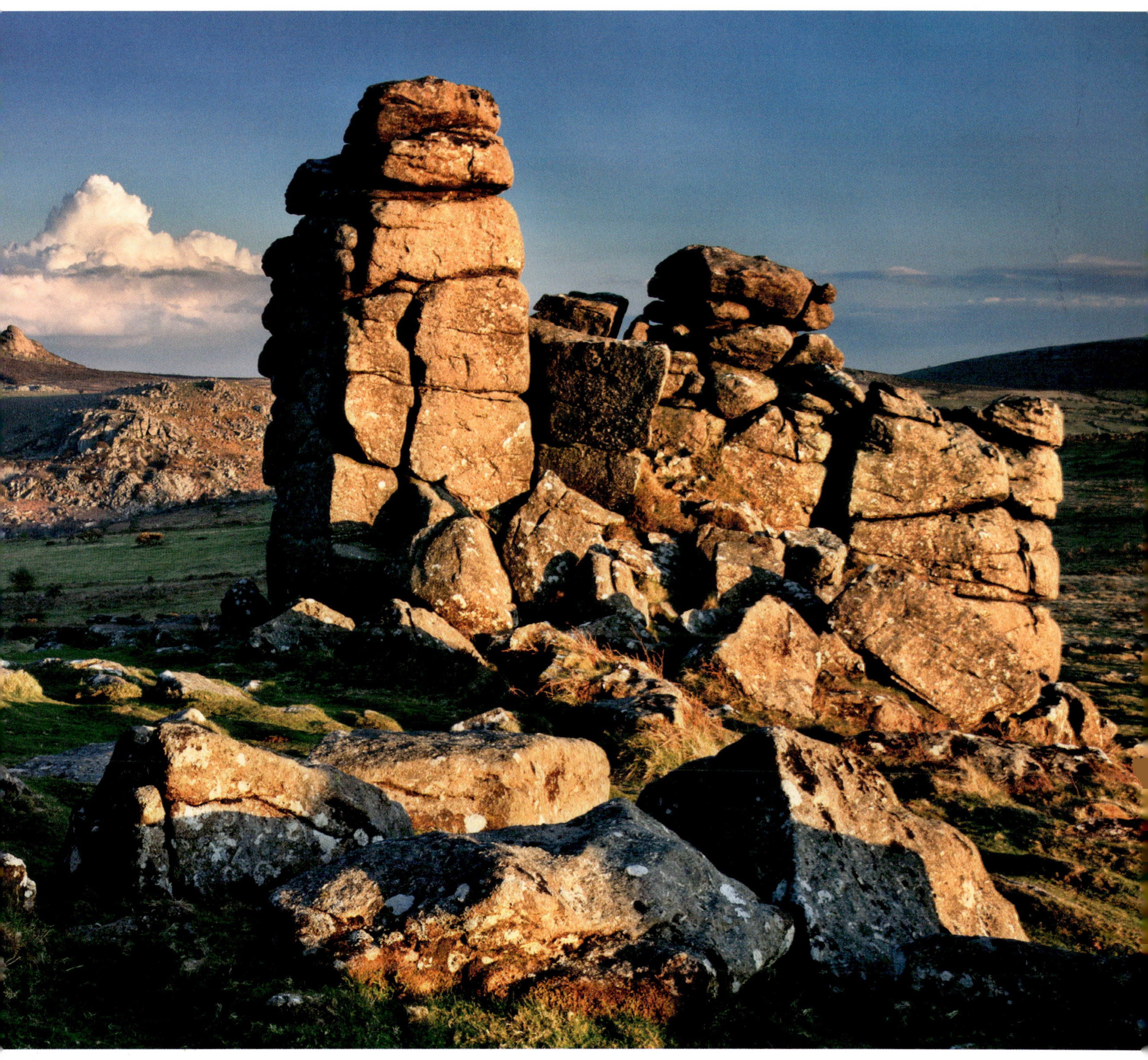

Intention & Denkweise

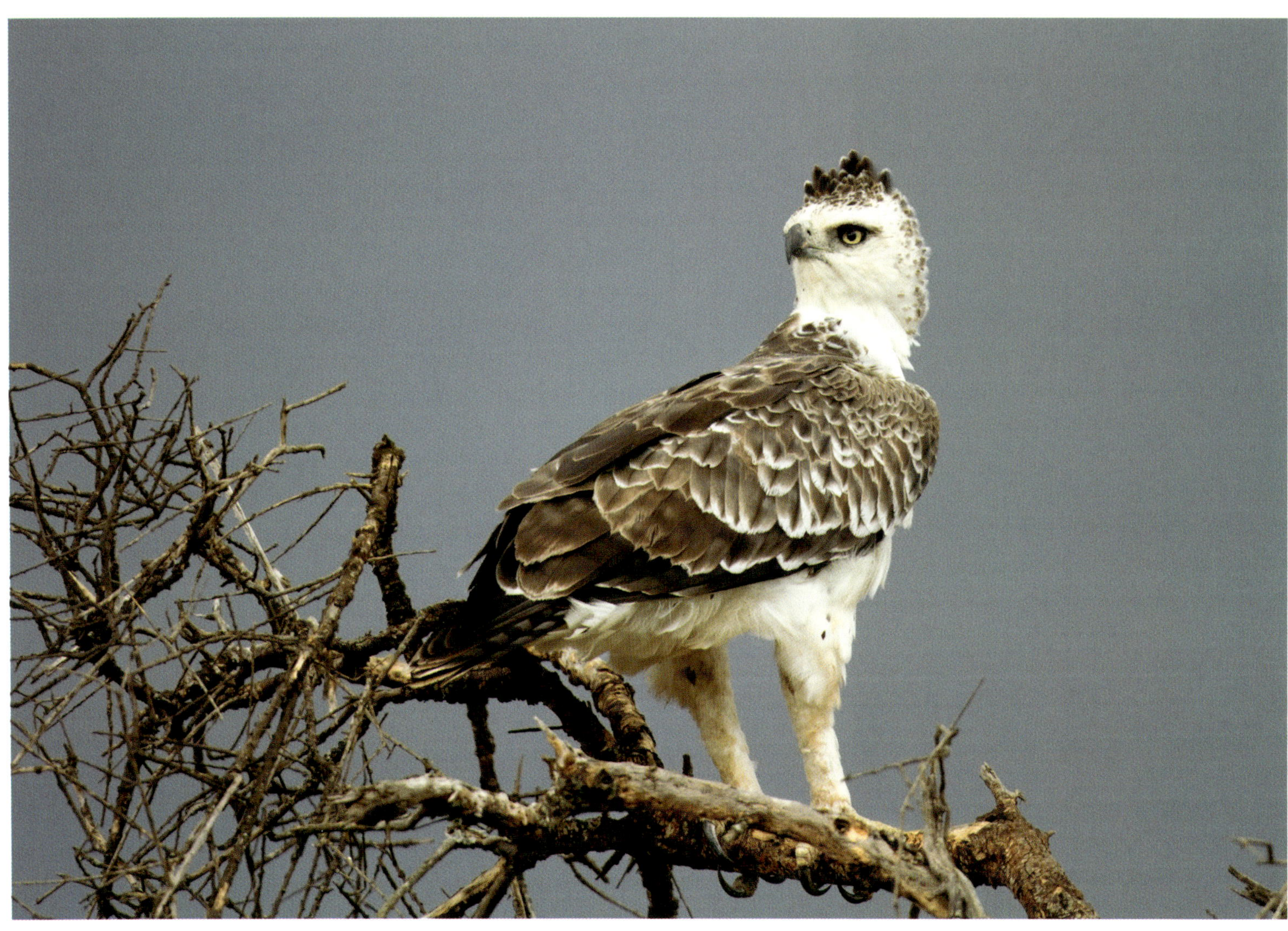

Zunächst möchte ich betonen, wie wichtig es ist, sich zurückzulehnen und darüber nachzudenken, was wir selbst mit unserer Fotografie erreichen wollen. Erst wenn wir das wirklich verstanden haben, können wir die Kompositionswerkzeuge, die uns zur Verfügung stehen, bewusst und zielgerichtet einsetzen. Wenn wir Fotos schießen wollen, die einfach nur schön sein sollen, dann muss sich ihre Komposition auch durch ein gutes visuelles Design und durch Ausgewogenheit auszeichnen. Man könnte sich aber auch vornehmen, den Betrachter durch die Komposition von Fotos mehr zu fordern. Das gelingt, indem man Elemente absichtlich so platziert, dass die Komposition Gestaltungsregeln, wie die Zwei-Drittel-Regel oder den Goldenen Schnitt, bewusst missachtet.

Links: Dieses Foto eines mächtigen Adlers ist regelkonform. Kopf und Hals des Adlers sind gemäß der Zwei-Drittel-Regel positioniert. Die Linie durch Hals und rechtes Bein entspricht mehr oder weniger der Linie, die durch die überlappenden Quadrate – Rabatment – des Bildrechtecks entsteht. Dem Blick des Adlers wird Raum gewährt, und das Bild ist in Bezug auf visuelles Gewicht ausgewogen.

Hierzu sollten wir uns selbst einige Fragen stellen. Wollen wir unsere Bilder verkaufen? Wenn ja, wie? Ist unsere Fotografie nur ein Hobby und wenn ja, was wollen wir damit erreichen? Wollen wir, dass andere unsere Fotos sehen? Wenn wir das Fotografieren nicht gerade losgelöst von Ergebnissen und als Form von Meditation betreiben wollen, hoffen wir höchstwahrscheinlich, dass außer uns noch andere unsere Bilder sehen.

Wenn ja, wie setzt sich das Publikum zusammen, das wir vor Augen haben, und welche Reaktion wollen wir bei ihm hervorrufen?

Nehmen Sie sich Zeit, über Ihre Absichten bezüglich der Botschaft, die Sie vermitteln wollen, nachzudenken, und zwar sowohl in Bezug auf Ihre fotografische Reise im Allgemeinen als auch auf jedes einzelne Foto. Normalerweise hängt die beabsichtigte Botschaft teilweise von den Motiven ab, die sich uns bieten, aber sie kann auch die Triebfeder hinter dem sein, wonach wir suchen, um es zu fotografieren.

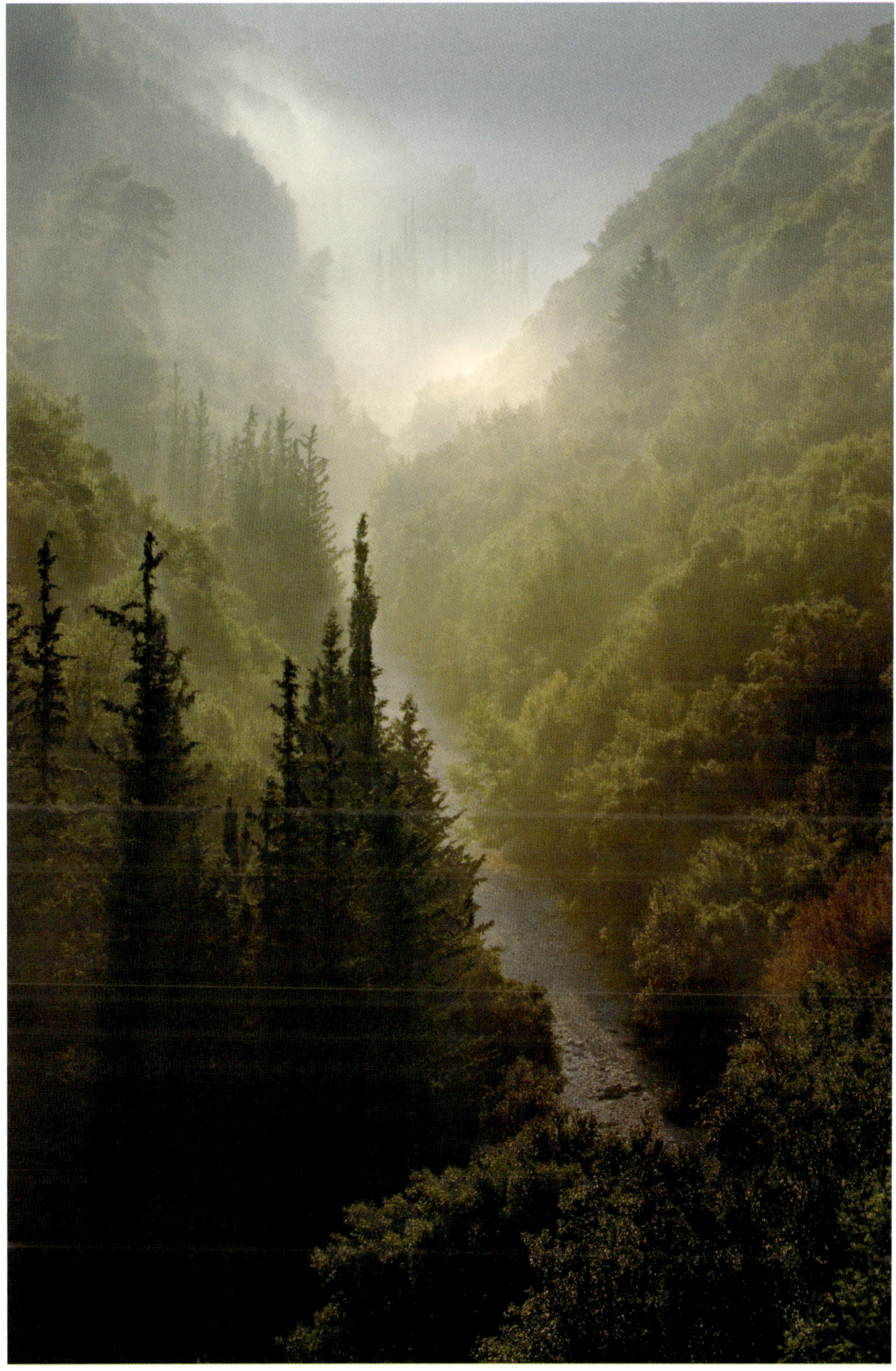

Rechts: Ein schlichtes Landschaftsfoto mit angenehmer Atmosphäre. Die beiden Seiten der Schlucht sind ausbalanciert und die diagonale Linie des Flussbetts lenkt den Blick von der dunkleren in eine hellere, entferntere Zone des Bildes.

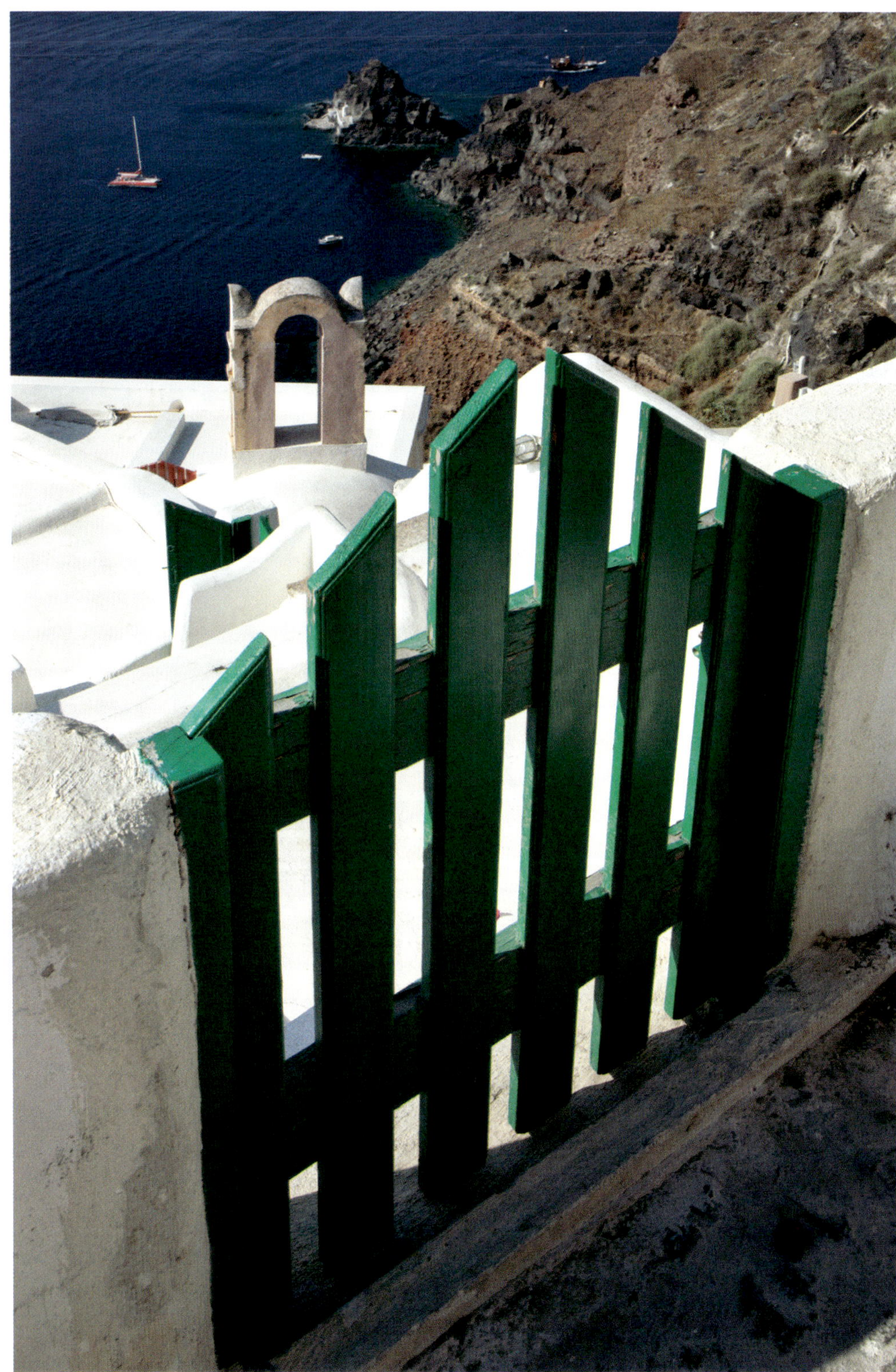

Links: Abgesehen von der Positionierung des Glockenturms entspricht kaum etwas auf diesem Bild den Regeln guter Komposition. Das Tor bildet ein Hindernis, das jedoch nicht ausreicht, um den Blick am Betreten der Szene zu hindern. Vielleicht funktioniert es für mich als Fotografen genau deshalb trotzdem: Ich wollte durch das Foto die dekorative Eigenschaft des Tores darstellen und außerdem zeigen, dass es trotz seiner geringen Größe eine Barriere ist.

Kreativität entwickeln

Für die meisten von uns hat Fotografie viele Facetten, und das ist wahrscheinlich gut so. Selbst ein professioneller Fotograf tut gut daran, sich trotz des Strebens nach verkäuflichen Bildern ein wenig Zeit zu lassen, um beim Fotografieren mehr Kreativität zu entwickeln. Experimentieren, ohne sich darum zu sorgen, ob das Bild den kommerziellen Rahmenbedingungen entspricht, und – was vielleicht noch wichtiger ist – ein wenig Spaß haben: Beides ist unerlässlich für langfristigen Erfolg und die kontinuierliche Weiterentwicklung als Fotograf. Wenn uns unsere Tätigkeit keine Freude bereitet und wir keine Leidenschaft dafür empfinden, schlägt sich dies auch in unseren Bilder nieder.

Was in uns vorgeht, kommt – ob uns das gefällt oder nicht – auf irgendeine Weise auf unseren Fotos zum Ausdruck. Wenn wir akzeptieren, dass großartige Fotos in der Regel eine emotionale Reaktion beim Betrachter auslösen, können wir mit Gewissheit davon ausgehen, dass es zuträglich ist, wenn der Fotograf ebenfalls emotional auf irgendeine Weise mit dem Motiv und der Situation, in der es vorgefunden wird, verbunden ist. Der emotionale Aspekt unserer selbst, den wir auf unseren Fotos ausdrücken, manifestiert sich umso mehr, wenn wir aus Leidenschaft und nicht aus Pflicht fotografieren. Daher werden unsere besten Werke wahrscheinlich dann entstehen, wenn wir unserer Vision treu bleiben.

Das Genre wechseln

Sich in anderen Genres der Fotografie zu versuchen, kann sich von Zeit zu Zeit als nützliches Lernwerkzeug erweisen und dazu dienen, unsere Fähigkeiten in unseren normalen Interessensfeldern zu verbessern. Wer zum Beispiel Reportage- oder Straßenfotografie betreibt, wird behaupten, dass seine Fotografie besonders spontan ist. Hier ist das richtige Vorgefühl in der Tat besonders wichtig, da die Fotos innerhalb von Sekundenbruchteilen gemacht werden müssen. Wenn sich diese Fotografen mit Landschaftsfotografie, Architekturfotografie oder Stillleben beschäftigen, also mit Genres, die viel mehr gestalterische Möglichkeiten bieten, können sie Fähigkeiten entwickeln, die sie – wenn sie genügend verinnerlicht wurden – ganz automatisch und intuitiv bei den schnell geschossenen Fotos ihrer Hauptarbeit einsetzen können.

„Sichtweise“ und „Stil“ sind Begriffe, die in der Fotografie und allgemein in der Kunst häufig verwendet werden. Die Sichtweise umfasst in diesem Zusammenhang mehr als die Wahrnehmung der physischen Welt. Es geht dabei auch um die Erweiterung unserer Sicht durch die Fantasie bis ins Visionäre. Die Sichtweise umfasst unser Vermögen, uns das fertige Bild vorzustellen, um es dann dank unserer Fähigkeiten zu realisieren. Diese Vorstellungskraft ist daher ein integraler Bestandteil des Prozesses der Bildentstehung. Es ist wichtig, dass wir uns im Voraus ein Bild vergegenwärtigen, das ein wahrhaftiger und ehrlicher Ausdruck der Wirkung ist, die das Motiv auf uns selbst hat, und dass wir uns außerdem bemühen, genau das zum Ausdruck zu bringen, was wir in unserem tiefsten Inneren selbst wollen. Damit dies leichter wird, müssen wir präsent sein und uns unserer Umgebung voll und ganz öffnen.

Wenn Sie Naturfotograf sind, kann es hilfreich sein, sich Zeit zu nehmen und wirklich in die natürliche Umgebung einzutauchen, in der Sie sich befinden, bevor Sie überhaupt daran denken, die Kamera aus dem Rucksack zu holen. Wälzen Sie sich auf dem Boden, kriechen Sie auf dem Bauch, atmen Sie ein und genießen Sie die Düfte und Geräusche.

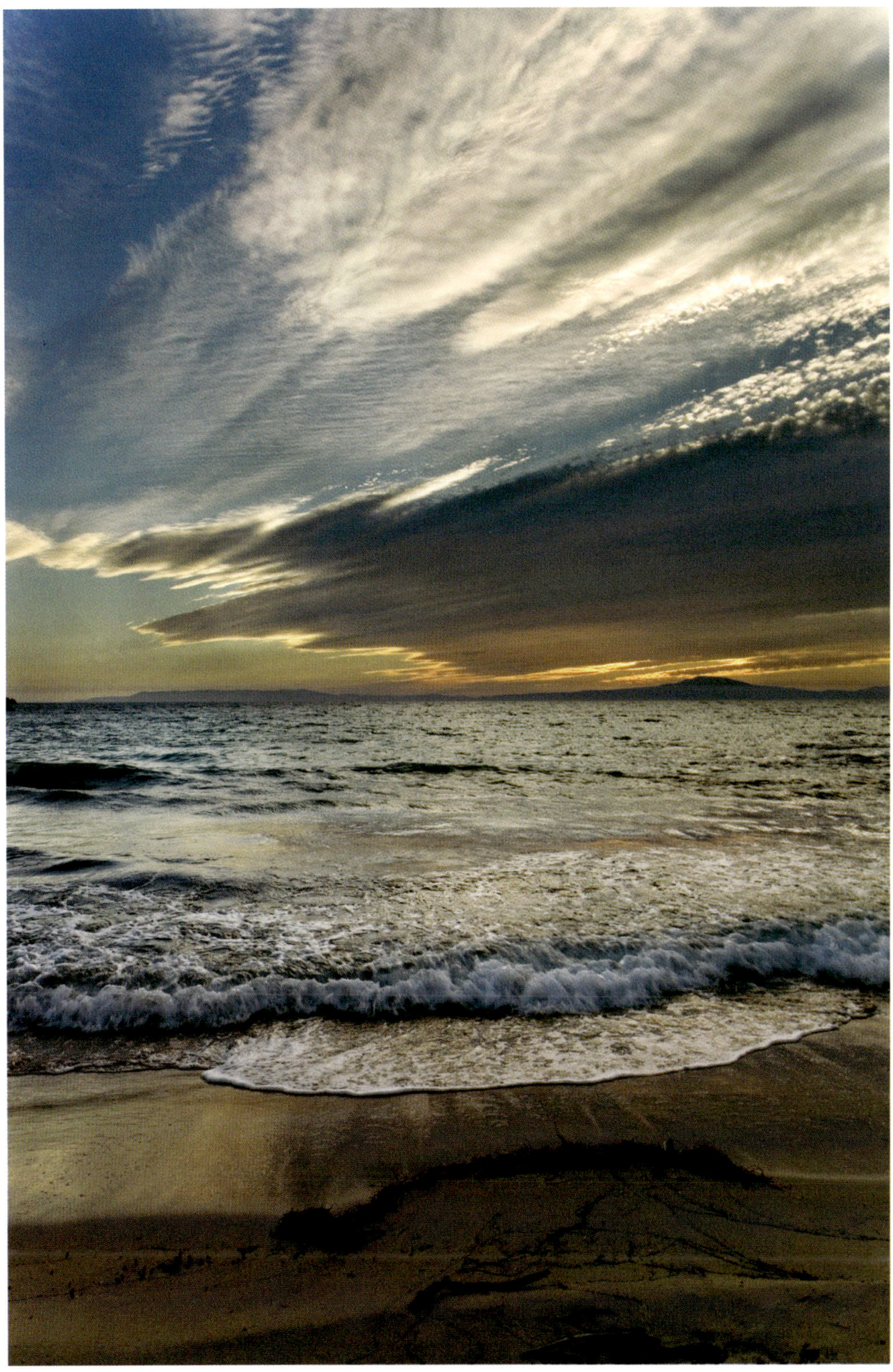

Rechts: Ein weiteres nonkonformistisches Foto: Der Horizont teilt das Bild in der Mitte und die Wolkenstreifen bergen das Risiko, dass der Blick beim Betrachten links aus dem Bild hinausgetragen wird, aber die Bildaussage wird gerade durch Abweichung von der Regel gestützt. Das Wetter und das Meer scheinen aufgewühlt zu sein und sind ein wenig bedrückend – ist dies nur die Ruhe vor einem Sturm?

Beobachten Sie die Aktivitäten der Lebewesen um Sie herum und wie sie ihr Leben führen. Dann wird Ihr Foto eine interessante Aussage haben.

Unsere Sichtweise zeigt sich in einem bestimmten Moment – sie ist dann unsere Vorstellung für ein bestimmtes Foto oder ein bestimmtes Fotoshooting. In längerfristiger Perspektive ist Sichtweise unsere Vision im Allgemeinen. Sie bezieht sich darauf, wohin unsere Fotografie führen soll und welche generelle Aussage wir damit machen wollen. Unsere Sichtweise spiegelt unsere Konditionierung, unsere Wahrnehmungen und unsere emotionalen Reaktionen auf Ereignisse in der Außenwelt, daher ist sie ein Produkt der Interaktion zwischen unserer inneren und der äußeren Welt.

Emotionen vermitteln

Es lohnt sich, innezuhalten und unsere Sichtweise in diesem Licht zu betrachten. Hoffen Sie darauf, durch Ihre Fotografie eine Philosophie oder einen Standpunkt zu vermitteln? Wenn ja, was für ein Gefühl wird bei Ihnen hervorgerufen, wenn Sie über diese Themen nachdenken? Dieses Gefühl wird durch Ihre Bilder transportiert, und das hat nicht unbedingt Vorteile. Vielleicht sind Sie zum Beispiel wütend über politische Ungerechtigkeiten, aber diese Wut auf Ihren journalistischen Fotos zu vermitteln, lädt den Betrachter vielleicht nicht dazu ein, sich umfassender mit den zugrundeliegenden Problemen zu befassen.

Unser persönlicher Stil zeigt sich darin, wie andere die Facetten unserer Arbeit beschreiben, und er gründet auf unserer Vision. Stil und Vision sind nicht festgelegt, sondern entfalten sich und bedingen sich in gewissem Maße gegenseitig. Mit der Zeit entwickeln wir einen einzigartigen Ausdruck, und vielleicht besteht ein großer Teil unseres Reifungsprozesses als Fotografen darin, zu lernen, wie wir uns am wirkungsvollsten ausdrücken. Unsere Vision sollte uns bewusst sein, aber wir sollten uns nicht so sehr auf den Versuch fixieren, „unseren eigenen Stil" selbst zu definieren, denn darin liegt das Risiko, dass wir uns mit unserem Stil identifizieren und dann nicht mehr weiterentwickeln.
Stil sollte sich zu jeder Zeit neu entfalten können.

WAS MICH ANTREIBT:

Wie es vermutlich bei vielen Naturfotografen der Fall ist, hege ich eine tiefe Leidenschaft und Verehrung für die Natur, die von dem Erstaunen herrührt, das ich empfinde, wenn ich mich in sie versenke. Ich respektiere alle natürlichen Prozesse und versuche, die Weisheit und Schönheit in ihnen zu erkennen – auch in denen, die auf den ersten Blick hart und grausam wirken mögen. Was mich besonders betrübt ist, wenn bedrohte Tiere durch Menschen leiden. Wenn ich definieren sollte, was ich sagen will, dann drücke ich das am besten folgendermaßen aus: Ich will anderen die Augen für die Schönheit um uns herum öffnen und die Aufmerksamkeit auf die Misere lenken, in der die Natur vor allem aufgrund unserer menschlichen Exzesse steckt. Außerdem möchte ich andere dazu inspirieren, hinauszugehen und das wunderbare Schauspiel der Natur selbst zu entdecken. So lernen wir, uns nicht als überlegen oder davon getrennt zu betrachten. Auch wenn ich einerseits hoffe, dass meine Fotos die Schönheit und die der Natur innewohnende Gestaltungskraft vermitteln, möchte ich andererseits auch die Trauer zum Ausdruck bringen, die ich über das empfinde, was wir bereits angerichtet haben.

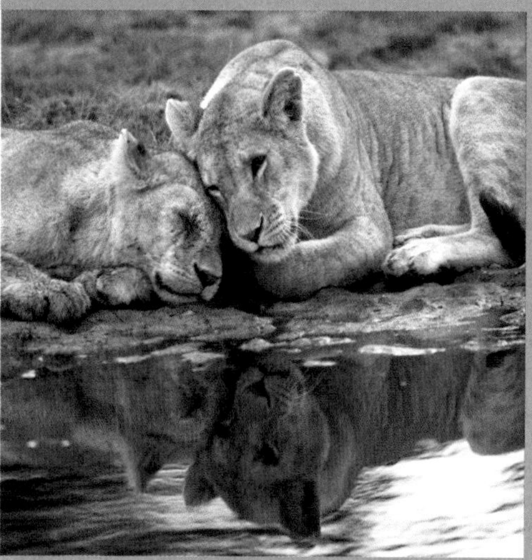

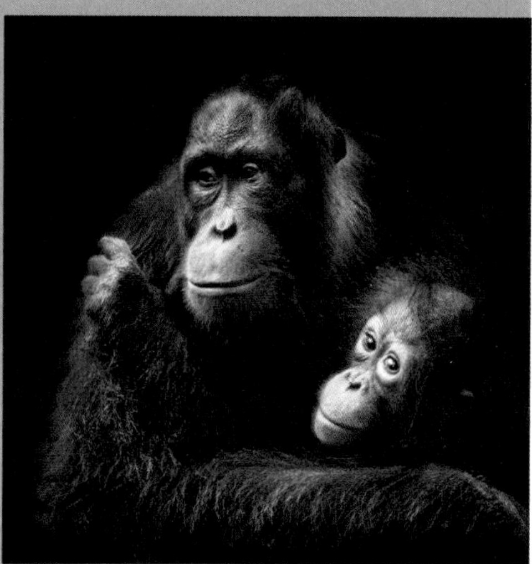

Oben und oben rechts: Zwei berührende Bilder, die auch die Traurigkeit ausdrücken, die ich manchmal fühle.

Ich empfinde es als ziemliches Privileg, ein Tier durch ein langes Objektiv hindurch anstarren zu können. Oft fühle ich mich wirklich als Teil von dem, was da passiert, und verliere mich fast dabei. Dies bündelt meine Aufmerksamkeit und ich vergesse das, was ich als meine Welt ansehe. In gewissem Sinne ist dies eine meditative Erfahrung. Ich fühle mich sehr präsent angesichts dessen, was vor sich geht. Mein Herz schlägt schneller, wenn ich das Gefühl habe, eine Beziehung zu den Tieren wahrzunehmen – ich sehe die Emotionen in den Augen der Tiere und verfolge ihren Austausch und ihre Interaktionen. In gewissem Maße ist dies für mich ein Prozess, der sich selbst verstärkt. Die Welt mit den Augen des Fotografen zu sehen, hilft mir dabei, mir der Schönheit und Harmonie in meiner Umgebung noch weiter bewusst zu werden. Dinge, an denen ich früher vorbeigegangen wäre, fallen mir heute direkt auf und fesseln meine Aufmerksamkeit. Meine Frau zuckt dann immer mit den Schultern und sagt: „Oh … Richard ist wieder ganz in seinem Element."

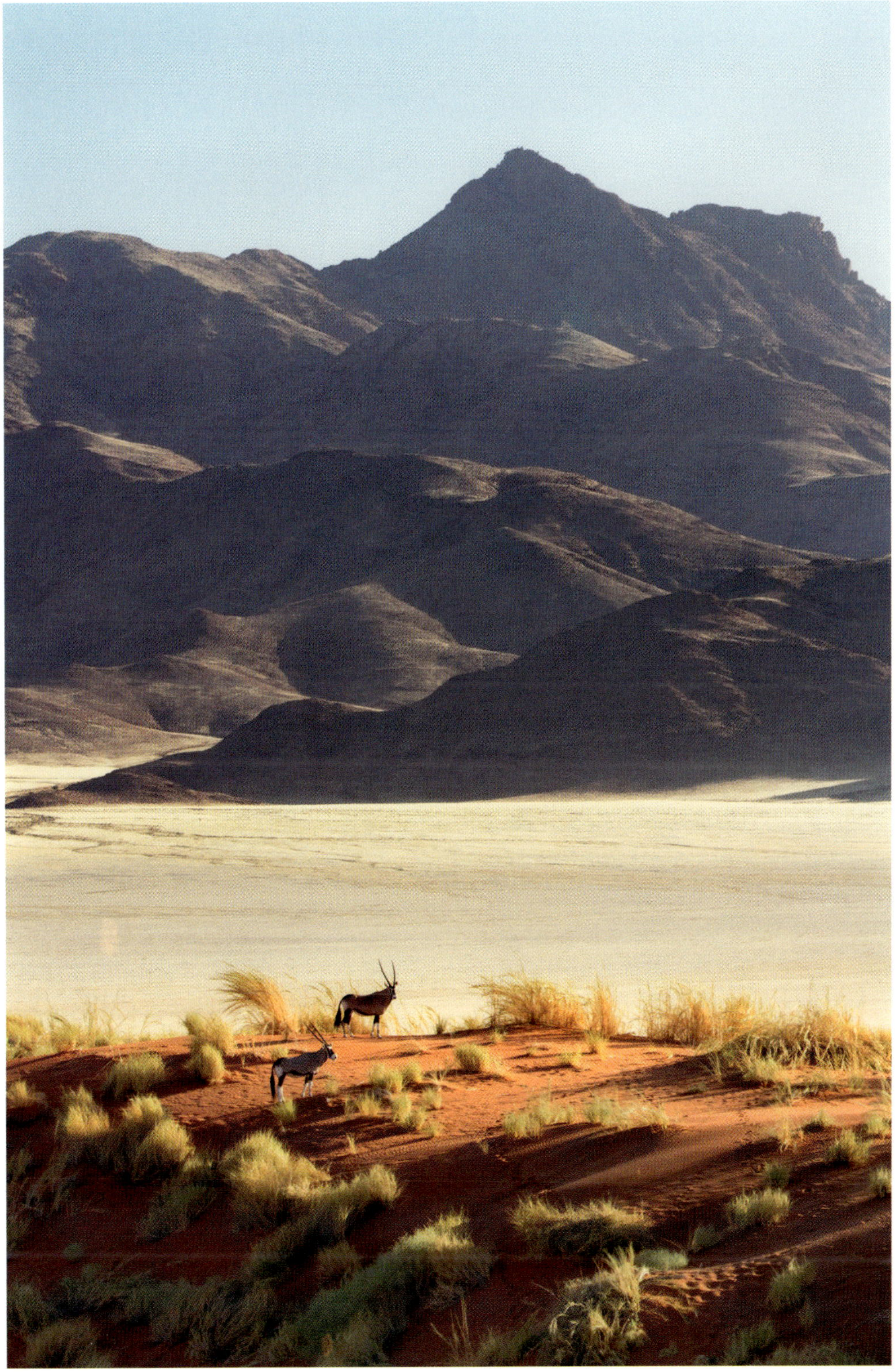

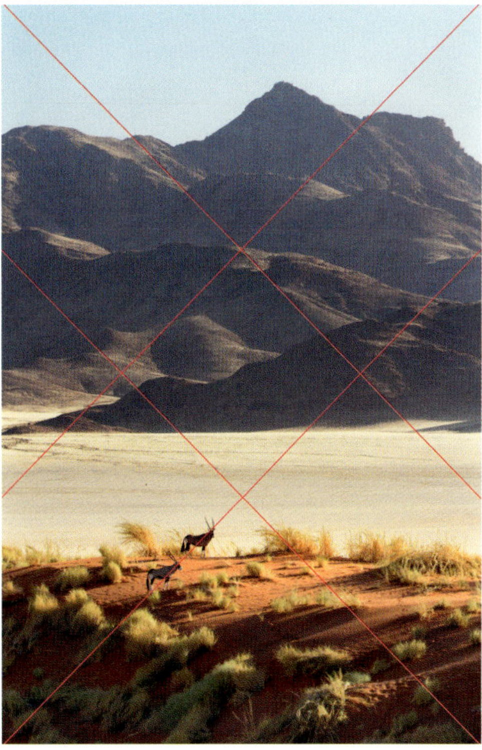

Links und oben: Ein besonderer Moment für mich auf einer meiner Safaris. Ich hatte gehofft, vor dieser dramatischen Szenerie in Namibia einige Fotos von Springböcken schießen zu können, und genau diese Art von Fotos schwebte mir vor. Wir entdeckten diese beiden Exemplare, die Kurs auf die Sanddüne nahmen, und positionierten uns auf einer Linie mit der Richtung, in der sie unterwegs zu sein schienen. Ich stellte meine Kamera mit dem langen Objektiv auf ein Stativ, komponierte die Aufnahme – und hoffte. Glücklicherweise hatten die Tiere mein Drehbuch gelesen und blieben sogar auf dem Dünenkamm stehen, ganz im Sinne meiner Vision! Wie man sehen kann, haben sie sich interessanterweise genau auf einer der Linien positioniert, welche die Diagonalmethode vorgibt.

Falls kommerzielle Überlegungen eine Rolle spielen, muss man sich vielleicht fragen, ob es spezifische Märkte gibt, für die bestimmte Fotos reizvoll sein könnten. Der Markt wandelt und entfaltet sich ständig. Es ist interessant, sich anzusehen, welche Bilder in den Medien zu einer bestimmten Zeit überwiegen und welche Aspekte Bilder beliebt machen.

Ich habe einmal einen interessanten Artikel gelesen, in dem es darum ging, dass unser Interesse

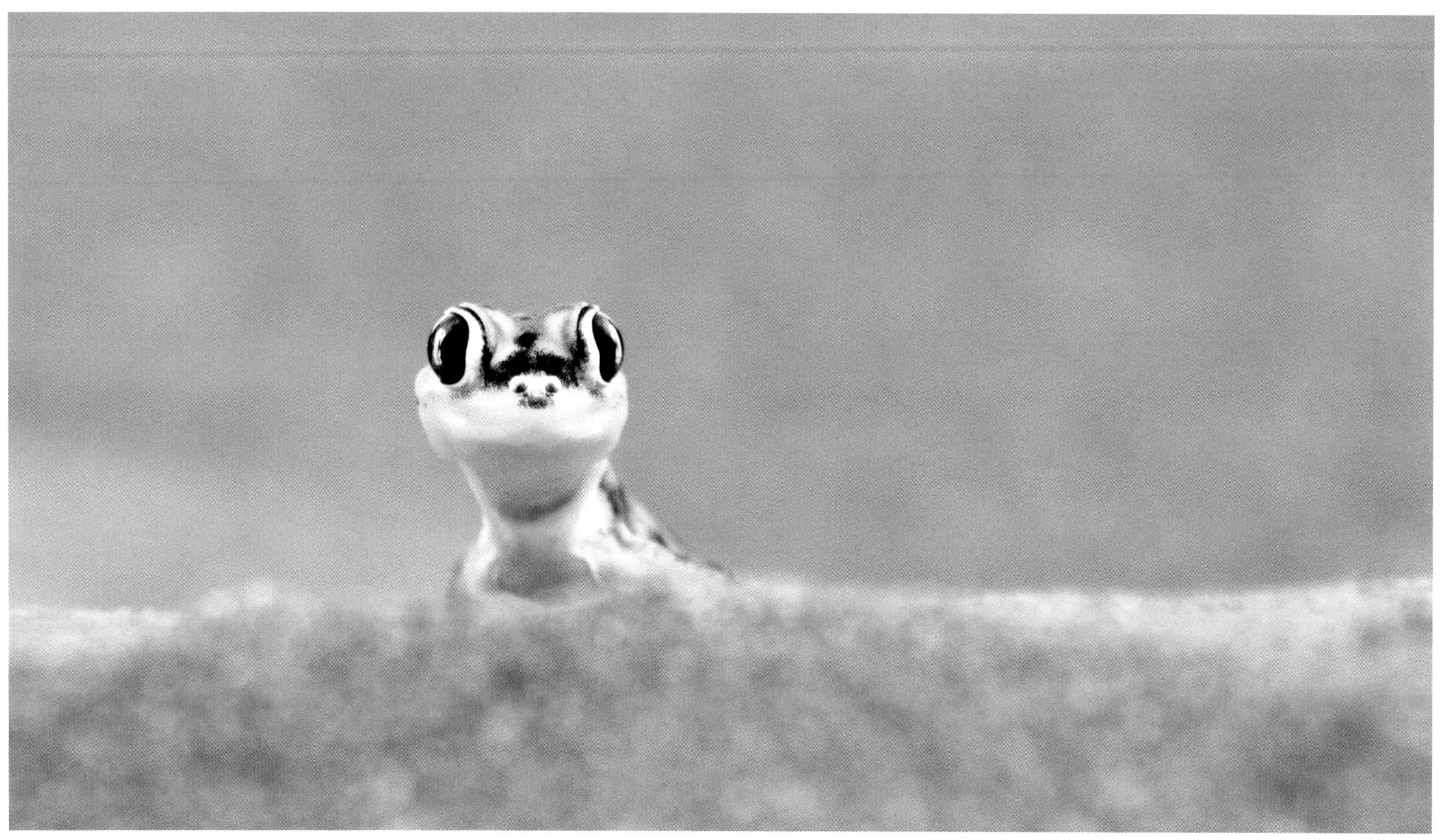

und unsere Aufmerksamkeit offenbar von Extremen angezogen werden, ganz gleich, welcher Art sie sind: Extreme in Bezug auf tatsächlichen Raum oder Licht, Extreme in Spektren oder Dimensionen oder auch ein extremes Alter von Motiven. Nehmen Sie zum Beispiel ein Löwenrudel. Fotos von den größten und kleinsten Löwen – dem dominanten Männchen und den Jungen – erwecken wohl am meisten Interesse. Ähnlich haben Fotos von Menschen den größten Reiz, wenn sie sehr schön oder sehr hässlich sind, wenn es sich um Babys oder alte Menschen handelt. Morgen- und Abenddämmerung sind extreme Lichtverhältnisse und Stürme sind Wetterextreme. Die Grenzen des Raums oder eines Terrains üben vor allem auf Landschaftsfotografen einen besonderen Reiz aus. Sie fotografieren den äußersten Punkt, wo das Meer auf das Land trifft, wo Felsen auf Vegetation treffen, wo die höchsten Berge oder die flachsten Ebenen sind, um nur ein paar Beispiele zu nennen. Die Extreme emotionalen Ausdrucks ergeben wirkungsvolle Fotos, zum Beispiel eine Mutter, die ihrem Neugeborenen in die Augen schaut, Trauernde an einem offenen Sarg oder der Todeskampf eines Gnus, das von einem Rudel Wildhunde gerissen wird. Vor diesem Hintergrund sollten wir darüber nachdenken, wie wir unsere kompositorischen Fähigkeiten dazu einsetzen können, die Merkmale zu betonen, die das Extrem ins Bild bringen.

Ein anderer Ansatz

In dieser von Medien geprägten Ära sehen wir praktisch permanent Fotos. Wenn sich unsere Bilder also von der Menge abheben sollen, müssen sie in irgendeiner Hinsicht einzigartig sein. Folglich stehen Fotografen unter dem starken Druck, dass ihre Fotos originell sein müssen. Aber Achtung:

Oben: Wer auf der Suche nach einem niedlichen Gesicht ist – es gibt kaum ein niedlicheres als das eines Namibgeckos. Das Foto ist aus einem sehr tief gelegenen Blickwinkel aufgenommen, sodass es aussieht, als würde der Gecko über einen Sandhügel blicken. So wird die Aufmerksamkeit auf das Gesicht gelenkt und verleiht diesem einen neugierigen und forschenden Ausdruck.

Wenn der Fotograf einfach nur versucht, anders als die anderen zu sein, ist dies kein guter Weg. Ein Bild wird nicht dadurch gut, dass es schlicht und ergreifend anders ist. Letztendlich drücken wir unseren Bildern sowieso ausnahmslos unseren Stempel auf, wenn wir unsere persönlichen Vorstellungen und unseren eigenen Stil entwickeln, wodurch sie bis zu einem gewissen Grad ohnehin einzigartig sind. Um diesen kurzen Diskurs über die Rolle der inneren Haltung abzuschließen, möchte ich daran erinnern, dass wir, um unsere kreativen Kräfte freizusetzen, die Filter entfernen müssen, die

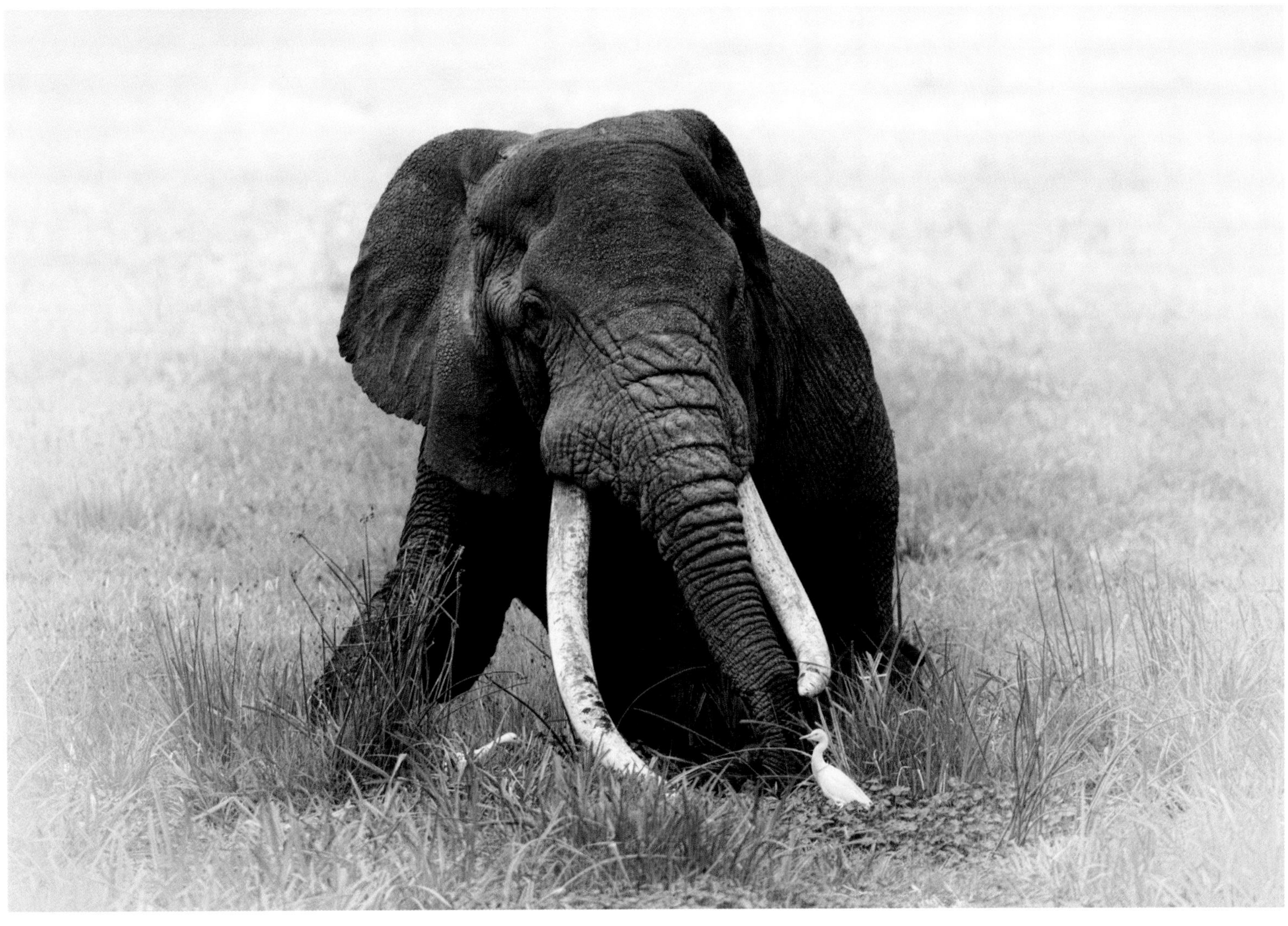

Oben: Ein weiteres Beispiel für ein Motiv, das ein Extrem zeigt: die sehr langen Stoßzähne. Aufgrund von Wilderei und Elfenbeinhandel findet man Elefanten mit so langen Stoßzähnen in vielen Teilen Afrikas leider nicht mehr.

TIPP

EMPFEHLUNGEN FÜR DEN UMGANG MIT SICH SELBST UND ANDEREN:

- Fotos kommen selten so heraus, wie man es erwartet oder beabsichtigt hatte. Daher sollten Sie für alle Eventualitäten und Möglichkeiten offen sein. Fixieren Sie sich nicht allzu sehr auf ein bestimmtes Ergebnis.
- Bewahren Sie sich ein gewisses Maß an Flexibilität in Ihrer Herangehensweise, damit Sie aus jedem Moment das Beste machen können. Das gilt vor allem, wenn Sie mit anderen arbeiten und nicht die alleinige Kontrolle haben.
- Verlieren Sie nicht die Freude am Fotografieren! Wenn Sie sich zu sehr an bestimmten Ergebnissen festklammern, werden Sie schnell enttäuscht. Denken Sie daran: Wenn eine Tür sich schließt, öffnet sich eine andere.
- Seien Sie sich der anderen Beteiligten stets bewusst, und nehmen Sie Rücksicht auf sie. Bewahren Sie Ihren Humor und, falls notwendig, Respekt und Mitgefühl, vor allem im Hinblick auf Ihre Fotomotive.

ein gestresster, abgelenkter Geist unserer Arbeit auferlegen würde. Stattdessen müssen wir die Fähigkeit entwickeln, vollkommen ruhig und präsent zu sein, wenn wir uns an die Arbeit machen. Nehmen Sie sich die Zeit, ganz „in Ihr Element“ zu kommen. Beschäftigen Sie sich ehrfürchtig und staunend mit Ihrem Motiv, und öffnen Sie Ihre Sinne, um die Erfahrung zu genießen.

Die Prinzipien & Richtlinien anwenden

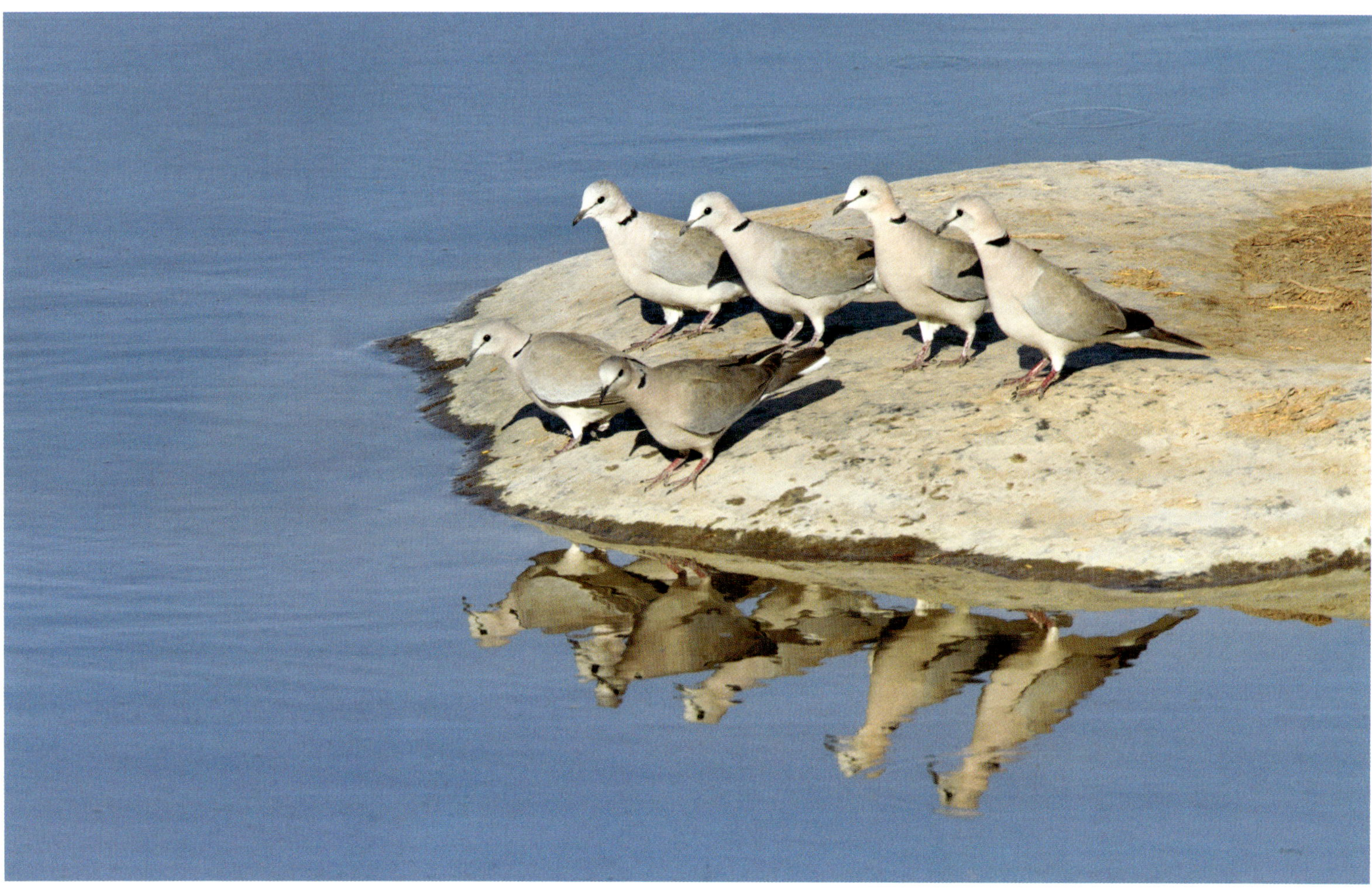

Der berühmte Fotograf Ansel Adams sagte einmal: „Auf jedem Foto sind zwei Menschen: der Fotograf und der Betrachter." Nachdem wir nun die gestalterischen Vorgaben für den Prozess der Bildkomposition ins Auge gefasst haben, können wir uns mit dem Betrachter und den psychologischen Prozessen befassen, die ablaufen, wenn er ein Bild anschaut.

Wir tun außerdem gut daran, unsere Erwartungen in Bezug auf die Wirkung unserer Fotos zu dämpfen, indem wir anerkennen, dass jeder Betrachter anders ist und daher wahrscheinlich nicht jeder gleich reagiert. Als Betrachter bringen wir alle unterschiedliche Absichten und Lebenserfahrungen mit. Wenn die Kamera in beide Richtungen schaut – hinaus in die Welt und hinein in die Seele des Fotografen – dann erhascht das endgültige Foto womöglich auch einen Blick auf die Seele des Betrachters. Wir sollten diesen unkalkulierbaren Teil unserer Arbeit akzeptieren, denn er vergrößert die Faszination und macht aus der Fotografie eher eine Kunst als eine Wissenschaft.

Oben: Dass diese Kapturteltauben sich paarweise gruppiert haben, wird vom Betrachter sofort wahrgenommen, ebenso das Muster, das durch das Spiegelbild entsteht. Es ist, als würden sie in Paaren antreten, um ihr Spiegelbild anzustarren. Das ist mehr als nur ein Schnappschuss von sechs Vögeln.

Planung & Komposition

Greifen wir nun noch einmal zurück auf die Gestaltprinzipien und überlegen wir, wie sie in der Planung

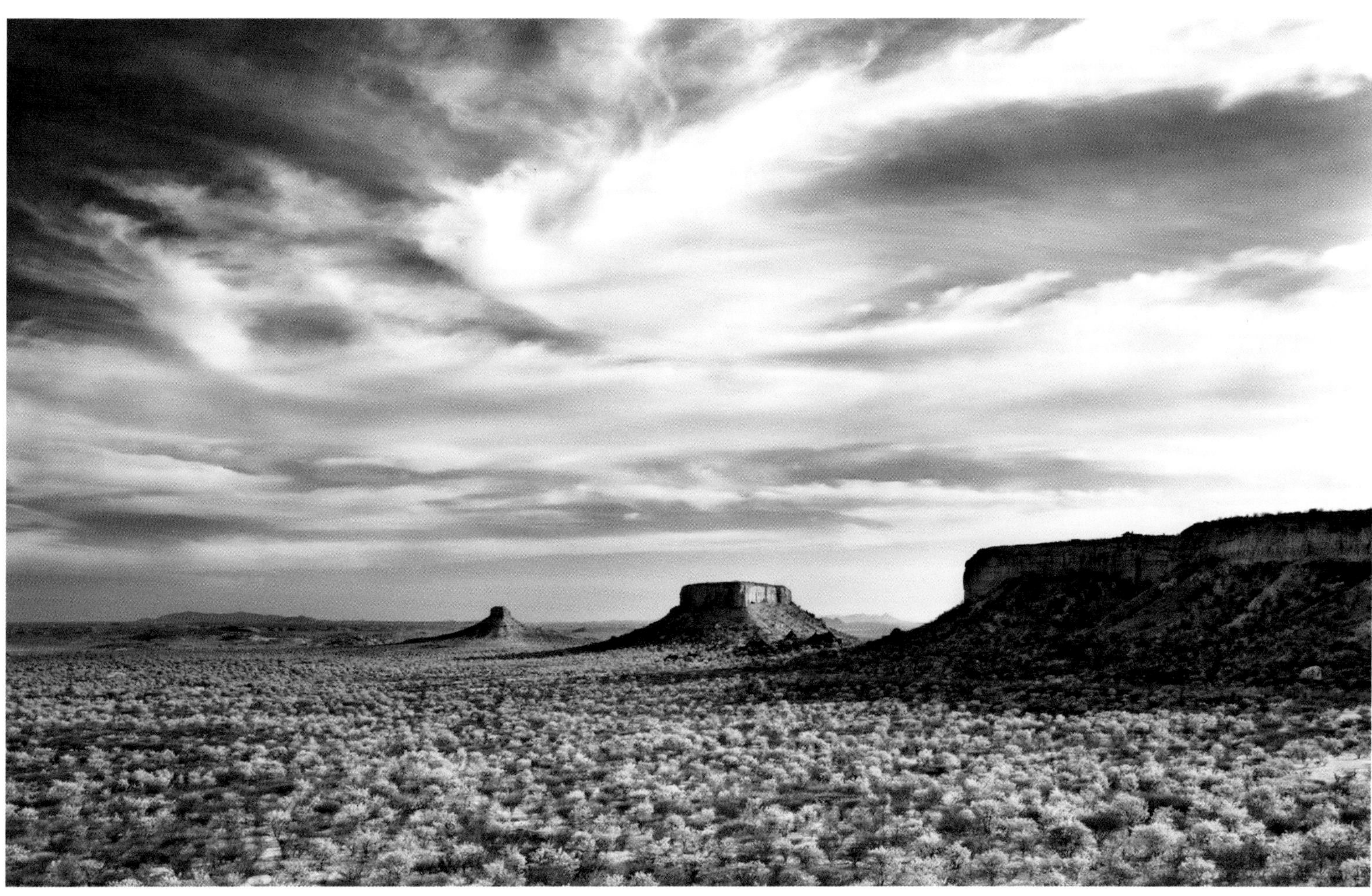

und Komposition eines Bildes angewandt werden können. Wir haben bereits gesehen, dass jeder einzelne Teil eines Bildes eine Bedeutung hat, dass sich diese aber ändern kann, wenn die Elemente zusammen auftreten. Wie die verschiedenen Elemente in einer Szene auf einem Bild positioniert sind, kann deshalb die Gesamtbedeutung eines Bildes beeinflussen. Daher müssen wir über ihre Beziehung innerhalb der Komposition nachdenken.

Diejenigen unter uns, die sich für die Landschaftsfotografie interessieren, finden schon bald heraus, wie wichtig der Himmel für die Komposition ist. Der Himmel gibt das Wetter wieder, welches zweifellos auch unsere Gefühle beeinflusst. Viele wunderbare Landschaftsaufnahmen sind durch den Himmel erst so besonders. Ein cleverer Fotograf wird diese wesentliche Komponente gestalten, indem er eine oder mehrere Möglichkeiten ausnutzt:

Gradientenfilter tragen dazu bei, die Belichtung von Himmel und Land auszubalancieren; ein Polfilter kann dafür sorgen, dass die Wolken sich

Oben: Die flaumigen Federwolken bilden Kurven und Linien, sie helfen dabei, die Aufmerksamkeit auf das Hauptmotiv zu lenken – die charakteristischen Felsformationen in dieser trockenen namibischen Landschaft. Die Konvertierung in ein monochromes Foto und die Verwendung eines Rotfilters betonen den Beitrag der Wolken noch, während dadurch, dass ein Großteil der Bildfläche aus Himmel besteht, ein Gefühl von Weite vermittelt wird.

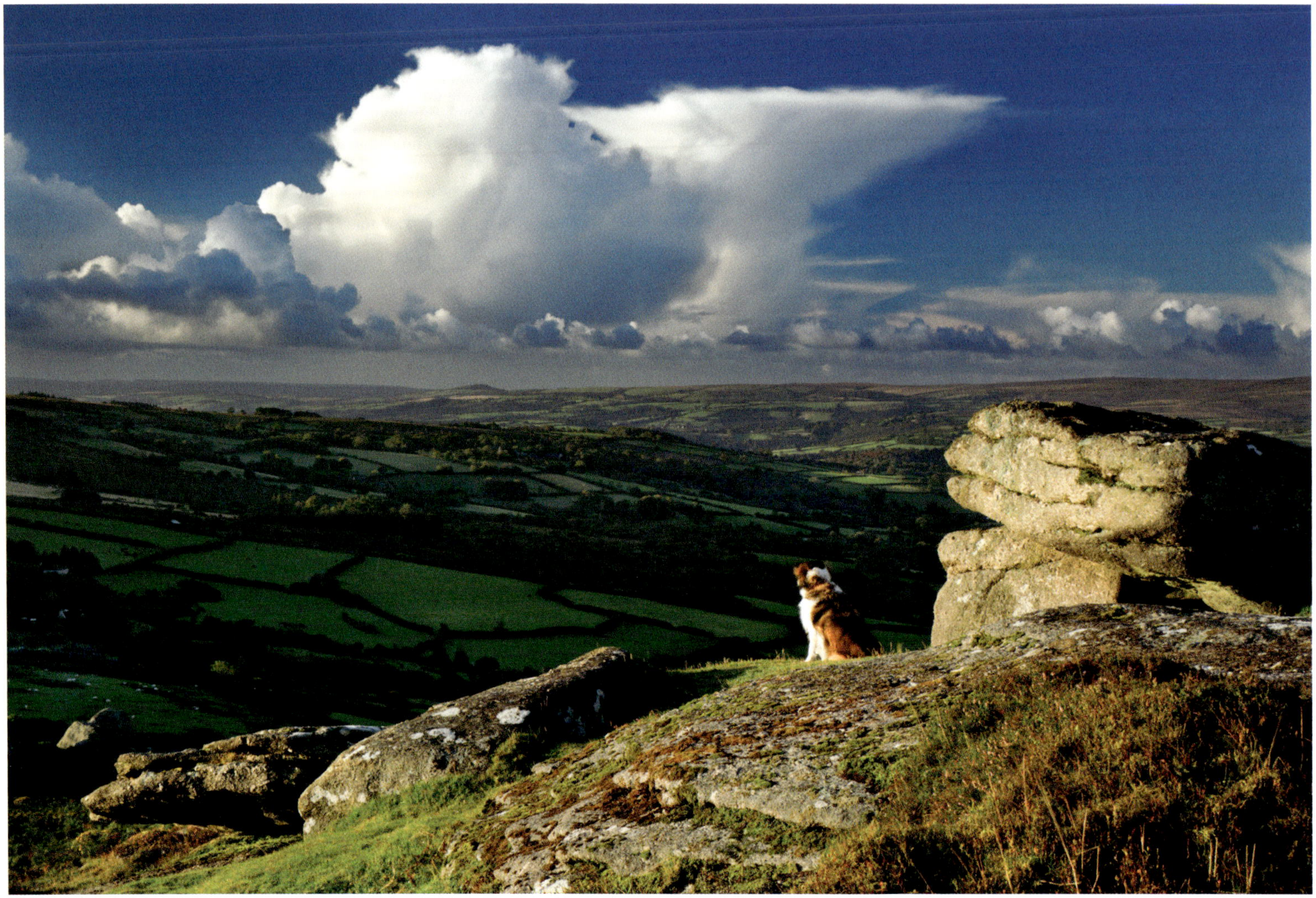

deutlicher vom blauen Himmel abheben und eine aktivere Rolle in der Komposition einnehmen. Elemente am Himmel und in der Landschaft werden in Bezug auf ihr visuelles Gewicht sorgfältig ausbalanciert. Linien und Umrisse, die von den Wolkenformationen gebildet werden, können gestalterisch genutzt werden.

Elemente verbinden

Mit Himmel und Erde sind in der Tat zwei Elemente auf dem Bild, und der Fotograf wird oft versuchen, es so aussehen zu lassen, als würden sie in enger Beziehung zueinander stehen. Farbe, Linien und die visuelle Balance können dazu eingesetzt werden, Elemente innerhalb dieser Zonen des Fotos miteinander zu verbinden. So entstehen Bildbezüge.

Wir haben bereits kurz über den Raum gesprochen, den man um einen Gegenstand frei lassen sollte, und wie er sich auf dessen Wahrnehmung auswirken kann. Wenn Sie Ihr nächstes Foto komponieren, dann fragen Sie sich, welches Gefühl ein Objekt vermitteln soll: Freiheit oder Zwang? Dann experimentieren Sie indem Sie einmal mehr, einmal weniger Raum um den Gegenstand lassen, um herauszufinden, was den gewünschten Effekt verstärkt.

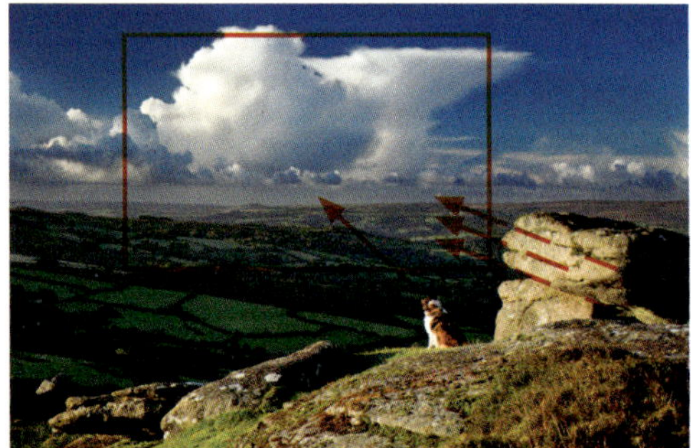

Oben und ganz oben: Diese Landschaftsaufnahme ist im Dartmoor entstanden. Ich wollte den Fels im Vordergrund mit der eindrucksvollen Kumuluswolke in der Ferne verbinden: Die Blickrichtung des Hundes und die Linien der Gesteinsschichten am Fels im Vordergrund bieten diese Verbindung.

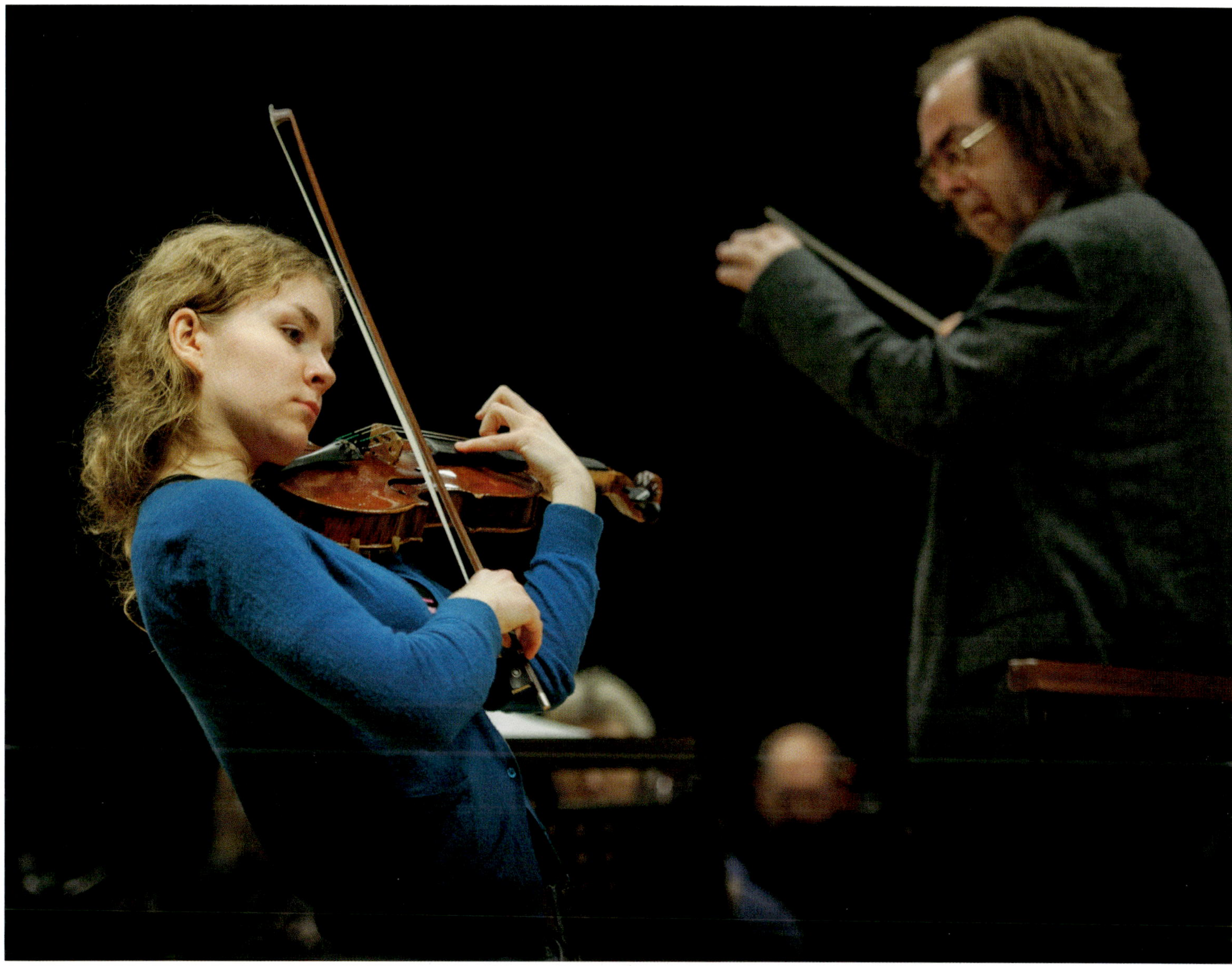

Trennung schaffen

Wir haben bereits das Gestaltprinzip der Figur-Grund-Trennung kennengelernt und gesehen, wie die Figur durch den Einsatz von Kontrast, Schärfe, Farbe, Größe und andere Mittel vom Grund getrennt werden kann. Schärfentiefe sowie Lichteinfall und -qualität können dies beeinflussen. Um den Eindruck zu verstärken, können wir auch Filter, Zusatzbeleuchtung und digitale Bearbeitung einsetzen.

Nach Ähnlichkeiten suchen

Das Gestaltprinzip der Ähnlichkeit beschreibt unsere Neigung, Objekte mit ähnlichen visuellen Eigenschaften als zusammengehörig wahrzunehmen. Dies können wir aktiv einsetzen, wenn wir nach Formen, Wiederholungen und Mustern in unserer Umgebung suchen. Ähnlichkeit hilft dabei, angenehme Bilder herzustellen. Wir können sie aber zum Beispiel auch dazu einsetzen, ein humor-

Oben: Die Ähnlichkeiten in der Haltung des Dirigenten und der Geigerin auf diesem Bild sind eine große Bereicherung. Zusammen mit ihrer Nähe wird dadurch die Tatsache unterstrichen, dass sie zusammengehören und zusammenarbeiten, auch wenn sie sich gegenseitig nicht anschauen und voll und ganz in das vertieft sind, was sie tun. Der dunkle, leere Hintergrund erzeugt eine gute Trennung zwischen Figur und Grund und lenkt unsere Aufmerksamkeit auf die Haltung der beiden Personen. Foto von Mark Shuttleworth.

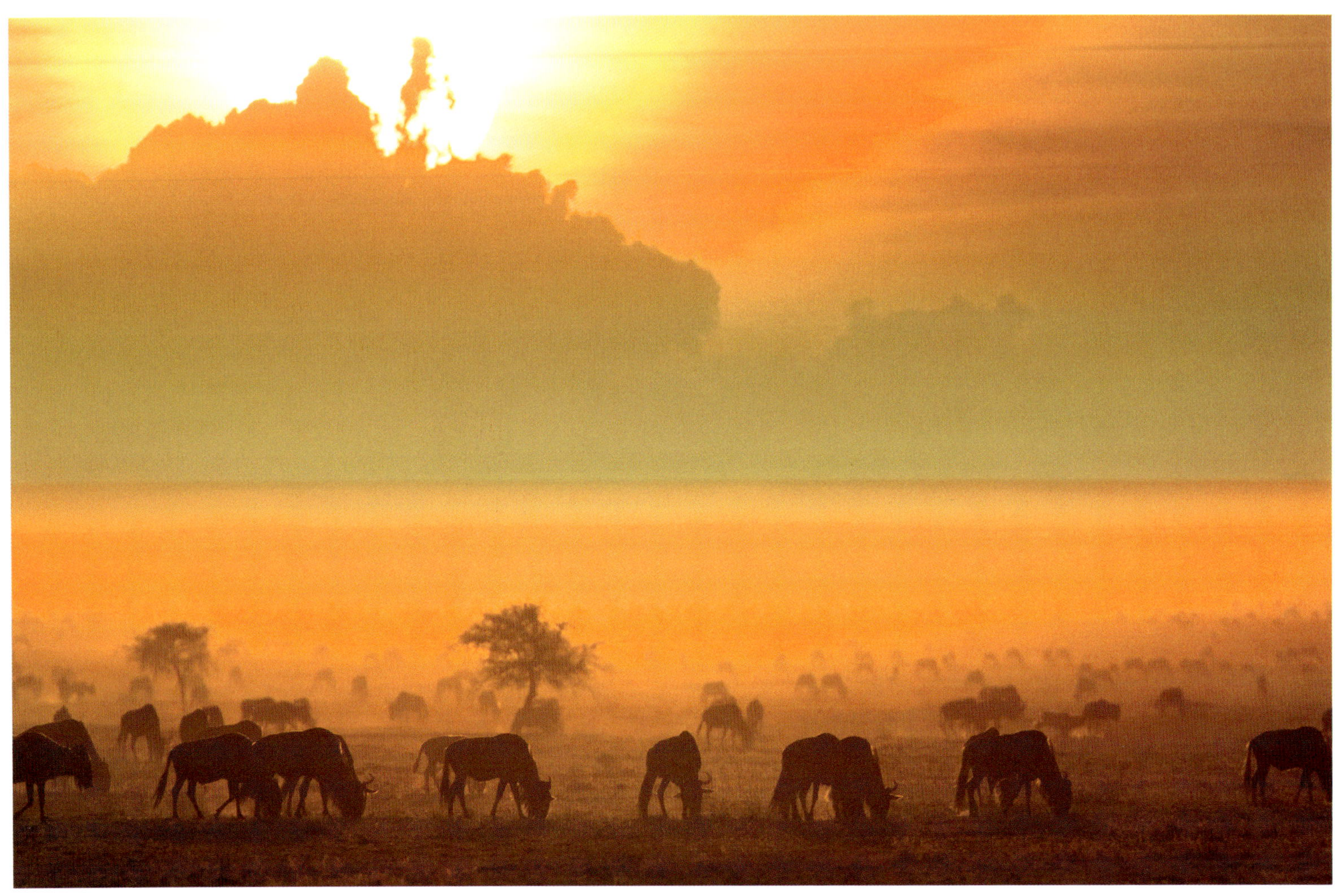

volles Bild zu erschaffen, auf dem zwei Objekte, von denen wir wissen, dass sie ganz verschieden sind, wegen einiger formaler Eigenschaften als beinahe gleich wahrgenommen werden. Des Weiteren können wir mit diesem Prinzip arbeiten, um ein Konzept zu vermitteln oder eine Botschaft noch nachdrücklicher zu transportieren.

Zusammengehörigkeit

Das Wissen um das Gestaltprinzip der Nähe – es besagt, dass nahe beieinanderliegende Objekte ein Gefühl von Zusammengehörigkeit vermitteln – erlaubt uns auch, nach zufällig gruppierten Elementen Ausschau zu halten und der von ihnen gebildeten Form eine Bedeutung zuzuweisen. Alternativ können wir nach Objekten suchen, die durch Nähe eine zusammengesetzte Form bilden. So kann zum Beispiel die Form, die eine dichte Vogelschar bildet, als Unheil verkündende Hand am Himmel wahrgenommen werden.

Geschlossenheit suchen

Das nächste Gestaltprinzip ist Geschlossenheit. Es betrifft unsere Neigung, die Lücken zu füllen und unvollständige Formen zu komplettieren. Der Wahrnehmungsprozess wird ausgelöst durch die Andeutung einer visuellen Verbindung zwischen Gruppen von Elementen, die sich nicht berühren.

Oben: Durch ihre Ähnlichkeit in Form und Tonwert können wir diese dunklen Gestalten auf der Serengeti-Ebene alle als Gnus erkennen. So kann die Aufmerksamkeit leichter auf ihre große Anzahl gelenkt werden.

Um den Prozess der Ergänzung beim Betrachter auszulösen, können wir nach imaginären Linien (Vektoren) oder Gegenformen Ausschau halten, die unsere Botschaft oder die Geschichte, die wir fotografisch erzählen wollen, unterstützen. Es geht darum, herauszufinden, wie Negativraum in dieser Hinsicht eingesetzt werden, wie er zur Harmonie des Bildes beitragen oder die Elemente darin stärken kann.

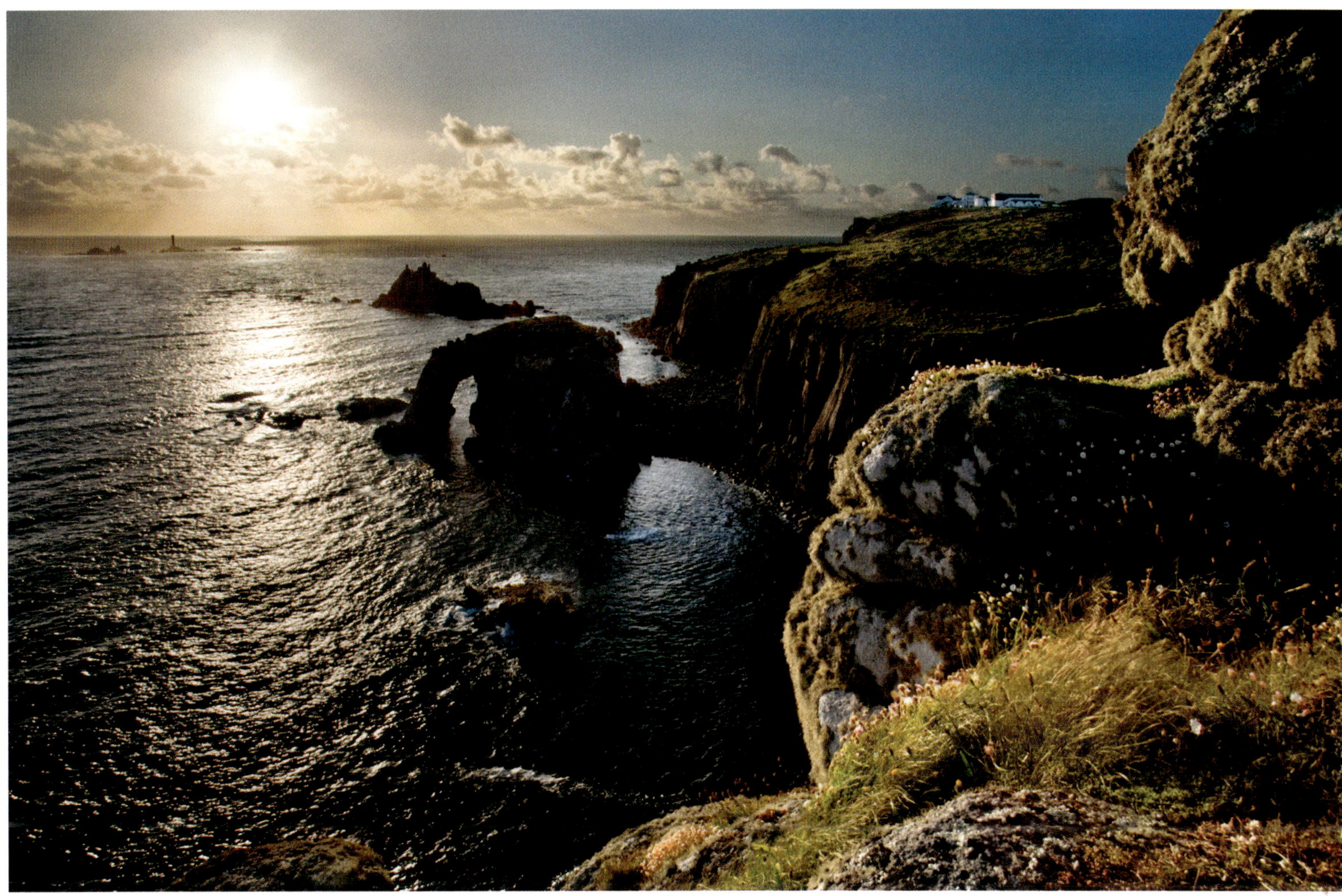

Kontinuität

Kontinuität – unsere Tendenz, stark definierte und gerichtete Konturen und Formen fortzusetzen – ist ein Gestaltprinzip, das wir ausnutzen, wenn wir unterbrochene Linien verwenden, die den Blick zu einem Punkt von Interesse auf dem Bild leiten sollen. Auch hier werden wir vielleicht ehrgeiziger und setzen dieses Prinzip ein, um ein Foto zu schaffen, das unsere Wahrnehmung herausfordert oder eine clevere Illusion erzeugt.

Symmetrie

Wie kann das Gestaltprinzip der Symmetrie unsere Fotografie ordnend beeinflussen? Zuerst müssen wir anerkennen, dass alle, die unsere Bilder anschauen, dazu neigen, Symmetrie und Ordnung darin herzustellen. Wir können dann dafür sorgen, dass die Energie des Betrachters nicht beim Versuch, in eine unausgewogene oder unordentliche Komposition Ordnung zu bringen, verschwendet wird – es sei denn natürlich, das war der Plan!

Visuelles Gewicht

Unser Streben nach Balance und Ordnung bringt das Konzept des visuellen Gewichts ins Spiel. Betrachten Sie das relative Gewicht der Elemente auf Ihrem Bild unter Berücksichtigung ihrer Größe, Schattierung, Farbe und Position im Rahmen und ihres Aufmerksamkeitswerts. Überlegen Sie, wie durch unterschiedliche Positionierung ein besseres Gleichgewicht auf dem Bild als Ganzes hergestellt werden kann. Wir könnten auch darüber nachdenken, einen zusätzlichen oder alternativen Schwerpunkt außerhalb der Mitte der Bildfläche zu schaf-

Oben: Eigentlich würden die Felsen rechts vorne auf diesem Foto von Land's End in Cornwall das visuelle Gewicht stark nach rechts ziehen, aber die Einbeziehung der Sonne und von ein wenig zusätzlichem Negativraum, gebildet durch das Wasser auf der linken Seite, bringt das Resultat ins Gleichgewicht.

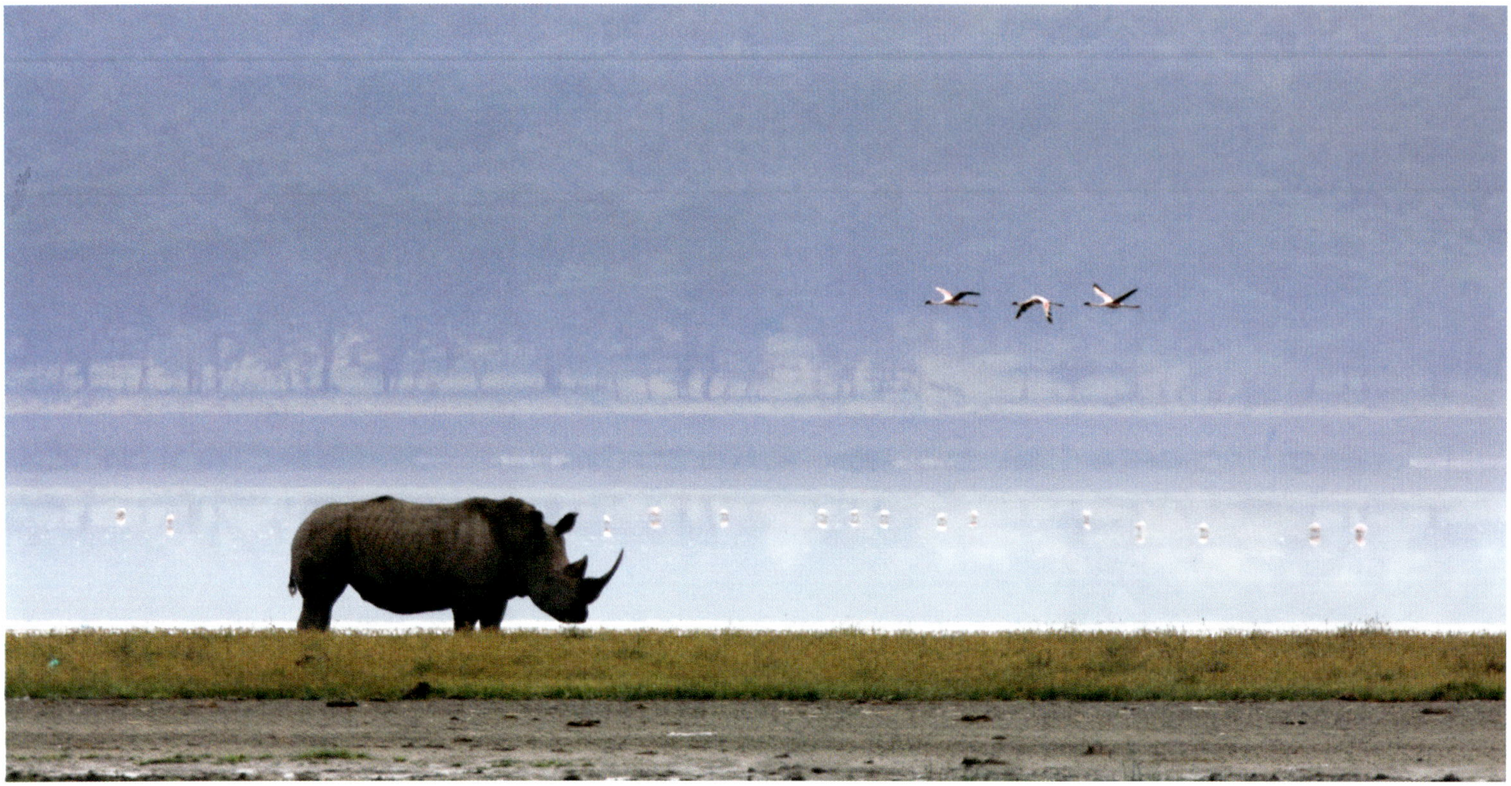

fen, der wahrnehmbare Kräfte und einen Zug in Richtung der nahe gelegenen Elemente erzeugen kann. Wenn es relevant ist für das, was in diesem Teil des Bildes vor sich geht, kann dies dem betreffenden Bereich zusätzliche Energie verleihen.

Denken Sie darüber nach, was als solch ein Punkt in Ihrem Bild in Frage kommen könnte und wie seine Position definiert werden müsste. Ein besonders kleines Objekt oder eine besonders kleine Form könnte die Lösung sein.

Mehrdeutige Wahrnehmung

Wenn wir ehrgeiziger werden, können wir auch einiges von alldem kombinieren und ein Bild erschaffen, das auf Mehrdeutigkeit beruht. Wenn es das Potenzial hat, auf zwei oder mehr Arten gesehen zu werden, spricht man von „Äquivokation". Wir können das Bild in unserer realen Umwelt finden oder es komponieren. Es sollte eine Geschichte entsprechend dem Phänomen der „guten Fortsetzung" erzählen – wo das Arrangement ähnlicher

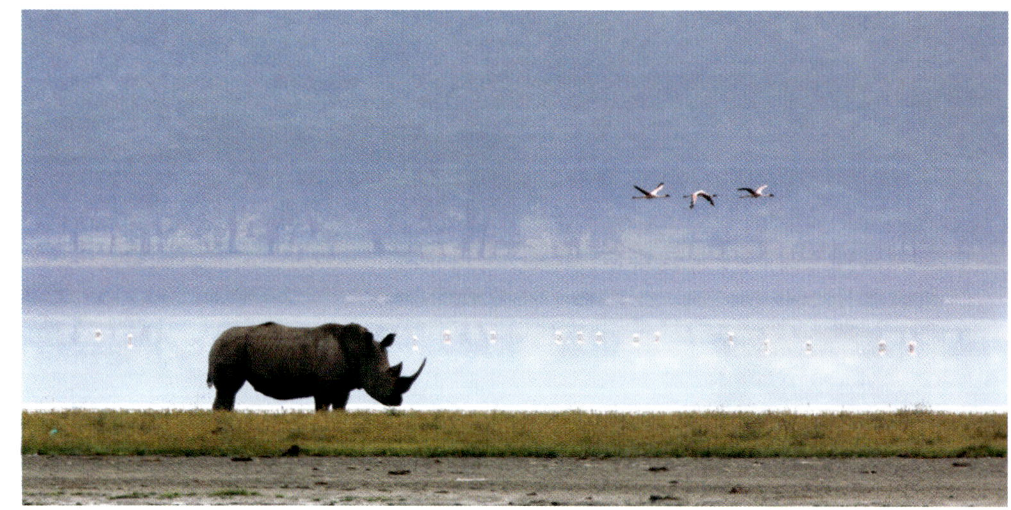

Oben und ganz oben: Ein Gegengewicht zu diesem Breitmaulnashorn am Ufer des Nakuru-Sees bilden die drei Flamingos, die auf es zufliegen (ganz oben). Die Flugrichtung der Flamingos macht die Besonderheit des Fotos aus, denn sie stellt eine Verbindung zwischen den Vögeln und dem Nashorn her. Ich habe durch Bildbearbeitung einmal die Flugrichtung der Flamingos umgedreht (oben), um dies zu verdeutlichen.

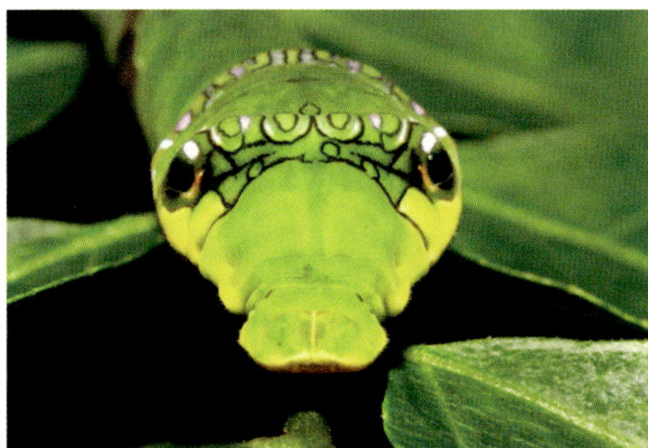

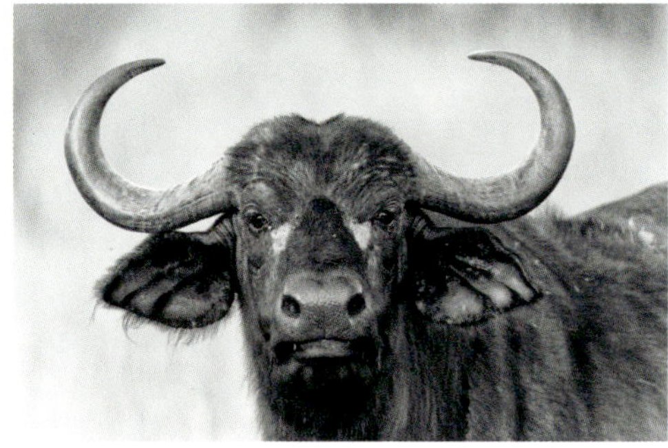

Oben und ganz oben: Wenn man das Objekt genau mittig platziert, hat man wenig Möglichkeiten, mit Beziehungen zu anderen Elementen auf dem Bild zu spielen. Doch das Zentrieren des Motivs kann auch die Stärke eines Bildes sein. Das gilt vor allem für Porträts. Der Betrachter muss geradezu die Details des Gesichts genau studieren. Das ist der Fall bei dieser Gesichtszeichnung auf einer Raupe in Borneo (ganz oben) und bei diesem konventionellen Porträt eines Büffels in Kenia.

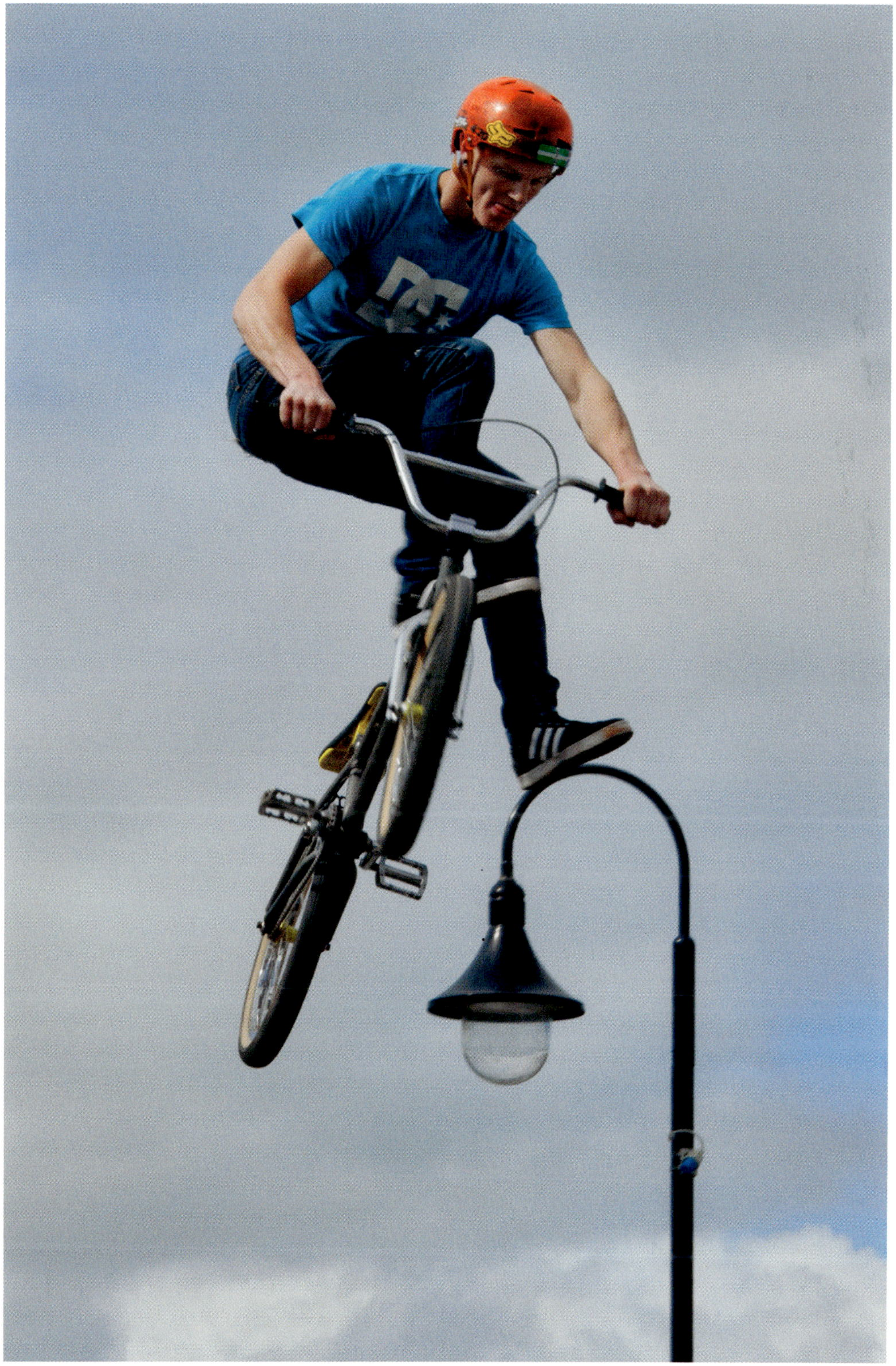

Rechts: In diesem Fall entsteht durch die präzise Positionierung eines nahen und eines entfernteren Objekts die Illusion eines bemerkenswerten Balanceakts.
Foto von Mark Shuttleworth.

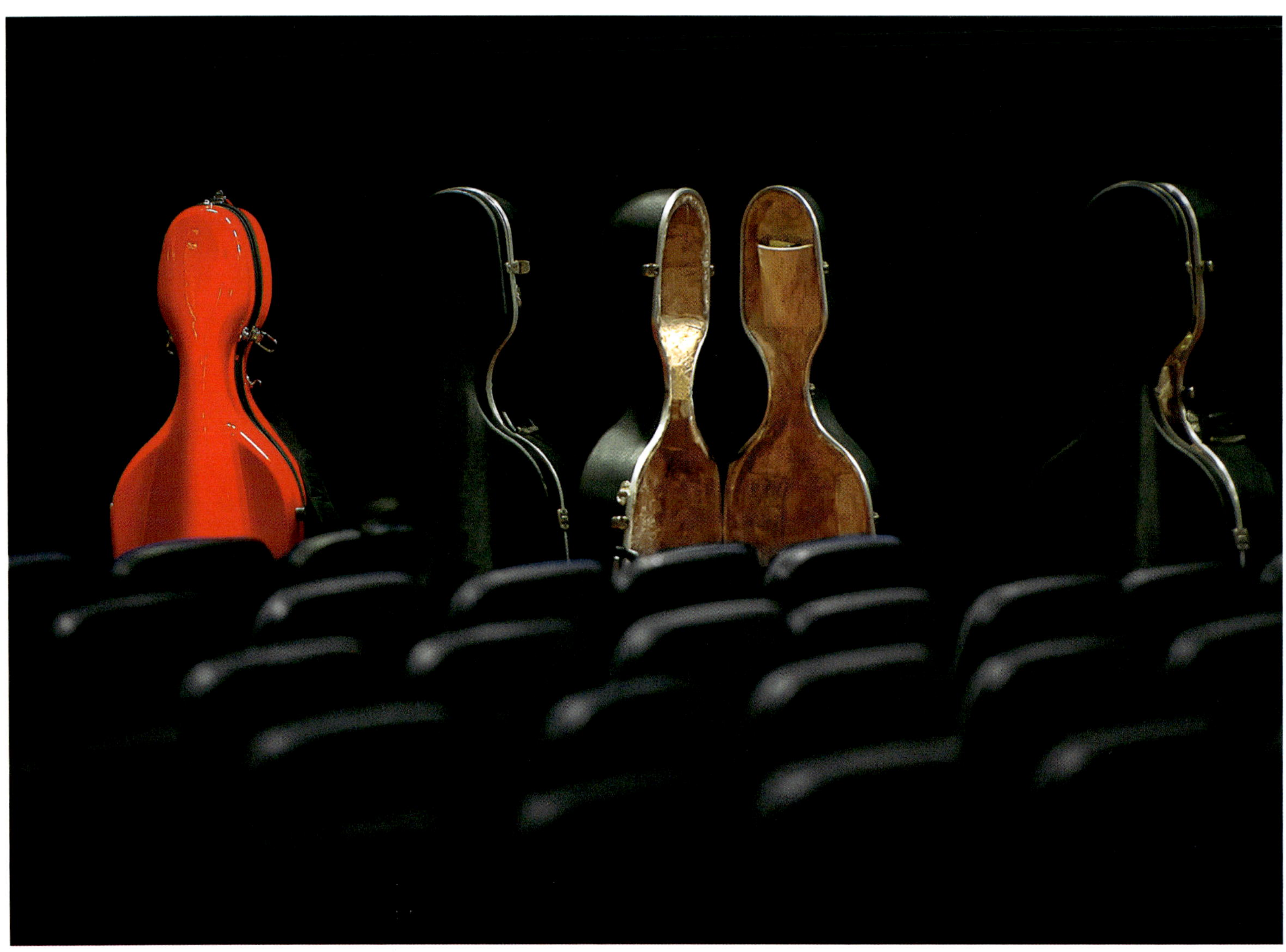

Oben: Dieses Bild mit dem Titel „Teilnahme des Publikums" spielt mit unserer Wahrnehmung von Form. Im Kontext der Sitzreihen erscheinen diese Instrumentenkästen als menschliche Silhouetten mit Kopf und Schultern. So nimmt im Bild ein imaginäres Publikum an der Orchesterprobe teil. Foto: Mark Shuttleworth.

Elemente den Betrachter dazu veranlasst, im Kopf eine Abfolge zu konstruieren.

Bilder, die Menschen zum Lachen bringen, beruhen oft auf Mehrdeutigkeit oder einer absurden Gegenüberstellung. Eine andere Strategie besteht darin, sich die Tatsache zunutze zu machen, dass ein Fotograf die Zeit regelrecht „einfriert". Dadurch erhält man die Option, durch das Arrangement von Objekten anzudeuten, dass etwas passiert oder passieren könnte, auch wenn dies tatsächlich nicht der Fall ist.

Den Blick lenken

Wir haben bereits gesehen, wie wichtig es ist, sich bewusst zu machen, welche möglichen Wege der Blick des Betrachters durch das Bild nimmt. Wollen wir es ihm einfach machen und seinen Blick bewusst auf einen bestimmten Punkt lenken? Wollen wir, dass er diesen Punkt schnell oder langsam erreicht?

Vielleicht halten Sie nach einem Startpunkt Ausschau – nach etwas, das die Aufmerksamkeit des Betrachters direkt auf sich zieht, aber nicht so stark, als dass er ihn nicht wieder verlassen würde. Dieser Eintrittspunkt ins Bild ist häufig ein Blickfang im Vordergrund. Durch diesen kompositorischen Eingriff wird auch die Beziehung zwischen dem Fotografen und der fotografierten Szene vermittelt, denn der Betrachter startet mit seiner Aufmerksamkeit am selben Punkt wie der Fotograf bei der Aufnahme. Wählen Sie etwas Interessantes, Einfaches, Attraktives und wenn möglich für die Szene Relevantes, aber lassen Sie nicht zu, dass es die Aufnahme dominiert.

Überlegen Sie sich, ob eine vertikale oder horizontale Bildkomposition besser geeignet ist, um den Weg, den der Blick zurücklegen sollte, lenken zu können. Bedenken Sie auch, welche Linien verwendet werden könnten, um den Blick des Betrachters zu Elementen von Interesse wandern zu lassen. Vielleicht komponieren Sie Ihre Aufnahme so, dass das Hauptmotiv rechts steht, da nachgewiesen ist, dass der Betrachter sich dann länger mit dem Bild beschäftigt, als wenn es links stehen würde.

Achten Sie darauf, dass durch Ihre Komposition der Blick nicht allzu leicht aus dem Rahmen hinausgelenkt wird, weil Elemente zu dicht am Rahmen stehen, diesen berühren oder von ihm durchschnitten werden. Denken Sie auch an Möglichkeiten, zu verhindern, dass der Blick vom Bild abschweift, beispielsweise dadurch, dass Sie das Ende einer diagonal verlaufenden Linie betonen. Vermeiden Sie Elemente, die den Blick in eine Ecke lenken, wo er dann geradezu gefangen wird.

Wird der Weg, den der Blick des Betrachters nimmt, durch gestalterische Mittel bewusst umgelenkt, spricht man vom Phänomen der „kompositorischen Bewegung“. Es gibt viele Wege, dies zu bewirken, zum Beispiel den Einsatz starker Linien, die zu bedeutungsvollen Details hinführen. Dabei bedenken Sie stets, was der Künstler und Lehrer Robert Henri einmal treffend sagte: „Der Blick sollte nicht dorthin gelenkt werden, wo es nichts zu sehen gibt.“

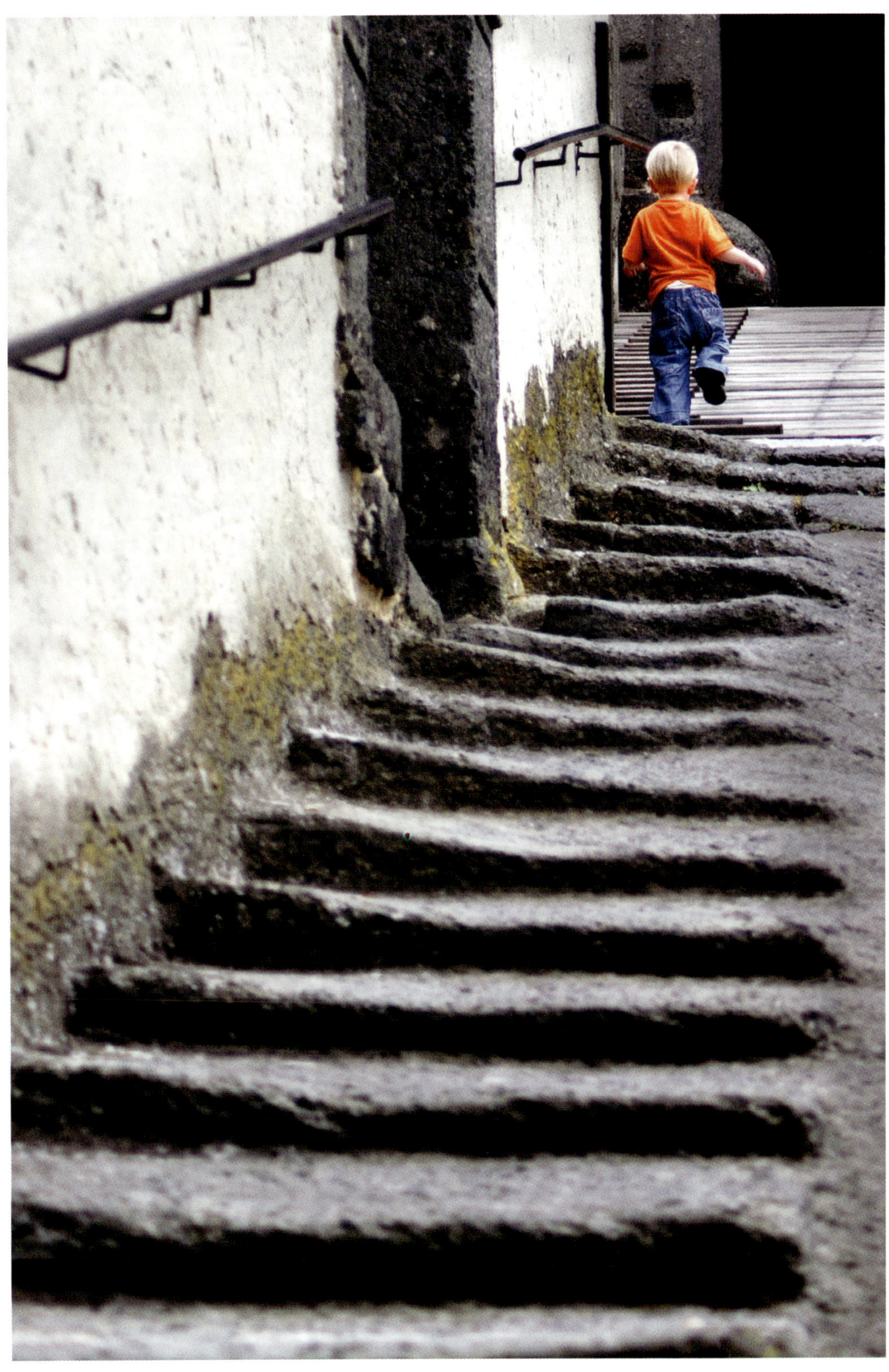

Rechts: Die Stufen auf diesem Foto bilden eine starke Diagonale und führen den Blick rasch nach oben. Dort hält er inne und verweilt bei dem kleinen Jungen. Das Rot seines T-Shirts – Rot ist eine Farbe mit starker Wirkung – hält den Blick fest und verhindert, dass er aus dem Rahmen hinauswandert. Foto: Mark Shuttleworth.

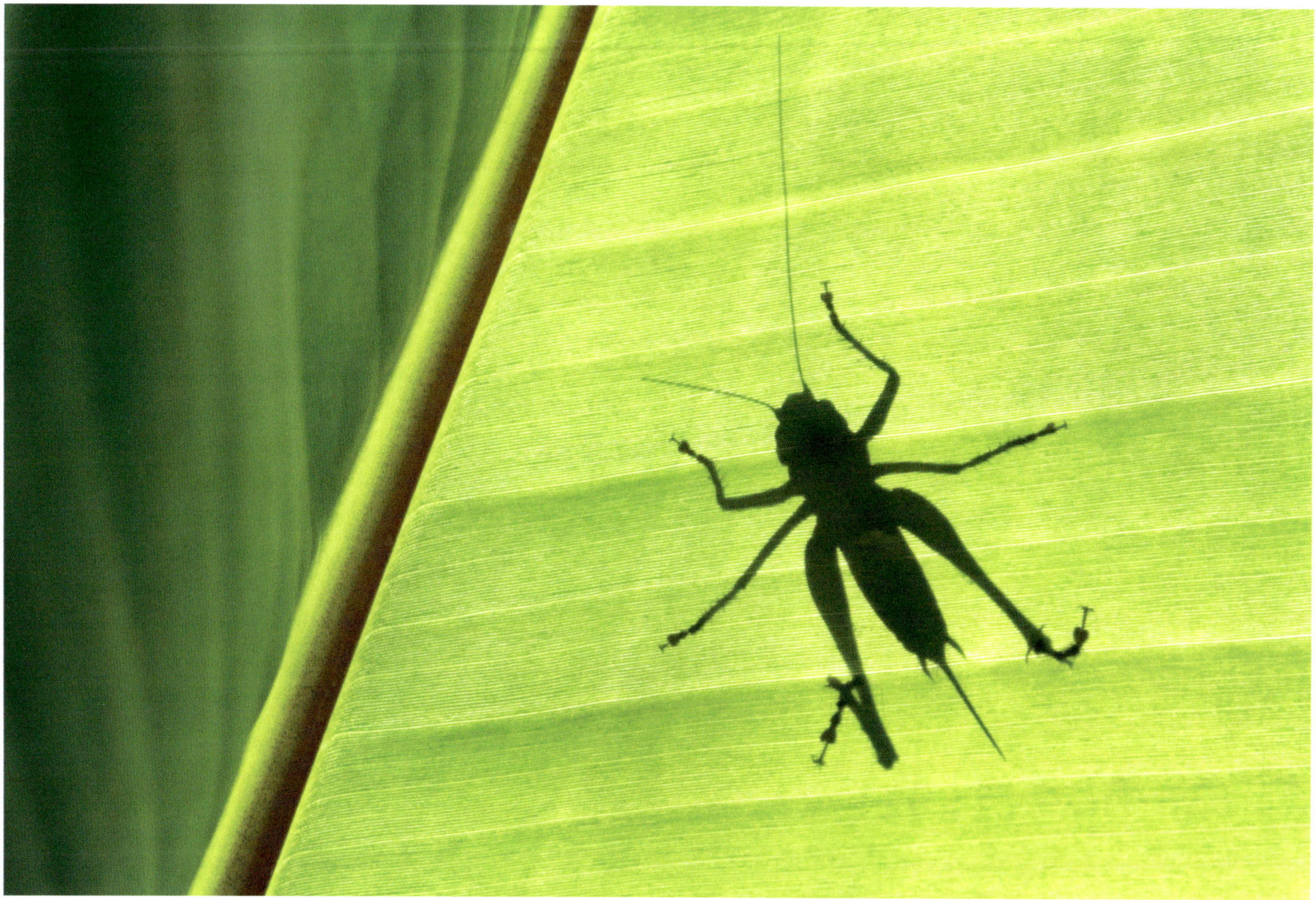

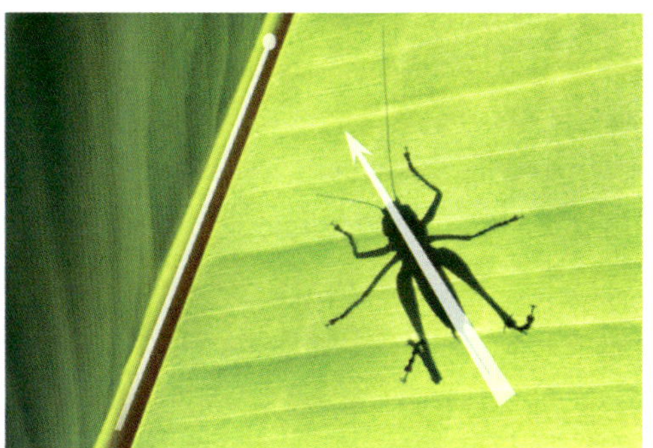

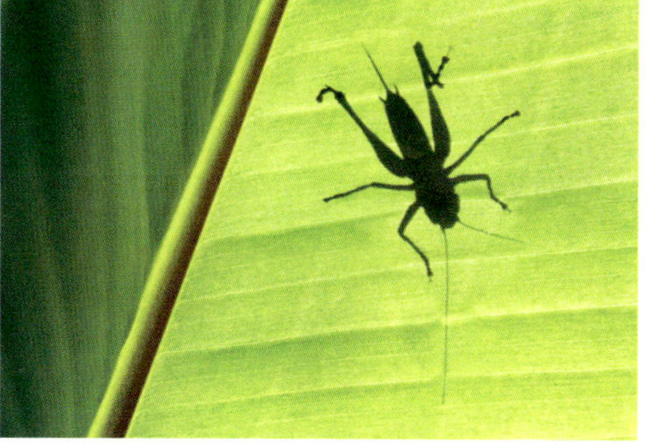

Links und oben: Dieses Foto vom Schatten einer Laubheuschrecke auf der Unterseite eines Bananenblatts illustriert, wie die Ausrichtung der Heuschrecke die Bewegungsrichtung unserer Augen beeinflusst. Eine optische Linie entsteht, die sich mit der anderen starken Linie auf dem Bild vereint und ein erfreuliches umgekehrtes „V“ bildet (ganz links). Auf dem dritten Foto (links) habe ich die Heuschrecke umgedreht, um zu zeigen, dass das Foto nicht so gut funktioniert, wenn das Insekt von der schrägen Linie wegschaut (links).

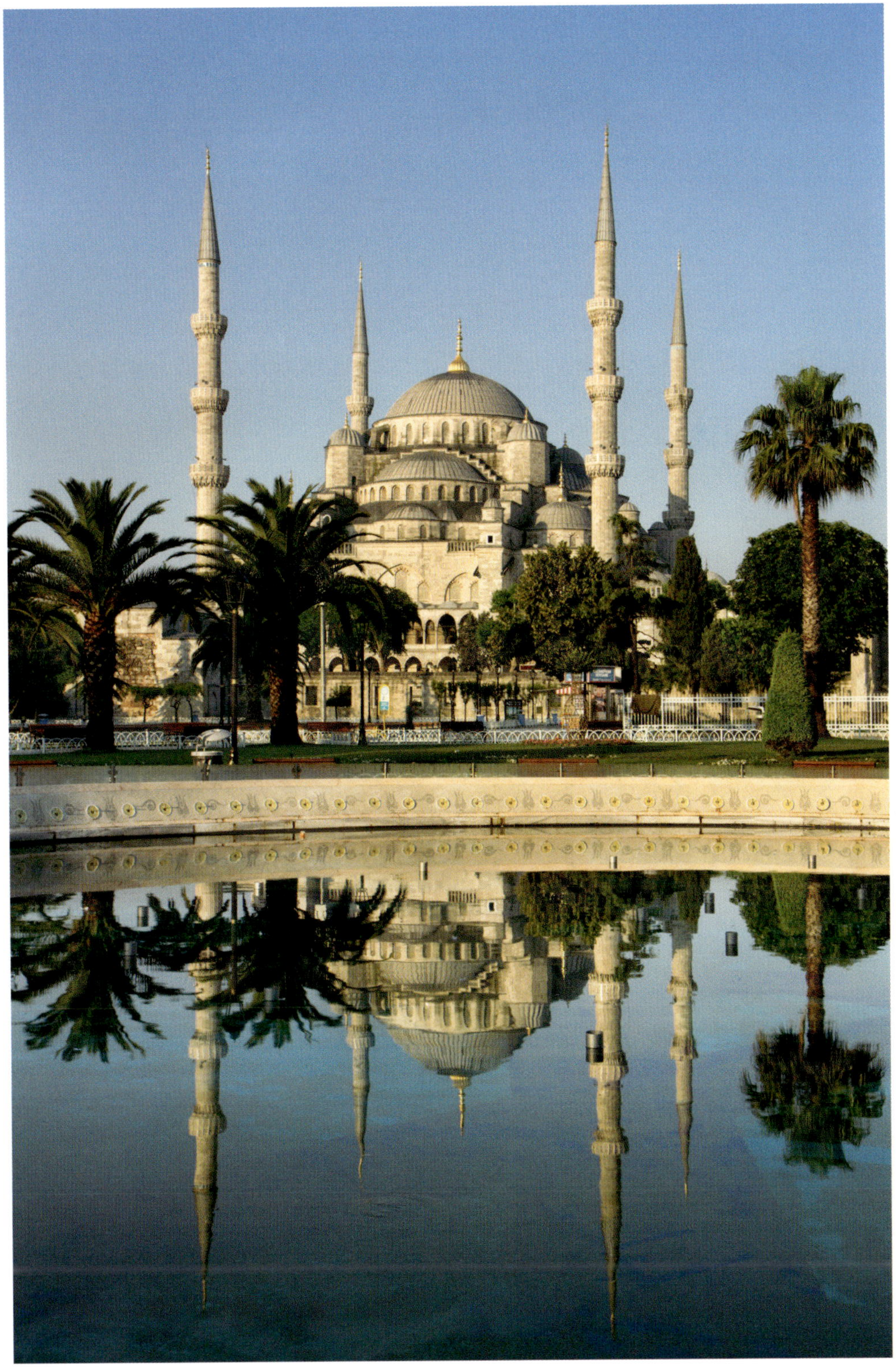

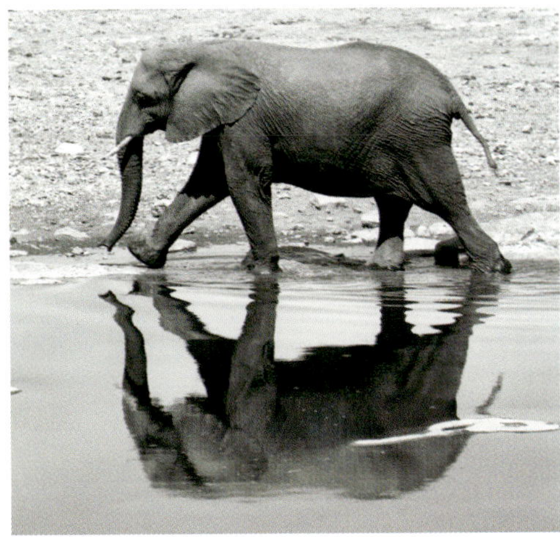

Links und oben: Dies sind zwei Fälle, bei denen der Bildraum mit Absicht durch eine horizontale Linie geteilt wurde. In beiden Fällen handelt es sich um Linien zwischen festem Boden und Wasser. Ziel dabei ist es, die Symmetrie zwischen dem Motiv und seinem Spiegelbild zu betonen.

Trennende Linien

Wenn die Option besteht, starke Linien – gerade oder kurvige – in eine Komposition einzufügen, denken Sie an die verschiedenen Konnotationen von Linien, die in verschiedene Richtungen verlaufen, und nehmen Sie sich Zeit, darüber nachzudenken, wie die Richtung oder Schräge einer oder mehrerer Linien am besten zu Ihrer Intention oder dem Gefühl, das Sie vermitteln wollen, passt. Finden Sie heraus, wie eine Verlagerung Ihres Standorts dazu führt, dass die Linien der Szene zusammenwirken und sich gegenseitig verstärken. Denken Sie auch darüber nach, wie sie sich hinsichtlich ihres visuellen Gewichts ausgleichen können und wie sie den Blick des Betrachters zu anderen Elementen der Szenen lenken. Achten Sie darauf, dass diese Linien das Bildfeld nicht allzu stark teilen – also das Bild in zwei Hälften trennen –, es sei denn, das ist Absicht. Denken Sie auch daran, dass der Betrachter danach strebt, Ordnung und Symmetrie herzustellen. Ein gekippter Horizont könnte ihn daran hindern, zu sehen, was Sie ihm zeigen wollen.

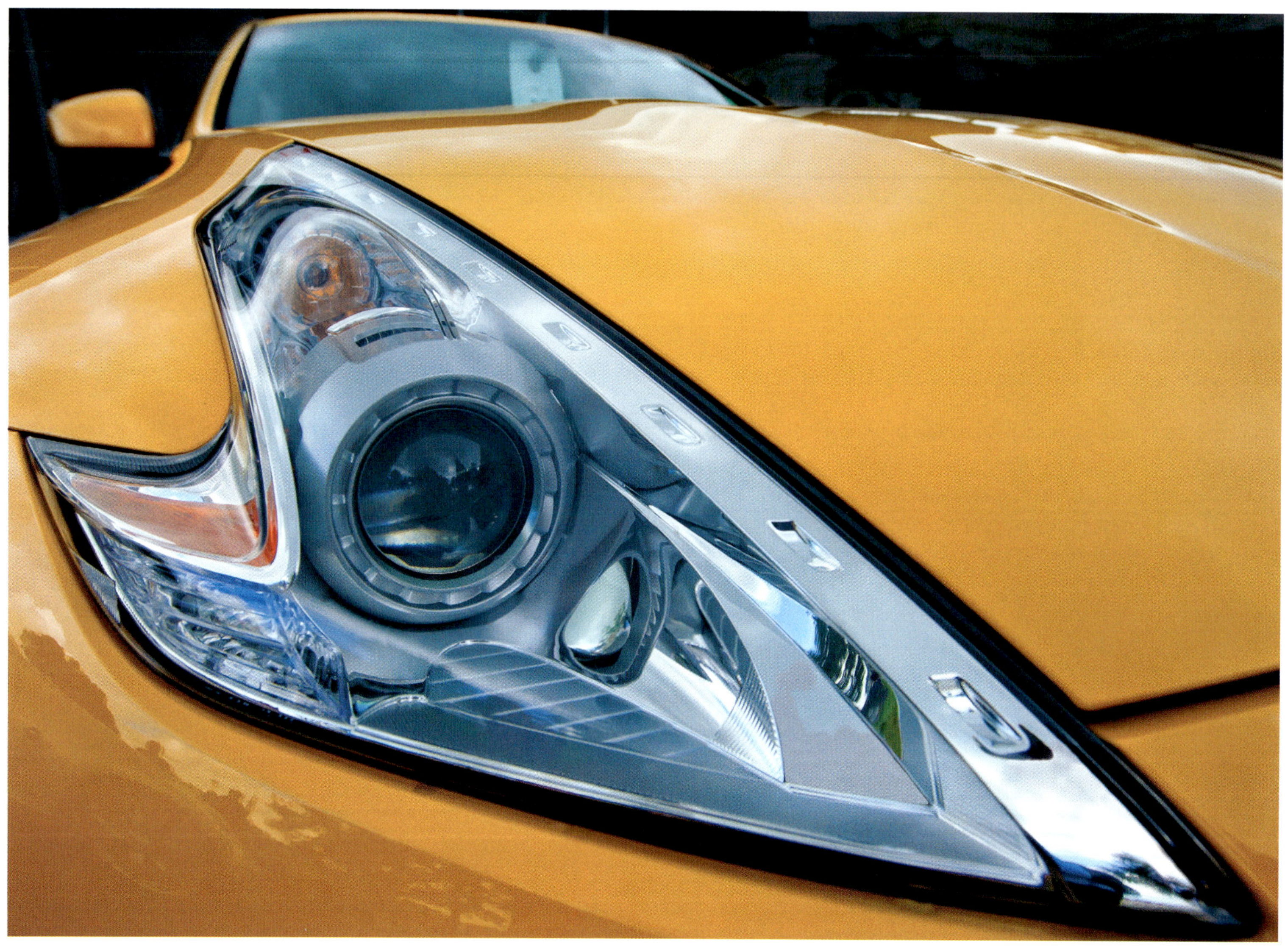

Oben: Der verzerrende Effekt von Weitwinkelobjektiven kann dazu eingesetzt werden, Formen zu betonen. Ein zweiter Effekt ist, dass mehr von der Umgebung der Form ins Bild kommt und diese dadurch besser verortet werden kann. Foto: Mark Shuttleworth.

Die Form betonen

Wir sind von Formen aller Art umgeben, deshalb sollten Sie sich die Zeit nehmen, danach zu suchen, und überlegen, ob Sie sie wirkungsvoll auf Ihren Fotos einsetzen können. Achten Sie auch auf die Formen, die von den Zwischenräumen zwischen den Elementen oder von deren Schatten gebildet werden. Ein Großteil der visuellen Bilderwelt besteht aus Formen. Sie haben Bedeutungen, wecken Assoziationen und besitzen eine emotionale Wirkung. Dessen sollte man sich bei der Einbeziehung starker Formen ins Bild bewusst sein. Verschiedene Formen wirken in einer Szene zusammen. Gibt es ein Narrativ oder eine Botschaft, die durch sie unterstützt werden könnte? Kann Beleuchtung dazu eingesetzt werden, die benötigte Form zu schaffen oder bestehende Formen zu verändern, zu betonen oder zu übertreiben? Wie sonst können Formen hervorgehoben werden, um eine maximale Wirkung zu erzielen? Würde ein Filter dabei helfen?

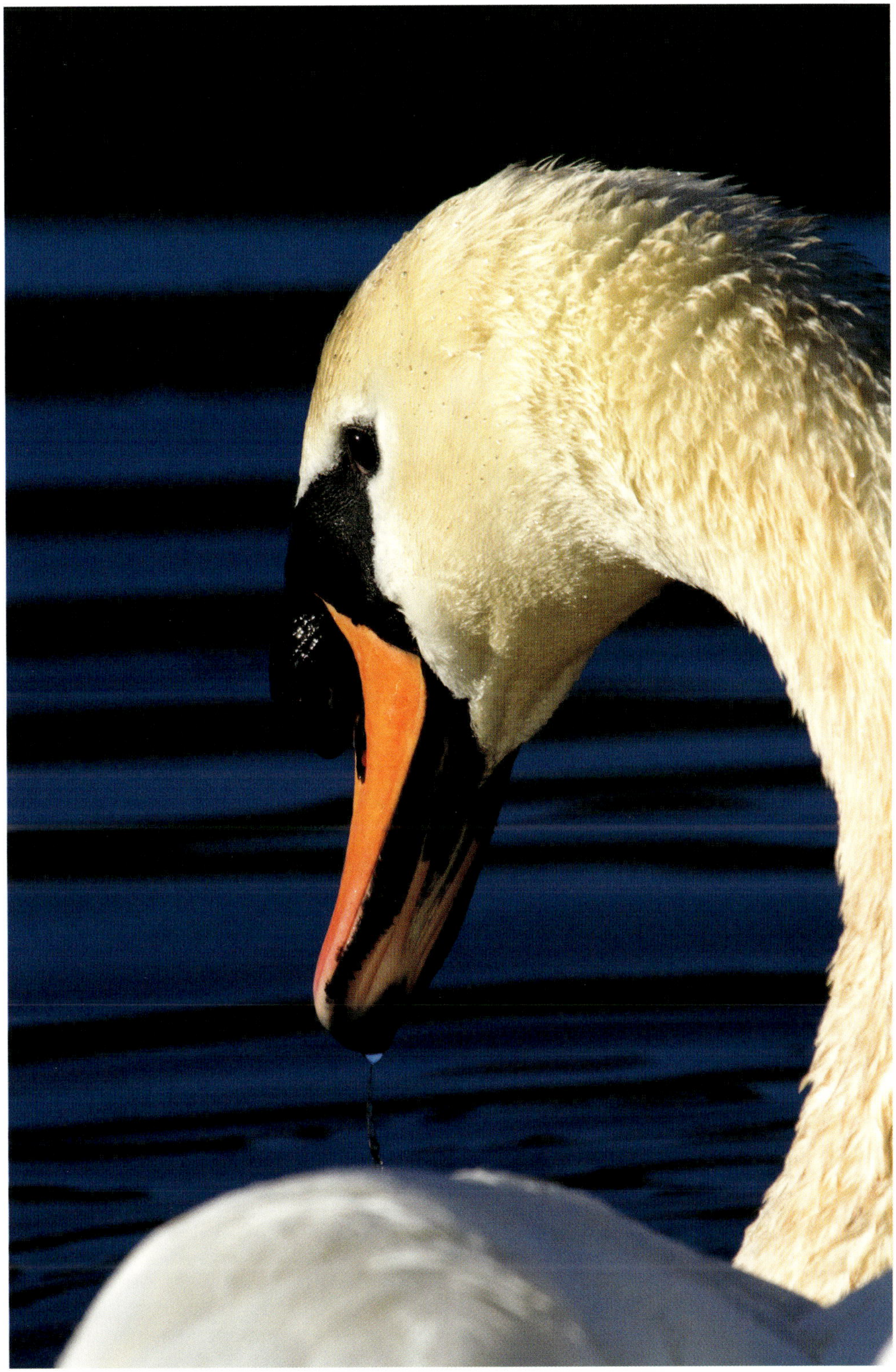

Links: Dieses Bild basiert auf seinen starken Formen, Linien und Farben. Letztendlich liegt der Fokus des Interesses beim Auge des Schwans, das eine starke Beziehung zwischen dem Motiv und dem Betrachter herstellt. Dank der hellen und dunklen Schattierungen liegt eine starke Figur-Grund-Trennung vor, und die starken Horizontalen der Wellen im Hintergrund unterstreichen die Kurve, die der Schwanenhals formt.

TIPP

HAUPT- UND NEBENELEMENT

Die Wirkung bestimmter Bilder beruht auf der Pendelbewegung des Blickes zwischen zwei Objekten, die sich im Aussehen nicht wesentlich unterscheiden, deren Bedeutung für die Bildkomposition jedoch sehr unterschiedlich ist. Eines der Objekte fungiert dann als Haupt- das zweite als Nebenelement. Normalerweise befindet sich das Nebenelement im Hintergrund und oft ist es unscharf. Es ist, als wäre die zweite Form ein Echo der ersten.

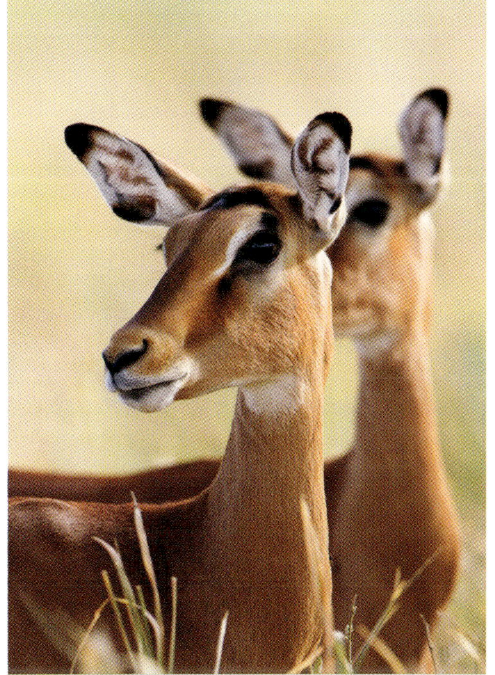

Ein perfektes Beispiel: Das vordere Impala-Weibchen ist das Hauptelement, das unscharfe dahinter das Nebenelement.

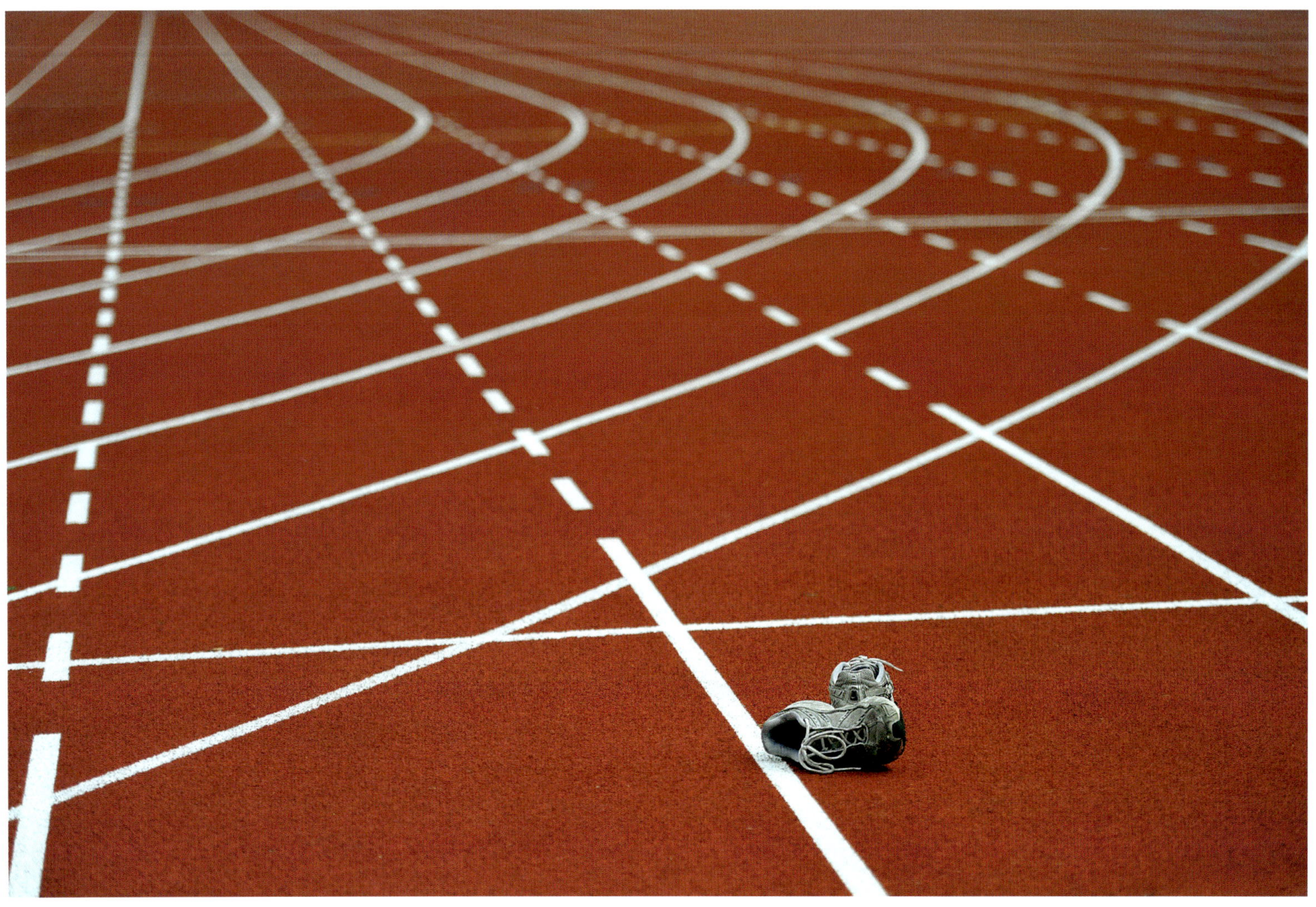

Der Umgang mit Mustern

Mit Mustern sollte ein Fotograf sehr bewusst umgehen. Wenn ein Muster bis an den Rand des Rahmens reicht, bekommt der Betrachter den Eindruck, dass es sich darüber hinaus unendlich weit fortsetzt. Ähnlichkeit und Nähe, Ausrichtung und Orientierung beeinflussen die Bildbotschaft und sagen etwas aus über die Beziehungen zwischen den Objekten, aus denen das Muster besteht. Ein Muster zu betrachten, kann monoton sein. Daher besteht das Risiko, den Betrachter zu langweilen, wenn es im Bild keine interessante Botschaft zu entdecken gibt. Um dieses Risiko zu verringern, ist es oft wirkungsvoll, das Muster abrupt zu durchbrechen, indem man etwas in einer anderen Farbe oder Form hinzufügt. Bei der Positionierung dieses wichtigen Elements sollte man bedachtsam vorgehen. Die Bildmitte wird vermutlich nicht funktionieren, da der Blick des Betrachters ohnehin sofort dorthin schweift, aber Sie wollen ja erreichen, dass er zuerst das Muster wahrnimmt und erst dann das Element, das es unterbricht.

Oben: Die Turnschuhe durchbrechen nicht nur formal das Muster, sie werfen auch interessante Fragen auf. Foto: Mark Shuttleworth.

Rechts: Das Licht lässt das Holz dieser alten Tür wie einen Rahmen um den Hund erscheinen. Dadurch wird die Tür selbst in diesem Schnappschuss zu einem wichtigen kompositorischen Element.

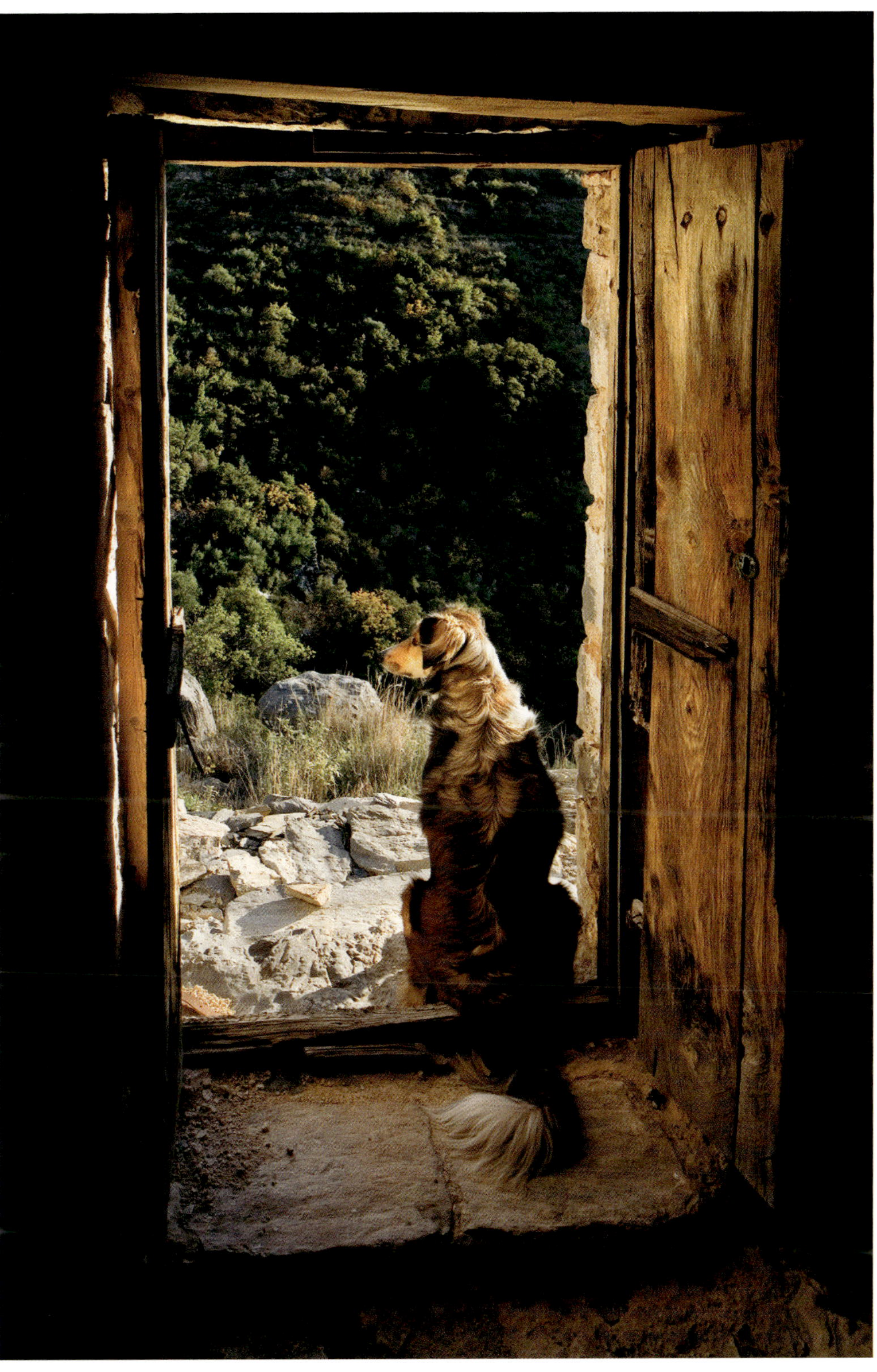

MOTIVE IM BILD EINRAHMEN

Hier folgen einige Fragen, die dabei helfen, Rahmen um Motive auf Bildern gezielt einzusetzen:

Können zusätzliche Elemente einen Rahmen bilden, der unsere Botschaft stützt oder den Fokus dorthin lenkt, wo er benötigt wird?

Welche Farbe, Schattierung und Beschaffenheit sollte der Rahmen haben?

Auf welche Weise kann der Rahmen das Motiv ergänzen?

Wie offensichtlich soll der Rahmen sein?

Wie viel vom Rahmen soll zu sehen sein – reicht vielleicht ein Teilstück aus?

Wie viel Platz soll zwischen Rahmen und Bildkante sein?

Wir eng soll das Motiv gerahmt werden: Soll es durch den Rahmen eingeengt oder begrenzt wirken?

Welcher Blickwinkel resultiert in einer optimalen Position von Rahmen und Motiv? Hier ist Präzision gefragt!

Welche Brennweite brauchen Sie, um das Objekt angemessen zu umrahmen und ein Gefühl der Distanz zwischen Motiv und Rahmen herzustellen?

Welche Blende bietet eine angemessene Schärfentiefe?

BILDER AUSSTELLEN

Auch wenn es vielleicht über die Aufgabe dieses Buches hinausgeht, kann argumentiert werden, dass alles, was mit dem Zeigen eines Fotos zu tun hat, als Erweiterung des Kompositionsprozesses betrachtet werden kann. Wenn wir diese Sichtweise übernehmen, können wir unsere Überlegungen darauf ausdehnen, auf welche Art von Papier das Foto gedruckt wird, wie es gerahmt wird, was für ein Rahmen verwendet wird, wie die Umgebung des ausgestellten Bildes aussieht – einschließlich der benachbarten Bilder – und wie das Licht ist, in dem es angeschaut wird.

Die Wahl des Papiers, auf das es gedruckt wird, kann die Art und Weise, wie es wahrgenommen wird, subtil beeinflussen. Glänzendes Papier ist zum Beispiel gut für Bilder mit starken Kontrasten, hoher Sättigung und starken Umrissen. Das liegt daran, dass glänzendes Papier das tiefste Schwarz und die maximale tonale Bandbreite bietet. Das andere Extrem – matte Papiere – kann zu hellen Fotos und High-key-Aufnahmen passen und ist zum Beispiel oft schmeichelhafter für Porträts.

Wenn wir unsere Fotos ausstellen, müssen wir uns bewusst sein, dass auch externe Elemente als Ablenkungen, Führungslinien, Komplementärfarben wirken können, genau wie Elemente auf dem Bild selbst. Ganz gleich, ob wir unsere Fotos in einer Galerie ausstellen oder sie einfach Freunden in einem Fotobuch oder Album zeigen – es lohnt sich, ihre Anordnung, ihr Arrangement und ihre Umgebung zu berücksichtigen.

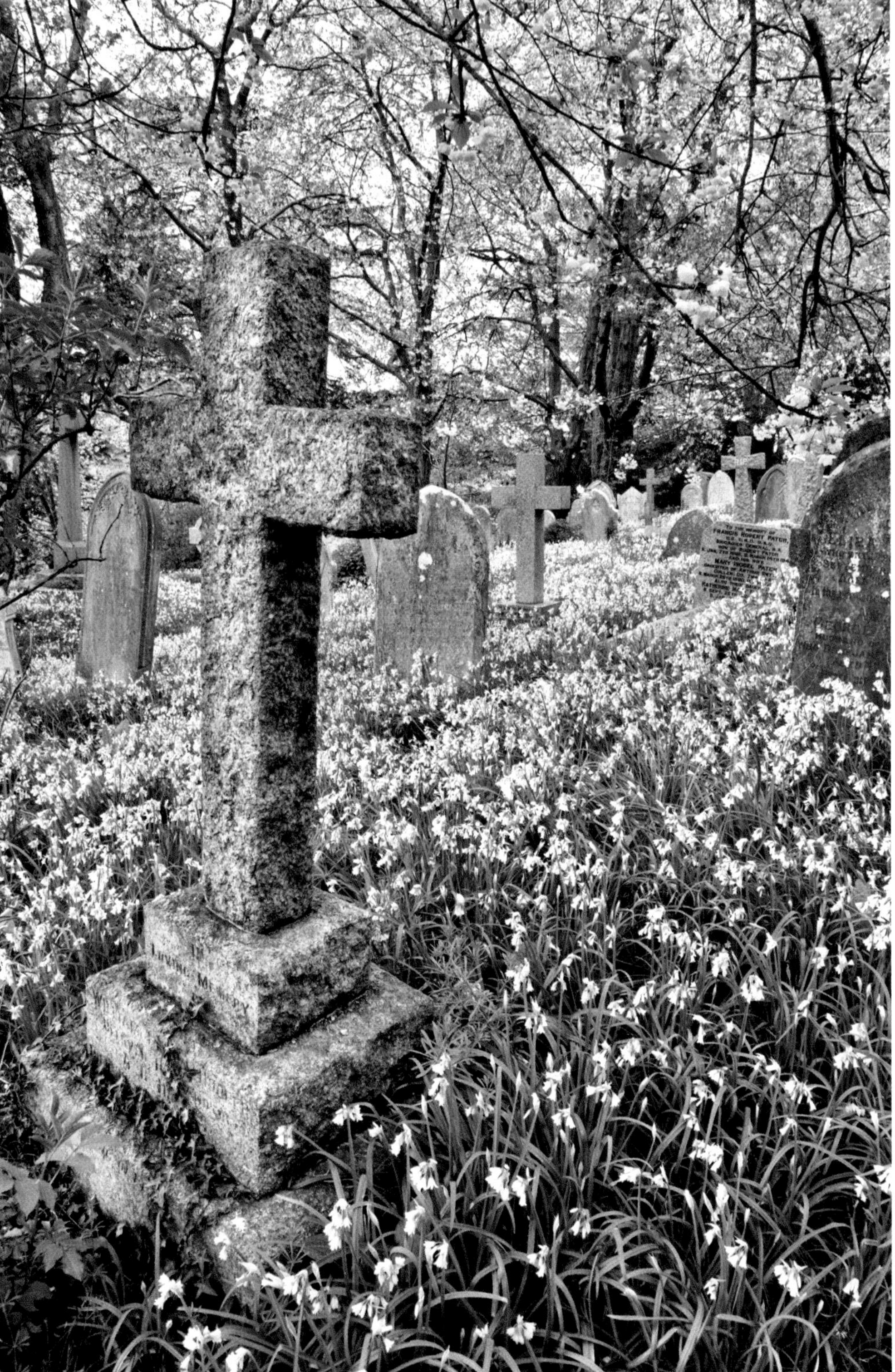

Rechts: Die nach hinten hin kleiner werdenden Kreuze und Frühlingsblumen auf einem Friedhof verleihen diesem Foto Tiefe.

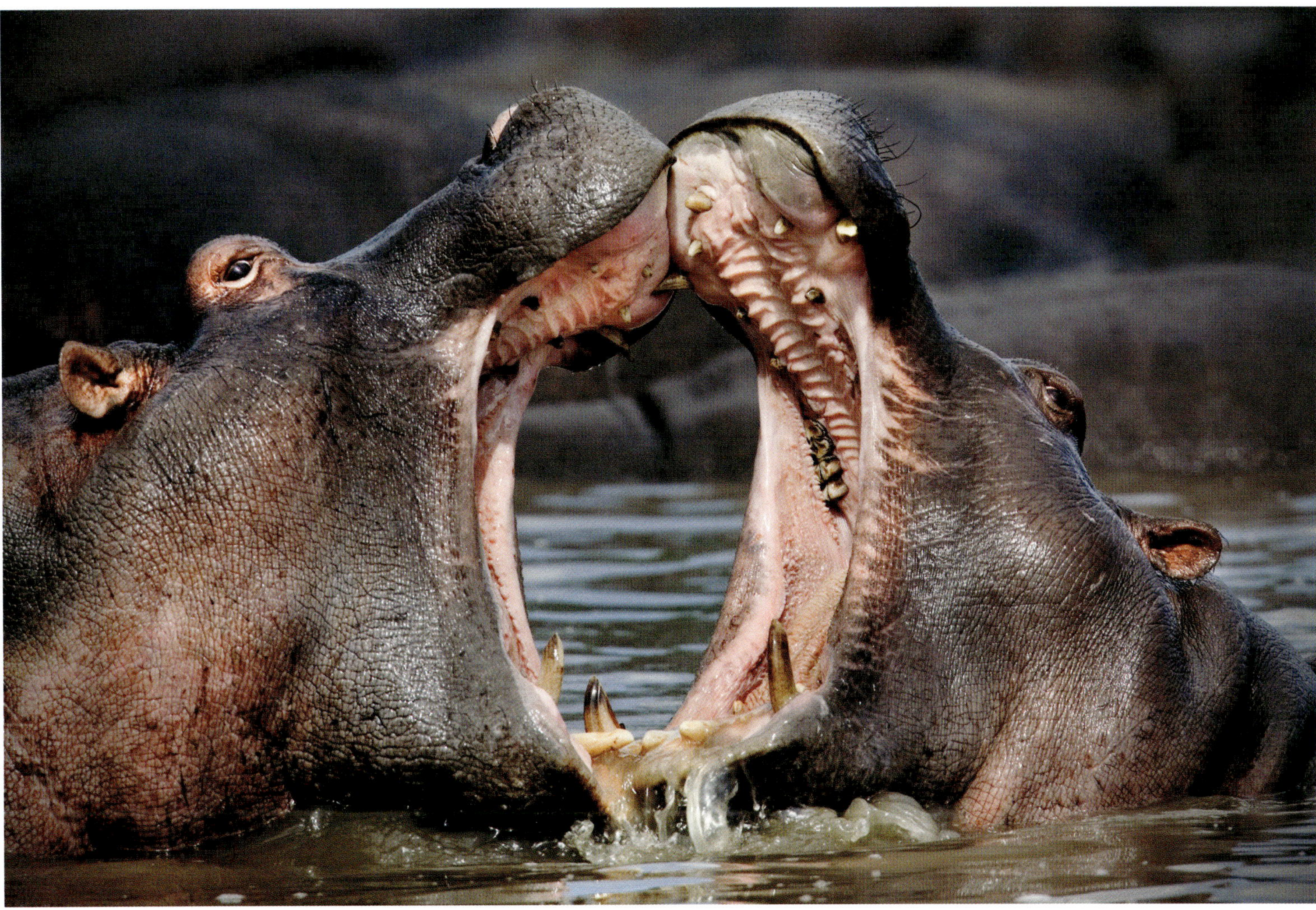

Bildtiefe

Oft wollen wir Tiefe auf unseren Fotos herstellen, vor allem bei Landschaftsaufnahmen. Viele Fotografen verwenden nur selten das Hochformat, aber wenn man Tiefe erzeugen will, ist es eine Option. Bedenken Sie, dass Elemente als Maßstab eingesetzt werden können. Unsere Erfahrung verrät uns, dass ein winziges Auto auf einem Bild weiter weg ist als ein großes Auto. Auch der bewusste Einsatz von Farb- und Zentralperspektive kann Bildtiefe entstehen lassen.

Kleinformat oder Großformat?

Selbst in den Phasen der Planung, Komposition und Aufnahme der Bilder sollte berücksichtigt werden, in welcher Form sie voraussichtlich gezeigt werden. Wenn es wahrscheinlich ist, dass Ihre Bilder auf den kleinen Displays mobiler Geräte zusammen mit anderen Fotos angeschaut werden, sollten sie relativ einfach und nüchtern sein und eine rasch wahrnehmbare Botschaft haben. Komplexere Kompositionen benötigen vielleicht eine größere Darstellung in einer ganz anderen Umgebung.

Oben: Diese Art von Bild würde auch auf kleinen Bildschirmen gut funktionieren, denn das Motiv füllt einen Großteil der Fläche aus und ist klar erkennbar. Das Oval, das die beiden Mäuler bilden, ist mittig und verstärkt durch seine einfache Form die Bildwirkung. Die interessanten Bereiche sind von der Schattierung her relativ hell, sodass der Blick sofort dorthin gezogen wird. Das emotionale Schlüsselelement – das Auge des linken Flusspferds – liegt zudem interessanterweise genau auf einer der Diagonalen, die die Diagonalmethode vorgibt.

Weitere Tipps & Hilfsmittel

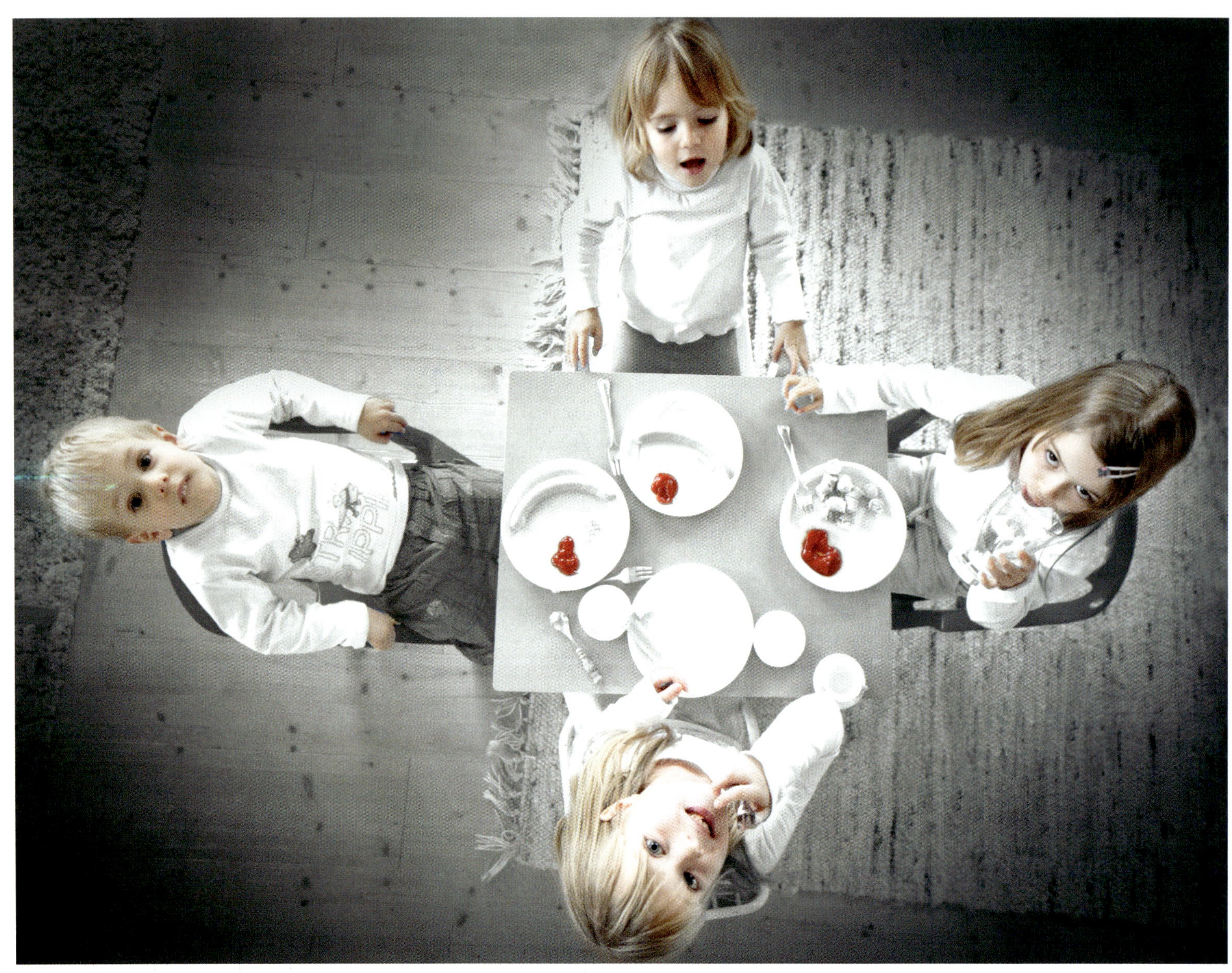

Oben: „Ich mag kein Ketchup“ ist der Titel dieses Fotos von Mark Shuttleworth, und der extreme Blickwinkel stützt die Bildaussage perfekt!

Bevor wir zu einigen einfachen Checklisten kommen, die als Gedächtnisstütze dienen können, wenden wir uns einer Eigenschaft Ihrer Kamera zu, die für Ihre kompositorischen Entscheidungen im Allgemeinen relevant ist: Nimmt Ihre Kamera genau das auf, was Sie durch den Sucher sehen? Der Sucher zeigt nicht immer genau hundert Prozent des Bildes, und das müssen Sie eventuell berücksichtigen, vor allem bei sehr präzisen Kompositionen, die Elemente umfassen, die sich sehr nah am Rand befinden.

Selbst wenn Ihr Sucher hundertprozentig deckungsgleich mit dem fotografischen Ergebnis ist, kommt es vor, dass einem Probleme mit Elementen entgehen, die sich nahe am Rand befinden. Es ist sehr ärgerlich, wenn Sie das Foto dann auf dem großen Bildschirm sehen und merken, dass bei einer wichtigen Person im Hintergrund der Kopf angeschnitten ist! Arbeiten Sie sorgfältig, wenn Sie das Foto aufnehmen, und wenn die Zeit dafür da ist, suchen Sie das ganze Bild – einschließlich der Ränder – ab, bevor Sie auf den Knopf drücken.

Die Szene erkunden

Wenn Sie sich zu Ihrem Fotoshooting aufgemacht haben, nehmen Sie sich ein wenig Zeit, die Szene zu erkunden, um festzustellen und zu definieren, was Sie vermitteln möchten. Dann können Sie mit verschiedenen Perspektiven experimentieren und durch die Veränderung Ihrer Position oder Ihres Blickwinkels die relative Größe und die Positionen der Elemente der Szene radikal verändern. Wir alle sehen die Welt auf Augenhöhe, daher können wir einfach dadurch, dass wir von einem höheren oder tiefen Blickwinkel aus fotografieren, Aufnahmen mit wechselnder Perspektive und neuen Beziehungen zwischen den Bildelementen machen. Bereits kleine Veränderungen machen einen großen Unterschied, aber experimentieren Sie auch mit Extremen. Viele Kameras verfügen auf der Rückseite über dreh- und schwenkbare LCD-Displays, was bedeutet, dass Sie sich nicht mehr so verrenken müssen! Achten Sie auch darauf, was die Umgebung zu bieten hat, um Ihr Motiv aus unterschiedlichen Positionen zu betrachten.

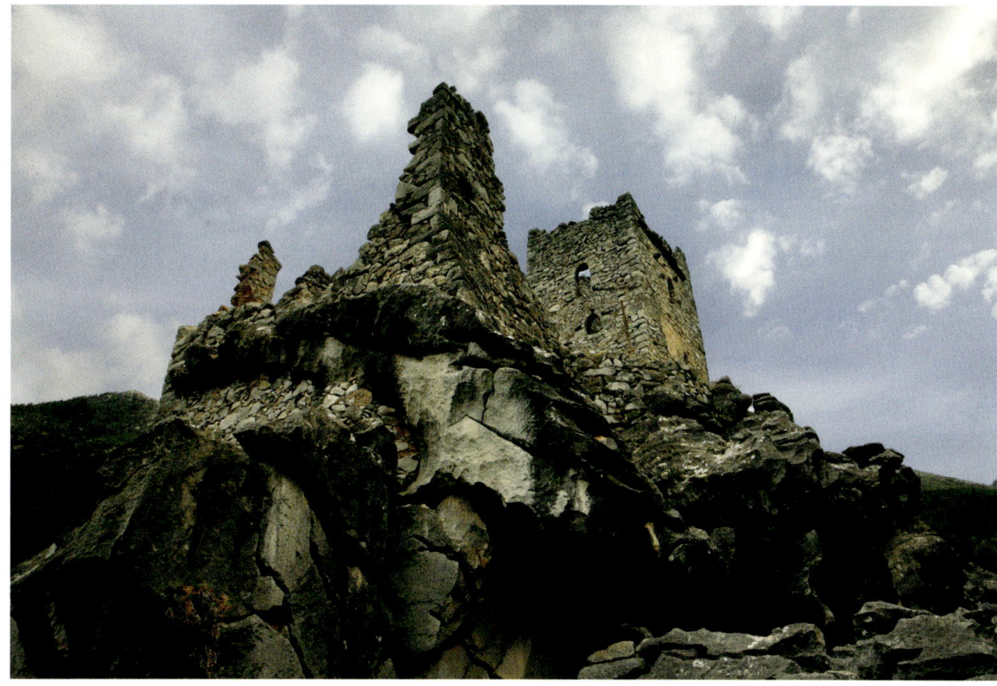

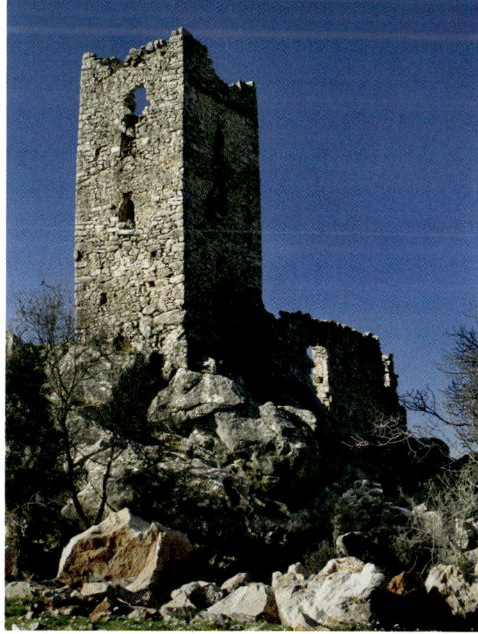

Oben und rechts: Die Aussicht auf dieses alte Gemäuer mit Turm (rechts) auf dem südlichen Peloponnes ist von der Straße aus gesehen rein grafisch betrachtet nicht besonders interessant. Ein wenig Erkundung zu Fuß und eine Kletterpartie über Felsen ergaben jedoch eine weit interessantere Perspektive von der anderen Seite. Das Ergebnis (oben) sagt eine Menge über die beeindruckenden Fundamente dieses ungewöhnlichen Gebäudes aus. Wegen der Kontraste kehrte ich an einem weniger sonnigen Tag mit interessanterem Himmel zurück, um diese Aufnahme zu machen.

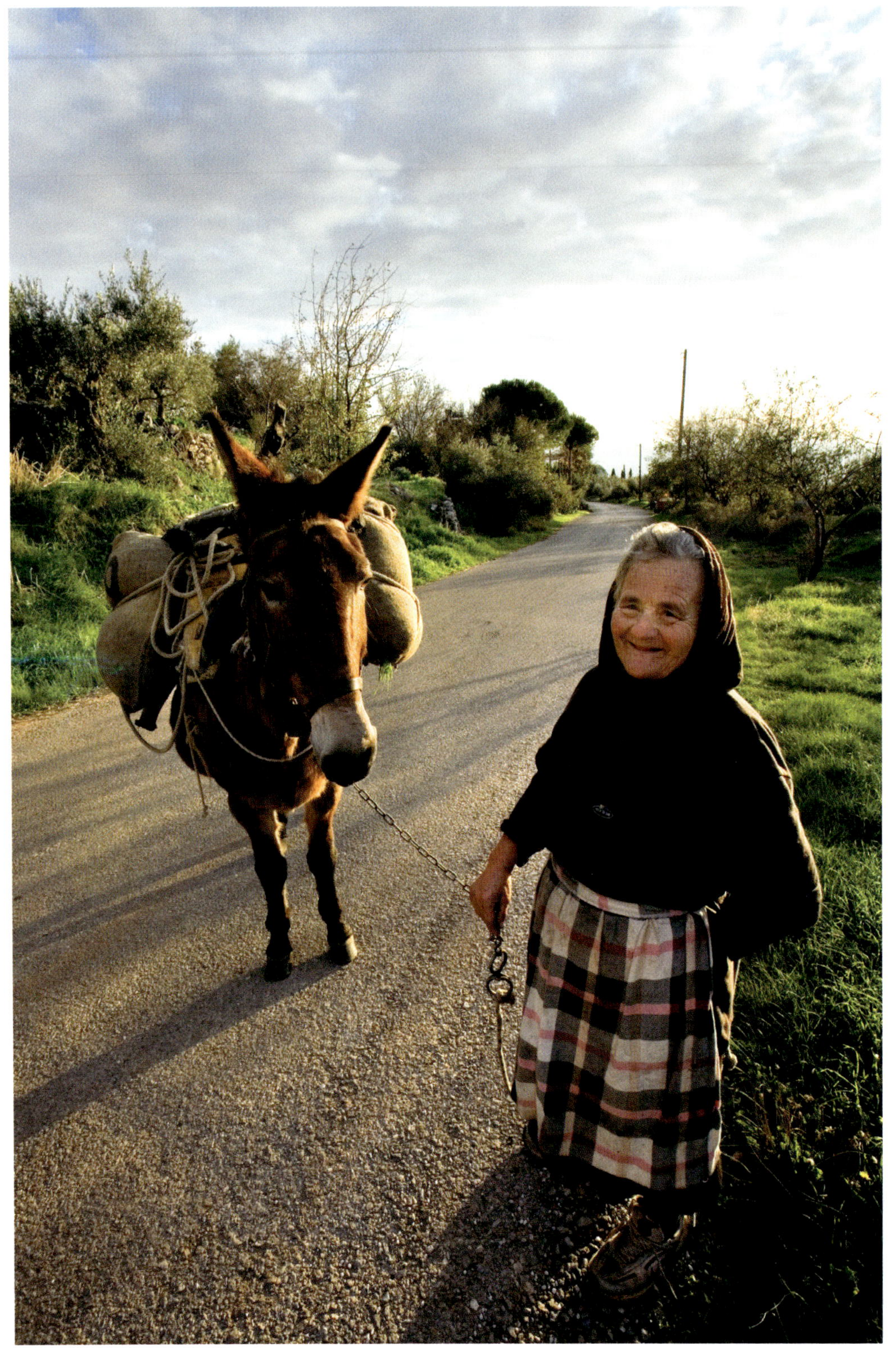

Der richtige Blickwinkel

Denken Sie daran, dass der Fotograf, indem er über den Blickwinkel entscheidet, auch die Position des Betrachters wählt. Damit beeinflusst er in einem gewissen Maße auch, wie die Beziehung zum Motiv wahrgenommen wird. Wenn man zum Beispiel ein kleines Kind fotografiert und dabei eine Position einnimmt, die unter der Augenhöhe dieses Kindes liegt, sodass man zu ihm aufblickt, wird dem Betrachter der Eindruck vermittelt, dass das Kind relativ dominant ist. Aus demselben Grund sind Fotos, auf denen man auf Welpen hinabschaut, so beliebt: Sie wirken dadurch hilflos und verletzlich.

Mit zunehmender Erfahrung wissen wir immer besser, welche Brennweite und welche Positionierung der Kamera die Bildelemente richtig proportionieren und die gewünschten Bezüge zwischen ihnen herstellen können. Zuvor muss man jedoch viel ausprobieren. Man sollte Szenen erkunden, indem man immer wieder durch den Sucher schaut. Feine Anpassungen, die wir – das Auge am Sucher oder den Blick auf dem Display – vornehmen, sind ebenfalls unerlässlich für die Feinabstimmung unserer Komposition. Zoom-Objektive ermöglichen es uns, die Brennweite zu verändern, während wir unsere Position variieren, um die optimale Komposition für die Botschaft, die wir vermitteln wollen, zu finden.

Links: Dieses Foto war ein Glücksfall: Die alte Bäuerin war mit ihrer Tagesernte auf dem Weg zur Olivenpresse. Ich musste schnell reagieren, da sie sich nicht lange aufhalten wollte. Ich entschied mich für einen höheren Standpunkt und einen relativ weiten Winkel, um zu vermeiden, dass die Position der Gesichter direkt vor dem Horizont oder dem hellen Himmel ist.

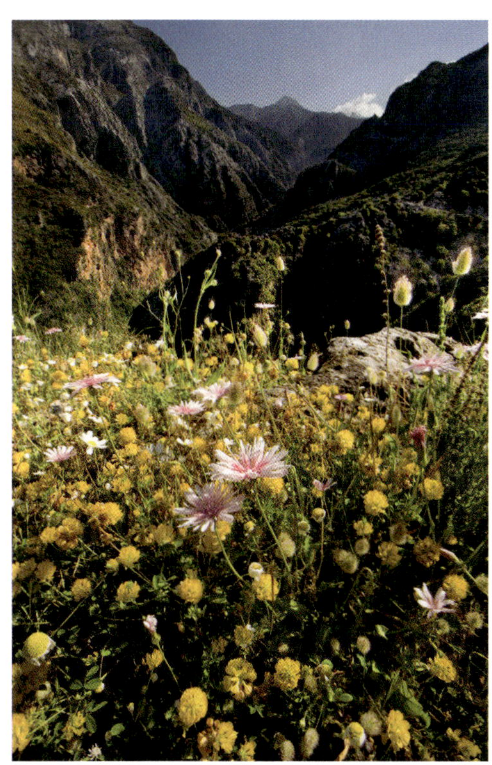

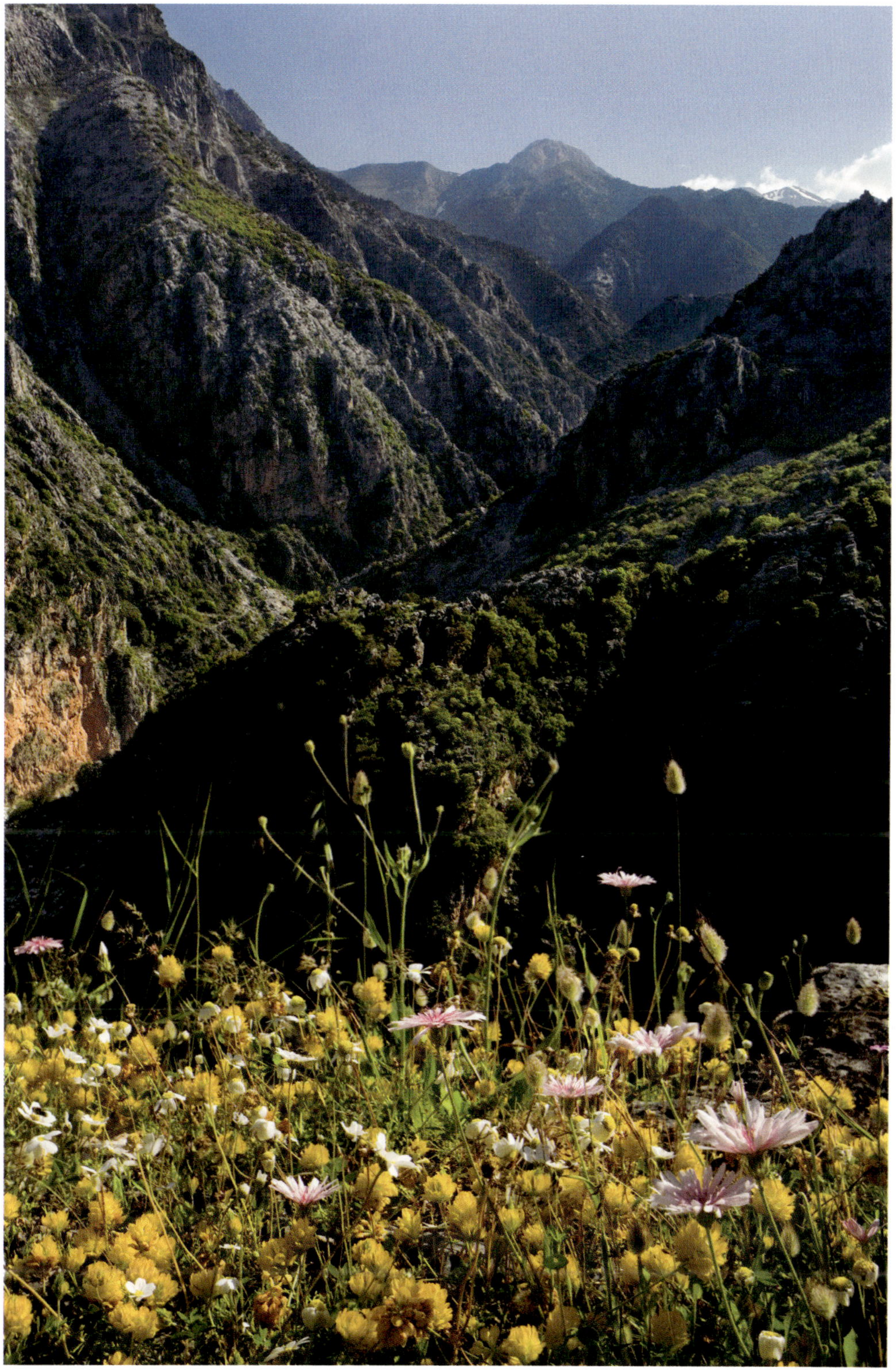

Oben und rechts: Diese beiden Fotos sind am selben Platz aufgenommen, aber mit unterschiedlicher Intention. Das obere Bild ist den Wildblumen gewidmet, das Bild rechts dagegen betont den Steilabfall zur Schlucht. Das zweite Bild ist meiner Meinung nach die bessere Aufnahme.

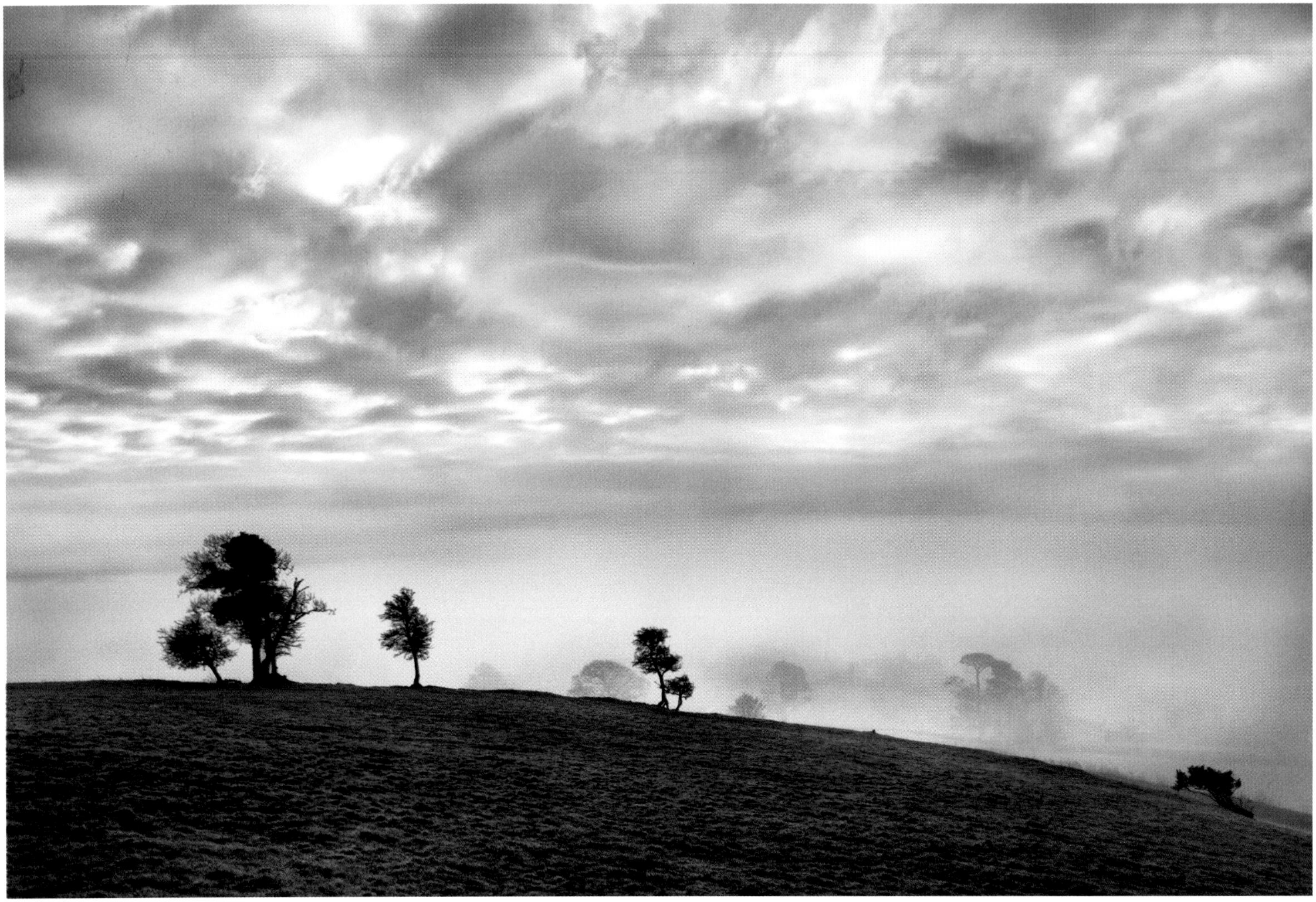

Ein Skizzenblock als Helfer

Wenn Sie die Szene studiert haben, sehen Sie hoffentlich vor Ihrem geistigen Auge das Bild, das Sie aufnehmen möchten. Je nach Genre haben Sie den Luxus, dieses Foto ganz genau zu konstruieren, oder aber nicht. Die Arbeit im Studio und das Fotografieren von Stillleben bieten oft mehr Kontrolle, während Dokumentar-, Landschafts-, Architektur- und Naturfotografie oft bedeuten, dass man Kompromisse eingehen muss.

In beiden Fällen ist ein Skizzenblock ein sehr geeignetes Hilfsmittel. Zeichnen Sie die Elemente und Linien einfach so auf, wie sie möglicherweise im Sucher erscheinen werden. Ein Gekritzel, das die Umrisse der verschiedenen Objekte, Linien und Formen zeigt, reicht vollkommen aus. Dies hilft Ihnen dabei, die Szene zu vereinfachen und die Formen der Objekte und der Bereiche dazwischen – also die Negativräume – zu verdeutlichen. Denken Sie dann kurz darüber nach, wie Sie das alles besser ins Gleichgewicht bringen können, und achten Sie darauf, ob unerwünschte oder überflüssige Elemente dabei sind. Diese können Sie dann durch die Wahl der Brennweite aus dem Bildbereich entfernen. Sie können auch Ihre Position ändern oder warten, bis sich Elemente ein wenig bewegen.

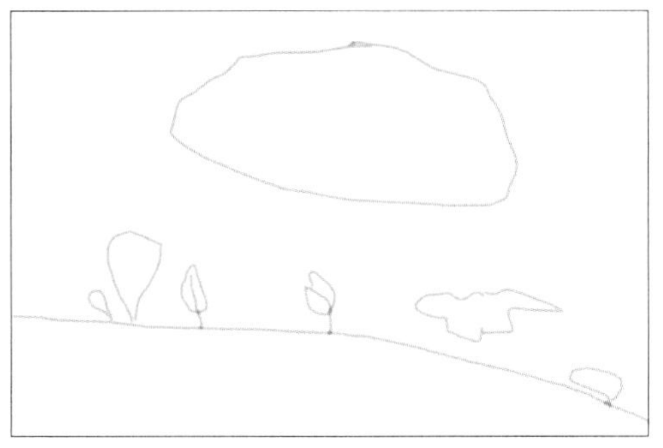

Oben und ganz oben: Die Skizze braucht kein Kunstwerk zu sein!

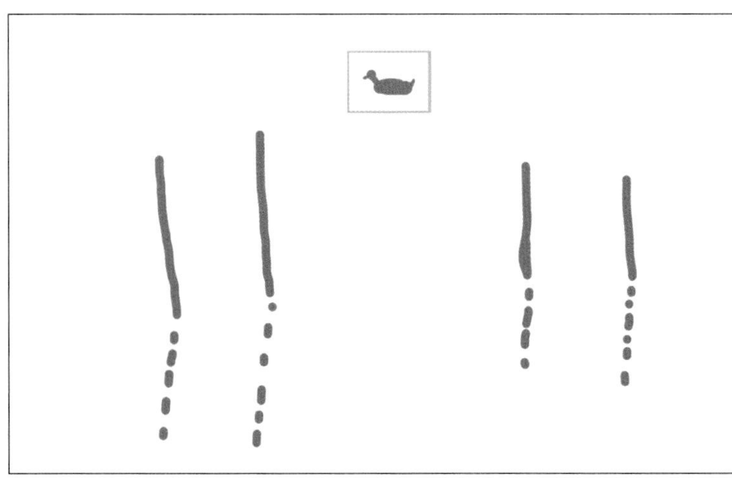

Links: Positionieren Sie die Ente an geeigneter Stelle auf dem Bild.

Unten: Mit etwas Glück schwimmt die Ente in die perfekte Position, und Sie bekommen ein gelungenes Foto.

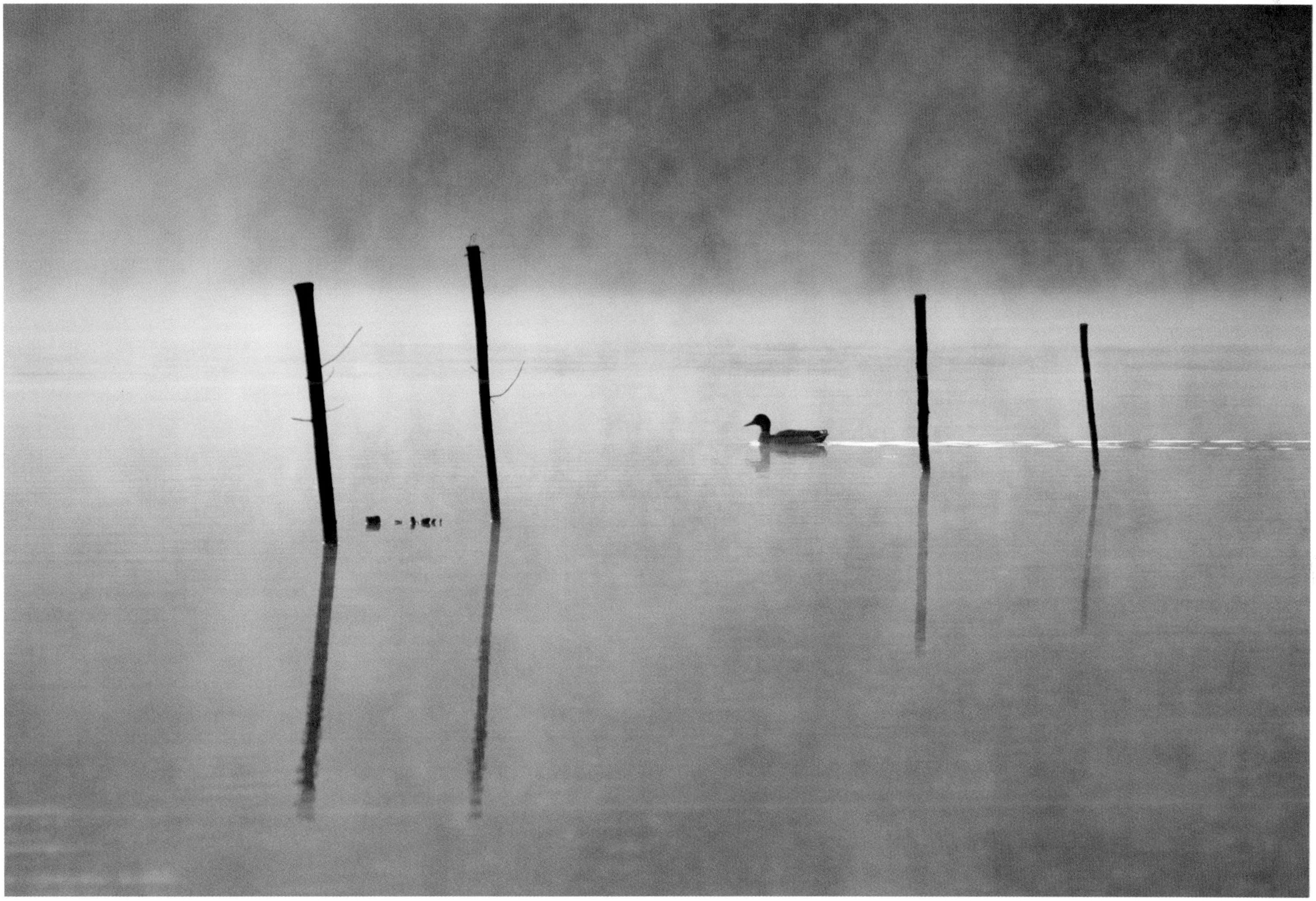

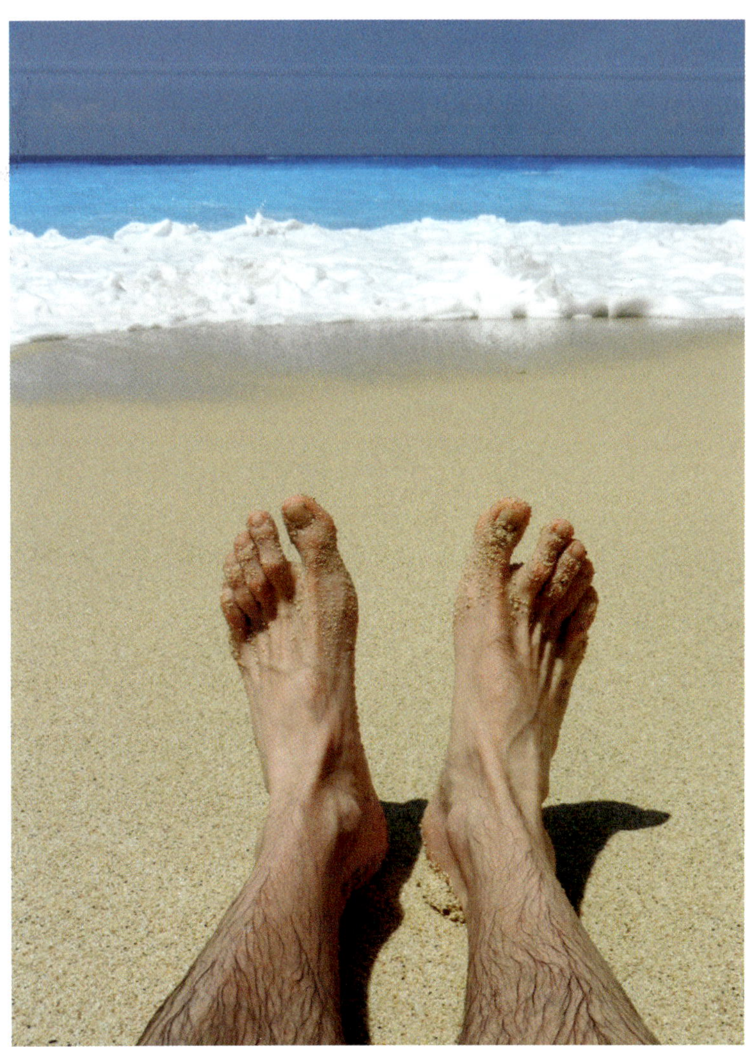

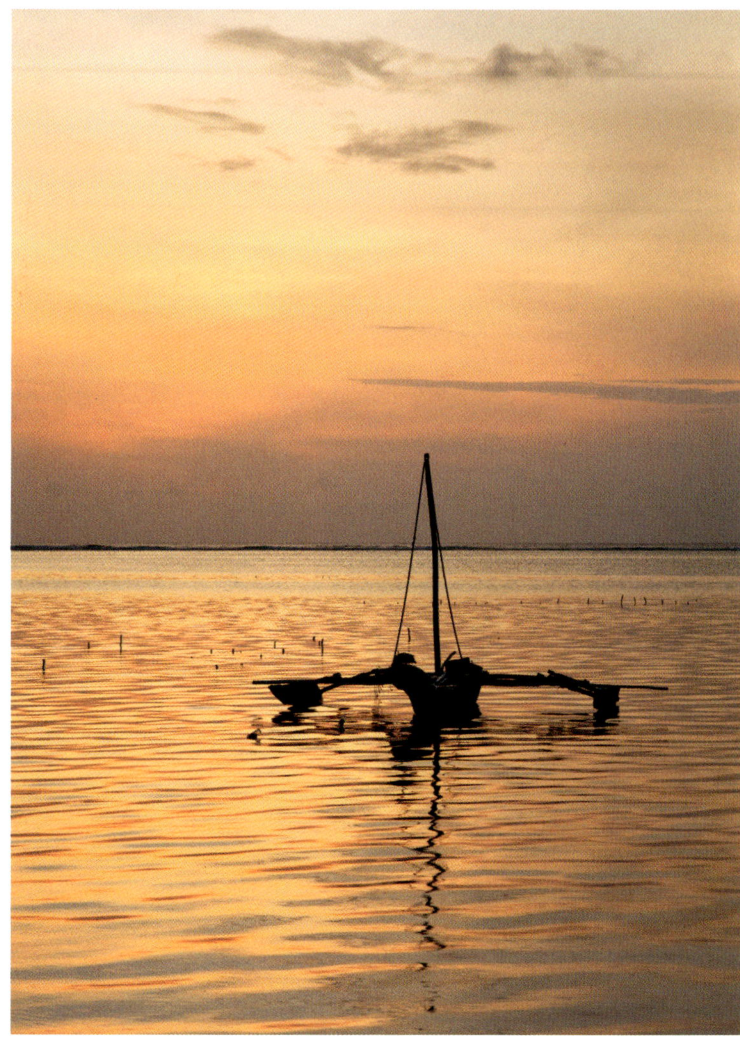

Einfacher ist klarer

Oben links: Ganz einfach, aber stark in der Aussage: Fotografieren bedeutet nicht immer nur harte Arbeit!

Oben rechts: Ein schlichtes, ruhiges Bild, aufgenommen bei Sonnenuntergang in Sansibar.

Fragen Sie sich, ob es einen Weg gibt, die Dinge zu vereinfachen, um Ihre Botschaft deutlicher hervorzuheben. Eine Szene, die Sie interessiert, besitzt in der Regel alle Elemente, die Sie brauchen. Allerdings enthält sie auch Dinge, die für die Bildaussage unwichtig sind oder sie sogar beeinträchtigen. Diese sollten entfernt werden. Eine gute Komposition vermittelt den Eindruck, dass nichts hinzugefügt und nichts entfernt zu werden braucht – sie ist genau richtig so, wie sie ist.

Wenn wir über Einfachheit bei Bildern sprechen, muss zunächst einmal geklärt werden, was darunter zu verstehen ist. Einfachheit kann quantitativ verstanden werden. Ein schlichtes Bild besitzt weniger Bildelemente und weist weniger Bezüge auf. Seine Einfachheit ist vergleichbar mit der Zeichnung eines kleinen Kindes, die nur das Wesentliche enthält. Die Reduzierung der Bildelemente und Bezüge macht aber nicht notwendigerweise ein gutes Kunstwerk aus. Es kommt darauf an, dass die Auswahl, die wir treffen, dazu dient, die Botschaft klarer zu übermitteln und die Wirkung zu verstärken.

In bestimmten Genres der Fotografie hat man natürlich den Luxus, Elemente hinzufügen zu können, die anfangs nicht da waren. Auch auf diesem Weg lässt sich eine Bildbotschaft präzisieren. Darüber hinaus können Komplexität und Unordnung auch selbst die intendierte Botschaft sein. In diesem Fall würde man diese Aspekte eher steigern, anstatt zu vereinfachen. Komplexe Fotos bedürfen auch einer besonders sorgfältigen Komposition, damit der Betrachter das Bedürfnis verspürt, den Blick über das Bild wandern zu lassen, um seine Inhalte und seine Aussage zu erfassen.

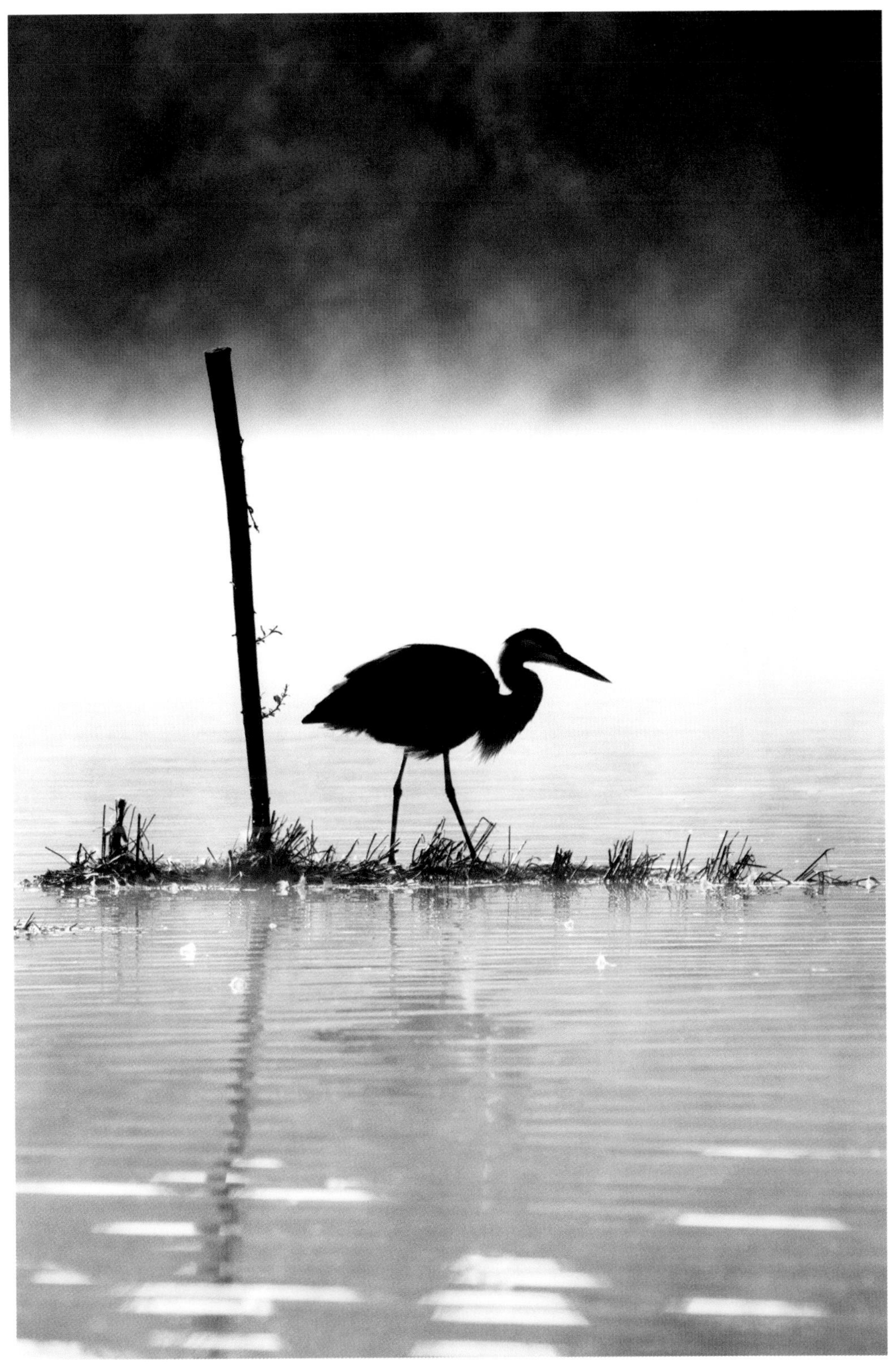

SILHOUETTEN

Eine Form der Vereinfachung ist die Reduzierung eines Motivs auf seine Silhouette. Ein solches Bild zeigt wenig Oberflächenbeschaffenheit und Zeichnung, hebt aber Form und Umriss des Objekts hervor. Wenn Sie erwägen, eine Silhouette festzuhalten, sollten Sie sich folgende Fragen stellen:

- Sind die Umrisse interessant genug, und bilden die Elemente angenehme grafische Formen?
- Reichen die Umrisse aus oder braucht es noch andere Details, um Ihre Botschaft zu transportieren?
- Wie können die Umrisse und Konturen besser hervorgehoben werden? Muss ich meinen Blickwinkel ändern? Bei Sonnenuntergängen muss man oft einen tiefer gelegenen Blickwinkel wählen, damit sich das fotografierte Objekt ganz über dem Horizont und vor dem hellen Himmel befindet.
- Gibt es irgendwelche verwirrenden Überschneidungen, die vermieden werden können, wenn ich meine Position ändere?

Links: Der Nebel über dem See und die Silhouette im Gegenlicht vereinfachen das Bild. Die Aufmerksamkeit konzentriert sich dadurch auf das Profil des Reihers.

Tipps zur Erhöhung der Salienz

Hier geht es um die Stärke der Bildwirkung. Um unsere Botschaft deutlich zu vermitteln, ist es sinnvoll, den Bildgegenstand zu isolieren und seine Dominanz zu erhöhen. Ist er einzigartig, erhöht dies die Salienz ebenso wie Übertreibung, die Hervorhebung seiner Größe durch einen Maßstab, die besondere Klarheit seiner Kontur oder die Stärke des Kontrasts zu seiner Umgebung. Man kann Elemente, die auf einem Bild erscheinen, in dieser Hinsicht nach ihrer Dominanz einordnen, was konstruktiv für unsere kompositorischen Überlegungen eingesetzt werden kann. Das dominante Element kann dann zum Beispiel gemäß der Zwei-Drittel-Regel platziert oder so positioniert werden, dass es zusammen mit untergeordneten Elementen ein Dreieck bildet. Hier ein paar Vorschläge:

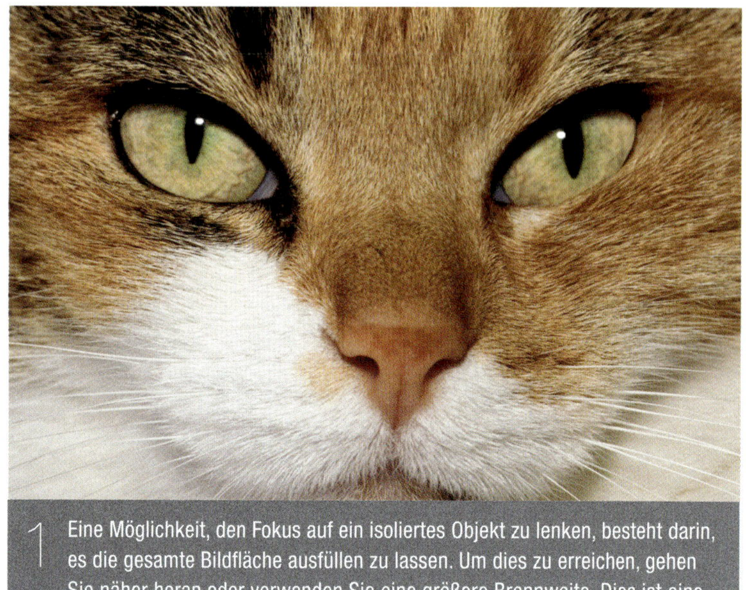

1 Eine Möglichkeit, den Fokus auf ein isoliertes Objekt zu lenken, besteht darin, es die gesamte Bildfläche ausfüllen zu lassen. Um dies zu erreichen, gehen Sie näher heran oder verwenden Sie eine größere Brennweite. Dies ist eine einfache Strategie, um zu gewährleisten, dass nichts anderes auf dem Bild ist, was irgendwie ablenken könnte. Dieses Porträt meiner Katze enthält nur das Notwendige, mehr nicht.

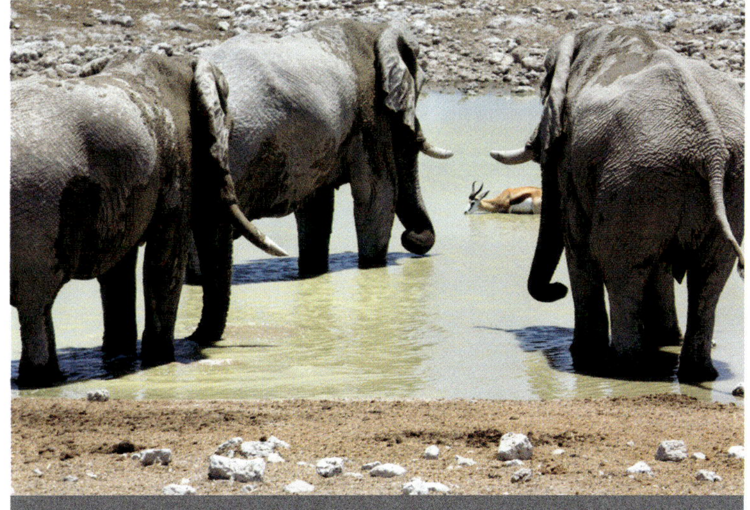

4 Komponieren Sie die Szene so, dass andere Elemente das Hauptobjekt betonen oder die Aufmerksamkeit darauf lenken. Suchen Sie nach Linien, die Sie benutzen können, um den Fokus des Interesses zu leiten. Hier führen uns Ausrichtung und Blick der Elefanten zum Hauptobjekt – dem Springbock, der sich im Wasser abkühlt und sich offenbar von den Elefanten nicht stören lässt.

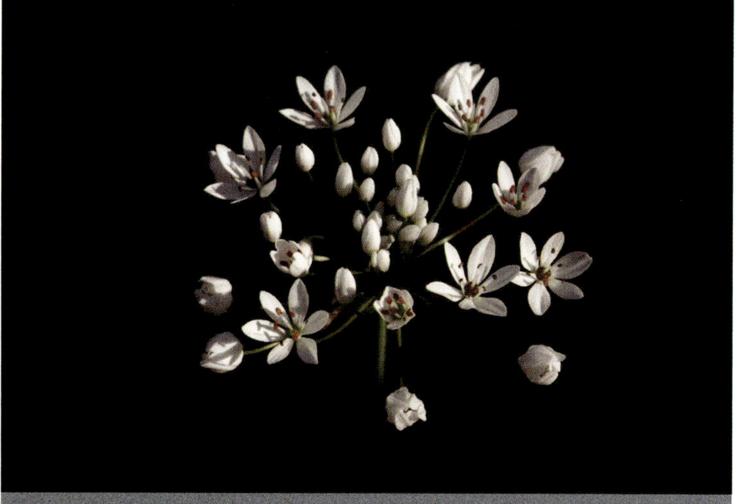

5 Wie kann die Beleuchtung verändert werden, um die Figur-Grund-Trennung zu verstärken? Zusätzliche Belichtung, vor allem Spotbeleuchtung, kann dazu beitragen, das Interesse auf ein helleres Objekt zu fokussieren. Diese weißen Lauchblüten vor dem dunklen Hintergrund bieten durch den starken Kontrast die größtmögliche Figur-Grund-Trennung.

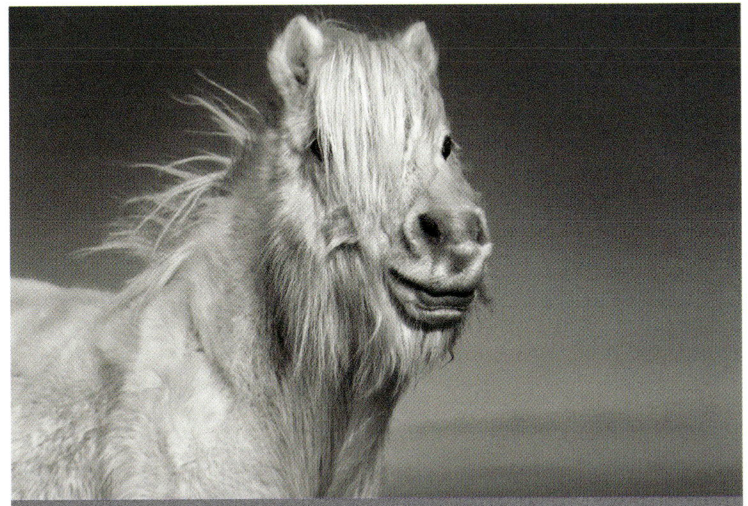

2 Versuchen Sie, das Objekt besser vom Hintergrund abzusetzen, indem Sie Ihre Position und Ihren Blickwinkel ändern. Prüfen Sie dabei vor allem den Vordergrund, insbesondere, wenn Sie von weit unten fotografieren. Halten Sie nach möglichen Ablenkungen Ausschau, vor allem nach helleren Elementen oder starken Farben, die die Aufmerksamkeit vom Objekt ablenken könnten.

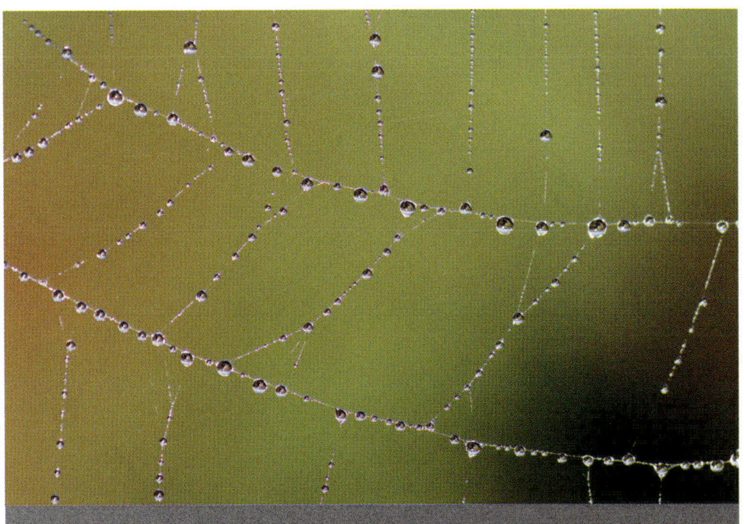

3 Ziehen Sie eine große Blendenöffnung in Erwägung – eine kleinere Blenden- oder F-Zahl –, um eine geringe Schärfentiefe zu erhalten, damit der Hintergrund wirkungsvoll verschwommen ist. Kann der Einsatz selektiver Schärfe dabei helfen, die Aufmerksamkeit auf das Objekt zu lenken? Auch ein Tilt-und-Shift-Objektiv kann eingesetzt werden, um die Schärfentiefe zu vergrößern.

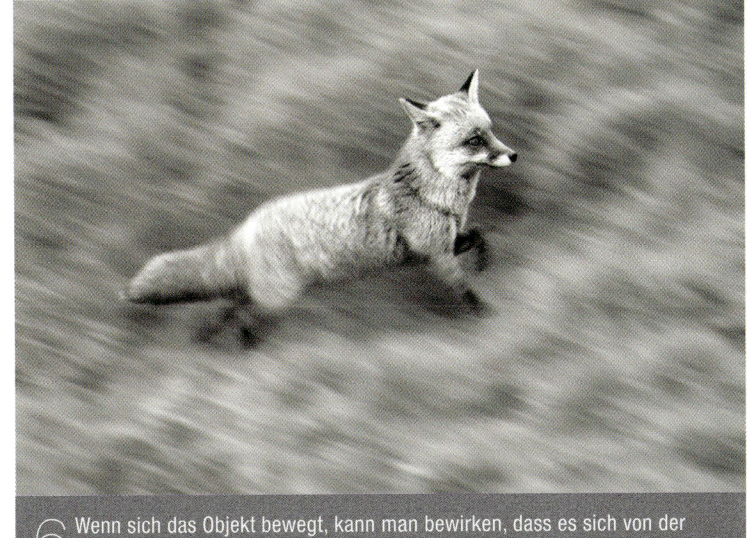

6 Wenn sich das Objekt bewegt, kann man bewirken, dass es sich von der Umgebung abhebt, indem man sich einen Effekt zunutze macht, bei dem Aspekte des Motivs scharf bleiben, während die Umgebung verschwimmt. Bei dieser Art von Aufnahme ist es wichtig, trotz Bewegung ein gewisses Maß an Schärfe zu erhalten, wie das bei dem rennenden Fuchs der Fall ist.

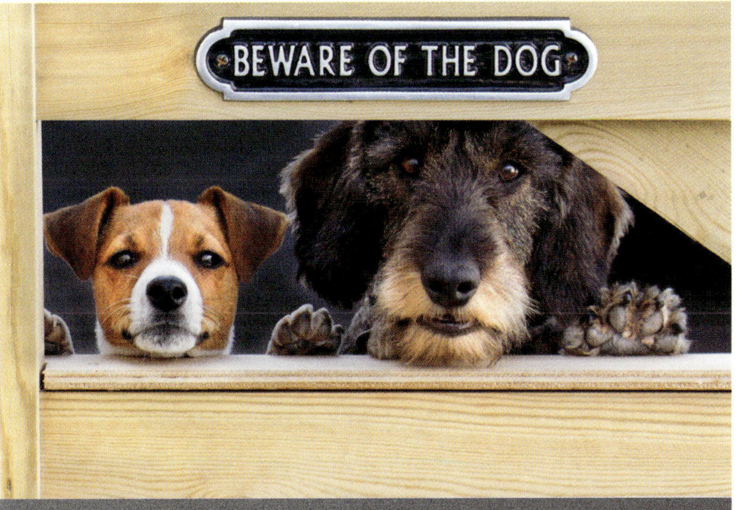

7 Ein Rahmen im Bild kann ebenfalls helfen, die Aufmerksamkeit auf das Wichtigste zu lenken. So wird gewährleistet, dass es keine ablenkenden Inhalte gibt. In diesem Fall ist das Wichtigste eine Öffnung in der Tür, durch die uns zwei Hunde anblicken. Auch inhaltlich ist der Rahmen wichtig, denn darauf ist das Schild „Beware of the Dog", „Vorsicht vor dem Hund" angebracht – ein witziges Detail, da die Hunde offenbar vollkommen harmlos sind.

Der Bildhintergrund

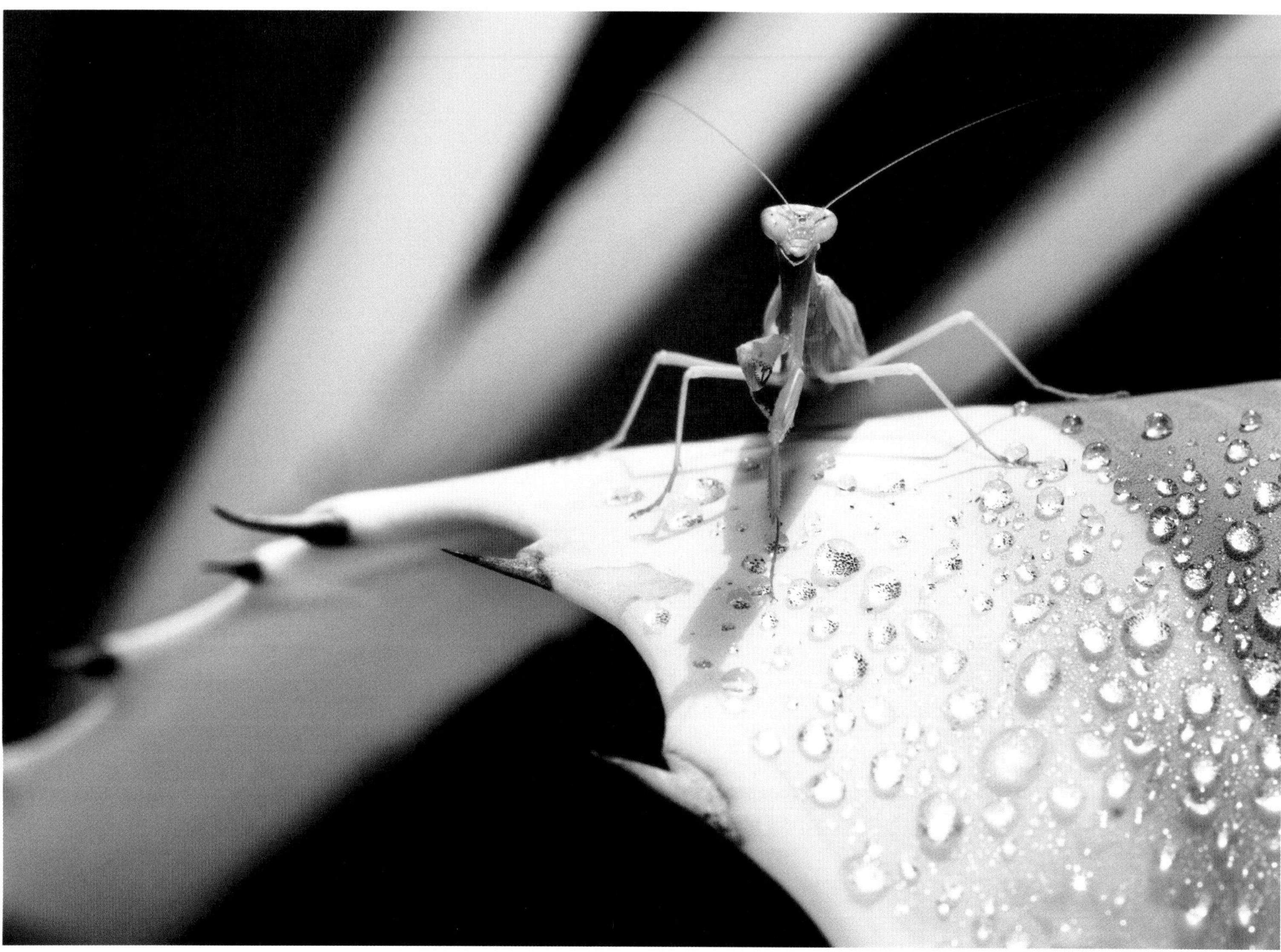

Es lohnt sich, sich einmal klarzumachen, dass der Hintergrund eines Fotos die Bühne für das Hauptmotiv ist. So gesehen ist er so wichtig wie das gezeigte Objekt selbst. Selbst wenn der Hintergrund völlig verschwommen ist, sodass die Elemente darin nicht sofort identifizierbar sind, können die Farben und Schattierungen darin immer noch wirkungsvoll zur Komposition beitragen und hoffentlich das Motiv verstärken. Streifen und Linien im Hintergrund können zum Beispiel helfen, den Blick auf einen bestimmten Punkt zu lenken.

Ein Bildhintergrund ist keinesfalls nichtssagend, nur weil er nicht mit dem Bildmotiv konkurrieren sollte. Er kann im Gegenteil Kompositionen aktiv stützen. Tatsächlich bietet der Hintergrund oft Bestandteile, die einen wichtigen Beitrag dazu leisten, dass eine Geschichte erzählt werden kann. Er kann auch direkt die Bildbotschaft stärken und in manchen Fällen selbst die Bildbotschaft enthalten.

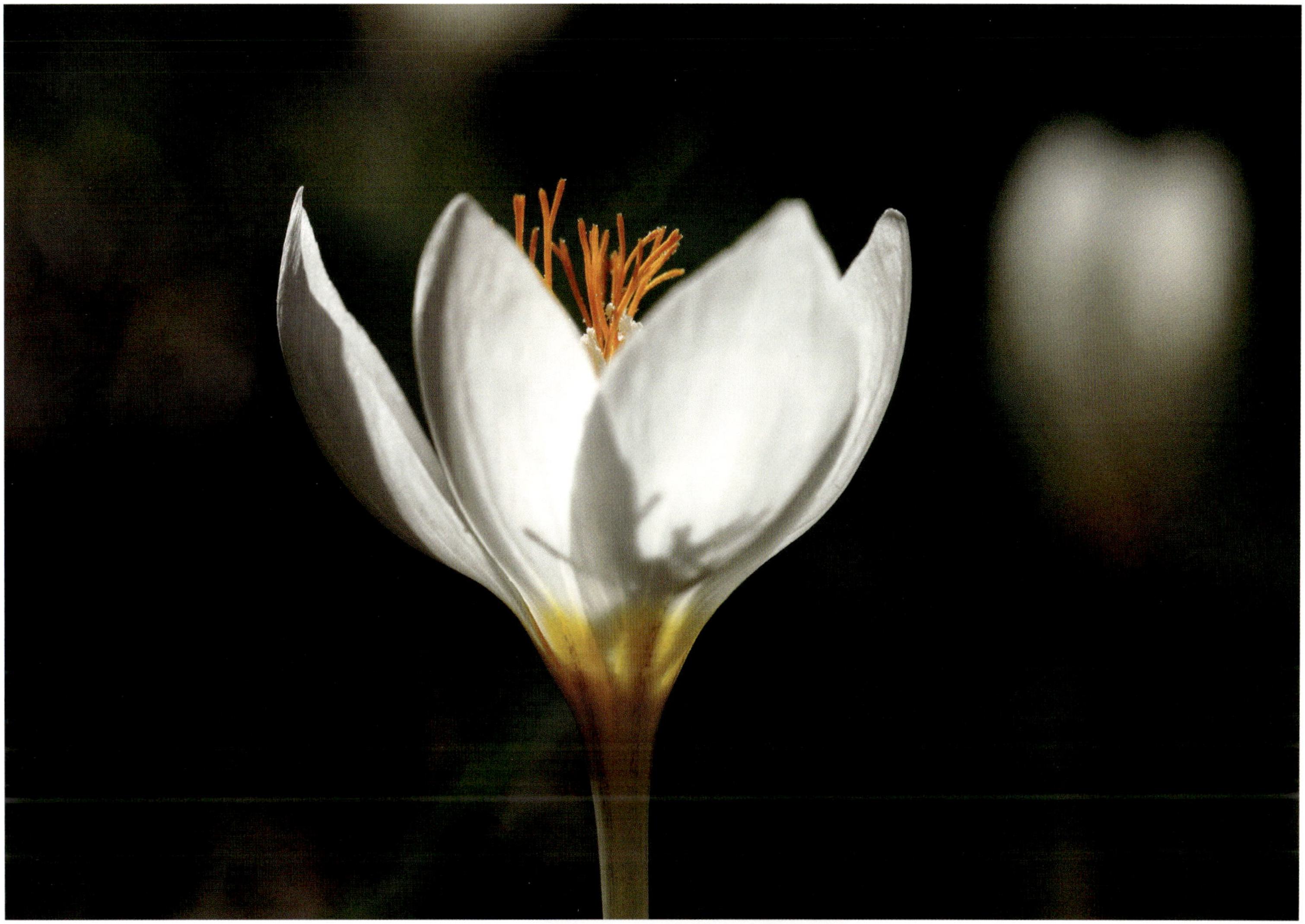

Links: In vielen Situationen wäre ein Hintergrund mit so deutlichen hellen Linien nachteilig, aber in diesem Fall finde ich, dass sie die Komposition eher stützen. Sie unterstreichen das Objekt, teilweise indem sie die Gottesanbeterin einrahmen, aber auch, indem sie eine starke Diagonale von links unten nach rechts oben ins Bild bringen, auf der sich auch das Tier befindet. Die Schattierungen bringen das Bild visuell ins Gleichgewicht.

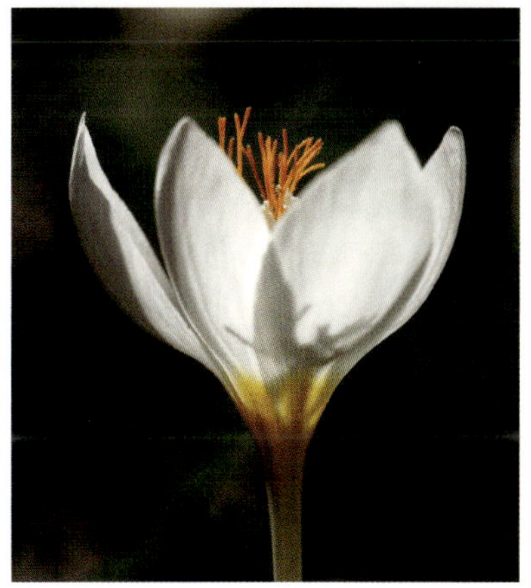

Oben und links: Über seine Einbeziehung lässt sich streiten, aber ich finde, dass es das Bild verbessert, den verschwommenen Krokus im Hintergrund beizubehalten. Der Hintergrund wird dadurch zu einem aktiveren Teil des Bildes. Er verleiht ihm schon auf den ersten Blick Tiefe, und man weiß, dass dies keine Studioaufnahme ist.

Der Einsatz von Filtern

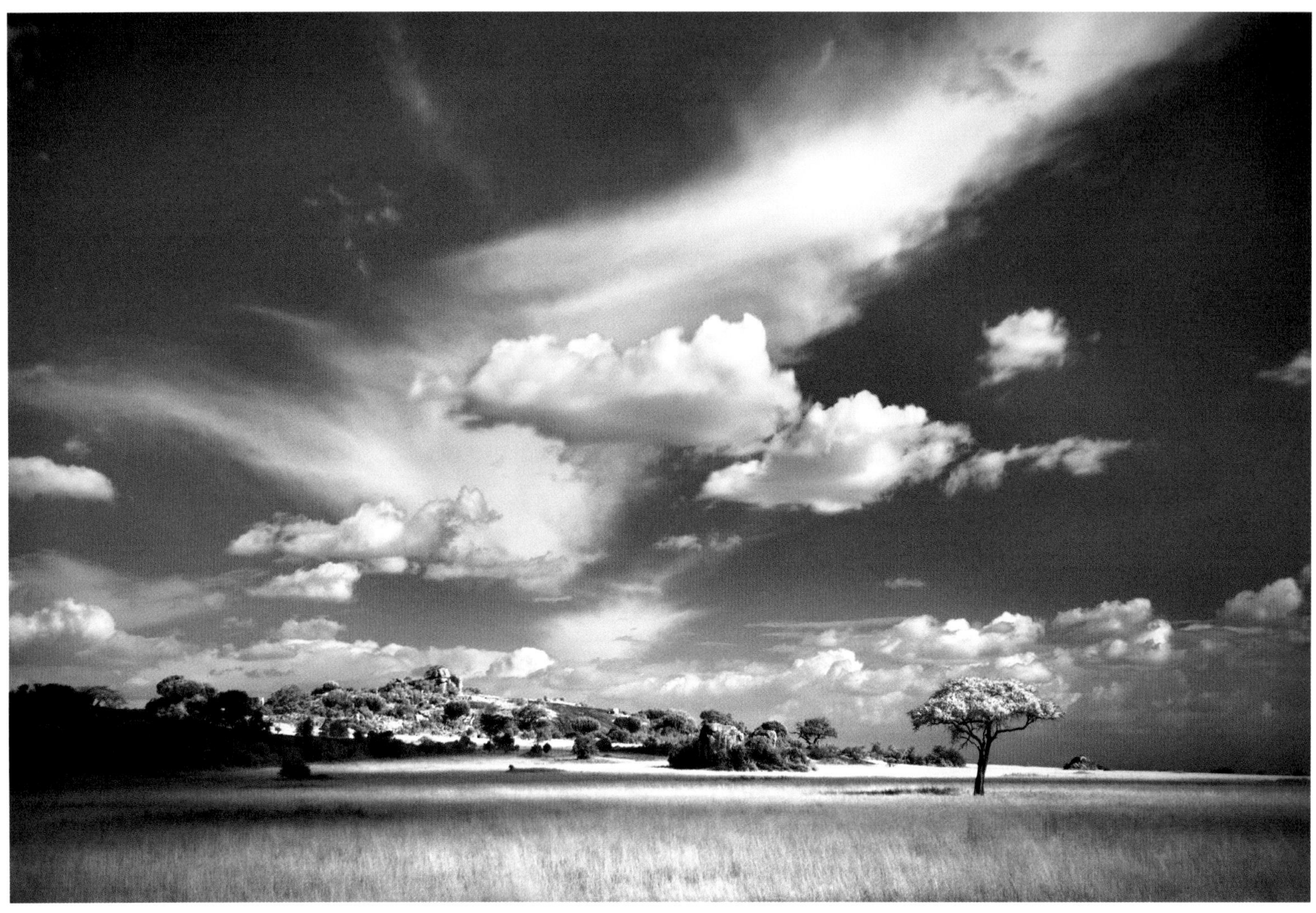

Filtern können Ihre Komposition nachhaltig beeinflussen, deshalb lohnt es sich, in diesem Stadium gründlich über ihren Einsatz nachzudenken. Farbfilter auf Schwarz-Weiß-Fotos können zum Beispiel die Figur-Grund-Trennung dramatisch beeinflussen und dafür sorgen, dass sich bestimmte Elemente von ihrer Umgebung abheben. In der digitalen Fotografie können entweder kameraeigene Filtereffekte direkt bei der Aufnahme eingesetzt werden oder später bei der digitalen Nachbearbeitung. Am Computer kann man lernen, wie diese Filter das Bild beeinflussen, da man den Effekt einsetzen und wieder rückgängig machen kann.

Polfilter können ebenfalls dazu verwendet werden, verschiedene Farben zu verstärken. Wenn das Foto in Schwarz-Weiß umgewandelt wird, treten durch den Filter die Schattierungen und verschiedenen Tonwerte deutlicher hervor. Ein Polfilter kann verwendet werden, um zum Beispiel die Wolkenformationen zu einer weit dominanteren Komponente des Bildes zu machen, oder dazu, eine Szene zu vereinfachen und die Abgrenzung zwischen Elementen zu verdeutlichen, indem das Blendlicht von reflektierenden Oberflächen, wie Wasser, reduziert wird.

Links: Für dieses Foto habe ich einen Infrarotfilter eingesetzt. Dadurch heben sich die Wolken besser vom blauen Himmel ab und werden zu einem aktiveren Teil der Komposition. Durch den Filter erscheinen die grünen Blätter des einzelnen Baums rechts im Bild weiß. Dies verleiht ihm trotz geringer Größe Gewicht in dieser Serengeti-Landschaft.

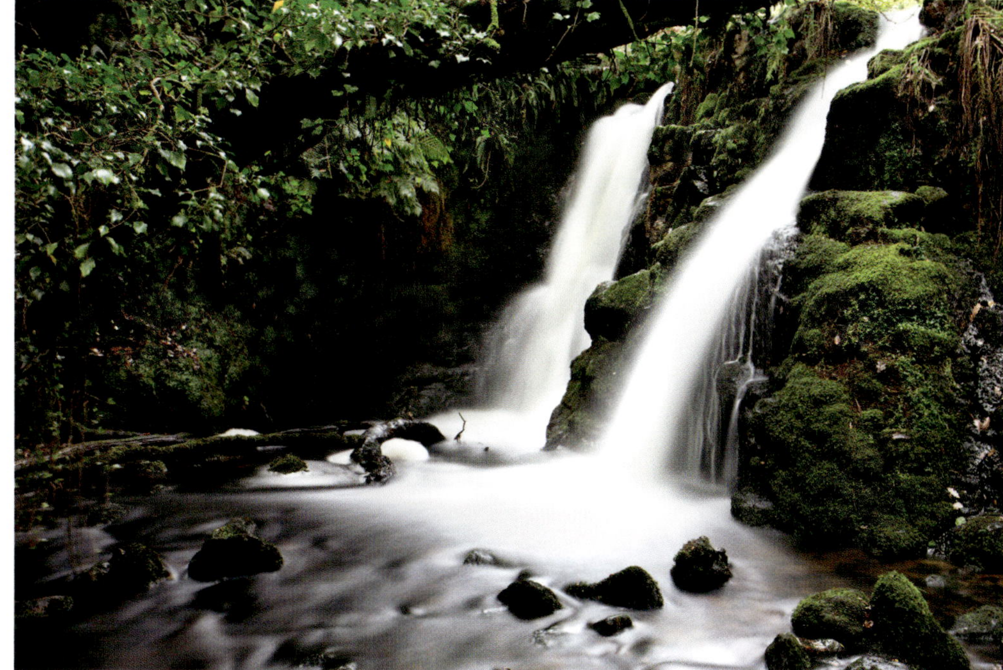

Neutraldichtefilter können ebenfalls nützlich sein, vor allem in Bezug auf ihre Fähigkeit, Wolken oder Wasser verschwimmen zu lassen. Dadurch lässt sich der Hintergrund einer Komposition beträchtlich vereinfachen und die Aufmerksamkeit auf die Beziehung zwischen Objekten oder Personen lenken.

Wir haben gesehen, wie sich Farben auf die Stimmung eines Bildes auswirken, daher kann man auch Filter erwägen, welche die Farbbalance ändern, um den Gesamteindruck des Fotos zu beeinflussen. In der digitalen Fotografie können solche Anpassungen subtil sein. Sogar eine selektive Anwendung ist möglich.

Auch für Spezialeffekte gibt es Filter, die eingesetzt werden können, um Ihre Komposition zu stärken. Ein Weichzeichner kann zum Beispiel die Ausdruckskraft Ihres Motivs verstärken und die traumartige Stimmung erzeugen, die Sie wünschen.

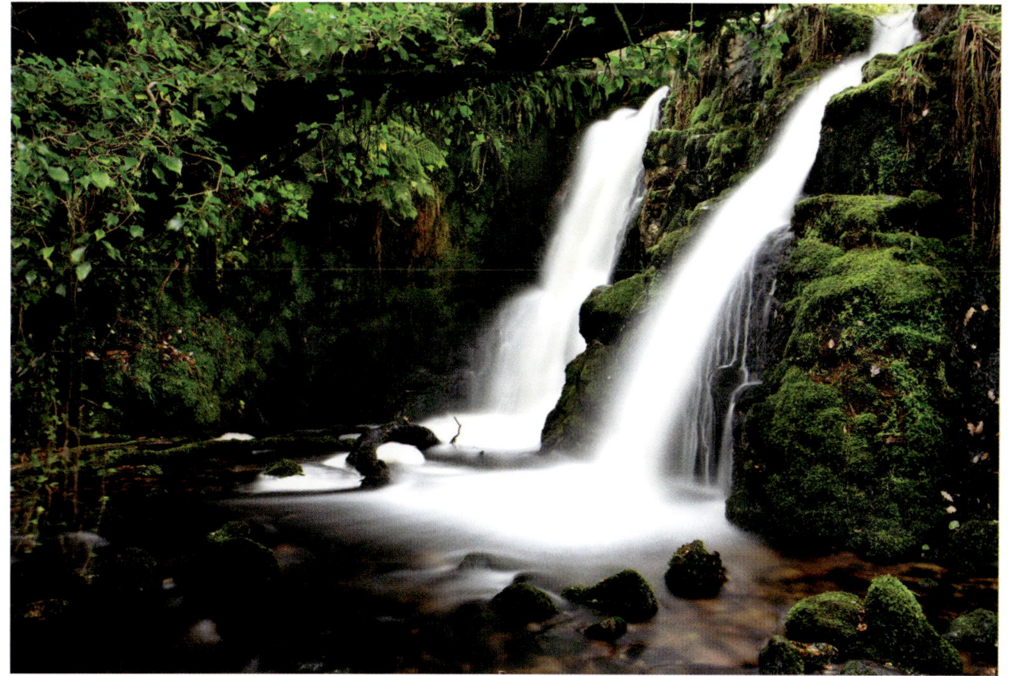

Rechts: Zwei Versionen derselben Aufnahme zum Vergleich: Die erste (oben) wurde ohne, die zweite (unten) mit Polfilter gemacht, der den Weißanteil auf der Wasseroberfläche wirkungsvoll minimiert und die Grüntöne leicht sättigt.

Eine letzte Checkliste

Es ist schwierig, alles, was in diesem Buch besprochen wurde, zu einer Checkliste zu verdichten, die dann praktische Anwendung finden kann. Ich habe mein Bestes versucht, und das Resultat ist eine ziemlich lange Liste mit Fragen, die Ihnen dabei helfen können, gute kompositorische Entscheidungen zu treffen.

1. Vision

- Was sind Ihre Leidenschaften? Fotografieren Sie etwas, das Sie interessant finden? Wenn ja, wird Ihnen Ihre Begeisterung auch die Energie verleihen, hart an der Komposition des Bildes zu arbeiten!
- Haben Sie in Bezug auf Timing, Ort usw. alles gut vorbereitet? Wenn Sie Außenaufnahmen machen, kann durch Wettervorhersagen, Gezeitentabellen oder Apps, wie „The Photographer's Ephemeris" (TPE) für Sonnen- und Mondpositionen, jede Menge Energieverschwendung vermieden werden.
- Was finden Sie an der Szene oder dem Gegenstand interessant? Was genau reizt Sie?
- Was wollen Sie mit diesem Foto sagen?
- Will das Motiv Ihnen vielleicht etwas vermitteln?
- Haben Sie sich Zeit genommen, um eine innere Beziehung zum Motiv aufzubauen?

2. Erkundung der Szene

- Was soll dominieren, und wie können Sie dies erreichen?
- Was soll auf das Bild und was nicht? Lassen sich unerwünschten Bildelemente entfernen oder kaschieren?
- Gibt es starke Formen oder Linien, die Sie konstruktiv in Ihre Komposition einbeziehen können? Falls nicht, erzwingen Sie nichts.
- Können Sie starke Formen oder Linien in Ihre Komposition einbringen, indem Sie Ihre Position oder Ihren Blickwinkel ändern?
- Würde eine andere Brennweite helfen? Die Brennweite beeinflusst die Geometrie eines Bildes stark. Längere Objektive mit engerem Gesichtsfeld können eingesetzt werden, um Kompositionen zu vereinfachen. Außerdem neigen sie dazu, eine ganz andere Perspektive herzustellen, indem sie Objekte, die eigentlich weit voneinander entfernt sind, näher beieinander erscheinen lassen. Dies kann dazu eingesetzt

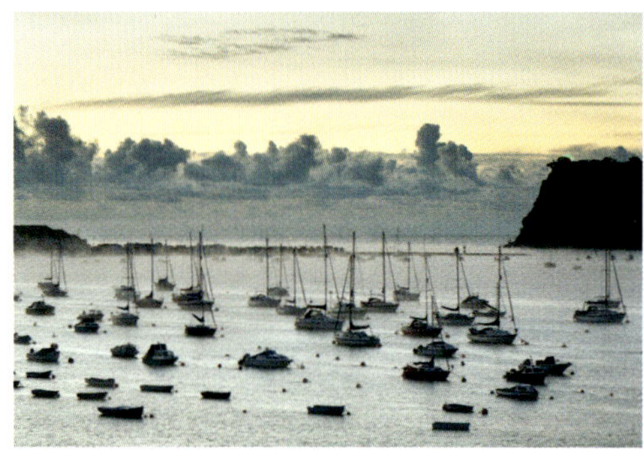

Oben: Für dieses frühmorgendliche Bild von Booten auf der Mündung des englischen Flusses Teign wählte ich einen so hohen Blickwinkel, dass die Zwischenräume zwischen den Booten deutlich erkennbar sind. Wäre ich weiter unten gewesen, hätten sich benachbarte Boote auf dem Foto zu sehr überschnitten.

werden, zwei Objekte zueinander in Bezug zu stellen. Weitwinkelobjektive hingegen können dabei helfen, mehr Tiefe zu erzeugen. Dadurch entsteht eine ganz andere Beziehung zwischen den Elementen in der Szene. Mit Weitwinkelobjektiv aufgenommene Fotos können den Betrachter regelrecht in die Szene hineinziehen, da der Vordergrund sehr nah erscheint. Das Fischaugenobjektiv produziert einen Spezialeffekt. Es kann Ihre Bildkomposition stützen, aber es sollte mit Bedacht eingesetzt werden. Bei zu häufiger Wiederholung kann der Effekt ziemlich langweilig werden. Wenn Sie ihn verwenden, denken Sie daran, dass alle Linien als gerade Linien wiedergegeben werden, solange sie durch den zentralen Punkt des Fotos verlaufen. Ansonsten erscheinen sie als Kurven, die umso ausgeprägter sind, je näher sie sich an den Rändern befinden. Dass gerade Linien in Kurven verwandelt werden, kann gezielt eingesetzt werden, zum Beispiel wenn man andere Elemente mit einbeziehen und dazu optisch „umarmen" will. Bilden die Linien einen Kreis, kann dies dem Betrachter suggerieren, bei der Szene mit eingeschlossen zu sein. Obgleich ein Fischaugenobjektiv ein Bild radikal verändert, sollte man nach einem möglichst natürlichen Resultat streben, denn Sie wollen schließlich nicht, dass Ihr Foto zu offensichtlich das Produkt einer Verzerrungslinse ist.
- Was passt besser zu Ihren Bedürfnissen: Hoch- oder Querformat?
- Gibt es etwas, das Ihnen erlauben würde, mehr Tiefe zu erzielen?
- Möchten Sie, dass der Blick einen ganz bestimmten Weg durch das Bild nimmt? Wenn ja, was kann unternommen werden, um dies zu erreichen?
- Ist das Bild in Bezug auf das visuelle Gewicht gut ausbalanciert? Wie sieht es entlang der zentralen vertikalen Achse aus: Sind rechte und linke Bildhälfte im Gleichgewicht? Stellen Sie sich vor, dass das Bild in der Mitte an einem Haken aufgehängt wird – neigt es nun dazu, auf einer Seite mehr nach unten zu ziehen als auf der anderen?
- Beachten Sie die Beziehung der Elemente auf dem Bild untereinander. Wird eine Geschichte erzählt? Existiert ein Konzept oder eine Botschaft, die übermittelt wird? Wie könnte man durch ein Umarrangieren der Elemente das Bild verbessern?

3. Technische Überlegungen

- Wie viel Schärfentiefe brauchen Sie, um das Motiv zu verdeutlichen oder Ihre Botschaft perfekt zu transportieren?
- Welche Verschlusszeit brauchen Sie, um die Wirkung zu erzielen, die Sie sich vorstellen?
- Was ist vor dem Hintergrund dieser Vorüberlegungen die angemessene Belichtung? Würde ein Grauverlauffilter helfen, die Belichtung überall in der Szene auszugleichen?
- Würde ein Stativ helfen?

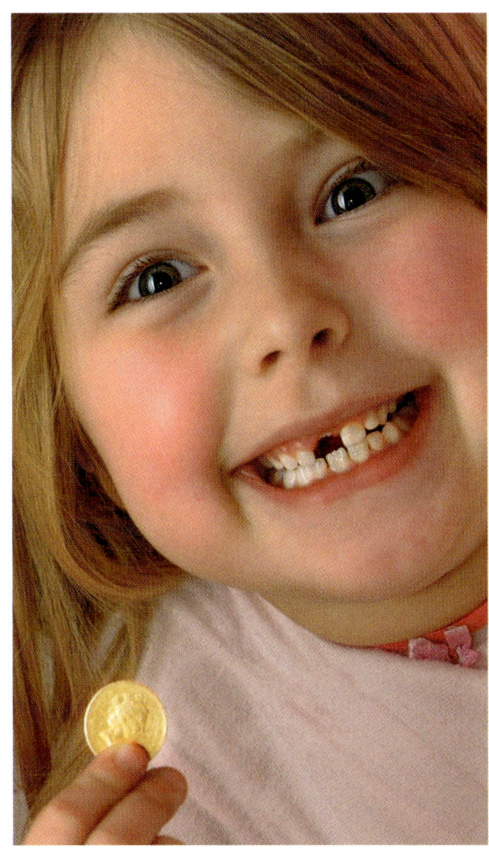

Oben: Dieses Bild mit dem Titel „Zahnfee" beruht darauf, dass der Betrachter drei Dinge sofort wahrnimmt – die Münze, den fehlenden Zahn und das Strahlen auf dem Gesicht des Mädchens. Rasch kann er sie zu einer Geschichte zusammenreimen.
Foto: Mark Shuttleworth.

- Gibt es einen Platz für Blitzlicht oder andere zusätzliche Belichtung?
- Gibt es eine kreative Technik, die Ihre Bildvorstellung besser zum Ausdruck bringen würde? Haben Sie dabei an Unschärfe, Bewegungsunschärfe, selektive Schärfe, lange Belichtung oder Konvergenzunschärfe gedacht, bei der die Brennweite während der Belichtung verändert wird?
- Könnte ein Filter helfen? Infrage kämen ein Polfilter, um die Reflexblendung zu minimieren oder Farben zu verbessern, ein Neutraldichtefilter, um eine lange Belichtung zu ermöglichen, oder gar ein Filter, um Linsenreflexionen oder Weichzeichnereffekte hinzuzufügen.
- Überprüfen Sie die gesamte Komposition durch den Sucher, bevor Sie den Auslöser drücken. Überprüfen Sie, ob die Szene ausgeglichen ist – es sei denn, Sie beabsichtigen das Gegenteil –, und stellen Sie sicher, dass Sie die wichtigen Elemente nicht anschneiden. Überprüfen Sie das Bild auf ablenkende Details und ungewollte Überlappungen. Prüfen Sie den Verlauf der Horizontlinie – es ist beispielsweise nicht ideal, wenn sie durch den Kopf einer abgebildeten Person verläuft.

4. Variationen und Timing

- Sollten Sie warten, bis sich ein Element in die richtige Position bewegt?
- Wenn mehrere Elemente in Bewegung sind, lohnt es sich dann, eine Bilderfolge zu knipsen, um die Chance auf perfekte Positionen zu erhöhen?
- Sollten Sie lieber an einem anderen Tag oder in einer anderen Jahreszeit wiederkommen? Schnee und Nebel sind großartig, wenn ein Motiv auf das Wesentliche reduziert werden soll, denn sie verbergen das Chaos und reduzieren oft die Anzahl der Farben und Grautöne. Möglicherweise können Sie den Nebeleffekt verstärken, indem Sie eine größere Brennweite verwenden.
- Lohnt es sich, zu warten, bis sich die Lichtqualität verändert? Könnte eine andere Lichtqualität oder -richtung die Wirkung der Komposition verbessern? Wir haben zum Beispiel gesehen, dass direktes und diffuses Licht zu sehr unterschiedlichen Ergebnissen führen, insbesondere, wenn es um Struktur und Form geht. Auch die Richtung, aus der das Licht kommt, hat großen Einfluss auf unsere Wahrnehmung von Struktur und Form. Gegen das Licht zu fotografieren, kann sehr nützlich sein, wenn man eine Szene vereinfachen und die Aufmerksamkeit auf Umrisse und Formen lenken will. Im Extremfall entstehen dadurch Silhouetten, aber auch bereits eine Verringerung der Grautöne kann sich positiv auf ein Foto auswirken. Gegenlicht erzeugt außerdem lange, schwere Schatten, die als besonders wirkungsvolles Stilmittel eingesetzt werden können.
- Wo ist Ihr Markt? Zur Anpassung an den jeweiligen Markt können Sie sich überlegen, ob Sie vielleicht Variationen derselben Aufnahme anfertigen wollen. So passt Ihr Bild dann zum Beispiel auf das Titelblatt einer Zeitschrift oder auf eine Doppelseite. Ein Hochformat eignet sich besser für ein Titelblatt, ein Querformat für eine Bilddoppelseite. Vielleicht tun Sie gut daran, um Ihr Motiv herum etwas Platz für Text zu lassen. Denken Sie daran, dass jeglicher Text, der hinzugefügt wird, zu einem zusätzlichen Element in der Komposition wird und dass es vielleicht notwendig ist, durch eine gute Figur-Grund-Trennung mehr Klarheit ins Bild zu bringen. Außerdem muss der Text mit anderen Elementen ins Gleichgewicht gebracht werden. Wenn also die Möglichkeit besteht, dass Sie das Bild zum Beispiel für Grußkarten, Zeitschriften oder Werbung verwenden, kann es sich lohnen, dies schon beim Fotoshooting zu berücksichtigen.
- Unter sehr schlechten Lichtbedingungen ist die Szene vielleicht zu dunkel, um eine präzise Komposition durch den Sucher anzufertigen. Heute haben wir glücklicherweise die Option, das Bild, wie es von der Kamera gesehen wird, auf dem LCD-Display anzusehen und dort zu komponieren. Man sollte dann die maximale ISO-Empfindlichkeit einstellen. Die Kamera wird die Funktion der Gammakorrektur anwenden und eine aufgehellte Version der Szene auf dem Display zeigen. Sobald Sie Ihre Komposition abgeschlossen haben, reduzieren Sie die ISO-Empfindlichkeit wieder auf den benötigten Wert.

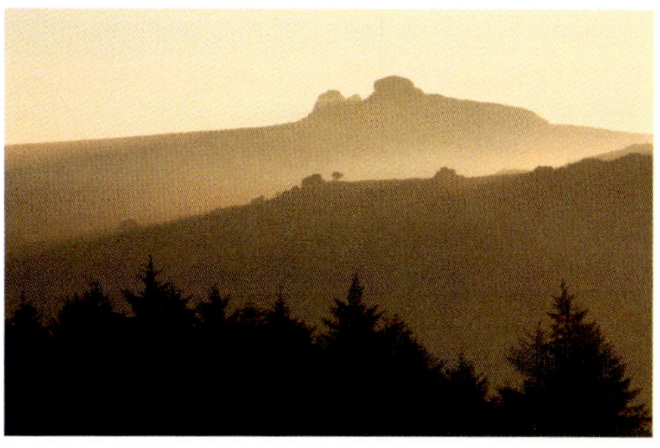

Oben: Jeder, der Dartmoor im Südwesten Englands besucht hat, erkennt das Profil dieses Felsvorsprungs sofort als Haytor. Durch den Lichteinfall ist das Bild wirkungsvoll in vier Bereiche unterteilt.

Bildbearbeitung

Nachdem Sie das Bild aufgenommen haben, wird der nächste Schritt darin bestehen, das Bild für den Druck oder andere Formen der Präsentation vorzubereiten. Was ich an der digitalen Fotografie sehr schätze, ist, dass in jede Phase des fotografischen Prozesses noch gestalterisch eingegriffen werden kann. Heute sind Fotografen nicht mehr davon abhängig, dass Labore die Filme entwickeln und die Abzüge herstellen, sondern haben von Anfang bis Ende die Kontrolle.

Software zur Bildbearbeitung bietet uns ein leistungsstarkes Hilfsmittel, um unsere Kompositionen zu verbessern und an unsere Wünsche anzupassen. Auch wenn ich in diesem Buch nicht ins Detail gehen kann, möchte ich doch auf ein paar Möglichkeiten der Bildbearbeitung hinweisen. Am Bildschirm können zum Beispiel einfache Anpassungen wie Level-Korrekturen und Veränderungen der Gradationskurven vorgenommen werden, was Einfluss auf den Bildkontrast und damit auf die Figur-Grund-Trennung hat. Wir wissen ja inzwischen, wie wichtig dies für unsere Kompositionen ist. Auch Filter zur Herstellung von monochromen Fotos können hier wirkungsvoll eingesetzt werden.

Darüber hinaus können wir Reparatur-Tools wie Stempel- und Radierwerkzeuge einsetzen, um kleinere ablenkende Details zu beseitigen. Wir können auch den Hintergrund unschärfer machen, um die Aufmerksamkeit noch mehr auf unser wichtigstes Bildelement zu lenken. Es ist sogar möglich, ein Bild komplett neu zu komponieren: Man kann dazu Objekte hinzufügen oder entfernen, Farben verändern, Teile des Bildes drehen oder Formen verändern. All dies kann die Beziehungen zwischen den Bildelementen grundlegend verschieben.

Es ist möglich, Verzerrungen zu korrigieren oder sie zu verstärken. Bilder können in mehrere Richtungen radikal gestreckt oder komprimiert werden, oder sie können subtil korrigiert werden. Eine Drehung im Rahmen ist ebenso möglich wie die

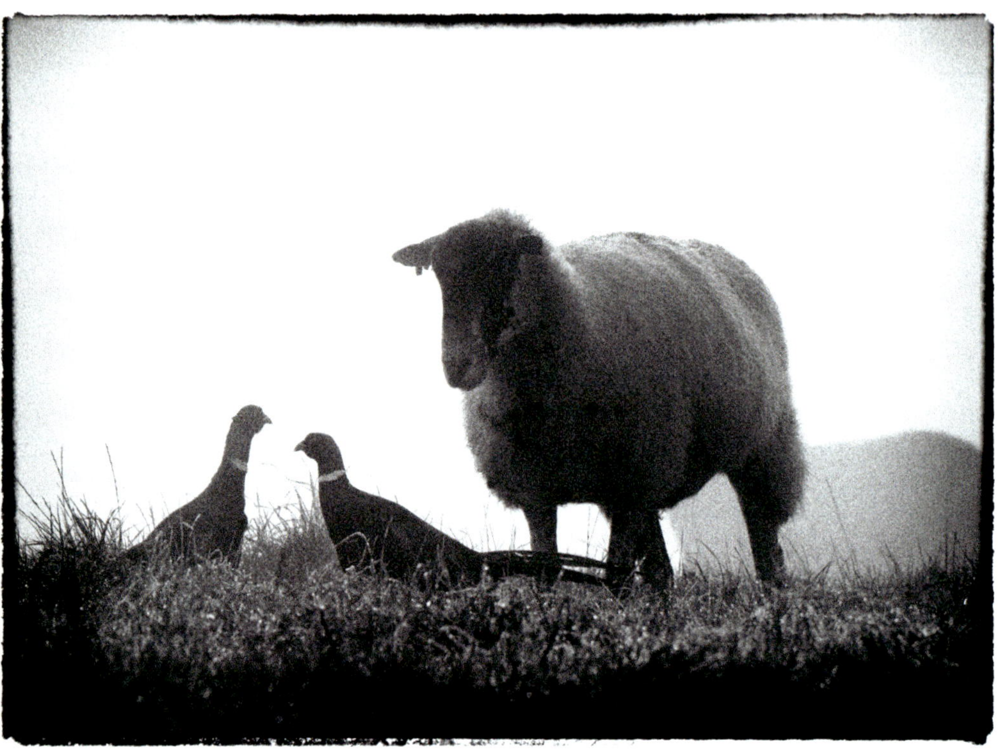

Oben: Software kann auch verschiedene Filmsorten nachahmen. Die Verwendung von grafischem Film, wie zum Beispiel orthochromatischem Film, dient häufig dazu, eine Komposition zu vereinfachen, denn das Ergebnis zeigt eine sehr grobe Körnigkeit und einen reduzierten Farbtonumfang. Diese ländliche Szene wurde radikal vereinfacht und in ihrer Stimmung verändert, indem die Körnigkeit erhöht wurde. Strukturen sind nun weniger detailliert zu sehen.

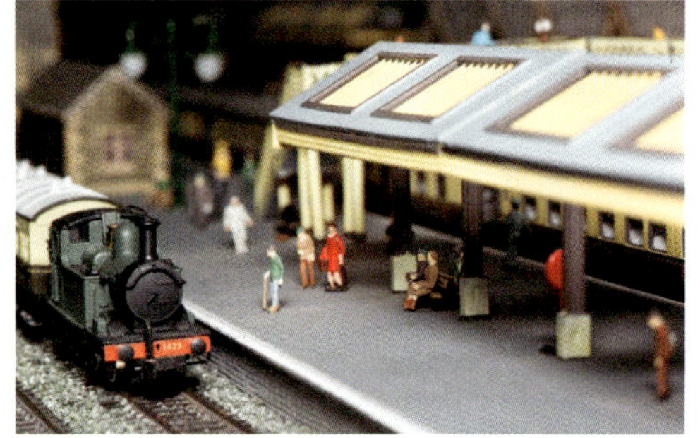

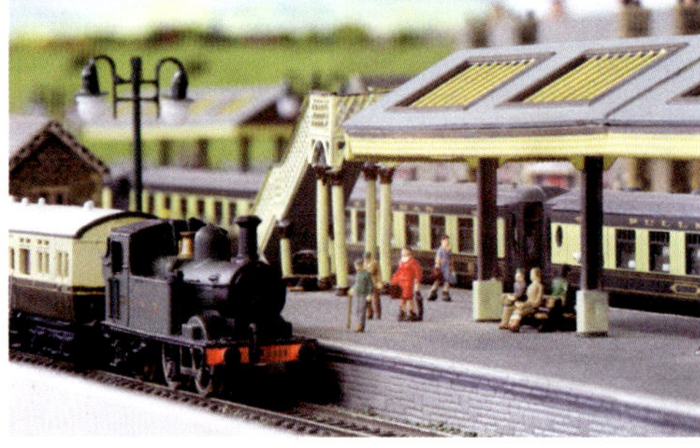

Oben: Das Foto oben links hat eine geringere Schärfentiefe, als ich beabsichtigt hatte, obwohl es mit der Blendeneinstellung f/18 aufgenommen wurde. Das Foto oben rechts ist das Ergebnis einer Technik, bei der eine fotografische Aufnahmetechnik zusammen mit einer Bildbearbeitungsfunktion zum Einsatz kommt. Es wurden dazu drei Fotos mit leicht unterschiedlichem Fokus aufgenommen und dann am Computer miteinander verschmolzen. Dadurch sind nun sowohl die Vorderseite der Lok als auch die Figuren auf dem Bahnsteig scharf zu sehen.

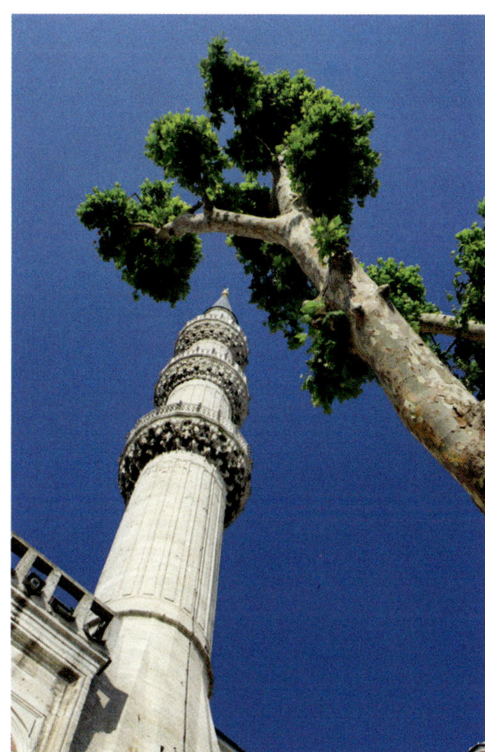

Oben und rechts: Das Minarett und der Baum stehen bereits auf dem Bild oben in einem erstaunlichen Winkel zueinander. Mithilfe von Photoshop wurde das Bild transformiert, wobei die unteren Ecken ein wenig nach außen gezogen wurden, wie auf dem resultierenden Foto rechts zu sehen ist. Diese Veränderung führte auch zu einem besseren Gleichgewicht zwischen den beiden Elementen und vereinfachte das Bild, indem der überflüssige Teil des Gebäudes unten links entfernt wurde.

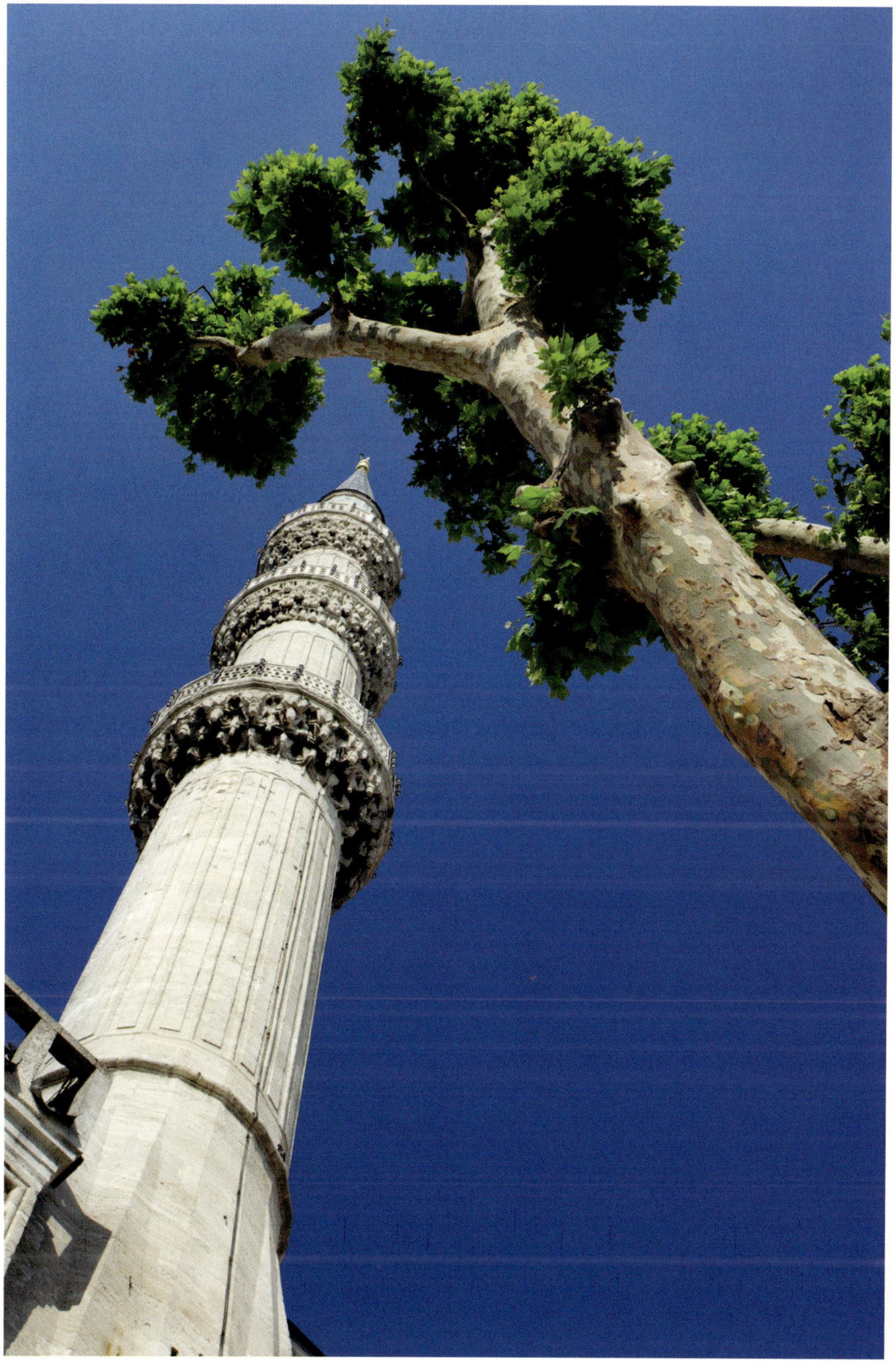

Anpassung der Bildproportionen ohne den Verlust von wichtigen Teilen des Bilds.

Um solche Anpassungen wirkungsvoll ausführen zu können, muss man die Werkzeuge der Bildbearbeitung natürlich beherrschen. Für die meisten von uns liegt die Herausforderung jedoch immer noch darin, das Bild von Anfang an perfekt mit der Kamera festzuhalten.

Kapitel 6

Fotografie als Kunstform

Wenn man darüber nachdenkt, was genau man mit seinen Bildern bewirken möchte, stellt sich schnell auch die Frage, ob man den eigenen Fotos vor allem einen Gebrauchswert beimisst oder ob man sie als Möglichkeit des künstlerischen Ausdrucks versteht. Genereller formuliert: „Ist die Fotografie eine Kunst, und was genau macht sie dazu?" Ich möchte im Folgenden zu diesem Thema ein paar meiner Gedanken festhalten. Ich persönlich glaube, dass es sich lohnt, sich damit auseinanderzusetzen, damit Ihre Intention als Fotograf klarer wird.

Rechts: Eine typische Meereslandschaft, aufgenommen mit einem Neutraldichtefilter, der so eingestellt ist, dass das aufgewühlte Wasser wie geglättet wirkt. Dadurch wird das Bild sofort schlichter, und man wird nicht von den Linien und Kurven der Wellen und den unterschiedlichen Schattierungen des Wassers abgelenkt.

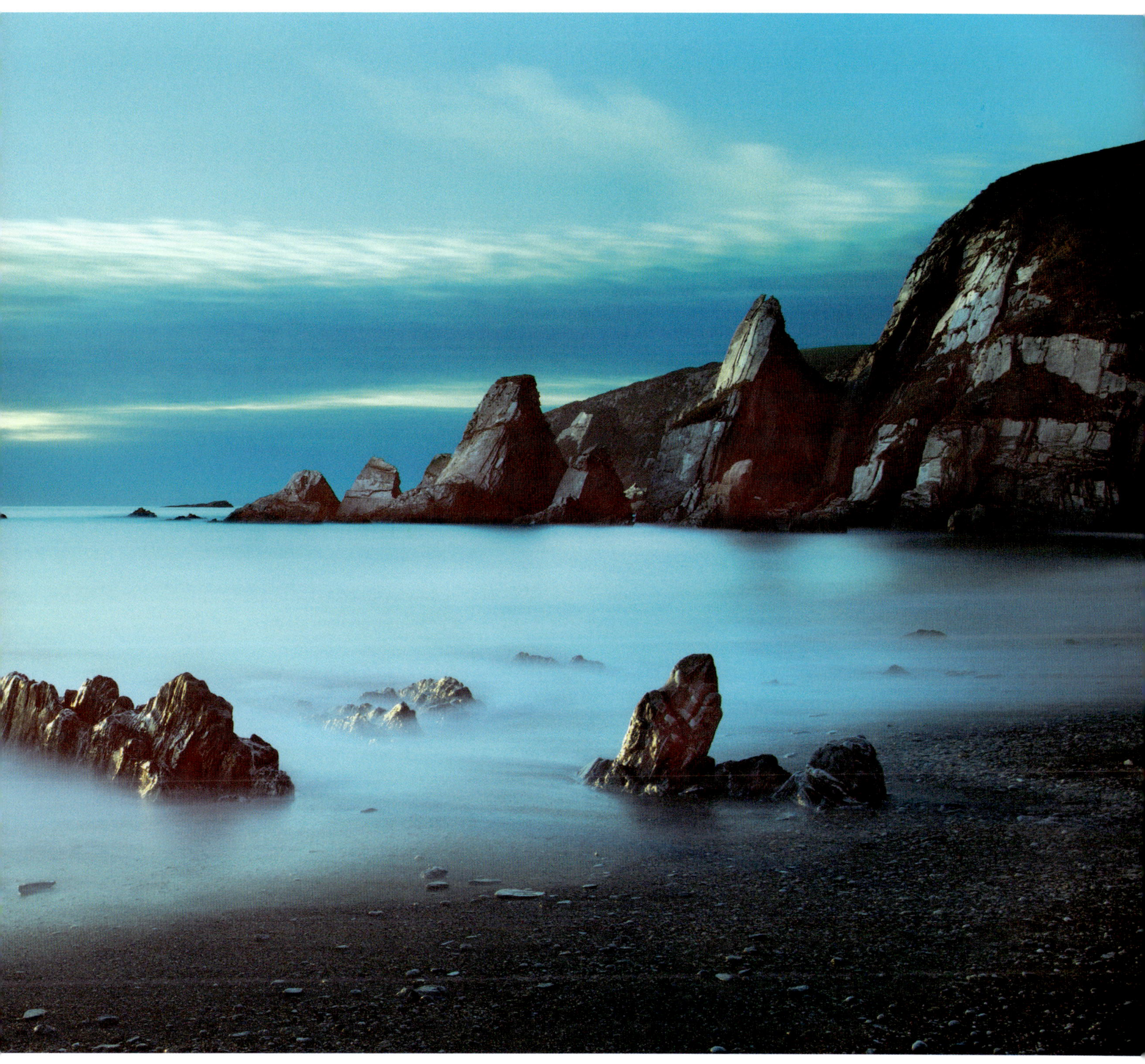

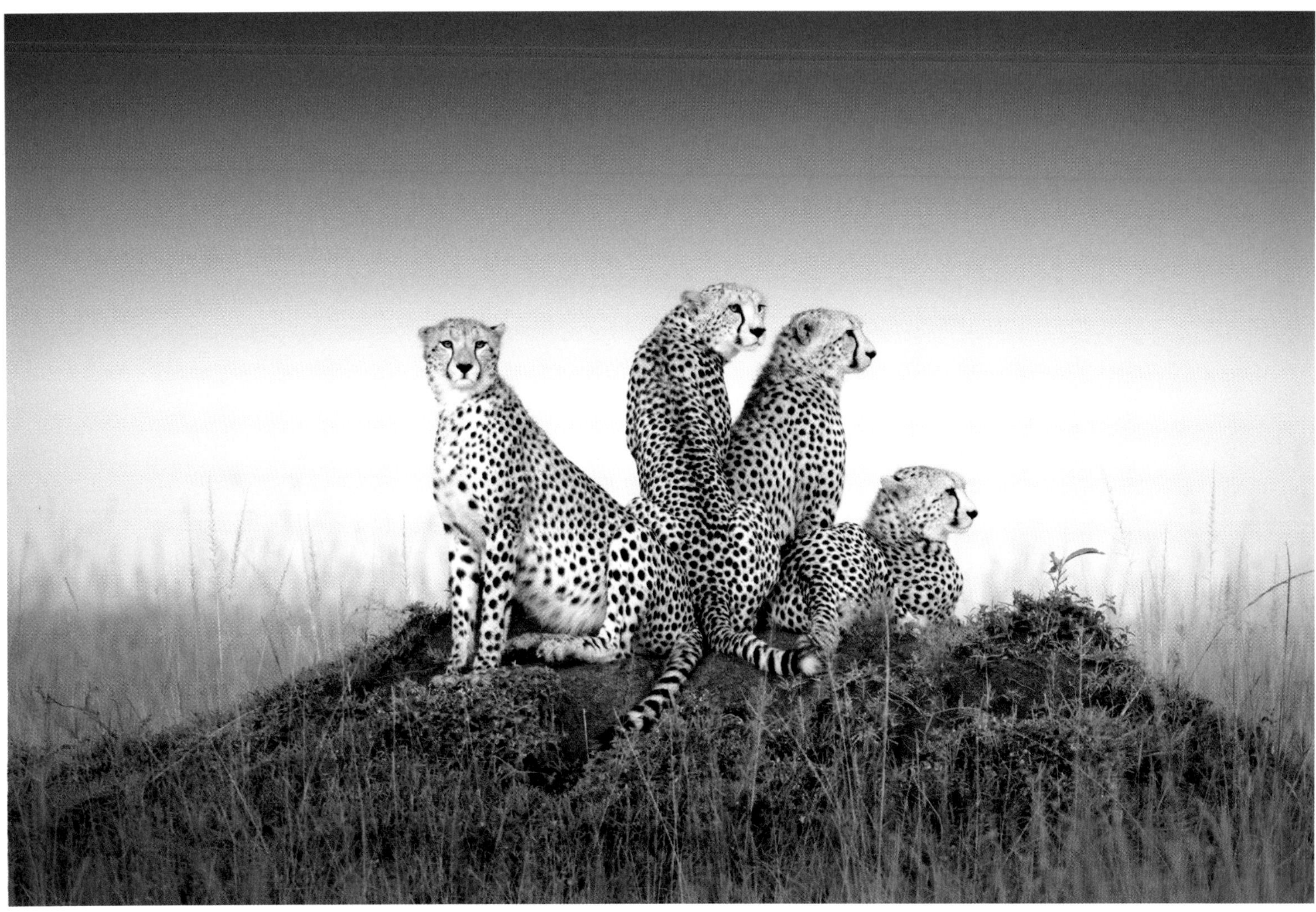

Es gibt keine Kunst ohne Künstler, darin sind sich alle Enzyklopädien einig. Erst seine Kreativität und sein Gestaltungswille machen aus einem Objekt ein Kunstwerk. Vielleicht gibt es in dieser Hinsicht einen feinen Unterschied zwischen Kunst und Design. Ich selbst würde sagen, dass Kunst ist, was immer der Künstler als solche bezeichnet, unabhängig davon, ob das Werk einem Zweck dient oder nicht und ob es schön ist oder nicht. Design hingegen hat in der Regel einen klar erkennbaren Zweck.

Wann wird der Fotograf also zum Künstler? In rein abbildender Fotografie ist die Komposition eines Bildes ein reglementierter Prozess. Das Ziel dabei ist, das ganze Objekt oder einen Teil davon mit maximaler Deutlichkeit zu zeigen. Es geht dabei um die Exaktheit der Darstellung und eine möglichst realitätsgetreue Abbildung. Die kreativen und gestalterischen Möglichkeiten des Fotografen sind hier sehr begrenzt.

Passiver Beobachter

Wie bereits erwähnt, gibt es nicht die beste oder richtige Art und Weise, ein Motiv zu fotografieren. Wir haben gesehen, wie die individuelle Wahrnehmung, Konditionierung und Vorstellung davon, wie unser Foto aussehen soll, ausnahmslos dazu führen, dass unsere Bilder ein einzigartiger Aus-

Oben: Die Wirkung dieses Fotos besteht weitgehend in der Anordnung der Posen, die die Leopardin und ihre ausgewachsenen Sprösslinge einnehmen – sie ist fast zu perfekt, um wahr zu sein. Mein Blickwinkel, meine Wahl der Brennweite und mein rasches Reagieren auf einen flüchtigen Moment stellten die Grundlage. Das Licht war matt und die Farbversion war überraschend kraftlos, aber zum Glück erkannte ich das Potenzial des Bildes als Schwarz-Weiß-Foto. Subtile Anpassungen von Kontrasten und Schattierungen sorgen für Atmosphäre und verleihen dem Foto leicht surreale Züge.

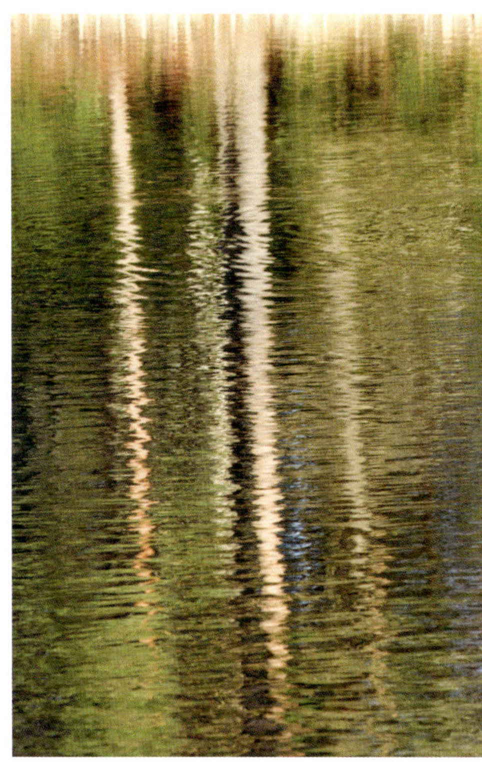

Oben und rechts: Vielleicht sind schon viele Menschen um diesen See herumspaziert, ohne die schönen Farbtöne und Strukturen auf der Wasseroberfläche zu sehen. Manchmal überrascht es mich, dass es erst das Auge des Fotografen braucht, um den Menschen solche Dinge zu zeigen.

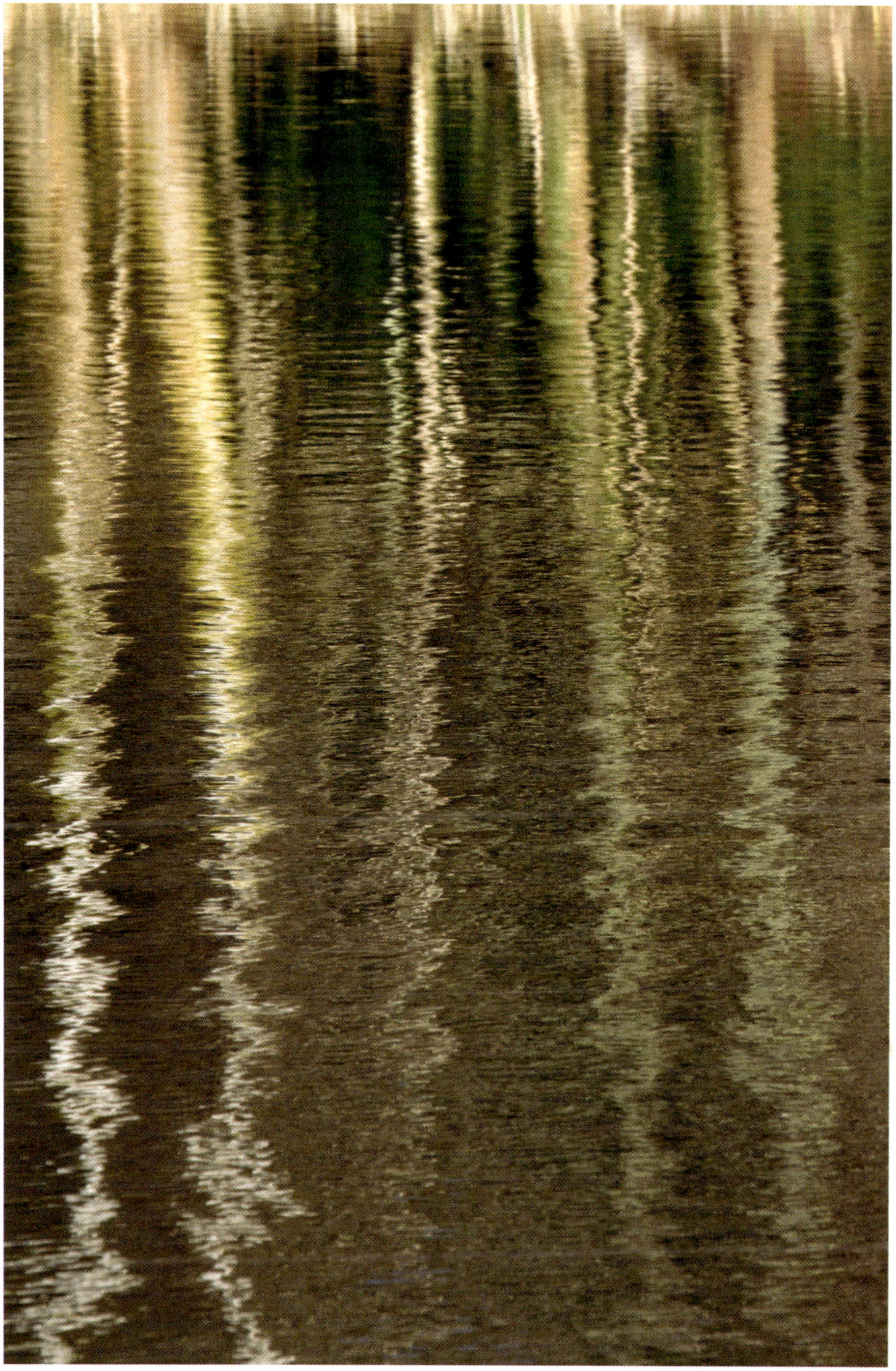

druck unserer selbst sind. In manchen Situationen tritt der Künstler bewusst hinter das Motiv zurück und erlaubt ihm, das Foto zu dominieren.

Ein Foto kann den Bildgegenstand selbst feiern, während der Fotograf hinter diesen zurücktritt. Wer einen solchen Ansatz verfolgt, macht dennoch eine Aussage über sich selbst als ein Künstler, der es vorzieht, wenig einzugreifen! Die künstlerische Leistung liegt dann vor allem in der Wahl des Motivs. Vieles, was wir als Fotografen tun, muss als „Kunst" bezeichnet werden, da ein denkendes und fühlendes Wesen auf den Auslöser drückt. Die meisten von uns versuchen in der Regel das, was wir tatsächlich vor der Linse haben, irgendwie – vielleicht nur subtil – zu verbessern oder zu verändern, und dadurch legen wir immer etwas von uns selbst in unser Bild, ungeachtet dessen, ob wir die Absicht verfolgen, den Betrachter bewusst zu beeinflussen oder nicht. Allein schon die Wahl, von welchem Standpunkt aus wir unser Foto machen, hat eine grundlegende Wirkung auf die Komposition des Bildes und ist damit an sich schon ein kreativer Akt.

Ob jemandes Fotografie als Kunst angesehen werden kann oder nicht, scheint letztendlich davon abzuhängen, wie sie eingesetzt wird und was der Fotograf mit seinen Bildern bezweckt. Wer die Fotografie als Kunst betreibt, sollte kreative Entscheidungen treffen. Das beginnt bei einfachen Dingen wie der Wahl einer Belichtung, die von der automatisch vorgeschlagenen abweicht.

Künstlerische Qualitäten

Trotz allem glaube ich, dass die meisten von uns irgendwo eine Linie zwischen Kunst und Gebrauchsobjekt ziehen. Auf der einen Seite stehen die Bilder, die wir als künstlerisch betrachten, auf der anderen Seite befindet sich der ganze Rest.

Es gibt internationale Fotowettbewerbe, bei denen Fotos in der Kategorie „Bildende Kunst" eingereicht werden können, und es ist interessant, die Einreichungen dort mit Bildern aus den Kategorien „Landschaft", „Natur" und „Stillleben" zu vergleichen. Ich habe keine klaren Unterscheidungskriterien ausmachen können, außer vielleicht, dass Bilder der Kategorie „Bildende Kunst" eine einfachere Bildsprache mit Schwerpunkt auf starken Formen und Mustern in den Kompositionen aufweisen. Viele dieser Fotos, vor allem die, auf denen Menschen abgebildet waren, schienen auch deutlicher inszeniert zu sein, was darauf schließen

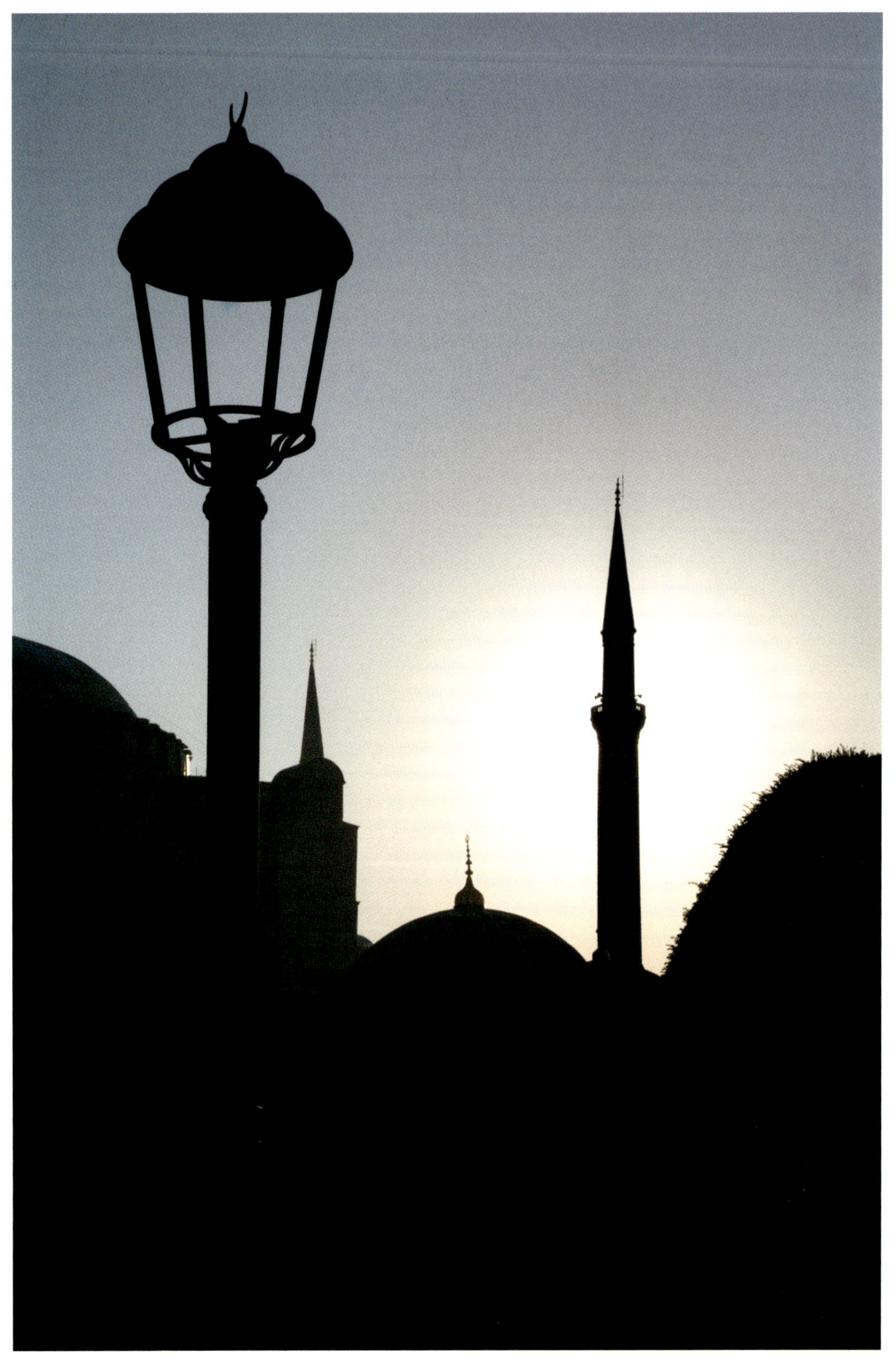

Rechts: Die Skyline Istanbuls auf eine Silhouette zu reduzieren, indem ich gegen die aufgehende Sonne fotografierte, hat die Szene radikal vereinfacht. Die Aufmerksamkeit wird nun auf die Umrisse der Kuppel und der Minarette der Hagia Sophia gelenkt sowie auf die sehr grafische Form der Straßenlaterne im Vordergrund. Die Platzierung der Sonne hinter dem Minarett verleiht diesem mehr visuelles Gewicht, wodurch der ansonsten dominante Laternenpfahl ausbalanciert wird. Das Ergebnis ist ein schlichtes Bild das wegen seines ästhetischen Werts gemacht wurde und in die Kategorie „Bildende Kunst" passen könnte.

Rechts: Dieses Foto, aufgenommen von der Terrasse eines Hauses in Griechenland, hat eine dramatische Wirkung. Das „Licht der Offenbarung“, das durch die Wolkenlücke bricht, bewahrt den Betrachter vor der ansonsten bedrückenden Dunkelheit der Szene. In diesem Fall habe ich einiges an kreativer Energie in die Aufnahme gesteckt. Ich habe darüber entschieden, was genau mit auf das Bild soll, und auch die Platzierung der Wolkenformen und Lichtmuster auf dem Wasser wurde bewusst gewählt. Außerdem habe ich den Kontrast der Szene durch nachträgliche Bildbearbeitung am Computer noch mehr herausgearbeitet.

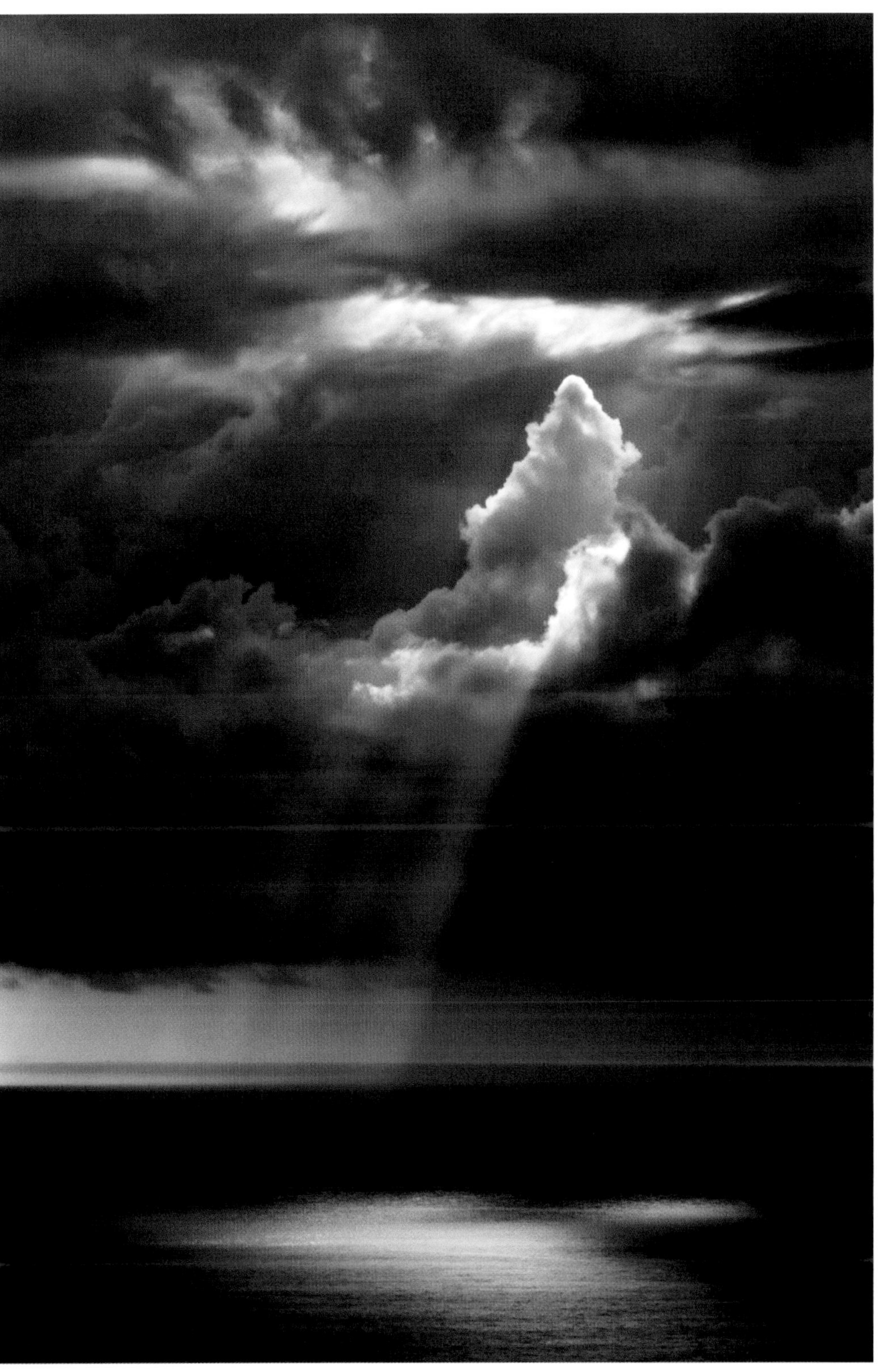

lässt, dass zuerst die Vision da war und der Fotograf sie anschließend umgesetzt hat.

Ästhetischer Wert

In meiner eigenen Arbeit ist diese Linie zwischen Gebrauchsobjekt und Kunstwerk nicht fix. Sie verschiebt sich im Laufe der Zeit, und es kommt vor, dass Fotos von der einen Seite auf die andere wechseln. Ich habe das Argument gehört, dass Fotografie eine Kunstform ist, wenn sie rein um ihres ästhetischen Wertes willen betrieben wird. Meiner Auffassung nach ist der entscheidende Aspekt meine Intention, also die Frage, mit welchem Ziel ein Foto produziert wird.

Wenn ich zum Beispiel davon ausgehe, dass ein Foto später gerahmt an einer Wand hängen soll – in einem Privathaus oder in einer Ausstellung –, versuche ich bewusster, eine Botschaft zu vermitteln und den Betrachter emotional anzusprechen. Bei künstlerischen Fotos ist es besonders wichtig, dass der Fotograf die Fähigkeit besitzt, eine Gefühlsreaktion auszulösen, wobei diese nicht notwendigerweise angenehm sein muss. Diese Bilder sind weit mehr als reine Abbildungen der Realität. Sie sollten auch nicht allein als Beleg für die technischen Fertigkeiten des Fotografen gesehen werden.

Neuronenaktivierung

Ein neuer Forschungsbereich, die Neuroästhetik, befasst sich mit den neurobiologischen Grundlagen der Wahrnehmung von Ästhetik. Studien dieser Disziplin kommen zu dem Ergebnis, dass angenehme Gefühle von der wiederholten Aktivierung bestimm-

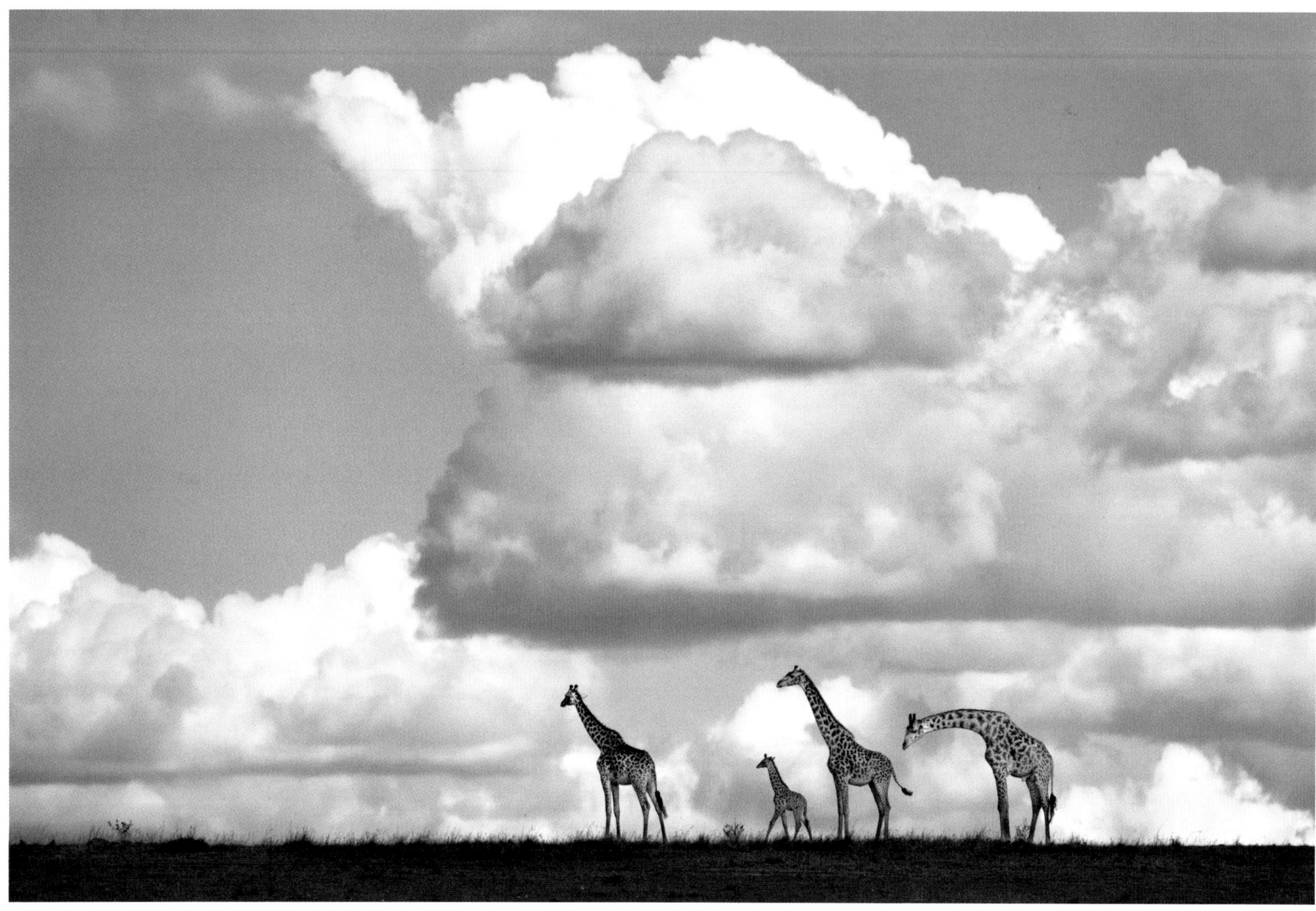

Oben: Diese Giraffen im Mara-Reservat in Kenia stehen auf der Horizontlinie und heben sich deutlich vom wolkenreichen Himmel ab. Der Abstand der Tiere voneinander und die Abwechslung in Größe und Haltung machen das Bild noch reizvoller.

ter Neuronen herrühren und dies durch primitive visuelle Reflexe geschieht.

Im Rahmen eines Versuchs wurden Kriterien identifiziert, die bewirken, dass wir etwas als schön empfinden. Der Neurologe V. S. Ramachandran hat eine Liste solcher Kriterien erstellt. Auf viele davon sind wir bei Betrachtung der Prozesse visueller Wahrnehmung bereits gestoßen, doch die Übersicht ist eine gute Zusammenfassung:

1. Übertreibung: Dieses Prinzip, das auch „Peak Shift Principle" genannt wird, basiert auf der Beobachtung, dass wir manchmal stärker auf übertriebene Versionen von Reizen reagieren als auf den ursprünglichen Reiz. Ein Künstler, der dies ausnutzt, um die Essenz von etwas zu vermitteln, kann seine Einzigartigkeit stark betonen, seine wesentlichen Merkmale hervorheben und redundante Informationen reduzieren.
2. Isolation: Die gewünschte visuelle Form zu isolieren, unterstützt das Prinzip der Übertreibung. Um Isolation zu bewirken, kann der Künstler so viele Merkmale wie möglich vom Objekt eliminieren, die seine Einzigartigkeit nicht unterstützen, damit sie die Wahrnehmung des Ganzen nicht beeinträchtigen.
3. Gruppierung: Wenn es unserer Wahrnehmung gelingt, Elemente zu gruppieren und eine Form oder Figur zu erkennen, kann das Freude bereiten. Stellen Sie sich zum Beispiel vor, Sie betrachten schwarze Flecken auf weißem Grund, und plötzlich erkennen Sie darin einen Dalmatiner!
4. Kontrast: Zellen in unseren Augen und unserem Gehirn reagieren auf Helligkeitsstufen intensiver als auf homogene Farbflächen. Dies kann evolutionär bedingt sein, da kontrastreiche Flächen in der Regel reich an Informationen sind. Lenken Sie den Blick auf diese Bildbereiche.

5. Visuelles Problemlösen: Es ist befriedigender, ein Objekt zu entdecken, wenn sich die Suche schwierig gestaltet hat. Die Aufmerksamkeit bleibt nicht bei einfachen Aufgaben.
6. Generischer Blickwinkel: Unser visuelles System bevorzugt einen Blickwinkel, der uns möglichst viele nützliche Informationen über unsere Umgebung gibt. Das visuelle System mag es nicht, wenn Interpretationen nur auf einem einzigen Blickwinkel beruhen. Vielmehr strebt es nach einer Perspektive, die eine eigene Einschätzung des Objekts erlaubt. Auf einem Landschaftsbild mögen wir es daher nicht so gerne, wenn ein Objekt im Vordergrund ein Objekt im Hintergrund verdeckt. Lässt sich das Prinzip des generischen Blickwinkels nicht anwenden, kann dies durch die Beachtung anderer Prinzipen ausgeglichen werden.
7. Visuelle Metapher: Es ist bereichernd, Analogien zu verdeutlichen, indem man hervorhebt, welche Aspekte mehreren Objekten gemeinsam sind.
8. Symmetrie: Der ästhetische Reiz von Symmetrie beruht darauf, dass Symmetrie bereits in frühen Stadien der Evolution erkannt werden konnte.

In diesem Zusammenhang ist es interessant, über die Wirkung abstrakter Bilder als Kunstwerke nachzudenken. Hier einige Definitionen des Begriffs „abstrakt“:

- ohne Bezug zu materiellen Objekten oder spezifischen Beispielen; nicht konkret.
- bezeichnet Kunst, die von geometrischen, formalisierten oder sonstigen gegenstandslosen Merkmalen geprägt ist.
- ohne Referenz zu spezifischen Umständen oder praktischer Erfahrung.

In Kunst und Fotografie wird Abstraktion auf verschiedenen Wegen erreicht. Im Extremfall wird Bildsprache verwendet, die absolut keine Ähnlichkeit mit irgendetwas aus der realen Welt hat. Was zu sehen ist, bleibt undefinierbar. In der Fotografie kann ein solcher Effekt erreicht werden, indem man so nah an Details einer Szene herangeht, dass man sie nicht mehr klar erkennen kann. Der Betrachter eines solchen Fotos verliert dadurch das Gefühl für Tiefe und Größenverhältnisse.

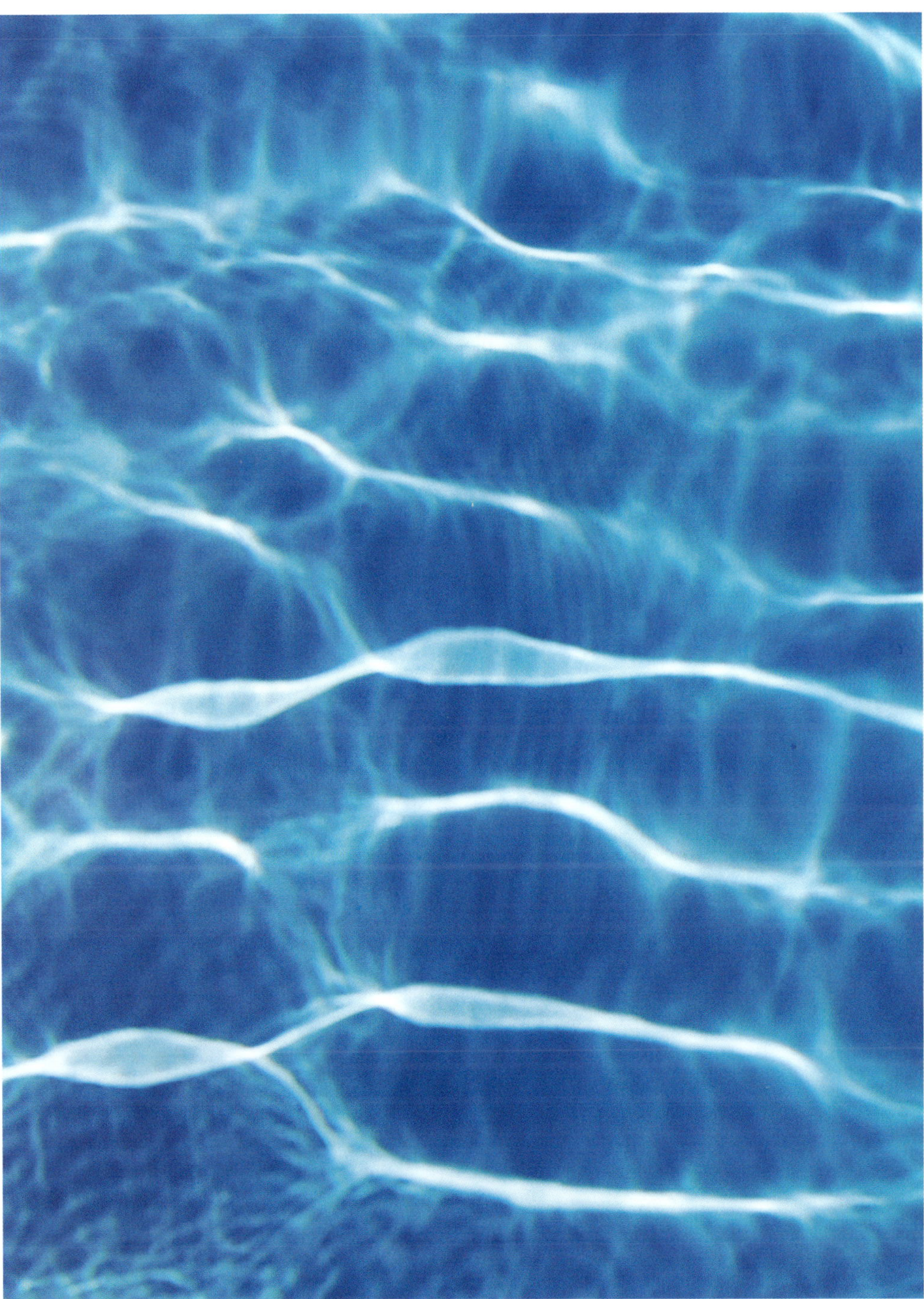

Oben: Ein relativ abstraktes Bild: Lichtmuster am Grund eines Swimmingpools, das von der Bewegung des Wassers herrührt.

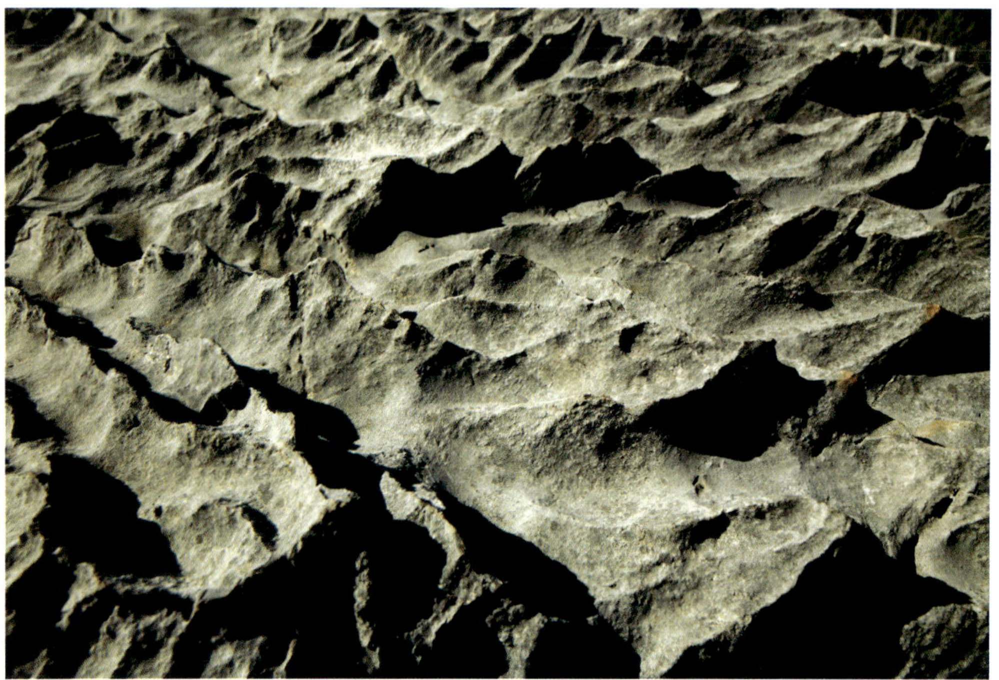

Oben: Starkes Seitenlicht betont die Konturen und die Struktur dieses Fotos von der Oberfläche eines Felsens. Das Bild wirkt abstrakt, und nichts weist auf die realen Größenverhältnisse hin. Deshalb könnte es sich auch um eine Bergkette handeln, die vom Fenster eines Flugzeugs aufgenommen wurde.

Attraktivität durch Abstraktion

Die Disziplin der Neuroästhetik gewinnt allmählich einige Einblicke, warum abstrakte Bilder attraktiv für uns sind, auch wenn sie keinen klaren Bezug zu unserer Umgebung haben. Zum Beispiel scheint die Amygdala, ein Teil des Gehirns, der uns vor Bedrohungen in unserer Umgebung warnt, von abstrakten Bildern stimuliert zu werden. Teile des Gehirns, die mit der Interpretation von Fakten zu tun haben, werden ebenfalls aktiviert.

Wie wir bereits gesehen haben, scheinen wir die Herausforderung, ein Bild zu entschlüsseln, als angenehm zu empfinden, und durch abstrakte Bilder sind wir in dieser Hinsicht stärker gefordert. Interessanterweise herrschen auf abstrakten Bildern anscheinend mehr Struktur, Ordnung und Balance, als dem Künstler und dem Betrachter bewusst ist. Fraktale Muster zum Beispiel, also Formen oder Umrisse, die so auf einem Bild wiederholt werden, dass man bei näherer Betrachtung dasselbe Muster in kleinerem Maßstab wiederfindet, werden offenbar vom Bewusstsein wahrgenommen. In der Natur sind diese weit verbreitet, und vielleicht erklärt dies, weshalb ihr Auffinden im Bild so befriedigend ist.

Über solche Erkenntnisse in Bezug auf unseren Begriff von Ästhetik nachzudenken, ist interessant. Es ist nicht ganz richtig, wenn wir davon sprechen, dass etwas „von Natur aus schön" sei, denn die Schönheit liegt im Auge des Betrachters, das vor der Wertung bereits viele Kriterien zur Anwendung gebracht hat. Oft beruht unser Urteil über Schönheit darauf, dass wir die Eleganz, die in die Komposition mit eingeflossen ist, mühelos erkennen – man denke hier zum Beispiel an den Goldenen Schnitt, der bereits seit Generationen unsere Wahrnehmung geprägt hat.

Mathematische Folgen

Interessant, dass der Goldene Schnitt nicht nur in der Kunst eine Rolle spielt, sondern auch in der Natur weit verbreitet zu sein scheint. Wachstum geschieht in biologischen Organismen durch Zellteilung. Aus einer Zelle werden zwei, aus zwei werden vier und so weiter. Nicht jede Zelle derselben Generation teilt sich jedoch zur selben Zeit, daher werden aus einer Zelle zwei, eine von diesen teilt sich vor der anderen, wodurch man drei erhält. Dann teilt sich die andere Zelle und man erhält fünf. Dann 8, 13 und so weiter. So geschieht die Zellteilung entsprechend der Fibonacci-Folge, einer mathematischen Folge, die wir bereits kennengelernt haben, und tatsächlich stehen jeweils zwei aufeinanderfolgende Zahlen der Fibonacci-Folge annähernd zueinander wie das Größenverhältnis des Goldenen Schnitts.

Wenn man die Anzahl der Blätter an den Zweigen einer Pflanze zählt, haben sie üblicherweise eine bestimmte Abfolge, und man erkennt häufig sich wiederholende Muster oder Fraktale. Die Natur hat diese Muster nicht entwickelt, um das menschliche Auge zu erfreuen, warum finden wir also eine solche Befriedigung an dieser natürlich vorkommenden Gestalt und einer ihr entsprechenden Gestaltung in der Kunst? Die Antwort darauf lautet vielleicht, dass wir alle durch die gleichen biologischen Prozesse entstanden sind, und deshalb diese Prägung in uns tragen. Vielleicht findet sich das, was wir als Schönheit im Äußeren wahrnehmen, strukturell in unserem Inneren, und es gibt daher eine Resonanzwirkung, wenn wir entsprechend gestaltete Kunstwerke betrachten – ein unbewusstes Wiedererkennen. Es scheint, dass das, was wir als Schönheit erkennen, einer tiefen Prägung entspricht und wir als Fotografen versuchen, schöne Bilder zu machen, indem wir sie entsprechend gestalten.

Durch diese Art von Überlegungen wird uns bewusst, wie viel mehr es noch in Bezug auf die Wirkungsmechanismen der Fotografie zu entdecken und zu verstehen gibt. Diese Art von Forschung mag die Grundlagen von Gestaltung erhellen, aber manchmal ist es vielleicht auch schade, wenn man zu sehr darauf aus ist, die Herstellung von Bildern zu kontrollieren. Schön ist, dass der fotografische Prozess noch immer Geheimnisse birgt und dass es oft vorkommt, dass wir ein Foto anschauen und feststellen, dass es funktioniert, auch wenn wir nicht so recht wissen, warum!

Schlussbetrachtungen

Welche Schlussfolgerungen können wir also hinsichtlich der Bedeutung von Komposition beim Fotografieren ziehen? Zunächst einmal lohnt es sich, anzuerkennen, dass manche Aspekte unserer Komposition unbewusst einfließen und andere auf bewusste kreative Entscheidungen zurückgehen. Außerdem sollte man sich klarmachen, dass es bei Kompositionen nicht nur darum geht, ein paar Linien in einem Bild unterzubringen und das Gleichgewicht herzustellen – schließlich gibt es sorgfältig komponierte Aufnahmen, die überhaupt nichts aussagen, außer dass sie sorgfältig komponiert sind. Komposition an sich ist nicht Ziel und Zweck unserer fotografischen Bemühungen. Vielmehr ist sie ein wertvolles Hilfsmittel, das wir einsetzen können, wenn wir anderen etwas vermitteln wollen, ganz gleich, ob es sich um eine Geschichte, eine Botschaft, Einblicke, Stimmungen oder einfach inhaltliche Details handelt.

Wir haben gesehen, dass unsere Augen – ob wir nun Fotograf oder Betrachter sind – nicht wie Kameras funktionieren. Sie sind mit unserem Gehirn verbunden, und die Signale, die schließlich unser Bewusstsein erreichen, werden durch den Wahrnehmungsprozess gefiltert. Indem wir unserem Bild Harmonie und Ordnung verleihen, können wir erreichen, dass es leicht entschlüsselt werden kann, wir können es dem Betrachter aber auch bewusst schwer machen.

Es gibt gestalterische Regeln, die auf den Grundlagen der Wahrnehmung basieren. Diese gründen für gewöhnlich auf dem Wunsch, harmonische, organisierte, schnell verständliche und dadurch erfreuliche Fotos zu machen. Wenn wir aber eine völlig andere Art von Reaktion hervorrufen wollen, können wir die Regeln bewusst brechen, doch bevor man ihnen aus gestalterischen Gründen zuwiderhandeln kann, muss man sie erst einmal kennen. Dadurch haben Sie einen besseren Einfluss auf die Art und Weise, in der Ihre Bilder gesehen werden. Da die gestalterischen Regeln sowohl bewusst angewandt als auch bewusst ignoriert werden können, argumentieren manche, dass es für Kompositionen streng genommen gar keine Regeln gibt.

Da die Voraussetzungen beim Betrachter nicht vorhersehbar sind, kann auch nicht im Voraus gesagt werden, wie ein bestimmtes Foto aufgenommen wird. Oft handelt es sich dabei um Bilder, deren Wirkung gar nicht so sehr auf der Komposition ihrer Elemente beruht. Vielleicht sind sie aber auch sehr bewusst komponiert, doch wir haben noch keine subtilen Faktoren und Erklärungen gefunden, die uns dabei helfen würden, die Reaktionen, die sie auslösen, zu verstehen.

Abschließend möchte ich betonen, dass die besten Hilfsmittel, die wir zur Verfügung haben, um eine Komposition zu perfektionieren, nicht beim Kamerahändler zu kaufen sind – sie schlummern in uns selbst. Um das Motiv und unsere Intention auf unseren Fotos besser zum Ausdruck zu bringen, sollten wir Schritte unternehmen, die uns selbst tiefer in den kreativen Prozess hineinführen. Bevor wir mit dem Fotografieren anfangen, sollten wir uns Zeit nehmen, eine Beziehung zu unserem Motiv aufzubauen, die auch unsere Gefühle mit einbezieht. Außerdem sollten wir unserer Fantasie freien Lauf lassen, damit ein Foto gelingen kann, das unserer Vorstellung entspricht.

Dann konzentrieren wir uns auf unsere Augen und den Blick durch die Kamera. Wir setzen nun unsere Augen ein, um zu sehen, was tatsächlich in der Szene vorhanden ist und wie sich unsere Vorstellung in dieser Szene gestalten lässt. Dann versuchen wir, die Szene so zu arrangieren, dass alles passt. Manchmal lohnt es sich, einfach darauf zu warten, dass Bildelemente sich bewegen und sich ohne unser Zutun in die richtige Position bringen. In anderen Fällen sollten wir Kamera, Objektiv oder Aufnahmeposition so wählen, dass die Szene unsere Vorstellung so genau wie möglich widerspiegelt. Dazu braucht es unseren Körpereinsatz, denn wir laufen herum, bücken uns und strecken uns, um die Szene zu erkunden und die Möglichkeiten, die verschiedene Blickwinkel bieten, auszuloten. Erstaunlich oft sieht man Fotografen, die hinter einem Stativ stehen, bei dem die Beine voll ausgefahren sind, einfach nur damit sie bequem stehen können, ohne sich zu bücken. Stativbeine sind jedoch in der Höhe variabel und können an die Erfordernisse angepasst werden – genau wie unsere eigenen! Vielleicht müssen wir uns auf den Boden legen und werden ein wenig schmutzig oder nass. Wer einem ernsthaften, leidenschaftlichen Fotografen bei der Arbeit zusieht, der gerade wirklich „in seinem Element" ist, erkennt, dass er sich in seiner kreativen Arbeit verloren hat – er wird gar nicht bemerken, dass er sich gerade in den Schlamm gekniet hat. Und während dieses ganzen Prozesses arbeitet unser Gehirn, denn das Arrangement von Bildelementen in unserer Komposition ist ein wohlüberlegter Prozess.

Danke, dass Sie mich auf meiner Erkundung dieses faszinierenden Themas begleitet haben. Ich hoffe, Sie werden sich ab sofort Ihre eigenen Fotos – und die anderer Fotografen – mit kritischerem Blick und einem größeren Verständnis dafür anschauen, weshalb manche Aufnahmen funktionieren und andere nicht.

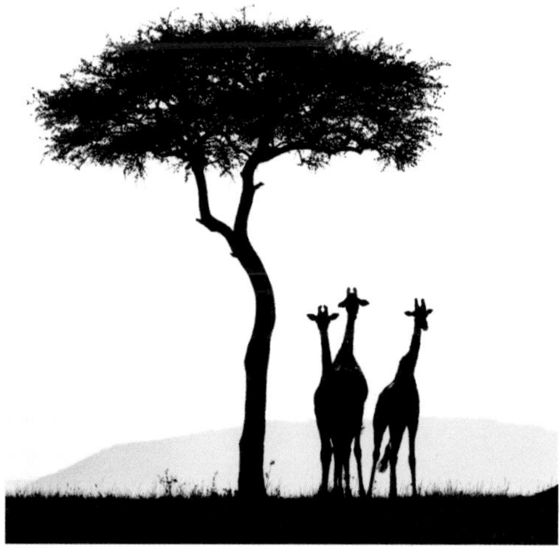

Oben: Den Kontrast zu erhöhen hat geholfen, dieses Foto von Giraffen in Kenia zu vereinfachen, sodass wir uns nun auf die grafischen Formen dieser wunderbaren Kreaturen und des Akazienbaums konzentrieren können.

Glossar

Abwedeln: Hier wird ein Teil des Bildes heller gemacht. Heute ermöglicht uns Software, dies selektiv auf bestimmte Helligkeitsstufen anzuwenden. Der gegenteilige Effekt entsteht durch Nachbelichten.

Anomaly: Aus dem Englischen übernommene Bezeichnung für eine Abweichung von der Regel, bei der ein Objekt oder Element aufgrund seiner Andersartigkeit gegenüber anderen in der Umgebung betont wird.

Äquivokation: Wenn ein Bild aufgrund von Mehrdeutigkeit in der Wahrnehmung auf mehr als nur eine Art gesehen werden kann.

Beschneiden: Einen Teil eines Bildes auswählen und isolieren mit dem Ziel, die Komposition zu verbessern oder ein Bild in ein bestimmtes Format zu bringen.

Bildelement: Im Kontext dieses Buches umfasst dieser Begriff die unterschiedlichen Einheiten, die in der Szene vor uns beziehungsweis auf einem Foto identifizierbar sind. Sie sind die Bestandteile unserer Komposition. Unterschiedliche Objekte, unterschiedliche oder kontrastierende Tonwerte oder Farben, Linien, Formen, Muster und sogar relativ leere oder inaktive Bereiche können somit als Bildelemente bezeichnet werden.

Bildformat: Die Größe eines Bilds und seine Proportionen.

Bildtiefe: Im Bereich der visuellen Bildsprache ist dies die Beschreibung des Gefühls, dass Elemente innerhalb des Bildes weiter hinten, in der Ferne, sind. Dadurch entsteht der Eindruck einer dritten Dimension, die dem zweidimensionalen Bild eigentlich fehlt.

Emergenz: Der Prozess, bei dem wir plötzlich eine komplexe Form auf einem Bild wahrnehmen und erkennen.

Farbkonstanz: Dies ist das Phänomen der visuellen Wahrnehmung, bei dem wir zwei Bereiche, die aufgrund unterschiedlicher Beleuchtung leicht unterschiedliche Farben haben, auf einem Bild als dasselbe Material und damit als dieselbe Farbe erkennen können. Dies basiert auf Ähnlichkeiten, die die beiden Bereiche in anderer Hinsicht haben, und auf unserer Erfahrung in der Welt, die uns umgibt.

Farbton: Das Merkmal einer Farbe, das ermöglicht, diese als Rot, Grün, Blau, Gelb oder Violett einzuordnen. Ein Farbton kann durch seine Position im Farbkreis definiert werden, er ist entweder eine Grundfarbe oder entsteht durch das Mischen von Grundfarben.

Fibonacci-Folge: Eine mathematische Folge, bei der die Summe zweier aufeinanderfolgender Zahlen die nächste Zahl der Folge ergibt. Leonardo Fibonacci behauptete, dass in der Natur oft ein Verhältnis vorkommt, das angenehm für das Auge sei – dieses Verhältnis von 1:1,618 ergibt sich aus zwei aufeinanderfolgenden Zahlen der Fibonacci-Folge und entspricht annähernd dem Goldenen Schnitt.

Figur: Dieser Begriff wird hier oft so verwendet, wie er sich in der Definition der Figur-Grund-Trennung nach der Gestalttheorie findet. Als Figur bezeichnet man das Element oder die Elemente, die wir zu irgendeiner Zeit als Gegenstand innerhalb des Bildes wahrnehmen. Grund bezeichnet den Rest des Bildes. Wenn sich der Schwerpunkt unserer Aufmerksamkeit verlagert, kann sich die Zuordnung von Figur und Grund umkehren und sich unsere Interpretation des Bildes ändern.

Gegenform: Imaginäre Formen, die unser Gehirn gemäß unserem Streben nach Geschlossenheit generiert. Negativraum kann als Gegenform wirken, ebenso wiederholte Formen oder solche, die durch optische Mittel miteinander in Beziehung gesetzt wurden.

Geschlossenheit: Im Kontext der visuellen Wahrnehmung beschreibt dieser Begriff unsere Tendenz, imaginäre „fehlende" Details zu ergänzen, um ein potenzielles Muster oder eine Form zu vervollständigen, die ansonsten nicht komplett definiert ist.

Gestalttheorie: Eine Theorie, die Anfang des 20. Jahrhunderts von Psychologen aufgestellt wurde, die versuchten, die Prinzipien zu verstehen und zu definieren, die unseren Wahrnehmungsprozessen zugrunde liegen. Sie beschäftigt sich damit, auf welche Weise wir aus den Sinnesreizen einer komplexen und potenziell chaotischen Welt für uns nützliche Inhalte herausfiltern.

Goldene Spirale: Eine logarithmische Spirale, deren Wachstumsfaktor sich nach dem Goldenen Schnitt richtet. Elemente, die entlang einer solchen Spirale platziert sind, erzielen eine angenehme Wirkung.

Goldener Schnitt: Der Goldene Schnitt wird ermittelt, indem man eine Linie mit der Länge c in zwei Teile teilt, a und b, wobei das Verhältnis a:b dem Verhältnis b:c entspricht. Die Platzierung von Bildelementen entlang der resultierenden Linien und Schnittpunkte soll die Komposition ästhetisch gefälliger machen.

Größenkonstanz: Ein Phänomen visueller Wahrnehmung, bei dem wir erkennen, dass zwei separate Elemente, die aufgrund ihrer unterschiedlichen Entfernung zum Betrachter unterschiedlich groß sind, dieselbe Art von Objekt sind und sogar die gleiche Größe haben. Dies basiert auf Ähnlichkeiten, die sie in anderer Hinsicht aufweisen, und auf unserer Erfahrung, die wir in der Welt, die uns umgibt, gemacht haben.

Invarianz: Ein Prinzip visueller Wahrnehmung, nach dem Objekte auch dann erkannt werden, wenn sie in einer anderen Größe, verdreht, mittels Parallelverschiebung verändert, deformiert oder speziell beleuchtet gezeigt werden.

Kippbild: ein Beispiel für multistabile Wahrnehmung.

Kompositorischer Rahmen: Wenn Objekte oder Formen in einer Szene als Rahmen fungieren, um andere zentrale Bildelemente innerhalb der Szene zu umschließen oder teilweise zu umgeben.

Kontinuität: Ein Begriff, der unsere Fähigkeit beschreibt, getrennte Teile eines Bildelements als Ganzes wahrzunehmen. Das gilt auch für Teile eines Elements auf einer Folge von Aufnahmen.

Kontrast: Beschreibt, in welchem Ausmaß sich angrenzende Bereiche eines Bildes von der Helligkeit her unterscheiden. Der Begriff gibt die Abstufung zwischen den höchsten und niedrigsten Helligkeitswerten wieder.

Multistabile Wahrnehmung: Unsere Fähigkeit, zwischen zwei möglichen Wahrnehmungen innerhalb eines Bildes hin- und herzuschalten, wenn Doppeldeutigkeit vorliegt. Ein bekanntes Beispiel hierfür ist das Bild „Vase oder zwei Gesichter".

Nachbelichten: Dieser Begriff geht ursprünglich auf einen Dunkelkammerprozess zurück, bei dem ein Teil des Fotopapiers vom Vergrößerungsgerät länger belichtet wird, wodurch dieser Teil des Papiers dunkler wird. Der Begriff wird heute noch verwendet, wenn digitale Fotos ähnlich verändert werden, um bestimmte Teile des Bildes abzudunkeln. Der gegenteilige Effekt entsteht durch Abwedeln.

Negativraum: Ein Bereich des Bildes, der keine Gegenstände enthält und als inaktiver Bildraum aufgefasst wird. Negativraum kann aber auch bedeuten, dass sich hier im Vergleich zum Positivraum, der das zentrale Bildelement enthält, zahlenmäßig weniger und in ihrer Bedeutung schwächere Bildelemente befinden.

Nose Room: Englische Bezeichnung für den „Raum vor der Nase" einer Person. Die damit verknüpfte Gestaltungsregel besagt, dass eine Person auf dem Bild einen Handlungsraum haben sollte, der sich in der Richtung von ihr befinden sollte, in die ihre Nase deutet.

Optische Linien: Diesen angenommenen oder angedeuteten Linien folgt der Blick des Betrachters, beispielsweise der Blickrichtung eines Menschen auf dem Foto.

Panoramaformat: extremes Querformat eines Bildes, das im Regelfall das Seitenverhältnis 2:1 übersteigt.

Perspektive: Die Kunst, drei Dimensionen auf einer zweidimensionalen Fläche zu suggerieren. Die Farbperspektive macht sich zunutze, dass Farben in weiterer Entfernung heller zu sein scheinen als im Vordergrund, die Zentralperspektive beruht auf der Beobachtung, dass Objekte immer kleiner erscheinen, je weiter sie vom Auge entfernt sind.

Phi: Das Verhältnis von 1:1,618, das sich aus der Fibonacci-Regel ergibt und dem Teilungsverhältnis des Goldenen Schnitts entspricht.

Positivraum: Der Bildbereich, der das zentrale Bildelement enthält und der mehr und in ihrer Bedeutung stärkere Bildelemente aufweist als der Negativraum.

Prägnanz: Das Gesetz der Prägnanz ist eines der wesentlichen Prinzipien der Gestalttheorie. Es besagt, dass unsere psychologischen Prozesse anstreben, aus scheinbar unzusammenhängenden Informationsfetzen Ordnung, Harmonie, Symmetrie, Einfachheit und Struktur herzustellen.

Rabatment: Die imaginäre Linie im Bild. Sie entsteht, wenn ein rechteckiges Bild so unterteilt wird, dass zwei Quadrate entstehen, deren Seitenlänge der Länge der kürzeren Seite des Rechtecks entspricht.

Raumregel: Ein Objekt auf einem Foto sollte Raum haben, sich in die Richtung zu bewegen, in die es schaut oder sich bewegt.

Salienz: Die Stärke der Wirkung, die ein Bildelement erzielt.

Sättigung: Beschreibt die Reinheit von Farbe und damit in gewissem Maße deren Intensität; diese hängt allerdings auch von ihrer Leuchtkraft und Helligkeit ab.

Schärfentiefe: Die Distanz vor und hinter dem Fokuspunkt, die noch als hinreichend scharf wahrgenommen wird. Wenn ein Objekt innerhalb dieser Zone platziert ist, wird es scharf herauskommen. Im Deutschen wird zum Begriff „Schärfentiefe" synonym auch „Tiefenschärfe" verwendet.

Spannung: Dieser Begriff beschreibt das Gefühl von Unbehagen, Unausgewogenheit und Bewegung, das von einem Bild herrühren kann, dessen Elemente auf unausgewogene oder unkonventionelle Art positioniert sind.

Tonwert: Eine Beschreibung der Helligkeit oder Dunkelheit eines Bildteils, durch die er von anderen Teilen mit anderer Schattierung unterschieden werden kann. In Bezug auf Farbe beschreibt der Begriff den Farbton.

Triptychon: Eine Komposition aus drei separaten Bildern oder Paneelen, die eine gestalterische Einheit bilden. Traditionell ein Altarbild mit drei Tafeln.

Vektoren: Imaginäre Linien, die unser Gehirn generiert, um bereits existierende Linien fortzusetzen oder unterbrochene Linien oder Bildelemente miteinander zu verbinden.

Verdinglichung: Die konstruktive und produktive Tendenz unserer Wahrnehmung, auf Bildern Objekte zu erkennen, die gar nicht da sind.

Visuelle Aufmerksamkeit: Der Moment, in dem das Auge ein bestimmtes Element wahrnimmt – in der realen Welt oder auf einem Bild.

Visuelles Gewicht: Beschreibt die Tendenz, die ein Element auf einem Bild hat, die Aufmerksamkeit des Betrachters zu erregen. Der Begriff kann aber auch benutzt werden, um den Eindruck von tatsächlichem Gewicht zu beschreiben, das ein Bildelement hat.

Visuelle Verarbeitung: Verschiedene Faktoren, wie Vertrautheit, Komplexität und erwartete Wahrscheinlichkeit des Erscheinungsbilds einer Form, beeinflussen die Genauigkeit und die Geschwindigkeit, mit der eine Form erkannt wird.

Nützliche Websites

Für weiterführende Informationen besuchen Sie die englischsprachige Website des Autors: **www.richardgarveywilliams.com**

Fotografische Ausrüstung

www.dpreview.com
Onlinemagazin für Fotografie mit Einkaufsführer und Rezensionen, gute Quelle für Informationen zu fotografischer Ausrüstung

www.dxomark.com
Bewertungsplattform für Kameras, Linsen und Sensoren

www.digital-photography.org
Stellt digitale Kameras und Linsen vor

www.calumetphoto.com
Shop für fotografische Ausrüstung aller Art

www.calumetphoto.co.uk

www.warehouseexpress.com
Shop für fotografische Ausrüstung aller Art

www.mifsuds.com
Shop für fotografische Ausrüstung aller Art, auch secondhand

www.formatt-hitech.com
Hitech-Filter

www.cokin.co.uk
Hersteller für Filter

www.leefilters.com
Hersteller für Filter

www.hoyafilter.com
Hersteller für Filter

www.wildlifewatchingsupplies.co.uk
Accessoires und Hilfsmittel für Landschaftsfotografen

www.whitewall.com
Fotolabor, das Bilder druckt, aufzieht und rahmt.

www.dscolourlabs.co.uk
Fotolabor und Shop für Produkte mit Fotos

www.teamworkphoto.com
Verschiedene Arten von Zubehör

www.blurb.com or www.blurb.co.uk
Fotobücher

www.colorvision.com
Hardware und Software zur Kalibrierung von Bildschirmen und Einrichtung eines Workflows für Color Management

Software

www.breezesys.com oder www.breezesys.co.uk
Browser für Bildbearbeitung

www.adobe.com
Software für Bildbearbeitung, -austausch und -katalogisierung wie Photoshop, Lightroom oder Elements

www.niksoftware.com
Leistungsstarke Software zur Bildbearbeitung

www.onOnesoftware.com
Diverse Softwarepakete für Bildbearbeitung, insbesondere Größenveränderungen

www.photoephemeris.com
Eine App, die erlaubt, zu sehen, wie der Lichteinfall auf eine Landschaft ist. Das funktioniert für fast jeden Ort der Erde und für jede Tageszeit.

Berufsverbände für Fotografen

www.naturephotographers.net: Die Website von Nature Photographers Network™. Der internationale Zusammenschluss von Amateur- und Berufsfotografen widmet sich der Kunst und Technik der Natur-, Tier- und Landschaftsfotografie.

www.worldphotographyforum.com: Community für Fotografen

www.1x.com/photos: Forum mit Verkauf

www.fineartamerica.com oder www.fineartengland.com: Eigene Fotos als Drucke oder Postkarten online verkaufen

www.the-aop.org: Association of Photographers, Berufsverband der Fotografen in Großbritannien für Berufsfotografen, Assistenten, Studenten, Agenten, der mit Universitäten und Firmen mit Bezug zur Fotografie zusammenarbeitet.

www.fiap.net: Die International Federation of Photographic Art ist ein Zusammenschluss nationaler Verbände für Fotografie. Die Organisation ist weltweit tätig und widmet sich der Verbreitung und Förderung fotografischer Kunst.

www.thepagb.org.uk: Die Photographic Alliance of Great Britain ist Mitglied im FIAP.

www.capacanada.ca: Die Canadian Association for Photographic Art ist Mitglied im FIAP.

www.rps.org: Die Royal Photographic Society ist ein britischer Verband für Fotografen, der sich für Fotografie als Kunst und als Wissenschaft einsetzt.

www.talkphotography.co.uk: Forum für Mitglieder

www.photographycorner.com: Forum für Mitglieder

Register

H

I

K

L

M

N

O

P

Richard Garvey-Williams verbrachte seine Kindheit in Ostafrika, und die Tatsache, dass er früh mit der Natur und den Wildtieren des afrikanischen Kontinents in Kontakt kam, hat sein Leben und Werk stark beeinflusst. Als professioneller Fotograf mit Spezialisierung auf Landschaft und Tiere kehrt er nun dorthin zurück, um Foto-Safaris zu leiten.

Acht Jahre lang lebte er in Griechenland, wo er seine fotografischen Fertigkeiten weiterentwickelte, aber seine Reiselust ist ungebrochen, und er liebt es, neue Orte kennenzulernen, die wieder andere interessante Motive zu bieten haben.

Gegenwärtig lebt Richard Garvey-Williams im Südwesten Großbritanniens, und wenn er nicht gerade in der Welt unterwegs ist, schreibt er Bücher und Fachartikel über Fotografie. Außerdem schult er Einzelpersonen und kleine Gruppen und stellt seine Fotografien regelmäßig aus.